应用技能型院校“十三五”会计类专业精品规划教材
富媒体·智能教材

管理会计

理论·实务·案例·实训

徐哲　李贺　李平／主编
吕作为　王斌／副主编

立信会计出版社
LIXIN ACCOUNTING PUBLISHING HOUSE

图书在版编目(CIP)数据

管理会计/徐哲，李贺，李平主编. —上海：立信会计出版社，2019.11

ISBN 978-7-5429-6308-6

Ⅰ.①管… Ⅱ.①徐… ②李… ③李… Ⅲ.①管理会计 Ⅳ.①F234.3

中国版本图书馆CIP数据核字(2019)第236295号

策划编辑　王斯龙
责任编辑　王斯龙
封面设计　南房间

管理会计

出版发行　立信会计出版社
地　　址　上海市中山西路2230号　　邮政编码　200235
电　　话　(021)64411389　　传　　真　(021)64411325
网　　址　www.lixinaph.com　　电子邮箱　lixinaph2019@126.com
网上书店　http://lixin.jd.com　　http://lxkjcbs.tmall.com
经　　销　各地新华书店

印　　刷　上海天地海设计印刷有限公司
开　　本　787毫米×1092毫米　1/16
印　　张　20.75
字　　数　600千字
版　　次　2019年11月第1版
印　　次　2019年11月第1次
印　　数　1—3100
书　　号　ISBN 978-7-5429-6308-6/F
定　　价　43.00元

前　　言

管理会计是一门以现代企业所处的社会经济环境为背景，密切联系现代会计的预测、决策、规划、控制、考核评价等职能，系统地介绍现代管理会计的基本理论、基本方法和实用操作技术的课程。同时，它也是一门理论性较强、计算内容较多的课程。通过对该课程的学习，学生可以领会管理会计的精髓，掌握管理会计的基本理论和基本方法，学会各种分析方法的应用技能和技巧，不断提高分析问题和解决问题的能力。根据“项目引导、任务驱动、实操技能”的课程体系要求，我们组织了“双师双能型”教师，凭借其多年的管理会计实践和教学经验编写了这本最新的应用技能型精品规划教材。

本教材兼顾“就业导向”和“生涯导向”，紧紧围绕中国经济发展新常态下应用技能型人才培养的目标，依照“原理先行、实务跟进、案例同步、实践到位”的原则，全面展开管理会计的内涵；坚持创新创业和改革的精神，体现新的课程体系、新的教学内容和教学方法，以提高学生整体素质为基础，以能力为本位，兼顾知识教育、技能教育和素质教育，力求做到从项目引导出发，提出问题，引入概念，设计情境，详尽解读。本教材共分为四个模块，涵盖13个项目、49个任务；在结构安排上，采用“项目引领、任务驱动、实操技能”的编写方式，力求结构严谨、层次分明；在表述安排上，力求语言平实凝练、通俗易懂；在内容安排上，尽可能考虑到财经类专业不同层次的不同需求，课后的应知、应会考核结合每个项目的内容技能要求而编写，以使读者在学习每一项目内容时做到有的放矢，增强学习效果。

根据培养应用技能型院校人才的需要，本教材力求体现以下特色。

1. 结构合理，体系规范

作为教科书，本教材在内容上特别注意吸收最新的管理会计改革与实践经验，按理论与实务兼顾的原则设置教学内容。本教材针对应用技能型院校课程的特点，将内容庞杂的基础知识系统性地呈现出来，力求做到“必需、够用”，体系科学规范，内容简明实用。

2. 内容求新，突出应用

本教材根据财政部2017年发布的《管理会计应用指引第100号——战略管理》等22项管理会计应用指引和2018年印发的《管理会计应用指引第202号——零基预算》等第二批共7项管理会计应用指引进行编写。

本教材从应用技能型院校的教学规律出发，与实际接轨，介绍了最新的管理会计发展和改革动态、理论知识和教学案例，在注重必要理论的同时，强调实际应用；主要引导学生“学中做”和“做中学”，一边学理论，一边将理论知识加以应用，实现理论和实际应用的结合。

3. 栏目丰富，形式生动

本教材栏目形式丰富多样，每个项目设有[知识目标][技能目标][素质目标][项目引例][做中学][提示][注意][关键术语][应知考核][应会考核][项目实训][实训项目][实训情景][实训任务]等栏目。本教材的应知、应会考核和项目实训栏目，使学生对所学的内容能学以致用，丰富了教材内容与知识体系，也为教师教学和学生更好地掌握知识内容提供了首尾呼应、层层递进的可操作性教学方法。

4. 职业素养，素质教育

为体现应用技能型教育的特色，我们力求在内容上有所突破，激发学生的学习兴趣和学习热情，设计适合学生掌握的考核要点，以培养和提高学生在特定业务情境中分析问题、解决问题的能力，从而强化学生的职业素养。

5. 课程资源，配套上网

为了配合课堂教学，编者精心设计和制作了教学课件PPT、习题参考答案、课程教学大纲、配套实验课程大纲、配套习题、模拟试卷等实现网上运行，充分发挥网络课程资源的作用，探索课堂教学和网络教育有机结合的新途径。

本教材由徐哲、李贺、李平担任主编，吕作为、王斌担任副主编。其中，徐哲撰写模块二，李贺撰写模块一和模块三，李平撰写项目十和项目十一，吕作为撰写项目十二，王斌撰写项目十三。全书最后由徐哲教授总纂并定稿。李明明、赵昂、李虹、美荣、李林海、王玉春、李洪福7人负责全书教学资源包的制作以及写作过程中的资料收集整理。本教材适用于应用技能型教育层次的会计学、财务管理、审计、资产评估等专业方向的学生使用，同时也可作为自学考试的辅助教材。

本教材得到了校企合作单位和出版单位的大力支持，在编写过程中参阅了参考文献中的教材、著作、法律、法规、网站，谨此一并表示衷心的感谢！由于编写时间仓促，加之编者水平有限，本教材难免存在一些不足之处，恳请专家、学者批评指正，以便我们不断地更新、改进与完善。为了做到与时俱进，本教材将不断地更新最新的政策调整，也将不断地进行改版。

编　者

2019年11月

目　　录

模块一　管理会计总论

模块二　内部核算分析

模块三 预测和决策分析

模块一

管理会计总论

项目一　管理会计概述

知识目标

理解：管理会计的形成过程和发展；管理会计的概念和特点。

熟知：会计信息处理流程；管理会计理论框架、假设与原则、目标与职能、对象、方法。

掌握：管理会计的基本内容和程序、管理会计的基础理论、管理会计与财务会计的关系。

项目课件

技能目标

能够认知管理会计在现代社会中的作用，提高专业会计理论的应用能力、职业判断能力和相关知识的更新能力。

素质目标

能够结合企业实际情况，提高分析和总结能力、语言表达能力和与人合作的能力。

项目引例

管理会计观点剖析

兴瑞公司最近招聘了一名从财务会计工作转入管理会计工作的会计人员李强，他对管理会计知识不太了解。以下是他对管理会计的个人观点：

(1) 管理会计与财务会计的工作方法基本是一样的，都是记账、算账和报账。

(2) 管理会计与财务会计是截然分开的，它们在工作上无任何联系。

(3) 管理会计报告要在会计期末以报表的形式上报。

(4) 管理会计吸收了经济学、管理学和数学等方面的研究成果，在方法上灵活多样。

(5) 管理会计与其说是会计，不如说是企业管理的定量化方法。

(6) 评价一个投资方案的优劣要用到管理会计方法。

(7) 管理会计服务于企业外部，受会计法规的约束。

(8) 管理会计的职能主要是满足企业各项管理职能的需要。

(9) 管理会计的信息质量特征与财务会计的信息质量特征完全不同。

(10) 在提供管理会计信息时可以完全不用考虑成本效益原则。

(11) 一个管理会计师可以将手中掌握的信息资料随意地提供给他人。

(12) 与财务会计相比，管理会计不能算是一个独立的职业，它的职业化发展受到限制。

【思考与讨论】

在学习管理会计之前，你对管理会计的初步看法是怎样的？

知识精讲

任务一　管理会计的形成与发展

一、管理会计的形成过程

管理会计是社会化大生产和科学管理的必然产物，它的产生经历了一个由简单到复杂的不断完善的过程。

(一) 执行性管理会计的形成

20世纪初，自由资本主义经济向垄断资本主义经济过渡，手工作坊发展为较大的企业，生产规模不断扩大，生产过程愈加复杂，竞争日益激烈。在这种情况下，单凭企业主个人的主观经验很难实现现代企业的发展，这就需要一些专业的经理人员按照股东的意志，采取科学的方法进行管理。科学管理的代表人物泰罗根据自己多年对劳动过程和作业成果的研究提出：在工厂（企业）管理中，单凭个人的直接经验和传统的管理方法是不行的，必须在对劳动过程进行具体记录、计算的基础上，科学地安排各道工序，制定严格的作业效率标准，确定工时定额，推行计件工资制，实行科学管理。这些内容集中体现在他的专著《科学管理原理》一书中。科学管理的应用规范了劳动过程，节约了劳动时间，增强了工作责任，提高了工作效率，促进了生产的发展。与此相适应，会计要从价值方面进行记录、计算、分析、计划，科学地考核评价经营成果、劳动效率和生产消耗。于是，“标准成本制度”“预算控制制度”“差异分析制度”等应运而生，这些内容在以后都构成了管理会计体系中的重要部分。

执行性管理会计的特点：在企业经营方针、决策等重大问题确定的前提下，解决如何提高生产效率、改善经营效果的问题。因此，成本控制和提高生产效率是执行性管理会计的基本特征。

(二) 决策性管理会计的形成

第二次世界大战以后，资本主义经济进入新的发展阶段，生产规模越来越大，机械化程度越来越高，资本不断集中，市场竞争更加激烈，失业率提高，经济危机频繁发生。如果仍然使用泰罗科学管理的那套办法，不注意对整个企业的未来进行规划，忽视调动企业员工的能动性、积极性，就很难维持企业的生存与可持续发展。这种形势迫使企业管理当局逐渐把工作重心转向企业内部经营管理，广泛推行职能管理和行为管理，调动各方面的积极因素，充分发挥人力、物力、财力的作用，特别是注重对未来和经营目标的决策。企业的兴衰在很大程度上取决于企业应变能力的大小。决策正确，企业就兴旺；对市场形势预测不准，不能及时调整产业结构，企业就衰落。因此，管理当局采用各种数学和技术方法，对企业的未来进行预测分析，对各种决策方案进行比较和筛选。在此基础上，企业对决策目标进行科学筹划和全面预算，并通过责任预算、标准成本控制加以执行。许多成本、利润预测分析方法，如“成本—业务量—利润分析”“责任会计”便是在推行职能管理过程中形成和发展起来的。

20世纪50年代以后，科学技术发展突飞猛进，新兴产业大量涌现，资本高度集中，通货膨胀，银根紧缩，股份公司应运而生。在股份公司内部，股东和债权人一般不直接从事生产经营活动，而是委托专业的管理人员、经理进行管理，财产所有权与经营权逐渐分开。管理人员为了获得更多的利润，千方百计地对企业进行运筹规划，使企业增强活力，在市场竞争中立于不败之地。股东考虑的是股利，债权人考虑的是利息以及本金的安全，因此，他们需要事前了解投资环境、资本回收期和资本利润率。企业管理人员不仅需要对企业的生产经营活动进行科学的决策和控制，还需要充分利用投资，加速资金周转，以便获得更多的利润，并向与外部发生利害关系的部门报告。管理当局的这些活动，使得会计的职能向两个方向发展：一是正确、及时地核算资本周转，并按照一定的准则提供可靠的会计信息资料，以满足企业外部有关部门的需要；二是进行预测、决策活动，准确地预测未来，科学地规划现在，严格地控制目标执行。后者便属于管理会计的职能。

决策性管理会计特点：一方面丰富和发展了早期形成的一些技术方法；另一方面大量吸收现代管理科学中运筹学、行为科学等方面的研究成果，形成了一个新的与管理现代化相适应的管理会计体系。

二、管理会计的发展

(一) 建立了现代管理会计体系

为了科学地预测和决策企业的经营活动，各种数学的、技术的统计方法逐渐与会计科学结合起来，使会计的管理职能不断扩大和延伸，逐渐形成了侧重于企业内部管理的会计方法体系，这就是管理会计从会计中分离出来的经济基础和历史原因。1922 年，美国学者魁因斯坦在其所著的《管理会计：财务会计入门》一书中首先提出了“管理会计”这个名词，此后管理会计专著相继问世，内容不断丰富。1952 年，世界会计年会正式通过了“管理会计”这个专有名词，传统的会计部分被称为“财务会计”。20 世纪 70 年代以后，美国管理会计师协会出版了专门的管理会计刊物；管理会计教科书也开始走上讲台，管理会计与财务会计的区别开始明朗化、规范化。1980 年，世界各国管理会计人员联合会在巴黎举行，专门研究管理会计的应用和推广问题。

(二) 现代管理会计向战略管理会计的发展

1981 年，西蒙德斯在其论文《战略管理》中最先提出“战略管理会计”概念，认为战略管理会计的职能是“提供并分析有关企业和其竞争者的管理会计数据以发展和监督企业战略”。

20 世纪 80 年代以来，由于科技进步迅速，信息技术已被广泛应用，企业面临的制造环境发生了重大变化，管理理念和管理技术也发生了巨大变革。计算机集成制造系统、适时制造系统以及零库存、全面质量管理、以顾客为导向、作业成本管理等崭新的管理理念和技术应运而生。这为节约材料、能源和人工成本，提高劳动生产率创造了条件，也为管理会计的不断更新和发展提供了良好的环境，使管理会计有了新的观念、内容和方法。1987 年，美国哈佛大学卡普兰与约翰逊合作出版了轰动西方会计学界的专著《相关性的消失：管理会计的兴衰》。他们认为，当时的管理会计体系是几十年前的框架，20 世纪初美国企业的实践已经包括了现在管理会计教材中的大部分内容，这种过时的知识使管理会计难以适应新环境下企业管理的要求。由于成本计算方法僵化，企业的产品成本计算发生了扭曲，成本信息失真，管理会计信息失去了决策的相关性。卡普兰等人致力于管理会计信息相关性的研究，迎来了一个以“作业(activity)”为核心的“作业成本会计”时代。为企业战略发展服务，是管理会计向战略管理领域的延伸和渗透。作业成本管理就是对导致成本发生的原因进行管理，识别增值与非增值作业，减少或消除非增值作业，改善作业链，有效降低成本。作业成本管理要求管理会计改变传统的成本计算方法，采用与现代管理会计相适应的作业成本法，按照作业提供成本信息，并强调对过程进行价值分析。

从管理会计发展的历史沿革来看，只有战略管理会计才能为企业的战略管理提供相应的信息支持，战略管理会计是管理会计发展的新阶段，是管理会计的发展方向。

从管理会计产生和发展的过程可以看出，管理会计是随着社会经济的发展而发展的。随着社会生产力和科学技术的不断进步，管理会计的基本理论与方法日益成熟和完善，它在现代企业管理中的地位和作用将进一步加强。

三、管理会计的概念

“管理会计”一词最早源于 1952 年伦敦国际会计师联合会(IFAC)年会。会计学界虽然正式提出了这一术语，但对管理会计的定义仍众说纷纭。有关个人和组织依据各自的理解，从不同角度对管理会计的概念进行了描述。

(一) 狭义管理会计

20 世纪 80 年代以前，国外会计学界一直从狭义的角度定义管理会计，认为它仅仅服务于企业内部经营管理。典型的观点有如下几种：

1958 年，美国会计学会(AAA)下属的管理会计委员会对管理会计所下的定义为：管理会计是运用适当的技术和概念来处理某个主体历史的、预期的数据，帮助管理人员制订具有适当经济目标的计划，并以实现这些目标、做出合理的决策为目的。

1966年，美国会计学会在《基本会计理论公报》中对管理会计重新进行了界定，认为：管理会计是运用适当的技术和概念，对经济主体实际的经济数据和预计的经济数据进行加工处理，以帮助管理人员制定合理的经济目标，并为实现该目标而进行合理决策。

1982年，美国会计学者罗伯特(Robert)在《现代管理会计》一书中将管理会计定义为：管理会计是一种收集、分类、总结、分析和报告信息的系统，有助于管理人员进行决策和控制。

1988年，国际会计师联合会所属的常设分会——财务和管理会计委员会对管理会计所下的定义为：管理会计是在一个组织内部，对管理人员用于规划、评价与控制的信息(财务的和经营的)进行确认、计量、积累、分析、处理、解释和传输的过程，以确保其资源的利用并对它们承担经营责任。

20世纪70年代，管理会计被引入中国。我国会计学者基本上从狭义角度提出了管理会计的定义，比较有代表性的观点有以下三种：

汪家佑教授认为，管理会计是西方企业为了加强内部经营管理，实现利润最大化，灵活运用多种多样的方式方法，收集、加工和阐明管理人员的计划和有效控制经济过程所需的信息，围绕成本、利润、资本三个中心，分析过去、控制现在、规划未来的一个会计分支。

温坤教授认为，管理会计是企业会计的一个分支。它运用一系列专门的方法来收集、分类、汇总、分析和报告各种经济信息，借以进行预测和决策，对经营业务进行控制，并对业绩进行评价，以保证企业改善经营管理，提高经济效益。

李天民教授将管理会计定义为，管理会计主要是通过一系列的专门方法，利用财务会计、统计及其他有关资料进行整理、计算、对比和分析，使企业内部各级管理人员能据以对整个企业及其各个责任单位的经济活动进行规划、控制与评价，并帮助企业领导做出各种专门决策的一整套信息处理系统。

(二) 广义管理会计

20世纪80年代以后，管理会计的服务范围逐步拓宽，由原来的企业内部扩展到股东、债权人、政府税务机关等多个利益相关者，出现了广义的管理会计概念。

1981年，美国全国会计师协会(NAA)下设的管理会计实务委员会发布的管理会计公告《MA1A：管理会计的定义》将管理会计界定为："管理会计是向企业管理人员提供关于企业内部计划、评价、控制以及确保企业资源合理使用和经营责任履行所需财务信息的确认、计量、归集、分析、编报、解释和传递过程。管理会计还包括为诸如股东、债权人、规章制定机构及税务当局等非管理集团编制财务报告。"

1982年，英国成本会计师和管理会计师协会指出："管理会计是为管理人员提供所需信息的那一部分会计工作，使管理人员得以确定方针政策，对企业各项活动进行计划和控制，保护财产安全，向企业外部人员(股东等)和员工反映财务状况，对各个行动备选方案做出决策。"

本教材将管理会计的基本概念概括为：管理会计是以加强企业经营管理、提高经济效益为目的，以企业经营活动为对象，通过对经营信息的加工和利用，实现对经营过程的预测、决策、规划、控制、考核和评价等职能的一个会计分支。

正确研究和理解管理会计应注意以下四点：

(1) 从属性上看，管理会计属于管理学中会计学科的边缘学科，是以提高经济效益为最终目的的会计信息处理系统。

(2) 从范围上看，管理会计既为企业管理人员的管理目标服务，也为股东、债权人、规章制度制定机构及税务局甚至国家行政机关等非管理集团服务。

(3) 从内容上看，管理会计既要研究传统管理会计所要研究的问题，也要研究管理会计的新领域、新方法。

(4) 从目的上看，管理会计运用一系列专门的方法，为管理和决策提供信息。

四、管理会计的特点

管理会计从财务会计中分离出来以后，形成了与财务会计并列的独立学科。与财务会计相比，管理会计具有以下特点：

(1) 规划未来、控制现在是管理会计的本质特点。管理会计的基本点是面向未来，它以决策会计为主体，以未来尚未发生的会计事项为主要对象，帮助各级管理人员规划未来，为最优化决策提供信息。

(2) 侧重于为企业内部的经营管理服务。由于服务的目的与财务会计不同，管理会计侧重于以灵活多样的方式为管理人员提供有用的信息，为决策服务。

(3) 数学方法得到广泛的应用。财务会计一般只涉及初等数学，并且应用范围也很小。而管理会计为了适应现代化管理的需要，越来越多地采用现代化数学方法，如回归分析、线性规划、概率论等被用来解决比较复杂的经济问题。

(4) 方式方法灵活多样，不受“公认会计准则的约束”。

(5) 兼顾生产经营的全局和局部两个方面。

(6) 不过分强调数据的精确性。只要数据能满足计算要求就行，不需要非常精确。

(7) 不以货币为唯一计量单位，重视非货币计量的数据。

五、管理会计的职能

现代企业管理具有预测、决策、规划、控制和评价五项职能。与此相对应，管理会计的职能可以概括为以下五个方面。

(一) 预测经济前景

预测是在经济业务发生之前预先进行的测算。管理会计依据过去和现在的会计资料，采用定量计算或定性分析的方法，推测未来经济业务(包括销售、利润、资金、成本等)的发展趋势以及企业的财务状况、经营成果、现金流量等，为企业内部经营管理决策提供可靠的信息。

(二) 参与经济决策

在充分考虑各种可能的前提下，管理会计按照“成本—效益”原则要求，选择一定的程序和方法对管理问题做出科学的决策，包括收集和整理相关的信息资料、提出各种可行的备选方案、选择科学的决策方法、做出正确的财务评价、筛选出最优的行动方案等。

(三) 规划经济目标

规划是通过事先规定目标和拟定方法确保实际进程按照预定目标完成的过程。规划经济目标要求管理会计提供的数据信息有助于企业制订长短期计划，如通过全面预算将有关经济目标分解落实到各有关预算中去；通过编制责任预算，合理、有效地组织和协调企业经营链条上的各个环节，处理好供、产、销及人、财、物之间的关系。

(四) 控制经济过程

控制经济过程职能要求管理会计控制企业经济活动，使之按决策预定的轨道执行。例如，企业目前广泛采用的全面预算系统，集中反映企业在一定时期内要完成的总目标和总任务。为保障总目标和总任务的实现，必须将总预算指标层层分解，落实到各个责任中心，并以其作为日常经营活动的准绳，加强记录和计算，并通过实际指标与预算指标的对比分析，评价考核各个责任中心业绩，保证日常控制发挥制约和促进作用。

(五) 评价经营业绩

评价经营业绩是通过建立责任会计制度来实现的。各部门和人员在明确各自职责的基础上，通过实际业绩与预算标准的对比分析，逐级考核责任指标的完成情况，为奖优罚劣激励制度的执行提供依据。

任务二 管理会计的基本内容、程序

一、管理会计的基本内容

管理会计的基本内容是指与管理会计职能相适应的工作内容。根据前述管理会计的职能，可以把管理会计的基本内容大致归纳为两个方面，即“规划与决策会计”和“控制与业绩评价会计”。

(一) 规划与决策会计

规划与决策会计是管理会计系统中为企业管理人员规划未来的生产经营活动服务的子系统，是为企业管理人员预测前景、参与决策和规划未来服务的。具体包括以下内容。

1. 经营预测

经营预测是指利用财务会计信息和其他相关信息，在调查研究和综合判断的基础上，对企业未来一定期间的生产经营活动进行科学的预测分析，为投资决策和经营决策提供依据。它一般包括销售预测、成本预测、利润预测和资金预测等。

2. 短期经营决策

短期经营决策是指根据企业经营目标，为了有效组织企业日常生产经营活动，合理利用经济资源，获取最佳的经济效益而进行的决策分析，为决策者提供可行性方案。它一般包括生产决策、存货决策和定价决策等。

3. 长期投资决策

长期投资决策是指在合理确定预期投资报酬水平、充分考虑资金时间价值和投资风险价值的基础上，为有效组织企业长期的、资本性投资而进行的决策分析，为决策者提供可行性方案。它一般包括固定资产投资决策、固定资产更新决策和无形资产投资决策等。

4. 全面预算

全面预算是指把通过预测、决策所确定的目标和任务，用数量和表格的形式进行表达和分解。它一般包括业务预算、专门预算和财务预算三大类。

(二) 控制与业绩评价会计

控制与业绩评价会计是管理会计系统中为企业管理人员分析、评价和控制过去、现在和未来的生产经营活动服务的子系统。其内容包括以下内容。

1. 成本控制

根据成本预测、成本预算以及标准成本所确定的目标和任务，对生产经营过程中所发生的各项耗费和相应的降低成本措施的执行情况进行指导、监督、调节和干预，以完成成本目标和成本预算。

2. 责任会计

责任会计是指在分权管理的条件下，为适应责权利统一的要求，在企业内部建立若干层次的责任中心，并对由其分工负责的经济活动进行规划、控制、评价的一种控制系统。它一般包括划分责任单位、编制责任预算、办理责任结算、实行责任控制和考评等环节。

管理会计上述两个方面的内容并不是相互孤立的，而是紧密联系的。规划与决策会计阶段所形成的全面预算和责任预算，既是最终工作成果，又是以后阶段控制经济活动的依据，同时也是对责任单位进行业绩考评的标准。责任会计是管理会计两大方面的“结合部”，它将两者联系在一起：划分责任单位、编制责任预算等属于规划与决策会计的内容；而日常核算、定期业绩报告、差异分析、实施反馈控制和业绩评价等则属于控制与业绩评价会计的内容。

二、管理会计的一般程序

管理会计是为企业管理服务的，因此，要说明管理会计的一般程序，首先应该明确企业管理的程序。

(一) 企业管理循环

在企业管理实践中，通常把管理程序分为“规划”和“控制”两大部分。每一部分又可分成几个步骤，这些步骤周而复始地循环，因此也称为“企业管理循环”。具体包括以下六个步骤。

1. 判断情况

管理人员的重要任务之一就是正确分析和判断企业所处的内外部环境，充分占有企业经营活动的基本信息。只有科学、准确地把握企业的环境特征，才能形成正确的企业战略和经营目标。

2. 形成决策

根据环境判断的结果，对企业的经营目标、经营政策和具体措施进行科学的决策。这是管理的核心环节。

3. 合理组织

根据设定的经营目标，通过合理途径将企业的人力、财力、物力、信息、时间和空间等资源，以及生产经营活动中的供应、生产、销售、运输等环节进行有效的组织，力求以最小的劳动消耗和资金占用获得最大的经济效益。

4. 实际执行

根据经营目标、经营计划以及合理组织的要求，实施各项经济活动。

5. 监督指导

按照经营目标和经营计划，对实际执行情况进行监督和指导，发现问题应及时加以干预，以保证预期目标的实现。

6. 衡量业绩

对照经营目标和计划，对各单位、各部门经济活动的业绩进行评价、考核，从效率、效益角度考查经营目标、计划的实现程度。其衡量结果与下一轮的“判断情况”衔接起来，为下一期制订、修订经营目标、计划和措施提供依据。

企业管理循环如图 1-1 所示。

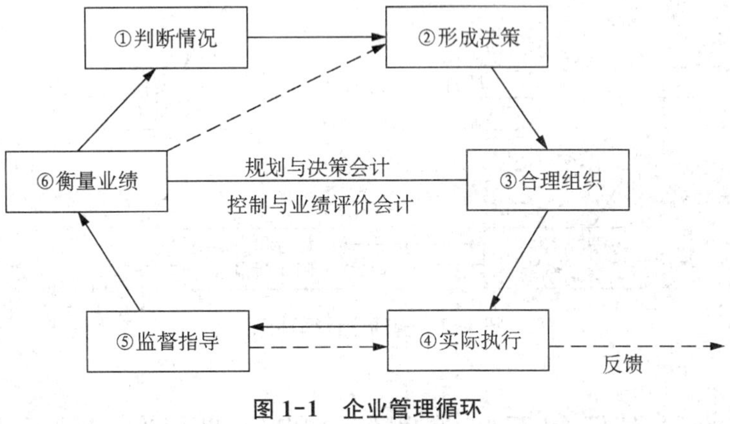

图 1-1　企业管理循环

(二) 管理会计循环

管理会计既是会计与管理相结合的产物，又直接服务于企业管理。因此，企业管理的一般程序与步骤要求管理会计与之相配合，管理会计的相应程序也就构成了“管理会计循环”。具体包括以下六个步骤。

1. 财务报表分析

财务报表是根据一般公认会计原则(GAAP)，采用统一、规范的语言反映企业一定时点的财务状况和一定时期的财务成果及现金流量情况，一般能够集中、客观地反映企业经济活动的历史信息。这些信息不仅满足外部报表使用者了解企业经营情况和财务状况的需要，也可以帮助企业管理人员有效地进行企业经营状况和发展能力的分析与判断。

2. 预测、决策和编制全面预算

企业管理会面临日常生产经营决策和长期投资决策问题，管理会计可通过采用多种专门的预测分析和决策分析方法及技术，帮助企业决策者在若干备选方案中进行择优，然后通过编制全面预算，把预测、决策过程中确定的目标和任务用表格与数量形式进行反映。

3. 建立责任会计系统

根据企业性质和特点，在企业内部划分若干责任中心，按照责权利相结合的原则和激励约束原理，构建责任会计系统，把全面预算确定的综合指标进行分解，然后落实到各个责任单位，再根据预算标准对责任单位的业绩进行考核和评价。

4. 计量和定期编制业绩报告

采用标准成本制度和变动成本法，对全面预算和责任预算的执行情况进行跟踪、计量和记录，定期编制业绩报告。

5. 调节控制经济活动

根据各责任单位编制的业绩报告提供的实际数与预算数进行对比，若发现偏离了原定的目标和要求，应及时反馈给有关责任单位，以便调节和控制其经济活动。

6. 差异分析

根据业绩报告找出偏差发生的原因，并用以评价和考核各责任单位的工作业绩；根据分析，指出成绩与问题，并用以奖优罚劣；同时，还应向企业管理人员提出改进建议，以便结合下一轮的财务报表分析，为以后的预测分析、决策分析和预算编制提供依据。

管理会计循环如图 1-2 所示。

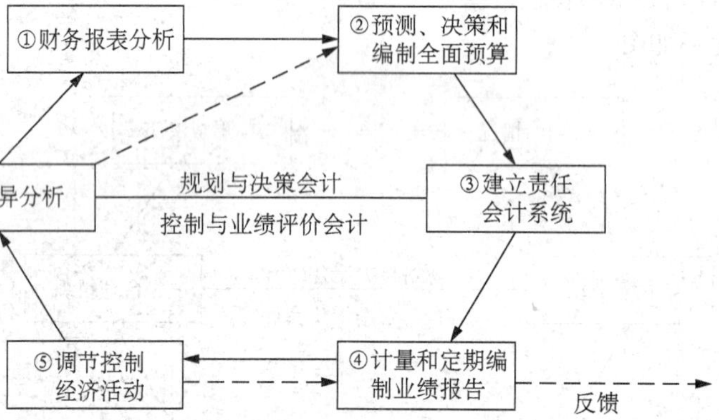

图 1-2 管理会计循环示意

任务三 管理会计的基础理论

一、管理会计在会计学科体系中的位置

在我国现有的会计教育中，对于管理会计的定位，特别是对其与财务会计、成本会计、财务管理等课程之间的关系处理得不够清楚，反映为相关教材内容雷同部分过多、教学进程时有脱节或重复、学生在学习过程中方向感不强等。要解决这些问题，应对会计学科有一个全景式的视野与

把握，然后分清这些课程各自的使命与职能，才可能把各自的位置界定得较为清楚。

（一）会计信息处理流程

一讲到会计，很多会计人就会条件反射式地浮现出“原始凭证—记账凭证—账簿—会计报表”这个处理流程。严格来说，这个标准化的流程是指狭义的会计，即财务会计的信息处理过程。站在会计学科体系或者微观经济单位对会计学科的需求层面看，这显然是不够的。

会计主体在生产、经营、管理过程或活动中对会计信息的需求就决定了，除了以上标准化过程所提供的财务会计信息以外，还需要许多也许是非标准化的会计信息及其处理过程。比如，根据销售预测来判断某种产品的定价及其产生的收益状况，根据某种商品的商业寿命周期来统筹分析各阶段的成本与收益状况等。这实际上就是管理会计信息及其处理过程。

包括会计报表在内的会计信息形成后，其真实性如何呢？这就产生了对审计的需要。当然，不同类型的审计所针对的会计信息的范围是大有差异的。一般而论，独立审计所针对的是被众多利益相关者共同需要的、可称为公共信息产品的财务会计信息；而内部审计还应把只为会计主体经营管理决策与执行服务的管理会计信息包括进来。

会计信息（包括会计报表）的真实性得到一定保证之后，对它的分析与运用才有更加可以信任的基础，这就产生了财务（报表）分析，其基本目的就是帮助各利益相关者更好、更清楚、更有针对性地理解这些信息。当然，为不同利益相关者服务的财务分析在范围、深度、价值等方面大相径庭，为经营管理与执行而进行的财务分析所涉及的会计信息理应最广泛，展开的分析应最全面、最深刻。

财务管理主要是经营主体为增值目的而对其资金运动过程进行调控与管理，相对于会计类课程而言，它更强调信息的运用，更强调经营主体的主动性。当然，会计信息的提供是它的基础性支撑。

综上所述，会计学科及会计信息处理流程大致如图 1-3 所示。

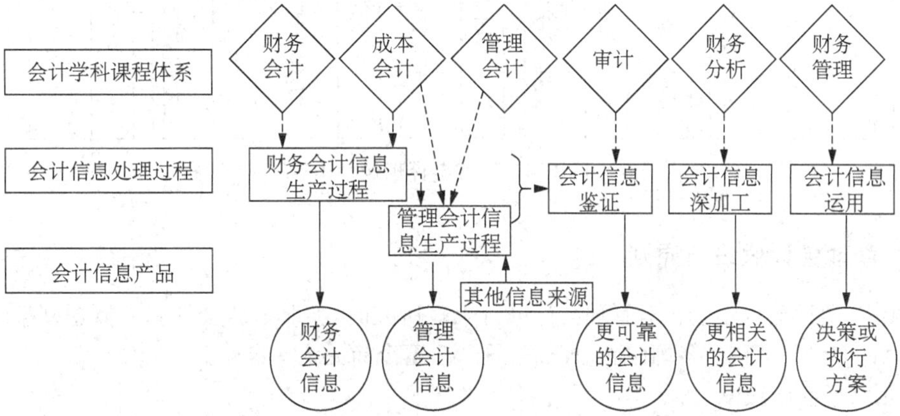

图 1-3 会计学科及会计信息处理流程

（二）管理会计理论框架

管理会计理论框架是管理会计诸多理论要素及其相互联系的逻辑系统。迄今为止，理论界对此问题尚未达成一致意见，比较有代表性的观点有如下几种。

管理会计委员会提出的管理会计基本框架包括管理会计目标、术语、概念、惯例、方法及会计活动管理等。

陈今池在《西方现代会计理论》一书中提出，管理会计框架包括：①管理会计目标；②管理会计概念；③管理会计特征；④管理会计技术。

宋献中在《中国管理会计——透视与展望》中指出，管理会计理论框架包括：①管理会计理论和方法基础；②管理会计本质；③管理会计目标；④管理会计对象；⑤管理会计基本要素，包括收入、成本、损益、现金流量等；⑥管理会计基本特征。

孟焰在《西方现代管理会计的发展及对我国的启示》中提出，管理会计框架包括：①管理会计目标；②管理会计对象；③管理会计假设；④管理会计本质；⑤管理会计要素；⑥管理会计特征；⑦管理会计方法体系。

孙茂竹在《管理会计的理论思考与架构》一书中明确，管理会计框架包括：①管理会计假设；②管理会计对象；③管理会计目标；④管理会计信息质量特征；⑤管理会计职责；⑥管理会计重要活动。

综合各家观点，本教材提出一个以基础理论为基石、以程序和方法为支撑，包括基础理论、成本归集与计算、预测与决策、控制与评价四大模块的管理会计框架（见图 1-4）。其中，基础理论模块包括管理会计概念、假设与原则、目标职能与方法、信息质量特征等；成本归集与计算模块包括品种成本计算、分步成本计算、分批成本计算和作业成本计算；预测与决策模块包括本量利分析、预测分析、短期经营决策和长期投资决策；控制与评价模块包括全面预算管理、责任会计、成本控制、业绩评价与激励。

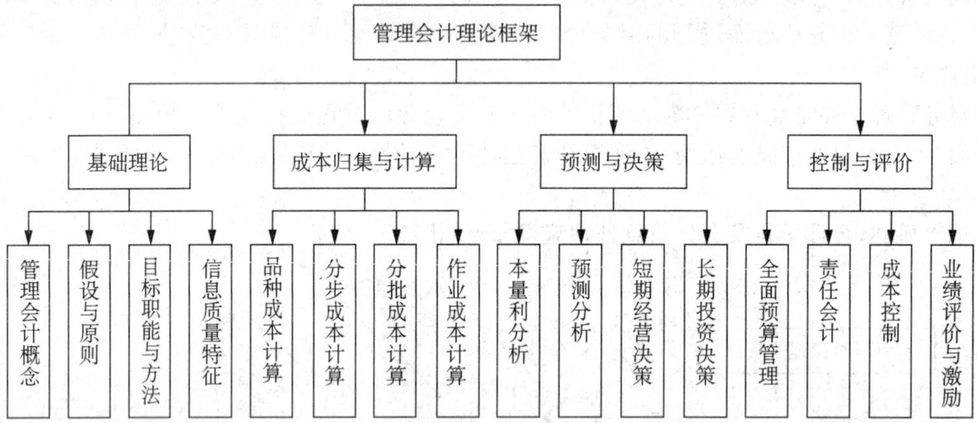

图 1-4 管理会计理论框架

二、管理会计假设与原则

近年来，美国会计学会在对管理会计进行规范研究时，参照财务会计基本概念框架结构，提出管理会计假设与原则。各国学者对此展开研究，至今尚无统一定论。

(一) 管理会计假设

管理会计假设是决定管理会计运行的基本前提，用于界定管理会计工作的时间和空间范围、统一管理会计操作方法和程序，是组织管理会计工作不可缺少的前提条件。管理会计假设包括如下四个方面。

1. 多层主体假设

该假设规定了管理会计工作对象的基本活动空间。管理会计侧重服务于企业内部，解决预测、决策、规划控制和业绩评价问题，其核算主体为企业内部的各个责任中心，包括企业整体、分公司（分厂）、车间、班组等，体现出研究主体的多层次性。

2. 理性行为假设

该假设包括两层概念：首先，管理会计在预测、决策、规划控制和业绩评价过程中，常常面临程序和方法的选择问题，不同程序和方法对工作结果会产生一定程度的影响，因此，首先，该假设假定人们在履行管理会计职能时，能够采取理性行为，自觉按照科学程序与方法行事；其次，该假设假定管理会计目标的提出完全是出于理性考虑的，是从客观实际出发的。

3. 合理分期假设

该假设也称灵活分期假设，是对管理会计对象在时间上所做的限定，即将企业持续不断的经营、筹资和投资活动划分为一定的区间段。会计分期的时间跨度不受年度、季度和月份约束，应根据企业实际需要，灵活分期并编制内部报告。

4. 充分占有信息假设

该假设假定人们在行使管理会计职能时，充分占有企业内外部相关信息，包括价值量信息和非价值量信息，并能满足现代信息处理技术的要求。

(二) 管理会计原则

美国会计学会沿用财务会计原则框架，将管理会计原则概括为相关性原则、可靠性原则、一贯性原则、客观性原则、及时性原则、可理解性原则、重要性原则、效益大于成本原则和激励原则。本教材采用冯巧根教授的观点，将管理会计原则归纳为六个方面：最优化原则、效益性原则、决策有用性原则、及时性原则、重要性原则和灵活性原则。

1. 最优化原则

该原则要求人们在预测、决策工作中，按照优化设计思想，组织数据的收集、筛选、加工和处理，提供最优的管理信息，制定最优的管理决策。

2. 效益性原则

该原则有两层概念：第一，管理会计提供的信息必须能够体现管理会计为提高企业总体经济效益服务的要求；第二，管理会计活动必须坚持“成本—效益”原则，不论是信息收集与处理，还是决策方案的选择，其预期收益必须大于成本。

3. 决策有用性原则

该原则要求管理会计信息在质量上必须符合相关性和可信性要求。相关信息必须是决策有用的信息，有助于管理人员评价过去的决策，证实或修正过去的有关预测，因而具有反馈价值；相关信息还应具有预测价值，有助于管理人员预测未来的经营状况。可信性包括可靠性和可理解性两层概念：前者是指管理会计提供的信息误差必须在可接受的范围内；后者是指管理会计信息应清晰明了，不会导致决策者产生误解。

4. 及时性原则

该原则用于规范管理会计信息提供时间要求。及时的会计信息应在最短时间内，完成数据的收集、处理和传递工作。

5. 重要性原则

该原则要求人们在处理管理事项时，主次分明，重点突出。对关键会计事项应重点处理，对次要事项可简化处理。

【提示】 遵循重要性原则必须兼顾效益性原则、决策有用性原则和及时性原则的要求。

6. 灵活性原则

管理会计涉及的业务类型繁多，不同业务需要采用不同的处理程序和方法，因此管理会计信息处理不可能采用统一模式，应根据需要选择灵活多样的方法，提供多样化的管理信息。

三、管理会计的对象

关于管理会计的对象，我国学者存在较大争议，最主要的有以下三种观点。

(一) 价值差量论

持价值差量论的学者认为，管理会计的对象是价值差量。这主要是因为价值差量作为一种研究方法，贯穿管理会计的始终，比如成本性态分析与变动成本计算、盈亏临界点与本量利分析、经营决策分析、成本控制、责任中心业绩评价等。另外，管理会计研究的价值差量问题具有很强的综合性，既有价值差量，又包括实物差量和劳动差量。实物差量和劳动差量是价值差量的基础，价值差量是实物差量和劳动差量的表现。与此同时，价值差量论认为现金流量不能作为管理会计的对象，因为并不是所有的管理会计活动都会涉及现金流量。因此，现金流量不能贯穿管理会计的始终。

（二）现金流量论

持现金流量论观点的学者认为，管理会计的对象是企业的现金流量。这主要是因为现金流量贯穿管理会计的始终，是对管理会计内容的集中和概括，它在预测、决策、预算、控制、考核、评价等各个环节发挥着积极的作用。同时，现金流量具有很强的综合性和敏感性，通过现金流量的动态分析，可以把企业生产经营过程中的资金、成本、利润等各个方面全面系统地反映出来，为改善企业的经营管理、提高企业的经济效益提供重要的、相关的信息。

（三）资金总运动论

持资金总运动论观点的学者认为，管理会计的对象是企业及其所属各级机构过去、现在和未来的资金总运动。这主要是因为管理会计和财务会计同属于会计范畴，应当有共同的研究对象，即资金运动。所不同的是，管理会计的对象涵盖了所有时空的资金运动，而财务会计的对象仅包括过去的资金运动。另外，把资金总运动作为管理会计的对象，与管理会计的实践及历史发展也是相吻合的。

四、管理会计的目标

管理会计的目标是指在一定的经营环境下，管理会计活动要达到的目的和预期效果。管理会计目标的确定需要考虑两个因素：社会需求和实现的可能性。任何社会实践活动的预期效果都是由“需求”转化而来的，管理会计目标也不例外。但管理会计的社会需求并不一定都能转化为管理会计目标，只有经过管理会计特征“过滤”后的需求才有可能由管理会计来实现，成为管理会计目标。

【提示】 管理会计目标是由需求和可能两个因素共同决定的。

管理会计目标包括总目标和具体目标两个层次。管理会计总目标是提高企业经济效益，实现最大的价值增值。而对于管理会计具体目标，理论界众说纷纭，代表性的观点有如下两种。

一是 1966 年，美国会计学会在《基本会计理论》中指出，管理会计目标是为管理人员服务，帮助管理人员制定合理的经济目标，并为实现该目标进行合理决策。

二是 1986 年，美国全国会计师协会下设的管理会计实务委员会在《管理会计公告：管理会计的目标》中明确规定，管理会计应实现两个具体目标：①为管理和决策提供信息。管理会计应向各级管理人员提供以下经选择和加工的信息：与计划、评价和控制企业经营活动有关的各类信息，包括历史信息和未来信息；与维护企业资产安全、完整及资源有效利用有关的各类信息；与股东、债权人及其他企业外部利益相关者的决策有关的信息。②参与企业经营管理。

五、管理会计的方法

管理会计所采用的基本方法可通过把它与财务会计所采用的方法进行对比来说明。财务会计所采用的方法是描述性方法，重点放在如何全面、系统地反映企业的生产经营活动上。现代管理会计所采用的方法是分析性方法，用来从动态上掌握企业生产经营中形成的成本、利润以及现金流量等要素。这同财务会计所采用的描述性方法有很大的不同，不仅涉及常数，而且涉及变数。“差量分析”作为一种主要的分析方法贯穿现代管理会计的始终，它在不同情况下的应用有不同的具体表现形式。

(一) 成本性态分析法

将成本表述为业务量的函数，分析它们之间的依存关系，然后按照成本对业务量的依存性，最终把全部成本区分为固定成本与变动成本两大类，进而根据成本与业务量的增减变动进行差量分析，构成现代管理会计的一种基本方法。

(二) 本量利分析法

将成本、业务量、利润这三者的变动所形成的差量相互联系起来进行分析，其核心内容是保本分析或盈亏平衡分析，围绕保本分析，从动态上掌握有关因素变动对企业盈亏消长的规律性影响。这对企业在经营决策中根据主客观条件有预见地采取相应措施，实现扭亏增盈，具有重要意义。

(三) 边际分析法

运用边际分析法确定最优规模，使企业管理部门具体掌握生产经营中有关变量联系和变化的基本规律，从而预先采取有效措施，合理运用人力、物力和财力，实现各有关因素的最优组合，争取最大限度地提高企业生产经营的经济效益。

(四) 成本效益分析法

在经营决策中，适应不同情况形成若干独特的"成本"概念(如差别成本、边际成本、沉没成本等)和相应的计量方法，以此为基础，对各种可供选择方案的"净效益"(总效益与总成本之差)进行对比分析，以判别各有关方案的经济性。这是企业用来进行短期经营决策分析评价的基本方法。

(五) 折现的现金流量法

将长期投资方案的现金流出(投资额)及建成投产后各年能实现的现金流入，采用复利法统一换算为同一时点的数值(现值、终值或年值)，然后进行分析对比，以判别有关方案的经济性，使各方案投资效益的分析和评价建立在客观可比的基础上。这是企业用来进行长期投资决策经济评价的基本方法。

(六) 价值链分析法

随着现代企业管理理论与方法的变革与发展，企业被看作服务于顾客需要而设计的一系列作业的集合体。这些作业形成有机关联的作业链，每一项作业的产出又形成相应的价值，从而形成价值链。站在企业整体战略的高度不断优化作业链/价值链，使得企业作业链/价值链分析法成为管理会计的又一新的基本方法。

任务四　管理会计与财务会计的关系

一、管理会计与财务会计的联系

(一) 起源相同

管理会计与财务会计两者源于同一母体，都是由传统会计孕育、发展而来的，都属于现代会计，共同构成了现代会计系统的有机整体，两者相互依存、相互制约、相互补充。

(二) 目标相同

尽管管理会计与财务会计分别对企业内部与外部提供信息，但最终目标都是使企业能够获得最大利润，提高经济效益。

(三) 基本信息同源

管理会计所使用的信息尽管广泛多样，但基本信息来源于财务会计，有的是对财务会计资料的直接使用，有的则是财务会计资料的调整和延伸。

(四) 服务对象交叉

虽然管理会计与财务会计有内外之分，但服务对象并不严格、唯一，在许多情况下，管理会计的信息可以为外部利益集团所利用(如盈利预测)，财务会计信息对企业内部决策也至关重要。

管理会计与财务会计的关系如图 1-5 所示。

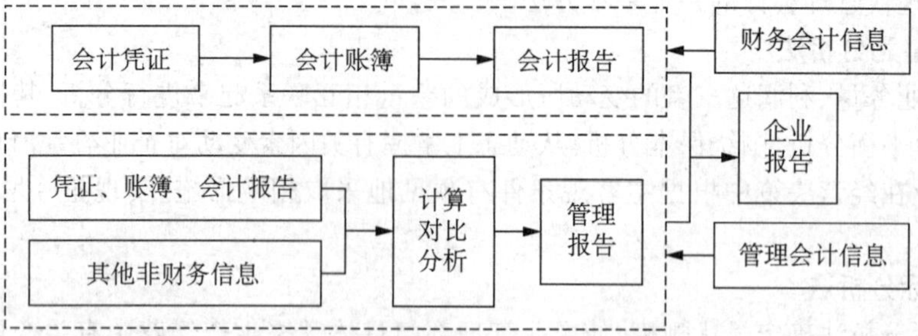

图 1-5　管理会计与财务会计的关系

二、管理会计与财务会计的区别

(一) 会计主体不同

管理会计主要以企业、车间、班组或个人等各个责任单位为对象，并对它们的日常业绩进行控制、评价与考核；财务会计主要以整个企业为主体，以整个企业为对象，综合评价与考核企业财务状况和经营成果。

(二) 服务对象不同

管理会计侧重为企业内部管理人员服务。管理会计人员向企业内部管理人员提供有关经济信息，以帮助他们正确确定经营目标，制定经营决策，编制计划预算，实施控制考核，以提高企业的管理水平和经济效益，因此管理会计被称为"内部会计"。财务会计虽然对内、对外都能提供有关企业最基本的财务成本信息，但主要是侧重为企业外部团体或个人服务，它是"外部会计"。

(三) 工作重点不同

管理会计的工作重点在于为企业内部各级管理人员提供所需的会计信息资料，它不仅反映过去，更侧重于利用历史资料来预测前景、参与决策、规划未来、控制和评价企业的一切经济活动；财务会计的工作重点在于向企业外部的投资者和债权人全面、公允地报告企业的财务状况和经营成果，并根据日常的记录，定期编制财务会计报告。

(四) 核算方法和程序不同

1. 核算方法不同

财务会计以货币为统一计量单位，核算时往往只需要运用简单的算术方法。其选择的会计方法比较稳定，为了避免由于轻易变动会计方法而影响某些相关者的利益，或以变动会计方法为手段去谋求某些相关者的利益而侵害其他相关者的利益，各国的会计准则均规定，财务会计选用某种会计方法后，一般不得轻易变动。如因确有改动的必要而变动会计方法时，一般需要在会计报表中做出说明。而管理会计采用多种计量单位，核算时运用多种现代数学核算方法，大量运用运筹学和计算机等现代手段。管理会计方法灵活多样，如本量利分析、标准成本计算、预算管理、边际分析、责任会计等，对不同的问题进行分析处理，即使对相同的问题也可根据需要和可能而采用不同的方法，它不拘泥于固有的会计程序或规范，不受月、季、年的限制，可应管理工作之需，在任何期间编制有关管理会计报表，甚至编制未来某一期间的有关报表。

2. 核算程序不同

财务会计的核算程序是固定的，凭证、账簿、报表等都有规定的格式和种类，从制作凭证到登记账簿，直至编报财务报告，都必须按规定的程序处理，不得随意变更其工作内容或颠倒工作顺序。而管理会计核算的程序性较差，没有固定的程序可以遵循，可以自由选择，所用报表可自行设计，没有规定的格式和种类，有较大的回旋余地，企业可根据自己实际情况设计管理会计工作的流程。

（五）作用时效不同

财务会计实质上属于算“死账”的“报账型会计”。财务会计的作用时效主要在于反映过去，记录和总结企业经营状况，对财务报表进行制作、报告和审计。管理会计实质上属于算“活账”的“经营型会计”。所谓算“活账”，是指管理会计把面向未来的作用时效摆在第一位，在财务报表的基础上进行大量的分析和比较，履行预算、决策、规划、控制和考核的职能。所谓“经营型会计”，是指管理会计在分析过去和控制现在的基础上能动地利用财务会计的资料进行预测和规划未来，从而横跨过去、现在、未来三个时态。

（六）信息披露法律责任不同

管理会计提供的报告是非正式报告，不需要定期编制，只在需要时编制；一般没有统一格式，不要求绝对准确，不需要承担法律责任。财务会计提供的报告是正式报告，必须定期编制；具有固定格式，要求绝对准确，需要承担法律责任。

（七）对会计人员素质的要求不同

管理会计的方法灵活多样，又没有固定的工作程序可以遵循，其涉及的内容多而且比较复杂，要求从事这项工作的人员必须具备较宽的知识面和果断的应变能力，同时具备较强的分析问题、解决问题的能力。财务会计工作则需要基础知识比较扎实、操作能力强、工作细致的专业人才来承担。

表 1-1 进一步对管理会计与财务会计做了详细的比较。

表 1-1　　管理会计与财务会计的区别

项　目	管理会计	财务会计
会计主体	主要以企业、车间、班组或个人等责任单位为对象，对其日常业绩进行评价与考核	主要以整个企业为主体，以整个企业为对象，综合评价与考核企业财务状况和经营成果
服务对象	侧重为企业内部管理人员服务	侧重为外部团体或个人服务
工作重点	为内部管理人员提供资料，反映过去，预测未来	为外部提供财务状况和经营成果
核算方法和程序	不定期；核算时可采用多种计量单位和多种数学核算方法，大量运用运筹学和计算机等现代手段，方法灵活多样；无固定核算程序，账、证、表按管理需要自行设计	定期，以货币为统一计量单位，核算时只需要运用简单的算术方法。采用规定的会计核算方法；核算程序固定，证、账、表有规定格式
作用时效	面向未来，属于算“活账”的经营型会计	面向过去，属于算“死账”的报告型会计
信息披露法律责任	报告无法律效力，不要求绝对准确	报告具有法律效力，力求数据准确
对会计人员素质的要求	要求从事管理会计工作的人员必须具备较宽的知识面和果断的应变能力，具有较强的分析问题、解决问题的能力	财务会计工作需要基础知识比较扎实、操作能力强、工作细致的专业人才来承担

（续表）

项　目	管理会计	财务会计
会计报告	不定期编制，不一定对外报送，可采用非货币计量单位；无统一格式，内容不定，定量与定性相结合	定期编制，对外报送；统一采用货币计量；格式统一，内容确定，定量反映
实施程度	取决于管理的需要	各企业都必须强制实施
信息特征	有选择、部分或特定的信息	系统、连续、综合的全面信息

关键术语

管理会计

应知考核

一、单项选择题

1. 通过预测、决策所确定的目标和任务，用数量和表格的形式进行表达和分解的是（　　）。
A. 经营预测　B. 短期经营决策　C. 长期投资决策　D. 全面预算
2. （　　）是决定管理会计运行的基本前提。
A. 预测决策会计　B. 管理会计术语　C. 管理会计原则　D. 管理会计假设
3. 在某种意义上被称为"内部会计"的是（　　）。
A. 财务会计　B. 成本会计　C. 管理会计　D. 责任会计
4. 管理会计的发展趋势是（　　）。
A. 战略管理会计　B. 现代管理会计　C. 执行性管理会计　D. 决策性管理会计
5. 下列项目中，能够规定管理会计工作对象基本活动空间的假设是（　　）。
A. 多层主体假设　B. 理性行为假设　C. 合理预期假设　D. 充分占有信息假设

二、多项选择题

1. 管理会计的基本内容大致归纳为（　　）。
A. 规划与决策会计　B. 控制与业绩评价会计
C. 成本会计　D. 预算会计
2. 下列各项中，属于管理会计职能的有（　　）。
A. 预测经济前景　B. 参与经济决策　C. 规划经济目标　D. 控制经济过程
3. 下列各项中，属于管理会计基本假设内容的有（　　）。
A. 多层主体假设　B. 理性行为假设
C. 合理分期假设　D. 充分占有信息假设
4. 下列项目中，可以作为管理会计主体的有（　　）。
A. 企业整体　B. 个人　C. 车间　D. 班组
5. 管理会计方法包括（　　）。
A. 成本性态分析法　B. 本量利分析法
C. 边际分析法　D. "成本—效益"分析法

三、判断题

1. 管理会计只研究传统管理会计所要研究的问题。（　　）
2. 管理会计的基本内容是指与管理会计职能相适应的工作内容。（　　）
3. 管理会计目标是由需求和供应两个因素共同决定的。（　　）

4. 评价经营业绩是通过建立责任会计制度来实现的。 ( )
5. 管理会计被称为“内部会计”,财务会计被称为“外部会计”。 ( )

四、简述题

1. 管理会计经历了哪几个发展阶段？各有何特点？
2. 管理会计的理论框架包括哪些内容？
3. 管理会计与财务会计有什么联系与区别？
4. 简述管理会计的概念和特点。
5. 简述管理会计方法。

应会考核

■ 观念应用

【背景资料】

吉祥航空的经验

上海吉祥航空股份有限公司(简称吉祥航空)由国内著名民营企业均瑶集团旗下的上海均瑶(集团)有限公司和上海均瑶航空投资有限公司共同投资建立,是以上海为基地的新兴民营资本航空公司,于2005年6月经中国民用航空局和上海市政府批准筹建。吉祥航空已于2015年5月在A股上市。吉祥航空选用全新空中客车A320系列机型投入运营。2007年11月,吉祥航空推出“常旅客奖励计划”。吉祥航空在2014年的平均客座率为87%。目前吉祥航空拥有68架全新空客A320系列飞机。吉祥航空将按照“安全、正点、精致服务”的经营理念,快速扩大航线网络和运输规模,提高服务质量,致力于成为一家卓越的国际化航空公司。根据吉祥航空发展规划,至2016年底公司机队数量将增长至59架,至2020年底机队规模将超过100架,并将于2018年引进宽体机,成为深耕上海基地,航线网络覆盖亚洲及洲际的大型网络航空公司。

成立初期,吉祥航空规划以上海为中心,形成以上海虹桥国际机场和上海浦东国际机场为主的国内外枢纽城市航线网络,2010年逐步形成以上海周围城市中转联程并辐射全国的航线网络,分阶段开通上海出发的国际航线。

吉祥航空定位于服务中高端公务、商务及商务休闲旅客,致力于发展成为走差异化道路的国际化精品航空公司。从开航以来,吉祥航空坚持引进全新飞机,通过改善硬件设施提供优质服务,不断创新。吉祥航空已开通了上海、杭州始发的60余条国际、国内航线,又率先运营上海—高雄航线、开通上海—台北航线,为两岸旅客提供更加便利、更多选择的优质航线服务。

【考核要求】

(1) 企业的战略应如何确定？
(2) 吉祥航空的成功经验说明了哪些管理会计的思想和管理方法在决策中的应用？

■ 技能应用

美国西南航空公司管理会计的预测、决策、规划、控制和考评

美国西南航空公司(简称西南航空)成立于1968年(正式运营始于1971年),当时经营达拉斯、休斯敦和圣安东尼奥的短程航运业务。西南航空的成功是有目共睹的:

到1991年,西南航空的营业收入达到13亿美元,虽然比不上美国最大的四家航空公司(美洲航空、德尔塔航空、联合航空和西北航空),但利润却超过了它们。1992年,西南航空营业收入又增长了25%。而1991—1992年美国航空业总亏损80亿美元,有三家大的航空公司破产倒闭。

西南航空经营初期就确定了低成本、低价格、高频率、多班次的战略,绝不多花一分钱、多浪费一分钟、多雇一个员工。西南航空选用了最省油的波音737,挑选回报率最高的航线,每架飞机每天起落10次以上,航班停歇时间控制在15分钟之内(达到了当时世界最短纪录)。

西南航空开张伊始,就将任意两个城市间的单程票价降到26美元,拉开了得克萨斯州空运价格大战的序幕,并逐步向世人展示它“服务良好、票价低廉”的企业形象。

(1) 在服务创意和营销策略上,西南航空匠心独运,令竞争对手难以企及。

(2) 在运营效率和价格方面,西南航空的招数也是出奇制胜。其中,最著名的就是"双十"战略:10分钟的转场时间和10美元的非高峰期价格。极低的票价是策略的核心,为此,西南航空采取了一系列措施:提高飞机的使用率;只提供在中等城市之间的点对点的航线,并且不与其他航空公司形成联运服务;保持地勤人员少而精;保持可靠的离港率,遵循"飞机要在天上才能赚钱"的原则;限量提供飞机上的供应,不提供用餐服务,但允许自带食品。正是这一套完整的运营体系使西南航空的低价竞争得以实现。低价策略是基于公司的资源而建立的独特策略,从而防止了其他公司的模仿,并使这一策略能够持久有效。

(3) 为培植高收益旅客的忠诚,西南航空以免费礼品为利器,迫使对手"屈膝称臣"。1973年,在开张两年后,西南航空有了几十万美元的利润进账。从那时起,西南航空年年盈利,成为全世界航空业最能赚钱的公司。

【技能要求】

(1) 企业的战略应如何确定?其选择是否应成为企业管理决策的基点?

(2) 在本例中战略与战术是如何协调的?不同战略下战术安排是否具有相同的特点?

(3) 美国西南航空公司是如何运用预测、决策、规划、控制和考评管理会计的基本职能的?

(4) 运用本项目管理会计的知识谈谈你对本案的理解和看法。

■ 案例分析

【背景资料】

对杨氏电子公司管理的思考

杨氏电子公司开发了一种高速度、低成本的复印机。这种复印机原本主要是供家庭使用的。随着客户了解到该种复印机使用很简单且价格便宜,越来越多的小企业也开始使用该种复印机。随着一些企业的大量订购,销售量开始猛增。但订购企业的频繁使用导致复印机某些组件故障。不论使用量是多少,复印机的保修期都是两年,因此杨氏电子公司承担着高额的成本。

由于杨氏电子公司的季度例会即将召开,总会计师刘军要求财务经理李卓编制一份情况报告。不幸的是,很难准确预测上述事情的后果,但显而易见的是,许多企业用户开始转向竞争对手,购买更加昂贵的复印机,并且很显然,增加的维修成本将显著影响本公司的获利能力。

李卓尽其所能汇报了当前形势。刘军十分关注这份报告对董事会产生的影响。他并非不同意以上分析,但他认为这将给大家造成管理不力的印象,董事会可能会决定停止这种产品的生产。通过与工程负责人会谈,刘军相信,经过细微的设计改动,该种复印机就可以满足使用量较大的客户的需求。因此,刘军把李卓叫到办公室,要求他删除有关组件故障部分的相关内容。他认为这一部分只要口头向董事会提一下,并说明工程上即将解决这一问题即可。

【分析要求】

依据上述资料,请回答:如果你是李卓,你是否会按照刘军的要求去做?请说明理由。

项目实训

【实训项目】

调查管理会计在企业中的运用。

【实训情境】

通过实地调查当地各类型的企业,访问企业管理人员和会计人员,培养学生关注实际企业的习惯,将所学理论知识与企业实际紧密结合,学以致用;培养学生学习管理会计的兴趣,锻炼学生参加社会实践活动的人际沟通能力与协调能力。

【实训任务】

要求:完成一篇字数不少于1 000字的分析报告,报告中请说明:

(1) 企业的经营业务活动和主要的生产工艺流程。

(2) 企业的组织机构的构建。

(3) 企业的管理会计制度和工作情况。

(4) 了解企业管理会计人员的职称、职务和职责，以及胜任该职务所必需的职业技能等情况。

(5) 撰写"调查管理会计在企业中的运用"实训报告。

"调查管理会计在企业中的运用"实训报告		
项目实训班级：	项目小组：	项目组成员：
实训时间：　年　月　日	实训地点：	实训成绩：
实训目的：		
实训步骤：		
实训结果：		
实训感言：		

模块二

内部核算分析

项目二 成本性态分析

知识目标

理解：成本的概念与分类。

熟知：成本性态的概念与分类。

掌握：成本性态分析的概念和方法。

项目课件

技能目标

能够运用相关知识和成本性态分析方法对成本进行分析，特别是对混合成本的分析。

素质目标

能够合理地辨析成本的相关概念，提高分析和总结能力。

项目引例

"机会成本"的作用

王丽打算用自己的临街房开一个小卖部，她估算每月流水 10 000 元，每月进货成本 3 000 元，水、电及税费等支出 600 元，折旧费 400 元，一名临时工的月工资 1 000 元，王丽每月可净赚 5 000 元(10 000－3 000－600－400－1 000)，但是王丽认为如果自己不开这个小卖部，可以将房子出租，以房子的所在地段每月可收取租金 2 000 元，如果上班以自己的能力月工资也能达到 3 500 元。分析之后，王丽认为不应该开这个小卖部。

你知道王丽为什么不开这个小卖部吗？王丽所考虑的成本中既包括实实在在发生的可以记入账簿中的支出，也包括由于自己开这个小卖部而放弃的潜在收益，即：每月可收取的租金 2 000 元以及可能获得的月工资 3 500 元。因此，王丽认为开这个小卖部的全部成本是 10 500 元。

【思考与讨论】

你知道她所考虑的成本和以往所学的财务会计中的成本有什么不同吗？你认为她这样考虑有什么好处？

知识精讲

任务一 成本性态分析概述

一、管理会计中成本的概念

我国传统财务会计学认为，成本是在一定条件下企业为生产一定产品所发生的各种耗费的货币表现；西方财务会计认为，成本是企业为了获取某项资产或达到一定的目的，而导致货币测定的价值牺牲；而管理会计中的成本则是指企业在生产经营过程中对象化的、以货币表现的、为达到一定目的而应当或可能发生的各种经济资源的价值牺牲或代价。

管理会计中成本的概念相对于财务会计中成本的概念，具有如下几个特点。

(一) 成本具有不可确定性

成本的不可确定性表现为：对于可能发生或应当发生的成本，而实际上并不一定真的发生，或发生多少也不一定与估计的相同。

为了进行成本控制，我们需要建立标准成本制度，预算出相应的成本水平，但实际工作中发生的成本并不一定与该标准成本相同。

一台机器可以用来加工零件，也可以用来出租。如果加工零件，就不能获得租金收入。管理会计认为，加工零件所放弃的租金收入也构成了零件加工的一项成本。但这个成本并不是实际的耗费，它没有发生，也不能记入会计账簿，但却影响了该机器是用来加工零件还是出租的决策结果。

（二）成本的时态包括过去、现在与将来

管理会计在进行成本控制时，首先要制定标准成本——未来的成本，为进行成本控制确定标准；其次要将当期实际发生的成本——现在的成本与标准成本进行比较，考核标准的完成情况；最后要根据当期和以往发生的实际成本——历史成本，研究、修改并确定新的标准成本，使今后的成本控制标准更加科学、合理并促进成本控制水平的提高。

（三）成本中包含了机会成本

在西方经济学中，机会成本是指在选择最优方案时，所放弃的次优方案带来的收益。简单来说，机会成本就是指放弃的收益。在管理会计进行方案的决策中，不仅要考虑已经发生的可以记入账簿中的成本费用，还要考虑不能记入会计账簿中的放弃的次优方案的收益。由于考虑了机会成本才使得方案的选择更加科学、可靠，正如“项目引例”中的王丽，由于考虑了机会成本，才做出了正确的选择。

二、成本的分类

（一）成本按其经济用途分类，可以分为生产成本和非生产成本

1. 生产成本

生产成本又称制造成本，是指在生产过程中为制造产品而发生的成本，包括直接材料、直接人工和制造费用。

（1）直接材料是指在生产产品过程中所消耗的直接用于产品生产并构成产品实体的材料的成本。

（2）直接人工是指在生产产品过程中直接参加产品生产的工人的工资以及相关薪酬。

（3）制造费用是指企业生产车间为生产产品而发生的各项间接费用，如用于产品生产的机器设备、厂房的折旧等。

2. 非生产成本

非生产成本又称非制造成本，是指生产成本以外的成本。具体包括以下几个方面：

（1）销售费用是指在销售过程中为推销产品而发生的各项成本，包括广告费，销售过程中发生的运杂费、销售佣金，销售人员工资，销售部门的办公费、差旅费、修理费以及物料消耗等。

（2）管理费用是指企业行政部门为组织企业生产所发生的成本，包括行政管理部门人员的工资、物料消耗、办公费、修理费等。

（3）财务费用是指企业为筹集生产经营所需资金等而发生的筹资费用，包括利息支出、汇兑损益以及相关的手续费等。分类情况如图 2-1 所示。

- 成本
  - 生产成本
    - 直接材料
    - 直接人工
    - 制造费用
  - 非生产成本
    - 销售费用
    - 管理费用
    - 财务费用

图 2-1　成本按经济用途分类

【注意】 成本按经济用途分类是财务会计进行生产成本(完全成本法)核算的基础。

(二) 成本按其时态分类,可以分为历史成本和未来成本

1. 历史成本

历史成本是指以前时期已经发生或本期刚刚发生的成本,也就是财务会计的实际成本。

2. 未来成本

未来成本是指预先测算的成本,未来成本实际上是企业实施目标成本管理时要求达到的控制水平,具体包括预算成本、标准成本等。

预算成本和标准成本将在本教材项目十"全面预算"、项目十一"标准成本控制"中做了详细讲解。

(三) 成本按其与经济决策是否相关分类,可以分为相关成本和不相关成本

1. 相关成本

相关成本是指与分析、评价有关方案经济效益的大小相关的那部分成本项目,具体包括差量成本、机会成本、专属成本、加工成本、可分成本、可避免成本和可延缓成本等。

2. 不相关成本

不相关成本是指与分析、评价有关方案经济效益的大小不相关的那部分成本项目,具体包括沉没成本、共同成本、联合成本、不可避免成本和不可延缓成本等。

上述成本将在本教材项目七"决策分析的相关指标"中做了详细讲解。

(四) 成本按其可控性分类,可以分为可控成本和不可控成本

1. 可控成本

可控成本是指责任单位可以预计、计量、施加影响并承担责任的某一成本项目,如责任成本。

2. 不可控成本

不可控成本是指责任单位难以预计、计量、施加影响并承担责任的某一成本项目。

关于可控成本和不可控成本的特性将在本教材项目十二"责任会计"中做了详细讲解。

【提示】 成本的可控性是相对于一个特定责任单位或一个特定时期而言的,一项成本对某个责任单位而言是不可控的,但对另一个责任单位而言则是可控的。同一个成本项目在某一个特定时期对某一责任单位来说是可控的,但在另一个时期可能就是不可控的。

(五) 成本按其性态分类,可以分为固定成本、变动成本和混合成本

固定成本、变动成本和混合成本三类,在本任务的第三部分介绍。

三、成本性态的概念与分类

(一) 成本性态的概念

成本性态又称成本习性,是指在一定条件下成本总额与特定业务量之间的依存关系。其中,"一定条件"是指一定的时间范围或业务量范围,又称为相关范围。"成本总额"是指为取得营业收入而发生的成本费用,包括制造成本和非制造成本。"业务量"是指生产量、销售量或行驶里程数、机器工作小时数等。

(二) 成本性态的分类

1. 固定成本

1) 固定成本的概念及特征

固定成本是指成本总额在一定相关范围内不受业务量增减变动的影响而固定不变的成本,但若就单位产品中的固定成本而言,则与业务量的增减变动呈反比例变动。

【提示】 固定成本具体包括:制造费用中车间厂房、设备的租赁费、保险费、直线法计提的折旧,不随产量变动的办公费、差旅费、车间管理人员工资;管理费用中企业管理人员的工资、办公

费等；销售费用中不受销售量影响的广告费、差旅费、租赁费和保险费等。

【做中学 2-1】 某企业生产一种产品，其专用生产设备的月折旧额为 10 000 元，该设备最大加工能力为 4 000 件/月。当该设备分别生产 1 000 件、2 000 件、3 000 件和 4 000 件时，单位产品所负担的固定成本如表 2-1 所示。

表 2-1　固定成本与业务量的关系

业务量 （件）	总成本 （元）	单位产品负担固定成本 （元）
1 000	10 000	10
2 000	10 000	5
3 000	10 000	3.33
4 000	10 000	2.50

如果用方程式表示，x 代表业务量；F 代表固定成本；a 表示单位业务量所负担的固定成本，则上述关系（即固定成本的性态）可以表示为：

$$固定成本\ F = 1\,000（元）$$

$$单位固定成本\ a = \frac{F}{x} = \frac{10\,000}{x}$$

从上例中可以看出，单位产品所负担的固定成本与业务量呈反比例关系，即业务量的增加会导致单位产品负担的固定成本下降；反之亦然。

从数学的角度而言，固定成本总额可以用 $y = a$，单位固定成本可以用 $y = \frac{a}{x}$ 的数学模型来表示固定成本的习性，如图 2-2 与图 2-3 所示。

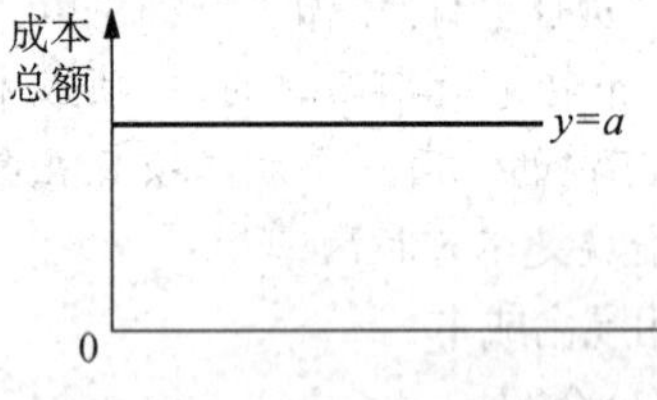

图 2-2　固定成本总额性态模型

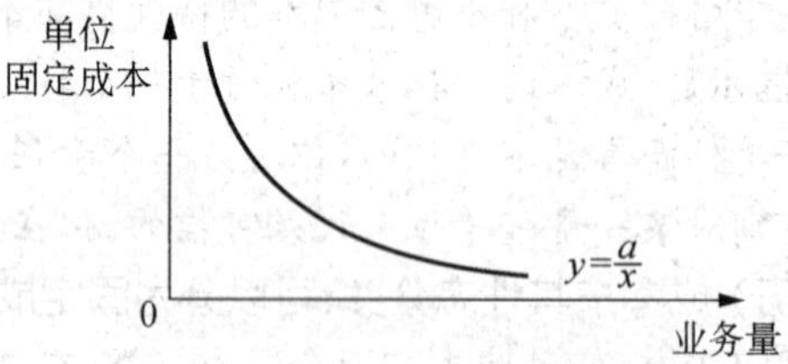

图 2-3　单位固定成本性态模型

【注意】 观察上面两个数学模型，可以发现固定成本的基本特征是：在一定期间范围和业务量范围内，其总额维持不变。但就单位业务量而言，单位业务量所分摊的固定成本却是随业务量总数变化而呈反比例变动。

2）固定成本的分类

固定成本按其发生的原因可以分为约束性固定成本和酌量性固定成本两类。

（1）约束性固定成本（生产经营能力成本）是指为维持目前的生产经营能力而必须开支的，不随短期决策行为改变而改变的固定成本。例如，厂房、机器设备的折旧费、租金，高级管理人员的薪金等。

（2）酌量性固定成本（厂长、经理成本）是指其总额可由决策者的短期决策行为改变的固定成本。例如，新产品开发费、广告宣传费、职工培训费等。

2. 变动成本

1）变动成本的概念及特征

变动成本是指在一定的相关范围内，其总额随业务量的增减变动而呈正比例变动的成本。

【提示】 变动成本具体包括：直接材料、直接人工费（计件工资）、制造费用中随产量呈正比例变动的燃料费、动力费以及按销售量支付的销售佣金、装运费、包装费，管理费用中随产量成正比例变动的部分。

【做中学 2-2】 承[做中学 2-1]，假定单位产品的直接材料成本为 20 元。当业务量分别为 1 000 件、2 000 件、3 000 件和 4 000 件时，材料的总成本和单位产品的材料成本如表 2-2 所示。

表 2-2　　变动成本与业务量的关系

业务量 （件）	材料总成本 （元）	单位产品材料成本 （元）
1 000	20 000	20
2 000	40 000	20
3 000	60 000	20
4 000	80 000	20

如果用方程式表示，设 x 代表业务量；b 代表单位变动成本，则有：

$$变动成本\ bx = 20x$$

$$单位变动成本\ b = 20$$

从表 2-2 的计算中可以看出，当业务量增加时，变动成本总额也随之呈正比例增加，但单位变动成本始终保持不变，均为 20 元。

同样，我们也可以用数学模型：$y = bx$ 来描述变动成本总额，用 $y = b$ 来描述单位变动成本，如图 2-4、图 2-5 所示。

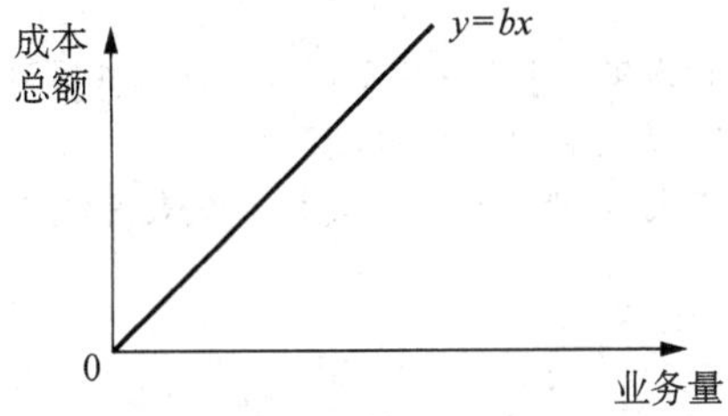

图 2-4　变动成本总额性态模型

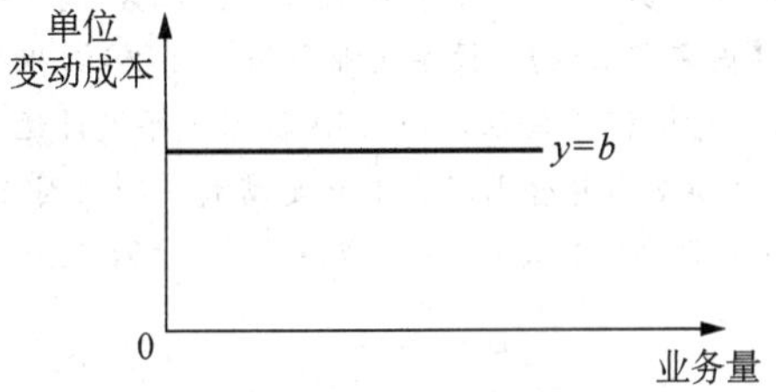

图 2-5　单位变动成本性态模型

【注意】 观察上面两个数学模型，可以看出变动成本的特点：在一定期间和业务量范围内，变动成本总额随业务量的变动呈正比例变动，而单位变动成本保持不变。

2）变动成本的分类

变动成本按其发生的原因可以分为技术变动成本和酌量性变动成本两类。

（1）技术变动成本是指主要由技术性因素决定的那部分成本。例如，产品的设计、工艺决定了产品材料消耗和生产工时消耗的技术指标，这部分成本只有通过改进设计和工艺才能改变。因此，技术变动成本是单位变动成本水平的决定性因素。

（2）酌量性变动成本是指主要由管理部门决策影响的那部分成本。例如，提高劳动生产率，可以在保证产品质量的前提下，减少材料的消耗和工时的消耗，从而尽可能多地降低单位变动成本。

【注意】 一般来说，变动成本是产品生产的增量成本。

【做中学 2-3】 某企业只生产一种产品，每月固定成本 4 000 元，单位变动成本 7 元，那么：

生产 1 000 件产品时总成本为：

$$4\ 000+1\ 000\times 7=11\ 000(\text{元})$$

生产 1 001 件产品时总成本为：

$$4\ 000+1\ 001\times 7=11\ 007(\text{元})$$

生产 999 件产品时总成本为：

$$4\ 000+999\times 7=10\ 993(\text{元})$$

当增产 1 件产品时，由于变动成本增加 7 元，就使总成本增加了 7 元；如果减少 1 件产品，总成本只减少了 7 元。11 000 元成本与这件产品无必然联系，无论是否生产这件产品它们都要发生。因此，只有这 7 元才是真正属于每件产品的成本。产量增加时，总成本的增加是由变动成本增加引起的，变动成本的增量就是总成本的增量。

3. 混合成本

1）混合成本的概念

混合成本是指介于固定成本和变动成本之间的各项成本，是兼有变动成本和固定成本双重成本习性的成本。其基本特征是：成本总额随业务量变动而变动，但其变动幅度并不保持严格的比例关系。例如，机器设备的维护保养费用、辅助生产费用、管理费用等。

2）混合成本的分类

混合成本与业务量之间的关系比较复杂，一般按照混合成本随业务量变动情形的不同分为以下四种。

(1) 半变动成本。这类成本项目，以一部分不随业务量的变动而变动的成本数额作为基数，在此基础上的成本则类似于变动成本，随业务量的变动而呈正比例变动。例如，电费和电话费等公用事业费、燃料、维护和修理费等，多属于半变动成本。

【做中学 2-4】 设某企业租用一台机器，租约规定每年支付固定租金 3 000 元，与此同时，机器运转 1 小时支付运行租金 0.50 元。该机器今年累计运转了 4 000 小时，共支付租金 5 000 元。

这项支出包含固定成本和变动成本两项因素，如果用方程式表示，设 y 代表总成本；a 代表固定成本部分；b 代表单位变动成本；x 代表产量(机器运行小时)。则有：

$$\begin{aligned} y &= a+bx \\ &= 3\ 000+0.5\times 4\ 000 \\ &= 5\ 000(\text{元}) \end{aligned}$$

此类半变动成本性态模型如图 2-6 所示。

(2) 阶梯式变动成本，又称半固定成本，是指在一定业务量范围内，其发生额固定不变，当业务量增长到一定限度，其发生额就突然跳跃到一个新的水平，然后又在一定的业务范围内保持不动，直到出现另一个新的跳跃为止，如图 2-7 所示。

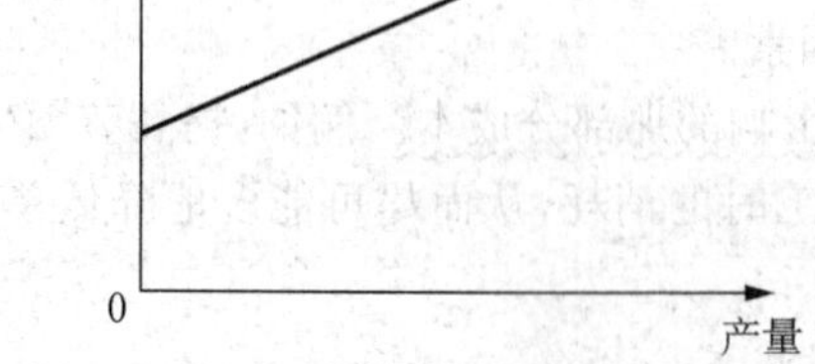

图 2-6 半变动成本性态模型

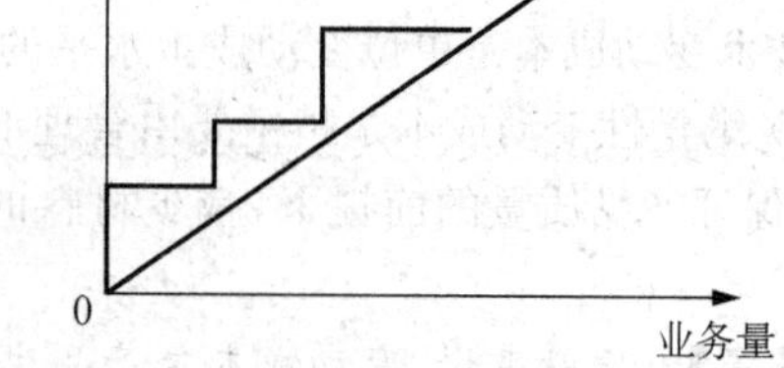

图 2-7 阶梯式变动成本性态模型

【做中学 2-5】 某企业产品检验员工资就是半固定成本。企业的最大生产能力为 800 件，如果产量在 400 件以内，需两名检验员，每人每月工资为 2 700 元，共 5 400 元，以后产量每增加 200 件，就增加一名检验员，则产量与检验员工资关系如表 2-3 所示。

表 2-3　　产量与检验员工资关系

产量	检验员工资(元)
400 件以内	5 400
401～600 件	8 100
601～800 件	10 800

(3) 延期变动成本。这一类成本在业务量的一定范围内固定不变，当业务量增加到一定水平时，成本随业务量呈正比例变动。例如，在正常产量情况下给员工支付固定月工资，当产量超过正常水平后则需支付加班费，这种人工成本就属于延期变动成本。

【做中学 2-6】 某企业成品库有固定员工 4 人，工资总额 6 000 元；当产量超过 4 000 件时，雇用临时工，临时工实行计件工资，每包装发运 1 件产品支付 1 元工资。成品库的人工成本所包含的固定成本和变动成本，在某一产量以下表现为固定成本，超过这一产量则成为变动成本。如本例中，在 4 000 件以下时人工成本 6 000 元不变；在 4 000 件以上时，每增加 1 件产品，人工成本增加 1 元。

如果用方程式表示，设 x 代表产量；y 代表总成本，则：

$x \leqslant 4\,000$ 时，

$y = 6\,000$

$x > 4\,000$ 时，

$$\begin{aligned} y &= 6\,000 + (x - 4\,000) \times 1 \\ &= 6\,000 + x - 4\,000 \\ &= 2\,000 + x \end{aligned}$$

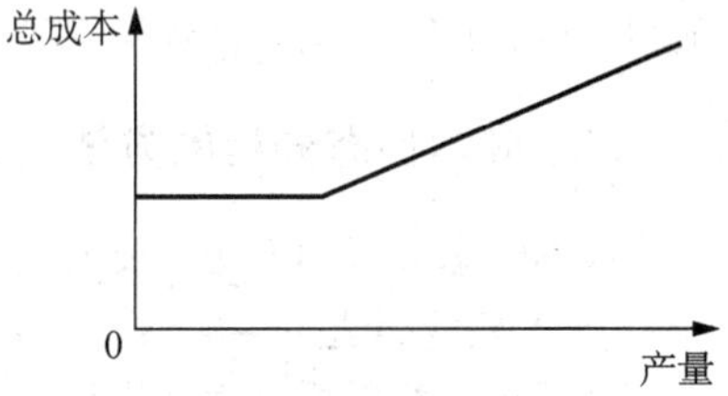

图 2-8　延期变动成本性态模型

此类延期变动成本性态模型如图 2-8 所示。

(4) 曲线成本。曲线成本是成本总额与业务量之间表现为非线性关系的混合成本。这种成本通常有一个初始量，一般不变，相当于固定成本。以后成本逐步增加，增加幅度呈现递增或递减的趋势，曲线成本可以进一步分为两种类型：

一种是变化率递减的曲线成本。例如，自备水源的成本，用水量越大则总成本越高，但两者不呈正比例，而呈非线性关系。用水量越大则总成本越高，但越来越慢，变化率是递减的，如图 2-9 所示。

另一种是变化率递增的曲线成本。例如，各种违约金、罚金、累进计件工资等。这种成本随产量增加而增加，而且比产量增加得还要快，变化率是递增的，如图 2-10 所示。

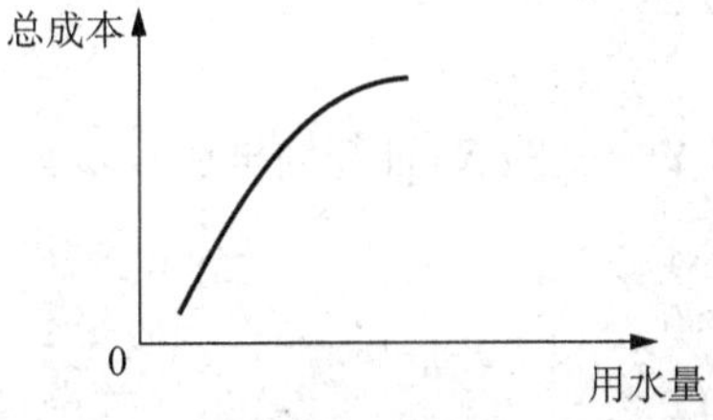

图 2-9　递减曲线成本性态模型

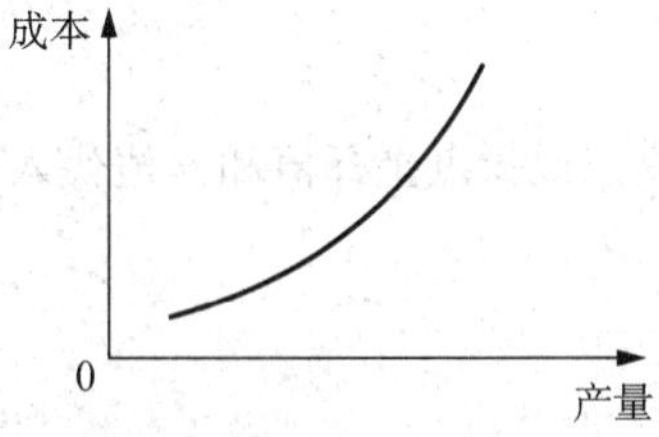

图 2-10　递增曲线成本性态模型

(三) 相关范围

绝对的固定成本或变动成本几乎是不存在的，无论是固定成本还是变动成本，其特性都是在

一定条件下才会呈现出来的。管理会计将这种不会改变固定成本、变动成本性态的有关期间和业务量的特定变动范围称为相关范围。在相关范围内，不管时间多久、业务量增减变动幅度多大，固定成本总额的不变性和变动成本总额的正比例变动性都将存在。而一旦超出相关范围的约束，就没有所谓的固定成本和变动成本了。

【注意】 相关范围具有相对性、暂时性、可转化性的特点。

【做中学 2-7】 某厂有一个装配车间，年租金是 20 000 元，年生产能力是 20 000 台。当年产量在 0～20 000 台时，租金保持 20 000 元的水平。假若该产品需要量发生了变化，超出了 20 000 台，如在20 001～30 000 台，此时原装配车间无法完成这个产量，因而厂方就必须再租一个装配车间，因此当相关范围发生变化时，企业的固定成本水平就会提高。

任务二　成本性态分析方法

一、成本性态分析的概念

成本性态分析是指在成本性态分类的基础上，按照一定的程序和方法，将全部成本区分为固定成本和变动成本两大类，并建立成本函数模型的过程。成本函数模型通常用 $Y=a+bX$ 来模拟。其中，Y 表示成本总额，a 表示固定成本总额，b 表示单位变动成本，X 表示业务量。通过成本性态分析，可以揭示成本与业务量之间的依存关系，从而为应用变动成本法进行本量利分析、预测分析、决策分析、全面预算等奠定基础。

二、成本性态分析的方法

成本性态分析的方法主要有高低点法、散布图法和直线回归法。

(一) 高低点法

高低点法是根据过去一定期间成本与相应业务量资料，通过最高点业务量和最低点业务量资料，推算出成本中固定成本和变动成本的一种简便方法。由于可用直线 $Y=a+bX$ 来模拟总成本，所以通过业务量高点、低点两组资料，就可以求出直线方程，从而将成本分解成固定成本部分和变动成本部分。

【提示】 这种方法主要适用于生产经营活动比较正常、混合成本增减变动趋势平缓的企业。

高低点法的具体步骤如下：

(1) 在各期业务量与相关成本坐标点中，以业务量为准，找出最高点和最低点，即 $(X_{高}, Y_{高})$ 和 $(X_{低}, Y_{低})$。

(2) 计算单位变动成本 b。

$$b=\frac{Y_{高}-Y_{低}}{X_{高}-X_{低}}$$

(3) 将高点或低点坐标值和 b 值代入直线方程 $Y=a+bX$，计算固定成本 a。

$$a=Y_{高}-bX_{高}$$

或

$$a=Y_{低}-bX_{低}$$

(4) 将求得的 a、b 代入直线方程 $Y=a+bX$，便得到成本性态分析模型。

【做中学 2-8】 已知某企业上半年某项混合成本的资料（见表 2-4），要求用高低点法进行成本性态分析。

表 2-4　　某企业上半年某项混合成本资料

月份	产量 X(件)	混合成本 Y(元)
1	6	110
2	8	115
3	4	85
4	7	105
5	9	120
6	5	100

① 根据已知资料找出最高点($X_{高}$,$Y_{高}$)和最低点($X_{低}$,$Y_{低}$),即点(9, 120)和点(4, 85)。

② 单位变动成本 $b=\dfrac{Y_{高}-Y_{低}}{X_{高}-X_{低}}=\dfrac{120-85}{9-4}=7$(元/件)

③ 固定成本 $a=Y_{高}-bX_{高}=120-7\times 9=57$(元)

或 固定成本 $a=Y_{低}-bX_{低}=85-7\times 4=57$(元)

④ 则该项混合成本性态模型为:

$$Y=57+7X$$

(二) 散布图法

散布图法是指在坐标纸上,分别标明一定期间内业务量(X)以及与之相应的混合成本(Y)的坐标点,通过目测画出一条尽可能反映所有坐标点的直线,据此推算出固定成本和单位变动成本的一种方法。

【提示】 该方法能够考虑所提供的全部资料,比较形象直观,但由于靠目测决定直线,容易造成误差,运用时可根据需要与其他方法结合使用。

散布图法的具体步骤是:

(1) 将各期业务量与相应混合成本的历史资料作为点的坐标标注在平面直角坐标图上。

(2) 目测画一条直线,使其尽可能通过或接近所有坐标点。

(3) 在纵坐标上读出该直线的截距值,即固定成本总额 a。

(4) 在直线上任取一点 P,假设其坐标值为(X, Y)。将它们代入下式计算单位变动成本 b:

$$b=\frac{Y-a}{X}$$

(5) 将 a、b 值代入下式,得出一般成本性态模型:

$$Y=a+bX$$

【做中学 2-9】 承[做中学 2-8],要求用散布图法进行成本性态分析。

① 将 6 期资料的相应坐标点分别标在坐标纸上,形成散布图,如图 2-11 所示。

② 通过目测,画一条直线,尽可能反映各坐标点。

③ 读出直线截距 a 为 55 元。

④ 在直线上任取一点(7, 105),则:

$b=(105-55)\div 7\approx 7.14$(元/件)

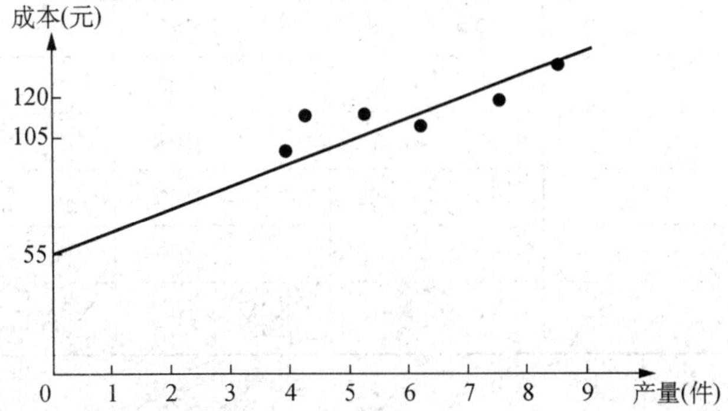

图 2-11　散布图

⑤ 该项混合成本性态模型为：

$$Y=55+7.14X$$

(三) 直线回归法

直线回归法是根据一定期间业务量与相应混合成本之间的历史资料，利用微分极值原理计算出最能反映业务量与成本之间关系的回归直线，从而确定成本性态的一种方法。它是在反映业务量与成本之间关系的直线中，确定一条所有已知观测点到直线距离平方和最小的直线——回归线，故又称为最小二乘法。

【提示】 直线回归法较为精确，可适用于成本增减变动趋势较大的企业。

直线回归法的具体步骤如下：

(1) 对已知资料进行加工，计算 $\sum X$、$\sum Y$、$\sum XY$、$\sum X^2$、$\sum Y^2$。

(2) 计算相关系数 r，判断业务量 X 与成本 Y 之间的线性关系。

【注意】 相关系数 r 的取值范围一般为 $[-1, 1]$。当 $r=-1$ 时，说明 X 与 Y 之间完全负相关；当 $r=0$ 时，说明 X 与 Y 之间不存在线性关系；当 $r=+1$ 时，说明 X 与 Y 之间完全正相关。一般来说，只要 r 接近 1，就说明 X 与 Y 基本正相关，可以运用线性回归方法。

$$r=\frac{n\sum XY-\sum X\sum Y}{\sqrt{\left[n\sum X^2-\left(\sum X\right)^2\right]\left[n\sum Y^2-\left(\sum Y\right)^2\right]}}$$

(3) 通过微分极值法(过程略)，得出回归直线方程中的 a、b 值的计算公式：

$$b=\frac{n\sum XY-\sum X\sum Y}{n\sum X^2-\left(\sum X\right)^2}$$

$$a=\frac{\sum Y-b\sum X}{n}$$

(4) 将 a、b 值代入，得成本性态分析模型：

$$Y=a+bX$$

【做中学 2-10】 承[做中学 2-8]，要求用直线回归法进行成本性态分析。

① 对已知资料进行加工，计算过程如表 2-5 所示。

表 2-5　计算表

月份	业务量 X(件)	混合成本 Y(元)	XY	X^2	Y^2
1	6	110	660	36	12 100
2	8	115	920	64	13 225
3	4	85	340	16	7 225
4	7	105	735	49	11 025
5	9	120	1 080	81	14 400
6	5	100	500	25	10 000
$n=6$	$\sum X=39$	$\sum Y=635$	$\sum XY=4\ 235$	$\sum X^2=271$	$\sum Y^2=67\ 975$

② 相关系数 $r=\dfrac{6\times 4\ 235-39\times 635}{\sqrt{(6\times 271-39^2)\times(6\times 67\ 975-635^2)}}\approx 0.93$

r 接近于1，X、Y 具有线性关系。

③ 将加工的资料代入公式得：

$$b=\frac{6\times 4\ 235-39\times 635}{6\times 271-39^2}\approx 6.14(\text{元/件})$$

$$a=\frac{635-6.14\times 39}{6}\approx 65.92(\text{元})$$

④ 得到成本性态分析模型：

$$Y=65.92+6.14X$$

以上是在已知历史资料基础上常采用的成本性态分析方法。除此以外，还有技术测定法和个别确认法等。技术测定法又称为工程技术法，是指利用经济工程项目技术资料测定的企业正常生产过程中投入与产出的关系，确定在实际业务量基础上其固定成本和变动成本水平，揭示其变动规律的一种方法。个别确认法是指在成本发生的当时，对每项成本的具体内容进行直接分析，使其分别归属于固定成本或变动成本的一种方法，如公用事业费中的煤气费、电话费等，人为地直接确定某一期间固定成本和变动成本的数额。这些方法的优点是在缺乏历史资料的情况下也可采用。总之，在实际运用中，可根据具体情况和需要，灵活采用各种成本性态分析方法。

任务三 成本性态分析的应用

一、成本性态的相关范围

运用成本性态分析，我们最终把成本分为固定成本、变动成本。在固定成本、变动成本定义前都强调“在一定时期、一定业务量范围内”这样一个条件，这个“条件”就是指成本性态的“相关范围”。在管理会计中，把不会改变固定成本和变动成本性态的有关期间、业务量的特定变动范围称为相关范围。在相关范围内，固定成本总额的不变性和变动成本总额的正比例变动性不变；超过相关范围，成本的性态将会发生变化。也就是说，原本是固定成本项目，成本总额改变了；原本是变动成本项目，成本总额随业务量的变动不再呈正比例变动。广义的相关范围是指业务量范围和期间范围，狭义的相关范围是指业务量范围。

（一）固定成本的相关范围

【做中学2-11】 某企业生产过程中所用的A设备是租用的，其月租金为1 000元，该设备每月的最大生产能力为500件。当该企业每月的产量在500件以内时，其租金总额不随产量的变动而变动，固定为1 000元。但当企业每月的产量分别为100件、200件、500件时，其单位固定成本将随产量的增加而下降，分别为10元、5元、2元。

若该企业生产甲产品的A设备是租用的，月租金1 000元，最大生产量是500件。在1个月内，产量在0～500件这个相关范围内，租金这一成本便是固定成本。业务量在0～500件不管如何变化，这1个月的租金成本是固定不变的，但超过相关范围1个月或500件业务量，租金就不再固定不变了。比如，该企业拟增加甲产品的产量，计划生产1 000件，则企业必须租入2台A设备，租金增加到2 000元。又如，以1个月租期满后，由于某些因素，再续租的租金可能提高或降低，不再是1 000元。其固定成本的相关范围如图2-12所示。

（二）变动成本的相关范围

变动成本与固定成本一样也存在相关范围问题。例如，某企业生产甲产品，在生产的最初阶段，由于工人技术不够熟练，单位直接人工成本较高；随着时间的推移，直接人工成本降低至正常水平，但是产量继续增加，可能需要工人加班加点，这时直接人工成本又会随产量增加而增加。

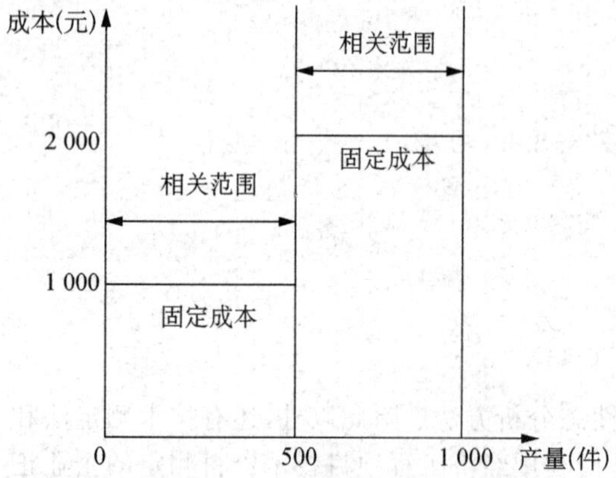

图 2-12　固定成本的相关范围

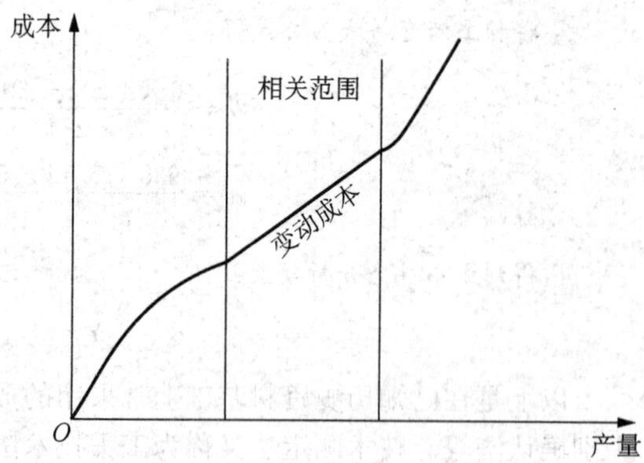

图 2-13　变动成本的相关范围

这样，在不同时期、不同业务量下，变动成本与业务量之间有时呈正比例变动，有时呈非正比例变动，变动成本的相关范围就是指成本总额与业务量之间呈正比例关系的时期和业务量范围。变动成本的相关范围如图 2-13 所示。

【提示】 总之，成本性态存在相关范围。变动成本、固定成本不是绝对的、一成不变的，在实际进行成本性态分析时应予以注意。

二、成本性态分析的程序

成本性态分析的程序是指进行成本性态分析的步骤。通常有两种程序：一是单步骤分析程序；二是多步骤分析程序。

（一）单步骤分析程序

单步骤分析程序是指在进行成本性态分析时，将总成本一次直接分解为固定成本部分和变动成本部分，建立成本函数模型的一种程序。

【提示】 在单步骤分析程序下，无需将总成本按成本性态分为固定成本、变动成本和混合成本，而是将总成本视作混合成本，直接进行分解。

在实际中，如果企业某项混合成本数额较少，可以将其视为固定成本，这样就简化了成本性态分析程序。上一任务中的成本性态分析方法的举例都采用了单步骤分析程序。

（二）多步骤分析程序

多步骤分析程序是指将总成本按成本性态分为固定成本、变动成本和混合成本，然后将混合成本分解为固定成本、变动成本，分别汇集于原固定成本和变动成本中，建立总成本性态模型的一种程序。

多步骤分析程序大致经过以下三个步骤：

(1) 将总成本分为固定成本、变动成本和混合成本三个部分，分别用 a、bX、Y_1 表示。

(2) 对总成本中的混合成本进行分解，建立混合成本性态模型：

$$Y_1 = a_1 + b_1 X$$

(3) 将混合成本分解出来的固定成本、变动成本汇集于原固定成本部分和变动成本部分，建立总成本性态模型：

$$Y = (a + a_1) + (b + b_1) X$$

【做中学 2-12】 某企业去年 12 个月中最高产量与最低产量的生产总成本摘录如表 2-6 所示。

表 2-6　　最高产量与最低产量的生产总成本摘录

项目	最高点(10 月)	最低点(3 月)
产量(件)	75 000	50 000
生产总成本(元)	176 250	142 500

该企业的生产总成本包括变动成本、固定成本和混合成本三类,会计部门对最低点产量为 50 000 件的生产总成本做了分析,各类成本的组成情况如下:

变动成本总额　　50 000 元

固定成本总额　　60 000 元

混合成本总额　　32 500 元

生产总成本　　142 500 元

要求:采用高低点法对该企业的生产总成本进行性态分析。

采用多步骤分析程序进行成本性态分析。

① 根据 3 月生产总成本的构成,计算 10 月生产总成本的构成。依据固定成本、变动成本的性质,计算如下:

$$
\begin{aligned}
10\text{ 月变动成本总额} &= bX \\
&= \frac{3\text{ 月变动成本总额}}{3\text{ 月业务量}} \times 10\text{ 月业务量} \\
&= \frac{50\,000}{50\,000} \times 75\,000 \\
&= 75\,000(\text{元})
\end{aligned}
$$

$$10\text{ 月固定成本总额} = 3\text{ 月固定成本总额} = 60\,000(\text{元})$$

则:

$$10\text{ 月混合成本总额} = 176\,250 - 75\,000 - 60\,000 = 41\,250(\text{元})$$

由此得到表 2-7。

表 2-7　　最高产量与最低产量的生产成本性态分析

项目	最高点(10 月)	最低点(3 月)
产量(件)	75 000	50 000
生产总成本(元)	176 250	142 500
其中:变动成本总额	75 000	50 000
固定成本总额	60 000	60 000
混合成本总额	41 250	32 500

② 运用高低点法对生产总成本中的混合成本进行性态分析,计算如下:

$$b_1 = (41\,250 - 32\,500) \div (75\,000 - 50\,000) = 0.35\ (\text{元/件})$$

代入低点:

$$a_1 = 32\,500 - 0.35 \times 50\,000 = 15\,000(\text{元})$$

则:

$$Y_1 = 15\,000 + 0.35X$$

③ 建立生产总成本性态模型 $Y = A + BX$。

$$A = 60\,000 + 15\,000 = 75\,000(\text{元})$$
$$B = 1 + 0.35 = 1.35(\text{元/件})$$

则：

$$Y = 75\,000 + 1.35X$$

成本性态分析的其他方法同样适用于多步骤分析程序，即按单步骤程序将总成本中的混合成本分解，将其中的固定成本和变动成本再分别与原固定成本和变动成本汇集，建立总成本性态模型。其他方法同理。总之，在实际进行成本性态分析时，可根据总体需要采用单步骤分析程序或多步骤分析程序。

三、成本性态分析应用

成本性态分析是管理会计实现预测、决策、规划、控制职能的一个基础，在实践中得到广泛的运用。

(一) 对计划期总成本进行预测

【做中学 2-13】 承[做中学 2-12]，若该企业今年 1 月份的产量为 65 000 件，预测其混合成本及生产总成本各是多少？

根据[做中学 2-12]计算所得生产总成本性态分析模型，将 X=65 000 代入得：

$$\begin{aligned}\text{混合成本} &= a_1 + b_1X \\ &= 15\,000 + 0.35 \times 65\,000 \\ &= 37\,750(\text{元})\end{aligned}$$

$$\begin{aligned}\text{生产总成本} &= A + BX \\ &= 75\,000 + 1.35 \times 65\,000 \\ &= 162\,750(\text{元})\end{aligned}$$

当今年 1 月份产量达到 65 000 件时，生产总成本将达到 162 750 元，其中混合成本将达到 37 750 元。

(二) 成为变动成本法的基础

变动成本法是区别于传统会计中完全成本法的一种成本计算方法，此方法下，产品成本只包含变动生产成本。运用变动成本法，同样必须对成本进行性态分析，有关变动成本法将在项目三作详细介绍。

(三) 作为本量利分析的前提

本量利分析即总成本、业务量、利润三者之间的关系分析，它的基本公式为：

利润 = 总收入 − 总成本
　　 = 总收入 − 变动成本总额 − 固定成本总额
　　 = 业务量 × 单价 − 业务量 × 单位变动成本 − 固定成本总额

要进行本量利分析，必须对成本进行性态分析。

(四) 简化预算编制

管理会计的规划职能主要是通过全面预算来完成的，实施预算的方法如弹性预算法，是以成本性态分类列示，按照预算期内可能发生的各种业务量水平编制的预算系列。由于固定成本不变，变动成本与业务量成呈比例变动，这就使弹性预算编制工作简化成为可能。

(五) 用于成本控制

成本性态分析可用于对某项混合成本预算的实际情况进行考核分析。

【做中学 2-14】 根据某企业一项混合成本的历史资料确定出该项混合成本中的固定成本 a 为 500

元，单位变动成本 b 为 0.6 元/人工小时，则计划期预计耗用 5 000 人工小时，该项混合成本预算数应为 3 500元(500+0.6×5 000)。若实际该项成本耗用了 4 000 元，实际耗用 5 200 人工小时，按照预计混合成本中固定成本和变动成本所占比例，可以确定出混合成本实际发生额中的固定部分和变动部分，计算如下：

$$\text{固定成本} = \text{实际混合成本} \times \frac{\text{预计固定成本}}{\text{预计混合成本}}$$
$$= 4\ 000 \times \frac{500}{500 + 0.6 \times 5\ 000}$$
$$\approx 571(\text{元})$$

$$\text{变动成本} = \text{实际混合成本} \times \frac{\text{预计变动成本}}{\text{预计混合成本}}$$
$$= 4\ 000 \times \frac{0.6 \times 5\ 000}{500 + 0.6 \times 5\ 000}$$
$$\approx 3\ 429(\text{元})$$

从而得知该项混合成本中固定成本大约超支 71 元(571－500)，变动成本超支 429 元(3 429－0.6×5 000)，实际数比预算数共超支 500 元{(71+429)或[4 000－(500+0.6×5 000)]}。进行混合成本的分解，便于落实成本控制的责任，一般来说，固定成本应由管理部门负责，变动成本应由生产部门负责。在此基础上可进一步进行差异分析。

关键术语

成本性态　固定成本　变动成本　混合成本　成本性态分析

应知考核

一、单项选择题

1. 将全部成本分为固定成本、变动成本和混合成本所采用的分类标志是(　　)。
   A. 成本的目标　B. 成本的可辨认性　C. 成本的经济用途　D. 成本的性态
2. 某公司对营销人员薪金支付采取在正常销量以内支付固定月工资，当销售量超过正常水平后则支付每件 10 元的奖励，这种人工成本就属于(　　)。
   A. 半变动成本　B. 半固定成本　C. 延期变动成本　D. 曲线成本
3. 下列各项中，属于变动成本的是(　　)。
   A. 员工培训费用　B. 管理人员基本薪酬
   C. 新产品研究开发费用　D. 按销售额提成的销售人员佣金
4. (　　)由于靠目测决定直线，容易造成误差，运用时可根据需要与其他方法结合使用。
   A. 直接分析法　B. 高低点法　C. 散布图法　D. 技术测算法
5. (　　)只适用于生产经营活动比较正常，混合成本增减变动趋势平缓的企业。
   A. 直接分析法　B. 高低点法　C. 散布图法　D. 直线回归法

二、多项选择题

1. 下列成本项目中，(　　)是酌量性固定成本。
   A. 新产品开发费　B. 员工培训费　C. 管理人员工资　D. 广告宣传费
2. 成本按其与经济决策是否相关分类，可以分为(　　)。
   A. 相关成本　B. 不相关成本　C. 可控成本　D. 不可控成本
3. 下列各项中，属于固定成本项目的有(　　)。
   A. 采用工作量法计提的折旧　B. 不动产财产保险费
   C. 直接材料费　D. 写字楼租金
4. 在我国，下列成本项目中属于固定成本的是(　　)。

A. 按平均年限法计提的折旧费　　B. 保险费
C. 广告费　　D. 生产工人工资

5. 以下属于半变动成本的有(　　)。
A. 电话费　　B. 煤气费　　C. 水电费　　D. 折旧费

三、判断题

1. 成本性态又称成本习性,是指在一定条件下成本总额与特定业务量之间的依存关系。(　　)
2. 约束性固定成本是随短期决策行为改变而改变的固定成本。(　　)
3. 变动成本是产品生产的增量成本。(　　)
4. 混合成本是兼有变动成本和固定成本双重成本习性的成本。(　　)
5. 成本性态模型 $Y = a + bX$ 中的 b,就是指单位变动成本。(　　)

四、简述题

1. 简述成本性态分析与成本按其性态分类的异同。
2. 简述成本性态分析的方法。
3. 简述固定成本、变动成本的特征。
4. 简述高低点法分解混成本的基本做法。
5. 简述直线回归法的步骤。

五、计算题

1. 某企业的设备维修费属于混合成本,资料如表 2-8 所示。

表 2-8　　某企业混合成本资料

月份	业务量(机器工作小时)	设备维修费(元)
1	9	300
2	8	250
3	9	290
4	10	310
5	12	340
6	14	400
7	11	320
8	11	330
9	13	350
10	8	260
11	6	200
12	7	220

要求:

(1) 采用高低点法分解设备维修费。

(2) 采用回归直线法分解设备维修费。

(3) 若下一个年度 1 月份的机器工作小时为 15 小时,预测设备的维修费是多少?

2. 某工厂 2020 年混合成本资料如表 2-9 所示。

表 2-9　　某工厂 2020 年业务量与混合成本

季度	产量(件)	混合成本(元)
一	100	20 000
二	150	26 000
三	110	21 500
四	130	23 700

要求：

(1) 用高低点法分解混合成本。

(2) 假设下一年计划产量为 500 件，预测下年的混合成本总额。

3. 克林公司 2019 年 12 个月中最高产量与制造费用和最低产量与制造费用资料如表 2-10 所示。制造费用中包括变动成本、固定成本和混合成本。经分析，成本组成情况如下：

单位变动成本(元)：0.5

固定成本总额(千元)：260

表 2-10　　克林公司产量与制造费用高、低点数据

项目 \ 月份	1	3	8	11
产量(千件)	600	510	420	570
制造费用(千元)	3 160	2 800	2 450	2 650

要求：

(1) 采用高低点法将制造费用分解，并写出混合成本公式。

(2) 2020 年 1 月预计产量为 650 千件，其制造费用总额是多少？

4. 某企业的历史成本资料如表 2-11 所示。

表 2-11　　某企业的历史成本资料

指　标	高低点	
	高　点	低　点
产量(件)	75 000	50 000
产成品成本(元)	176 250	142 500

上述产品成本中包括变动成本、固定成本和混合成本三部分，该企业对低点产量 50 000 件的产品成本总额作了分解，各类成本总额构成如表 2-12 所示。

表 2-12　　产量 50 000 件的产品成本总额构成

项　目	变动成本总额	固定成本总额	混合成本总额	成本总额
金额(元)	50 000	60 000	32 500	142 500

要求：

(1) 采用高低点法对该企业的混合成本进行分解，写出成本模型。

(2) 若该企业计划期生产 65 000 件产品，总成本是多少？

应会考核

■ 观念应用

【背景资料】

帮助刘经理进行成本性态分析

刘先生是一家电风扇厂的经理。该厂7月份投产一批新型电风扇，产量为800台，每台成本为360元。由于消费者对该型号电风扇不太了解，当月产出的电风扇70%没能销售出去，因此该电风扇8月份的产量降为400台，但每台电风扇成本却上升至403元，成本升幅超过10%。为此，刘经理对新型电风扇生产车间的所有员工给予严厉批评，并扣发了每个人的当月奖金。但是该生产车间的主任感到委屈，并向刘经理提供了相关数据。这些数据表明：8月份成本实际上比7月份还要略低些。为此，刘经理对财务科提供的成本资料的准确性表示不满，而财务科科长坚决否认，并提供了充足的证据说明他们提供的成本信息完全是准确的。

【考核要求】

请结合成本性态的理论，对此给出一个合理的解释并回答下列问题：

(1) 电风扇的生产中哪些是固定成本？哪些是变动成本？

(2) 单位变动成本与产量的关系如何？

(3) 单位固定成本与产量的关系如何？

(4) 在坐标系下，画出模型曲线。

■ 技能应用

变动成本和固定成本应该如何进行分析

成都某化工厂是一家大型企业。该企业在从生产型转向生产经营型的过程中，从经理到车间领导和生产工人都非常关心生产实绩。但过去往往要到月末才能知道月度的生产情况，这显然不能及时掌握生产信息，特别是成本和利润两大指标，如果心中无数，那便不能及时地在生产过程各阶段进行控制和调整。该企业根据实际情况，决定采用本量利分析的方法来预测产品的成本和利润。他们首先以五车间为试点。该车间主要生产环氧丙锭和丙乙醇产品。按成本与产量变动的依存关系，他们把工资费用、附加费、折旧费和大修理费等列作固定费用(约占总成本的10%)，把原材料、辅助材料和燃料等生产费用其他要素作为变动费用(约占成本的65%)，同时把水电费、蒸汽费、制造费用和管理费用(除折旧以外)列作半变动费用，因为这些费用与产品的产量无直接比例关系，但也不是固定不变的(约占总成本的25%)。

会计人员用高低点法对半变动成本进行分解，结果是：

单位半变动成本：0.055 3万元

固定成本：−0.01万元

固定成本是负数，显然是不对的。

用回归分析法求解，单位变动成本和固定成本是：

单位变动成本：0.032 1万元

固定成本：1.28万元

根据$Y=a+bX$，经验算，各月固定成本与预计数1.28万元相差很远。

1月份：16.33−0.032 1×130.48≈12.142(万元)

2月份：15.43−0.032 1×428.49≈1.675(万元)

3月份：13.43−0.032 1×411.20≈0.230(万元)

4月份：16.92−0.032 1×474.33≈1.694(万元)

5月份：15.19−0.032 1×462.17≈0.354(万元)

【技能要求】

会计人员对上述内容的计算感到很困惑，不知道问题出在哪里，应该采用什么方法来划分变动成本和固定成本。

■ 案例分析

【背景资料】

快递公司的成本分析

顺丰速运集团有限公司(简称顺丰速运)成立于1993年,主要经营国内、国际快递及相关业务。顺丰速运的业务按照其物流快递物品可以大致分为三类:文件、包裹和重货。顺丰速运的成本分类主要有三种:第一种是按作业环节划分,成本包括客服成本、材料成本、收件成本、输单成本、中转成本、航空运输成本、水陆运输成本、派件成本、关务成本和理赔成本等部分;第二种是按照会计核算,成本按其性质分为主营业务成本、操作费用、管理费用和销售费用四类;第三种按成本与业务量之间的关系分为固定成本、可变成本和混合成本三类。

顺丰速运的物流成本主要体现在企业内外部的信息处理、运输、配送和库存方面。①信息处理成本:顺丰速运开展一次快递业务要接受来自社会、用户的信息资源,所产生的成本即是信息处理费用。②运输和配送成本:在一次快递服务中,运输费用在整个成本中占最大比重。根据货物、时间以及客户的不同要求,运输可以采用多种方式。另外还有运输过程中货物灭失和损坏的成本。③仓储和库存成本:由于顺丰速运服务注重的就是速度和及时性,所以仓储和库存成本占整个物流成本的比重相对较小。

【分析要求】

(1) 请按照不同的成本分类标准,说明顺丰速运的各种成本分别是指什么?

(2) 顺丰速运应该如何进行有效的成本分析与控制?

项目实训

【实训项目】

成本按照习性分类的训练。

【实训情境】

某ABC股份有限公司本年度计划产销某产品10万件,固定成本总额为300 000元,计划利润为100 000元。实际执行结果是:产销该种产品12万件,成本与售价均无变动,实现利润12万元。试对该公司本年度的利润计划完成情况做出评价。

按照传统会计观点,该企业实现产值和利润的同步增长,超额20%完成任务。

但从管理会计角度看,利润计划并没有完成。因为本年度实际产量12万件,与计划相比增长20%,固定成本总额不变。按照成本习性,单位产品中所含固定成本应随着产量的增加而减少。

[提示]固定成本每件减少了0.5元,由于成本降低而增加的利润为60 000元,同时由于产量的增加而增加的利润为20 000元,公司的总利润应当达到180 000元,但实际上公司的利润只实现了120 000元。

【实训任务】

要求:

(1) 人们通常所认为的利润与产值同步增长是否成立?

(2) 传统会计对成本的划分方法有什么缺陷?

(3) 撰写"成本按照习性分类的训练"实训报告。

<table>
<tr><td colspan="3">"成本按照习性分类的训练"实训报告</td></tr>
<tr><td>项目实训班级:</td><td>项目小组:</td><td>项目组成员:</td></tr>
<tr><td>实训时间:　　年　　月　　日</td><td>实训地点:</td><td>实训成绩:</td></tr>
<tr><td colspan="3">实训目的:</td></tr>
<tr><td colspan="3">实训步骤:</td></tr>
<tr><td colspan="3">实训结果:</td></tr>
<tr><td colspan="3">实训感言:</td></tr>
</table>

项目三 变动成本法和完全成本法

知识目标

理解：变动成本法的应用前提。

熟知：变动成本法、完全成本法的理论依据。

掌握：变动成本法的优点与局限性；变动成本法与完全成本法的区别。

项目课件

技能目标

能够正确掌握变动成本法的计算；正确说明变动成本法与完全成本法的差异规律。

素质目标

能够合理地运用两种成本分析方法；提高计算能力；塑造管理会计职业生涯。

项目引例

变动成本法和完全成本法在业绩评价中的应用

新亚有限公司生产甲产品，10月份生产量为400件，单位产品成本为7.5元，其中单位固定性制造费用为2元。由于销售欠佳，11月份产量减少了一半，即为200件，单位产品成本为9元，成本增长了20%。经理在进行业绩评价时，认为这是成本管理不善造成的结果，提出要对车间负责人和相关生产工人进行处罚，但是管理会计人员提交了一系列的成本资料，认为不是成本增加了，实际上是成本减少了，在材料和人工耗费方面下降了0.5元/件，应该奖励。

【思考与讨论】

如何运用变动成本法和完全成本法的知识分析此案例？

知识精讲

任务一 变动成本法和完全成本法概述

变动成本法最早由美国人哈勒斯于1963年提出。由于变动成本法比完全成本法能提供更广泛的经济信息，自20世纪60年代以来，变动成本法被美国及其他西方国家普遍应用于企业内部管理。

一、变动成本法与完全成本法的概念

(一) 变动成本法

变动成本法(variable cost method)又称为直接成本法、边际成本法，是指在计算产品成本时，只包括生产过程中所消耗的直接材料、燃料和动力、直接人工和变动制造费用，而把固定制造费用列入期间成本的成本计算方法。

(二) 完全成本法

完全成本法(perfect cost method)又称为全部成本法、吸收成本法，是指在计算产品成本时，把发生的直接材料、燃料和动力、直接人工、制造费用(包括变动制造费用和固定制造费用)都包括在内的成本计算模式，这是财务会计中所采用的传统做法。

【提示】 成本会计中的品种法、分步法、分批法等都是在完全成本法的前提下所采用的具体成本计算方法。

在完全成本法下，在产品存货和产成品存货是按照各成本对象所归集的生产成本（直接材料、燃料和动力、直接人工、制造费用）计价的。在产成品出售之前，存货项目在资产负债表中列示，待产成品销售出去以后，这部分产品成本随之转化为销售成本，在利润表中计入当期损益。

【做中学 3-1】 A企业只生产一种产品，2019 年有关的业务量、售价与成本资料如表 3-1 所示（假定本例不涉及燃料和动力、财务费用）。

表 3-1　　A 企业资料

期初存货量	0	直接材料	24 000 元
本年投产完工量	4 000 件	直接人工	2 000 元
本年销售量	3 000 件	变动制造费用	4 000 元
期末存货量	1 000 件	固定制造费用	10 000 元
单　价	20 元/件	变动销售费用	600 元
		固定销售费用	1 400 元
		变动管理费用	300 元
		固定管理费用	2 700 元

要求：分别用变动成本法和完全成本法计算该企业的产品成本和期间成本。

依上述资料分别用变动成本法和完全成本法计算的产品成本和期间成本如表 3-2 所示。

表 3-2　　产品成本和期间成本计算表　　金额单位：元

项　目		完全成本法		变动成本法	
		总成本	单位成本	总成本	单位成本
产品成本	直接材料	24 000	6.0	24 000	6.0
	直接人工	12 000	3.0	12 000	3.0
	制造费用	14 000	3.5		
	变动制造费用			4 000	1.0
	合　计	50 000	12.5	40 000	10.0
期间成本	固定制造费用			10 000	
	销售费用	2 000		2 000	
	管理费用	3 000		3 000	
	合　计	5 000		15 000	

计算结果表明，按完全成本法确定的产品总成本与单位成本要比变动成本法的相应数值高，而它的期间成本却低于变动成本法，这种差异来自两种成本计算法对固定制造费用的不同处理方法。它们共同的期间成本是销售费用和管理费用。

二、变动成本法与完全成本法的理论依据

变动成本法与传统的财务会计所采用的完全成本法在成本归属上的区别是对固定制造费用（固定生产成本）的处理方法不同。按后者，固定制造费用归属于产品，是产品成本的一部分；按前者，固定制造费用不归属于产品，而是作为期间成本，全部计入当期损益。两种方法都有各自的理论依据。

(一)变动成本法的理论依据

在变动成本法下,产品成本是指在产品生产过程中发生的,与产品产量密切相关的,随产量的变动而变动的成本。据此,只有直接材料、燃料和动力、直接人工和变动制造费用是在产品生产过程中发生的并随产量的变动而变动的成本,所以产品成本只包括这四部分成本。固定制造费用是为企业提供一定的经营条件而发生的,它与产品产量的关系并不密切,在一定范围内,产量的变动与固定制造费用数额的多少无关;相反,固定制造费用与会计期间的关系更为密切,不同时期的经营条件不同,相应的固定制造费用的数额就有所不同。所以,固定制造费用不应计入产品成本,而应归属于会计期间,计入期间成本。

(二)完全成本法的理论依据

在完全成本法下,凡是因产品生产而发生的耗费都应归属于产品,计入产品成本,固定制造费用的发生尽管与产品产量没有直接的联系,但如果没有其所提供的生产经营条件,就不可能有产品的生产;同时,产品的生产过程不仅是一定的直接材料、燃料和动力、直接人工和变动制造费用的耗费过程,也是一定生产经营能力的耗费过程。所以,固定制造费用也应归属于产品,作为产品成本的一个组成部分。

任务二 变动成本法与完全成本法的比较

一、应用的前提条件不同

变动成本法首先要求进行成本性态分析,把全部成本划分为变动成本和固定成本两大部分,尤其是要把混合成本性质的制造费用按生产量分解为变动制造费用和固定制造费用两部分。

完全成本法首先要求把全部成本按发生的领域或经济用途分为生产成本和非生产成本。凡在生产领域中为生产产品发生的成本就归属于生产成本,发生在流通领域和服务领域、用于组织日常销售或进行日常行政管理而发生的成本则归属于非生产成本。

二、成本流转和产品成本构成不同

在完全成本法下,产品成本为全部制造成本,非生产成本作为期间成本,其成本流转如图3-1所示。

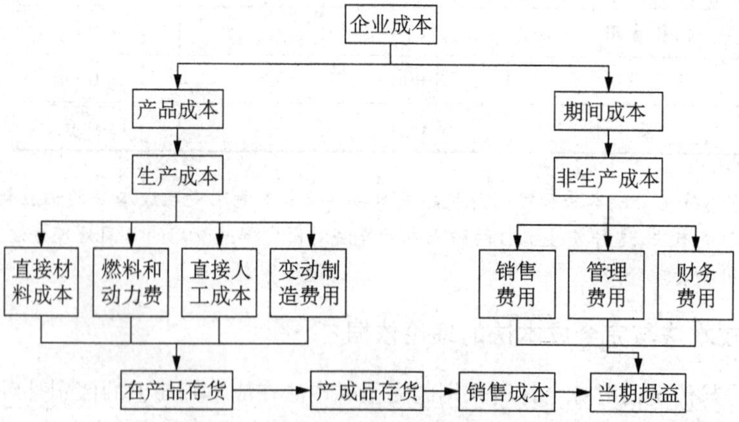

图3-1 完全成本法下的成本流转

在变动成本法下,产品成本只包括变动生产成本,固定生产成本和非生产成本作为期间成本，其成本流转如图 3-2 所示。

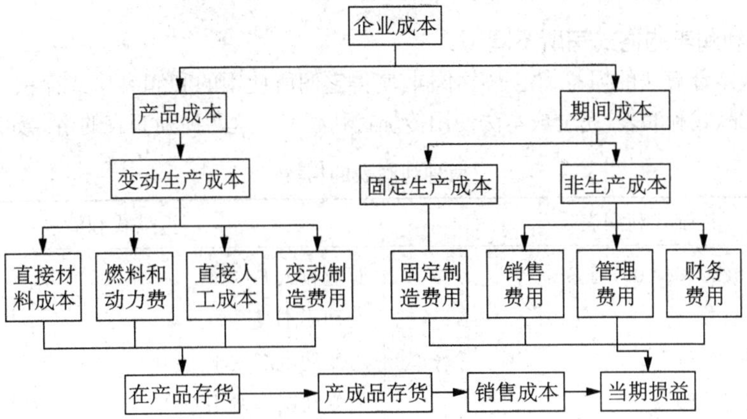

图 3-2　变动成本法下的成本流转

由图 3-1、图 3-2 可见，两种成本计算法的主要区别就在于对固定制造费用（或固定生产成本）的处理上，按两种成本计算法计算出来的产品成本和存货成本自然不同。

三、损益确定不同

在变动成本法下，按贡献式损益确定程序计量损益；而在完全成本法下，按传统式损益确定程序计量损益。

所谓贡献式损益确定程序，是指在损益计量过程中，首先用营业收入补偿本期销售产品的变动成本，从而确定边际贡献，然后再用边际贡献补偿固定成本以确定当期营业净利润的过程。传统式损益确定程序则是指在损益计量过程中，先用营业收入补偿本期销售产品的营业成本，从而确定营业毛利，然后再用营业毛利补偿营业费用以确定当期营业净利润的过程。

两种方法计量损益的具体区别如下。

（一）营业净利润的计算公式不同

在贡献式损益确定程序下，营业净利润须按下列公式计算：

营业收入 − 变动成本 = 边际贡献
边际贡献 − 固定成本 = 营业净利润

其中：

变动成本 = 本期销货成本（变动生产成本）＋变动非生产成本
　　　　= 单位变动生产成本 × 销售量 ＋ 单位变动非生产成本 × 销售量
固定成本 = 固定生产成本 ＋ 固定非生产成本
　　　　= 固定制造费用 ＋ 固定销售费用 ＋ 固定管理费用 ＋ 固定财务费用

在传统式损益确定程序下，营业净利润须按下列公式计算：

营业收入 − 营业成本 = 营业毛利
营业毛利 − 营业费用 = 营业净利润

其中：

营业成本 = 本期销货成本（全部生产成本）
　　　　= 期初存货全部生产成本 ＋ 本期全部生产成本 − 期末存货全部生产成本

营业费用＝非生产成本

＝销售费用＋管理费用＋财务费用

（二）编制利润表的格式有所不同

由于两种成本计算法的损益确定程序不同，使得它们所使用的利润表格式存在一定的区别。变动成本法使用贡献式利润表，完全成本法使用传统式利润表。这两种利润表的格式如表 3-3 所示。

表 3-3 两种利润表的格式 金额单位：元

传统式利润表	贡献式利润表
营业收入 60 000(20×3 000)	营业收入 60 000(20×3 000)
营业成本	变动成本
期初存货成本 0	变动生产成本 30 000(10×3 000)
本期生产成本 50 000	变动销售费用 600
可供销售成本 50 000	变动管理费用 300
减：期末存货成本 12 500(12.5×1 000)	变动成本合计 30 900
营业成本合计 37 500	边际贡献 29 100
营业毛利 22 500	减：固定成本
减：营业费用	固定制造费用 10 000
销售费用 2 000	固定销售费用 1 400
管理费用 3 000	固定管理费用 2 700
营业费用合计 5 000	固定成本合计 14 100
营业净利润 17 500	营业净利润 15 000

【做中学 3-2】 承[做中学 3-1]，要求：分别按两种成本计算法编制利润表（计算出营业净利润）。其结果如表 3-3 所示。

从表 3-3 中可见，除了格式不同外，不同利润表还可以提供不同的中间指标。例如，贡献式利润表能够反映"边际贡献"指标，传统式利润表可以提供"营业毛利"指标。这些指标的意义和作用是完全不同的。

上例计算进一步说明：在完全成本法下，本期发生的销售费用、管理费用以及财务费用作为期间成本，在计算营业净利润前被列在传统式利润表中的营业费用项下从营业毛利中全部扣除；而在变动成本法下，销售费用、管理费用以及财务费用则是按其性态分别处理的，变动部分作为变动成本的一个组成部分，在计算边际贡献前被扣除，固定部分则在计算边际贡献后被扣除。虽然它们在贡献式利润表中被扣除的位置不同，却丝毫也改变不了它们属于期间成本的性质。

【注意】 无论在哪一种成本计算模式下，本期发生的销售费用、管理费用和财务费用都是期间成本，其最终归宿是一样的，都要全额计入利润表，只是在计入利润表的位置和补偿的途径方面存在形式上的区别。

（三）计算出来的营业净利润有可能不同

表 3-3 的计算结果表明，在[做中学 3-1]中，A 企业按完全成本法确定的营业净利润比按变动成本法确定的营业净利润多 2 500 元。这是因为在本期发生的 10 000 元固定制造费用中，只有7 500元通过营业成本计入完全成本法的利润表，其余 2 500 元被期末存货吸收并结转至下期。而在变动成本法下，这 10 000 元固定制造费用作为期间成本全部计入利润表。由于不同成本计算法计入利润表的固定制造费用的水平不同，两者最终得出的营业净利润出现了差异。

那么，是否可以认为按完全成本法确定的营业净利润总是大于或者不等于变动成本法的营业净利润呢？回答是否定的。如果从动态的角度观察一个较长时期内分别按两种成本计算法确定的营业净利润水平，就会发现，这两种成本计算法出现不为零的营业净利润差异只有可能性，而没有必然性，详见[做中学 3-3]。

任务三　两种成本计算法下分期损益差额的变化规律

完全成本法下的营业净利润可能大于、小于或者等于变动成本法下的营业净利润。我们将某期分别按两种成本计算法确定的营业净利润之差简称为该期两种成本计算法下营业净利润的广义差额。广义差额用公式表示如下：

某期两种成本计算法下营业净利润的广义差额 = 该期完全成本法下的营业净利润 − 该期变动成本法下的营业净利润

某期两种成本计算法下营业净利润的广义差额可能大于、小于或者等于零。其中，不等于零的差额称为狭义差额。

一、两种成本计算法下分期营业净利润出现狭义差额的根本原因

比较两种成本计算法下营业净利润的计算公式可以发现：第一，在两种成本计算法下，销售收入是完全相同的，不会导致营业净利润出现狭义差额。第二，在两种成本计算法下，销售费用、管理费用和财务费用只是在计入利润表的位置和补偿途径方面有形式上的区别，所以也不会对两种成本计算法下分期营业净利润是否出现狭义差额产生影响。第三，由于变动生产成本在不同的成本计算法下均构成产品成本的内容，没有什么区别，因而也不可能使分期营业净利润出现狭义差额。第四，只有"固定制造费用"这个项目在不同的成本计算法下处理方式不同。分析两种成本计算法下营业净利润出现狭义差额的根本原因，必须从分析固定制造费用入手。

有人认为，两种成本计算法下分期营业净利润出现狭义差额的根本原因是对固定制造费用的处理方法不同，这是不确切的。因为这个理由无法解释以下现象，即尽管两种成本计算法始终对固定制造费用采用不同的方式处理，完全成本法始终将其作为产品成本处理，变动成本法始终将其作为期间成本处理，但两种成本计算法确定的分期营业净利润并非总出现狭义差额，有时其差额为零。

事实上，两种成本计算法下分期营业净利润出现狭义差额的根本原因在于两种成本计算法计入当期利润表的固定制造费用（即固定生产成本）的水平出现了差异，这种差异又具体表现为完全成本法下期末存货吸收的固定生产成本与期初存货释放的固定生产成本之间的差额。因为在变动成本法下，计入当期利润表的是当期发生的全部固定制造费用；而在完全成本法下，计入当期利润表的固定制造费用的数额，不仅受到当期发生的全部固定制造费用水平的影响，而且受到期末存货和期初存货水平的影响。

在其他条件不变的前提下，只要某期完全成本法下期末存货吸收的固定生产成本与期初存货释放的固定生产成本的水平不同，就意味着两种成本计算法计入当期利润表的固定生产成本数额不同，这就会使两种成本计算法下的当期营业净利润不相等；如果某期完全成本法下期末存货吸收的固定生产成本与期初存货释放的固定生产成本的水平相同，就意味着两种成本计算法下计入当期利润表的固定生产成本的数额相同，两种成本计算法下的当期营业净利润必然相等。

分析两种成本计算法下分期营业净利润出现狭义差额的原因，有助于揭示两种成本计算法下分期营业净利润广义差额的变动规律。

二、两种成本计算法下分期营业净利润广义差额的变动规律

通过分析判断，可以得出两种成本计算法下分期营业净利润广义差额的变动规律：

(1) 若完全成本法下期末存货吸收的固定生产成本等于期初存货释放的固定生产成本，则两种成本计算法确定的营业净利润差额为零，即它们的营业净利润相等。

(2) 若完全成本法下期末存货吸收的固定生产成本大于期初存货释放的固定生产成本，则两种成本计算法确定的营业净利润差额大于零，即按完全成本法确定的营业净利润一定大于按变动成本法确定的营业净利润。

(3) 若完全成本法下期末存货吸收的固定生产成本小于期初存货释放的固定生产成本，则两种成本计算法确定的营业净利润差额必然小于零，即按完全成本法确定的营业净利润一定小于按变动成本法确定的营业净利润。

通过[做中学 3-3]可以验证以上结论。

【做中学 3-3】 蓝天公司只生产 A 产品，从 2012 年投产至 2019 年，各年的产销量资料汇总如表 3-4 所示。

表 3-4　　蓝天公司的产销量　　单位：件

年份	产量	销量	期初结存量	期末结存量
2012	600	600	0	0
2013	660	600	0	60
2014	800	860	60	0
2015	1 000	900	0	100
2016	1 100	1 100	100	100
2017	1 200	1 250	100	50
2018	1 100	850	50	300
2019	1 000	1 300	300	0
合计	7 460	7 460	610	610

A 产品单价 50 元，单位变动成本 12 元，年固定制造费用 13 200 元，单位变动销售和管理费用 5 元，年固定销售和管理费用 3 600 元(假定各年 A 产品单价和成本水平不变，存货计价采用先进先出法)。

根据以上资料分别采用两种成本计算法计算各年营业净利润，具体如表 3-5 和表 3-6 所示。

表 3-5　　利润表(完全成本法)　　金额单位：元

项目＼年份	2012	2013	2014	2015	2016	2017	2018	2019	合计
营业收入	30 000	30 000	43 000	45 000	55 000	62 500	42 500	65 000	373 000
营业成本									
期初存货成本	0	0	1 920	0	2 520	2 400	1 150	7 200	0
加：本期生产成本	20 400	21 120	22 800	25 200	26 400	27 600	26 400	25 200	195 120
可供销售成本	20 400	21 120	24 720	25 200	28 920	30 000	27 550	32 400	195 120
减：期末存货成本	0	1 920	0	2 520	2 400	1 150	7 200	0	0
营业成本合计	20 400	19 200	24 720	22 680	26 520	28 850	20 350	32 400	195 120
营业毛利	9 600	10 800	18 280	22 320	28 480	33 650	22 150	32 600	177 880
减：营业费用									

（续表）

项目＼年份	2012	2013	2014	2015	2016	2017	2018	2019	合计
变动销售和管理费用	3 000	3 000	4 300	4 500	5 500	6 250	4 250	6 500	37 300
固定销售和管理费用	3 600	3 600	3 600	3 600	3 600	3 600	3 600	3 600	28 800
营业费用合计	6 600	6 600	7 900	8 100	9 100	9 850	7 850	10 100	66 100
营业净利润	3 000	4 200	10 380	14 220	19 380	23 800	14 300	22 500	111 780
单位产品成本	34.0	32.0	28.7	25.2	24.1	23.1	24.0	24.9	—

表 3-6　　利润表（变动成本法）　　金额单位：元

项目＼年份	2012	2013	2014	2015	2016	2017	2018	2019	合计
营业收入	30 000	30 000	43 000	45 000	55 000	62 500	42 500	65 000	373 000
变动成本									
变动生产成本	7 200	7 200	10 320	10 800	13 200	15 000	10 200	15 600	89 520
变动销售和管理费用	3 000	3 000	4 300	4 500	5 500	6 250	4 250	6 500	37 300
变动成本合计	10 200	10 200	14 620	15 300	18 700	21 250	14 450	22 100	126 820
边际贡献	19 800	19 800	28 380	29 700	36 300	41 250	28 050	42 900	246 180
减：固定成本									
固定制造费用	13 200	13 200	13 200	13 200	13 200	13 200	13 200	13 200	105 600
固定销售和管理费用	3 600	3 600	3 600	3 600	3 600	3 600	3 600	3 600	28 800
固定成本合计	16 800	16 800	16 800	16 800	16 800	16 800	16 800	16 800	134 400
营业净利润	3 000	3 000	11 580	12 900	19 500	24 450	11 250	26 100	111 780

两种成本计算方法下的分期损益验证如表 3-7 所示。

表 3-7　　两种成本计算法下的分期损益验证表　　金额单位：元

年份	分期损益差异	完全成本法下期末存货固定成本	完全成本法下期初存货固定成本	验证
2012	3 000－3 000＝0	0	0	0－0＝0
2013	4 200－3 000＝1 200	60×20＝1 200	0	1 200－0＝1 200
2014	10 380－11 580＝－1 200	0	1 200	0－1 200＝－1 200
2015	14 220－12 900＝1 320	100×13.2＝1 320	0	1 320－0＝1 320
2016	19 380－19 500＝－120	100×12＝1 200	1 320	1 200－1 320＝－120

(续表)

年份	分期损益差异	完全成本法下期末存货固定成本	完全成本法下期初存货固定成本	验证
2017	23 800－24 450＝－650	50×11＝550	1 200	550－1 200＝－650
2018	14 300－11 250＝3 050	300×12＝3 600	550	3 600－550＝3 050
2019	22 500－26 100＝－3 600	0	3 600	0－3 600＝－3 600
合计	111 780－111 780＝0	7 870	7 870	0

由于成本组成内容不同，两种方法计入当期损益的固定制造费用总额可能不同，因而两种方法分期损益可能不同。但从较长时间看，如果保持单价和成本水平稳定，则两种方法下的损益总额最终是相同的。

任务四　变动成本法的优点及局限性

一、变动成本法的优点

变动成本法的诞生，突破了传统的、狭隘的成本观念，为强化企业内部的经营管理、提高经济效益开创了新路。我们把这种方法的优点归纳如下。

（一）从理论上来说，这种方法最符合“费用与收益相配比”这一公认会计原则的要求

所谓“费用与收益相配比”原则，就是要求会计所记录的在一定期间内发生的收益和费用，必须属于这一会计期间。也就是说，在一定的会计期间，应当以产生的收益为根据，把有关的费用同收益配合起来。这项原则与我国的“权责发生制”记账基础的要求是完全吻合的。变动成本法的基本原理就是把转作本期费用的成本按照成本性态分为两大部分：一部分是直接与产品制造有联系的成本，即变动成本，如直接材料、燃料和动力、直接人工以及随着产量变动的那部分制造费用。它们需要按产品销售量的比例，将其中已销售的部分转作销售成本（即当期费用），同销售收入（即当期收益）相配合；将未销售的产品成本转作存货，以便与未来预期获得的收益相配合。另一部分是同产品制造没有直接联系的成本，即固定成本，它们是为了保持生产能力并使其处于准备状态而产生的各种费用。这类成本与生产能力的利用程度无关，既不会因产量的提高而增加，也不会因产量的下降而减少。它们只与期间有关，并随着时间的流逝而逐渐丧失，故应当全部列作期间成本，同当期的收益相配合，由当期的净利润来负担。

（二）能提供最有用的管理信息，为预测前景、参与决策和规划未来服务

利用变动成本法求得的单位变动成本、边际贡献总额及有关的信息（如变动成本率、边际贡献率、经营杠杆系数等），对管理当局最为有用，因为它们揭示了业务量与成本变动的内在规律，找出了生产、销售、成本和利润之间的依存关系，提供了各种产品的盈利能力等重要信息。所有这些都能帮助管理当局深入地进行本量利分析和边际贡献分析，可以用来预测前景、规划未来（如预测保本点，规划目标利润、目标销售量或销售额，规划目标成本，编制弹性预算等），有利于管理当局正确地进行短期经营决策（如接受追加订货的决策、最优生产批量的决策、产品最优组合的决策等）。

（三）便于分清各部门的责任，有利于进行成本控制与业绩评价

一般来说，变动生产成本的高低最能反映生产部门和供应部门的工作实绩。例如，在直接材料、燃料和动力、直接人工和变动制造费用方面如有所节约或超支，就会立即从产品的变动生产

成本指标上反映出来,管理部门可以通过事前制定标准成本和建立弹性预算进行日常控制。至于固定生产成本的高低,责任一般不在生产部门,通常应由管理部门负责,可以通过制定费用预算的办法进行控制。另外,变动成本法所提供的信息还能把由于产量变动所引起的成本上升或降低同由于成本控制工作而形成的成本上升或降低清楚地区分开来。这不仅有利于管理部门在事后进行科学的成本分析,以及采用正确的方法进行成本控制,还能对各责任单位的工作实绩做出恰当的、实事求是的评价与考核。

(四) 促进管理当局重视销售环节,防止盲目生产

采用变动成本法后,产量的高低与存货的增减对净利润都没有影响。在销售单价、单位变动成本、销售组合不变的情况下,净利润将随销售量同方向变动。这样一来,就会促使管理当局重视销售环节,加强促销工作,并把注意力集中在研究市场动态、搞好销售预测和以销定产方面,力求薄利多销、适销对路,防止盲目生产。否则,如果采用完全成本法,就可能出现一方面销售量下降;另一方面生产量大幅度增长,反而造成净利增加的虚假现象,其结果必然是盲目生产,产品积压。

(五) 简化成本计算,便于加强日常管理

采用变动成本法,把固定制造费用列为期间成本,从边际贡献总额中一笔减除,可以省掉许多间接费用分摊的手续。这不仅大大简化了产品成本的计算工作,避免了间接费用分摊中的主观随意性(特别是在生产多品种产品的企业内),而且可以使会计人员从繁重的核算工作中解脱出来,集中精力加强日常成本管理。正是由于变动成本法具有上述种种优点,因而美国会计学会、全美会计人员联合会等组织的许多会员,以及一些大中型企业的经理和会计人员都认为变动成本法不仅适用于企业的内部管理,也适用于对外报告。

二、变动成本法的局限性

尽管变动成本法有诸多优点,但还存在一些局限性。

(一) 不符合传统成本概念的要求

美国会计学会和财务会计准则委员会认为,成本是为了达到一个特定目的而已经发生或可能发生的、以货币计量的代价。按照这种传统观念,产品成本就应该既包括变动成本也包括固定成本,而根据变动成本法计算出来的产品成本,显然不能满足这个要求。

(二) 变动成本与固定成本的划分比较困难

将成本划分为固定成本与变动成本是应用变动成本法的前提,但是在固定成本与变动成本的划分上有一定的假设性,而且有些还需要复杂的数学计算。另外,成本与业务量的线性相关也只是相关范围内显示的成本性态,即成本性态具有相对性。因此,变动成本与固定成本的划分很难精确。

(三) 不能适应长期决策和定价决策的需要

尽管变动成本法能为短期经营决策提供最优方案的有关根据,但不能解决诸如增加或减少生产能力,以及扩大或缩小经营规模的长期经济决策问题。从长期来看,由于技术进步和通货膨胀等因素的影响,单位变动成本和固定成本总额很难固定不变。另外,在定价决策中,变动成本和固定成本都应得到补偿。而变动成本法所提供的产品成本资料,一般不能适应这两方面的需要。

(四) 采用变动成本法计算时,会影响有关方面的利益

在实际工作中,如由原来的完全成本法过渡到变动成本法,一般要降低期末存货的价值(即在存货成本中要去掉固定成本),因而就会减少企业的当期税前利润,从而暂时影响税务机关的所得税收入和投资者的股利收益。

关键术语

变动成本法　完全成本法

应知考核

一、单项选择题

1. 变动成本法的产品成本是指(　　)。
   A. 固定生产成本　　B. 变动生产成本
   C. 固定非生产成本　　D. 变动非生产成本
2. 完全成本法的期间成本是指(　　)。
   A. 直接材料费　　B. 直接人工费　　C. 制造费用　　D. 非生产成本
3. 应用变动成本法的前提条件是把全部成本划分为(　　)。
   A. 生产成本和非生产成本　　B. 固定成本和变动成本
   C. 固定成本、变动成本和混合成本　　D. 销货成本和存货成本
4. 分析两种成本计算法下狭义差额产生的根本原因,必须从分析(　　)入手。
   A. 销售收入　　B. 非生产成本　　C. 固定制造费用　　D. 变动制造费用
5. 变动成本法下的本期销货成本计算公式是(　　)。
   A. 单位完全生产成本×本期销量
   B. 单位变动生产成本×本期销量
   C. 期初存货成本＋期末存货成本－本期发生的生产成本
   D. 本期发生的产品成本＋期末存货成本

二、多项选择题

1. 变动成本法的优点包括(　　)。
   A. 能够促使企业重视市场,以销定产
   B. 便于简化成本核算
   C. 便于强化成本分析控制,促进成本降低
   D. 能适应长期决策的需要
2. 变动成本法与完全成本法相比较,变动成本法的特点有(　　)。
   A. 应用时必须把成本分为固定成本和变动成本
   B. 产品成本只包括变动生产成本
   C. 期间成本包括固定生产成本和非生产成本
   D. 计算的销货成本较完全成本法低
3. 完全成本法和变动成本法共同的成本是(　　)。
   A. 直接材料　　B. 直接人工　　C. 变动制造费用　　D. 固定管理费用
4. 变动成本法是与完全成本法相对立的,这两种成本计算法在损益确定程序上不相同,这又导致了(　　)。
   A. 营业净利润的计算公式不同
   B. 销货成本的计算公式不同
   C. 所编制的利润表格式及提供的中间指标不同
   D. 提供信息的用途不同
5. 变动成本法与完全成本法都适用的公式有(　　)。
   A. 本期销货成本＝单位产品成本×本期销售量
   B. 本期销货成本＝期初存货成本＋本期发生的生产成本－期末存货成本
   C. 边际贡献－固定成本＝营业净利润

D. 中间指标－期间成本＝营业净利润

三、判断题

1. 变动成本法是指只将变动生产成本作为产品成本的构成内容，而将固定生产成本及非生产成本作为期间成本的一种成本计算方法。 (   )
2. 只要有固定生产成本存在，按完全成本法计算的销货成本及存货成本就一定大于按变动成本法计算的销货成本及存货成本。 (   )
3. 变动成本法提供的信息主要是为了满足对外提供报表的需要，而完全成本法提供的信息是为了满足面向未来决策、强化企业内部管理的需要。 (   )
4. 当期末存货量不为零，而期初存货量为零时，完全成本法确定的营业净利润小于变动成本法确定的营业净利润。 (   )
5. 当期末存货量和期初存货量均为零时，两种成本计算法确定的营业净利润相等。 (   )

四、简述题

1. 简述变动成本法的理论依据。
2. 简述变动成本法和完全成本法的区别。
3. 简述变动成本法的特点。
4. 简述完全成本法的理论依据。
5. 简述变动成本法的优缺点。

五、计算题

1. 某公司的收益表采用完全成本法编制，其 2017—2019 年简明利润表如表 3-8 所示。

表 3-8 利润表(完全成本法) 金额单位:元

项目	2017 年	2018 年	2019 年
营业收入	80 000	48 000	96 000
营业成本	50 000	30 000	60 000
营业毛利	30 000	18 000	36 000
销售及管理费用	15 000	15 000	15 000
营业利润	15 000	3 000	21 000

该公司这 3 年的产销情况如表 3-9 所示。

表 3-9 产 销 情 况 单位:件

项　目	2017 年	2018 年	2019 年
生产量	10 000	10 000	10 000
销售量	10 000	6 000	12 000

假定该公司产品的单位变动成本为 3 元，其固定成本按每件产品 2 元分摊，2017 年期初无存货。

要求：

(1) 采用变动成本法编制 3 年的利润表。

(2) 用简算法验算两种方法所编制利润表的营业利润的差额填入表 3-10。

表 3-10　　利润表(变动成本法)　　金额单位:元

项　目	2017 年	2018 年	2019 年
营业收入			
营业变动成本			
边际贡献			
期间成本			
固定制造费用			
销售及管理费用			
合计			
营业利润			

2. 已知某企业本期有关成本资料如下:单位直接材料成本为 10 元,单位直接人工成本为 5 元,单位变动性制造费用为 6 元,固定性制造费用总额为 5 000 元,单位变动性销售管理费用为 3 元,固定性销售管理费用为 1 600 元。期初存货量为零,本期产量为 1 000 件,销量为 600 件,单位售价为 40 元。

要求:分别按两种成本法的有关公式计算下列指标:

(1) 单位产品成本。

(2) 期间成本。

(3) 销售成本。

(4) 营业利润。

3. 已知某厂连续 2 年的产销量和成本如表 3-11 所示。

表 3-11　　产销量和成本

项　目	第一年	第二年
生产量(件)	8 000	10 000
销售量(件)	8 000	6 000
单位产品变动成本(元)	15	15
固定性制造费用(元)	40 000	40 000
推销和管理成本(元)	10 000	10 000
单价(元)	40	40

该厂按变动成本计算的营业利润第一年为 150 000 元,第二年为 100 000 元,存货按先进先出法计算,用利润差额法计算完全成本法下各年的营业利润。

应会考核

■ 观念应用

【背景资料】

华农公司的变动成本法和完全成本法下的利润核算与分析

华农公司专门生产毛衣编织机,原设计生产能力为每年 1 000 台,但由于市场竞争激烈,过去 2 年,每年只生产和销售 500 台。市场销售价格为每台 2 500 元,而该公司的单位产品成本为 2 600 元。其详细资料如下:单位变动生产成本为 1 000 元,固定制造费用为 800 000 元,固定推销及管理费用为 250 000 元。

该公司总经理为此召集各部门经理开会商讨对策。首先总经理介绍该公司已经连续两年亏损,上 1 年亏损300 000元，若今年不能扭亏为盈，银行将不再贷款，公司势必要停产，形势非常严峻，请各部门经理献计献策。

销售部门经理说：问题的关键在于每台产品的制造成本太高，为2 600元，但由于竞争的关系，我们不能提高售价，只能按2 500元的价格每年销售500台。另外，公司没有资金做广告促销。因此，只能请生产部门的工程技术人员想方设法，改进工艺，减少消耗，降低制造成本。

生产部门经理说：问题的关键在于设计生产能力只利用了一半，如能充分利用生产能力，就可把单位固定成本降低，单位产品成本自然会下降。对策是要请推销人员千方百计地去搞促销活动，如能每年售出1 000台，就一定能转亏为盈。

财务部门经理说：生产部门经理的意见对我很有启发，根据目前会计制度的规定，我们编制收益表是采用完全成本法，这就为我们提供了一个扭亏为盈的"捷径"。那就是充分利用我们的生产能力，1年生产1 000台，尽管市场上只能销售一半，但可将固定成本的半数转入存货成本。也就是说，我们即使不增加销售数量，也能使收益表上扭亏为盈。这样，向银行申请贷款就没有问题了。

总经理最后说：财务部门经理的建议很好，我们就这样干。

【考核要求】

(1) 按照财务部门经理的观点，请你计算完全成本法与变动成本法下的利润。

(2) 按照财务部门经理的观点，这种保持盈利的策略是否可取？

(3) 分别用两种方法计算产销1 000台产品时的利润。

(4) 分析其他两位经理提出的建议是否可以采纳？请为该公司做出决策。

■ 技能应用

华达工艺制品有限公司业绩分析

华达工艺制品有限公司（简称华达公司）宣布业绩考核报告后，车间负责人李杰情绪低落。原来他任职以来积极开展降低成本活动，严格监控成本支出，但考核时却没有完成任务，严重挫伤了工作积极性。财务负责人知道后，召集了有关成本核算人员，了解到以下情况。

华达公司自1997年成立并从事工艺品加工销售以来，一直以"重质量、守信用"在同行中保持较好的经营及管理效果。近期，华达公司决定实行全员责任制，寻求更佳的效益，并根据3年来实际成本资料，制定了较详尽的费用控制方法。

材料消耗实行定额管理：产品耗用优质木材，单件定额6元；人工工资实行计件工资，计件单价3元；在制作过程中需用专用刻刀，每件工艺品限领1把，单价1.30元；劳保手套每产10件工艺品领用1副，单价1元。当月固定资产折旧费8 200元，摊销办公费800元，保险费500元，租赁仓库费500元，当期计划产量5 000件。

车间实际组织生产时，根据当月订单组织生产2 500件，车间负责人李杰充分调动生产人员的工作积极性，改善加工工艺，严把质量关，杜绝了废品，最终使材料消耗定额由每件6元降到4.5元，领用专用工具刻刀2 400把，价值3 120元。但是，在业绩考核中，却没有完成任务，出现了令人困惑的结果。

【技能要求】

(1) 区分费用项目中的变动成本和固定成本，并计算固定成本总额。

(2) 分析李杰没有完成任务的原因。

(3) 根据原因，你认为该公司业绩考核中应该采用什么样的措施？

■ 案例分析

【背景资料】

天地公司的利润之谜

天地公司只生产和经营一种产品，第1～3年每年的生产量（基于正常产能力）都是8 000件，而销售量分别为8 000件、7 000件和9 000件。产品售价为12元/件。生产成本中，单位变动成本为5元（包括直接材料、直接人工和变动制造费用）。基于正常生产能力（8 000件），固定制造费用共计24 000元，每件产品分担3元。销售和行政管理费假定全部都是固定成本，每年发生额均为25 000元。

天地公司的管理会计分别采用变动成本法和完全成本法(不考虑销售税金)计算各年税前利润(见表 3-12)。

表 3-12　　各年税前利润　　金额单位:元

变动成本法	第一年	第二年	第三年	完全成本法	第一年	第二年	第三年
销售收入	96 000	84 000	108 000	销售收入	96 000	84 000	108 000
销售成本	40 000	35 000	45 000	销售成本			
贡献毛益	56 000	49 000	63 000	期初存货成本	0	0	8 000
固定成本				当期产品成本	64 000	64 000	64 000
固定制造费用	24 000	24 000	24 000	可供销售产品	64 000	64 000	72 000
销售和管理费用	25 000	25 000	25 000	期末存货成本	0	8 000	0
小计	49 000	49 000	49 000	销售成本	64 000	56 000	72 000
税前利润	7 000	0	14 000	毛利	32 000	28 000	36 000
				管理和销售费用	25 000	25 000	25 000
				税前利润	7 000	3 000	11 000

【分析要求】

(1) 什么是变动成本法？变动成本法和完全成本法有何区别？

(2) 天地公司分别采用变动成本法和完全成本法计算的第二年和第三年的税前利润，其结果不同，请说明形成这种差异的原因。

项目实训

【实训项目】

税前净利差额简算法的应用。

【实训情境】

假设某厂只生产甲产品，产品单价为 10 元/件，单位产品变动生产成本为 4 元，固定性制造费用总额为 24 000 元，销售及管理费用为 6 000 元，全部是固定性的，存货按先进先出法计价，最近 3 年的产销量资料如表 3-13 所示。

表 3-13　　甲产品最近 3 年产销量资料　　单位:件

产销量	第一年	第二年	第三年
期初存货量	0	0	2 000
本期生产量	6 000	8 000	4 000
本期销售量	6 000	6 000	6 000
期末存货量	0	2 000	0

【实训任务】

(1) 分别按两种方法计算单位产品成本。

(2) 分别按两种方法计算期末存货成本。

(3) 分别按两种方法计算期初存货成本。

(4) 分别按两种方法计算各年营业利润(编制利润表)。

(5) 用差额简算法验证完全成本法下的各年利润。

(6) 撰写“税前净利差额简算法的应用”实训报告。

<table>
<tr><td colspan="3">“税前净利差额简算法的应用”实训报告</td></tr>
<tr><td>项目实训班级：</td><td>项目小组：</td><td>项目组成员：</td></tr>
<tr><td>实训时间： 年 月 日</td><td>实训地点：</td><td>实训成绩：</td></tr>
<tr><td colspan="3">实训目的：</td></tr>
<tr><td colspan="3">实训步骤：</td></tr>
<tr><td colspan="3">实训结果：</td></tr>
<tr><td colspan="3">实训感言：</td></tr>
</table>

项目四 作业成本法

知识目标

理解:作业成本法的产生。

熟知:作业成本法、作业成本管理的基本概念。

掌握:作业成本法的步骤;作业成本分析。

项目课件

技能目标

能够掌握作业成本法,以及作业成本法的思想和应用。

素质目标

能够掌握作业成本管理的基本原理、过程及应用;熟练运用作业成本法。

项目引例

作业成本法在徐工集团的实践①

在大数据时代,采用传统成本归集分配的会计处理方法下所得到的数据,已经难以准确反映真实的产品耗用情况,难以为企业的经营决策提供有利于分析的财务数据。徐工集团采用的基于作业成本法的盈利分析模型,正是为应对信息化大环境而构建的。

徐工集团应用作业成本法的流程如下:首先,根据公司和每个部门的业务流程对作业进行分类;其次,基于对各个作业消耗的资源的分析,根据资源动因将资源归集至各个作业并形成不同的成本类型库,根据成本动因将成本分配至成本对象;最后,在信息系统中计算作业成本,包括确定作业中心作业量、进行成本费用分摊、计算实际作业单价和结算订单实际成本等。

徐工集团基于ERP系统和作业成本法核算产品成本,从以下三个方面构建盈利分析模型:

(1) 产品盈利性分析。根据售价与成本计算产品毛利率,与达到盈利要求所需的基准毛利率进行比较,对低于基准毛利率的产品,做出售价调整或研发替代产品的决策。

(2) 经销商盈利性分析。通过ERP系统的销售管理模块、获利分析模块等提供的信息进行区域、经销商等不同维度的盈利性分析,分别找出最有价值和持续盈利能力较差的经销商并相应采取不同的策略。

(3) 组件盈利性分析。运用作业成本法核算组件成本,并在ERP系统中进行成本估算、查询、分析,及时为公司半成品的自制或外包决策提供合理依据。

徐工集团依托信息高度集成的ERP系统,充分考虑成本效益原则,结合企业实际引入作业成本核算体系。

【思考与讨论】

与传统成本归集相比,作业成本法有什么特点与优势?是否真的能够帮助徐工集团提高决策质量?能否在一定程度上提高企业的竞争力?基于作业成本法构建多维度盈利分析模型又给徐工集团带来了哪些好处呢?

徐工集团业务流程如图4-1所示。

---

① 改编自"袁鹏.徐工集团盈利模型构建[J].新理财,2015(11)"。

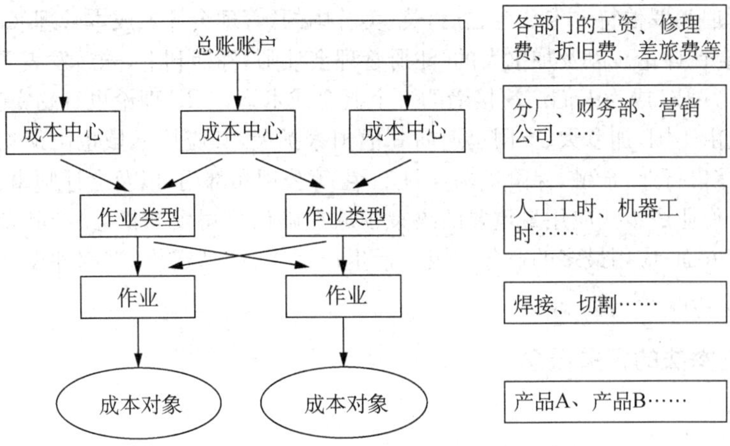

图 4-1 徐工集团业务流程

知识精讲

任务一 作业成本法概述

一、作业成本法的产生与发展

20 世纪 70 年代以来，由于科学技术的迅猛发展、社会政治经济环境的急剧变革，企业生存环境发生了巨大变化，也给现代管理理论、管理观念、管理方法和管理技术造成巨大影响。作业成本计算（Activity-Based Costing，ABC）法（即作业成本法）和作业成本管理（Activity-Based Management，ABM）就是在这种背景下产生的。

最早提出“作业会计”并且从理论和实践上探讨作业会计的是美国杰出的会计大师——埃里克·科勒教授。作业会计是科勒在 1938—1941 年担任美国田纳西河谷管理局的主审计长和内部审计师时，根据水力发电行业成本的特点提出的。科勒在《会计师词典》中首次提出“作业”“作业账户”“作业会计”等概念。

第二个研究“作业会计”的人是乔治·斯托布斯教授。他最大的特点是坚持会计是一个信息系统，“作业会计”是一种和决策有用性目标相联系的会计。按照他的观点，研究作业会计应首先明确三个概念：第一是“作业”，第二是“成本”，第三是“会计目标——决策有用性”。1971 年，乔治·斯托布斯出版了具有重要影响的《作业成本计算和投入产出会计》一书，对作业、成本、作业会计、作业投入产出系统等做了全面讨论，该书是一部从理论和学术上探讨“作业会计”的最宝贵的著作之一。1988 年，集乔治·斯托布斯全部观点于一体的新著《服务于决策的作业成本计算——决策有用性框架中的成本会计》问世，引起学术界的广泛关注。学者们评价该书是成本理论的经典文献之一。

20 世纪 80 年代中期，罗宾·库伯和罗伯特·卡普兰两位教授对作业成本计算进行了系统、深入的理论和应用研究之后，作业成本法得到西方会计界的普遍重视。1988 年，罗宾·库伯在《成本管理》杂志夏季号上发表了“一论作业基础成本计算的兴起：什么是作业基础成本系统”，后来他又在该杂志秋季刊和冬季刊上分别发表了“二论 ABC 的兴起：何时需要 ABC 系统”和“三论 ABC 的兴起：需要多少成本动因并如何选择之”。罗宾·库伯在三论 ABC 的同时，与罗伯特·卡普兰联手在《哈佛商业评论》的 9/10 月刊上发表“计量成本的正确性：制定正确的决策”一文。1989 年春，罗宾·库伯又写了“四论 ABC 的兴起”。

自罗宾·库伯和罗伯特·卡普兰之后，英、美等国的《管理会计》《成本管理》《哈佛商业评论》《会计地平线》《会计评论》，以及加拿大的《注册管理会计师》等期刊上，先后发表了数百篇研究作业成本法的文章，ABC成为人们广泛接受的一个概念或术语，ABC理论也日趋完善。

作业成本法由美国、加拿大、英国迅速向其他国家扩展，其应用领域也由最初的制造行业扩展到商品批发、零售行业，金融、保险机构，医疗卫生等公用品部门，以及会计师事务所、咨询类社会中介机构等。作业成本法应用最重要的决策领域在确认公司发展机会、产品管理决策和作业过程改进决策等方面，应用最多的业务领域包括生产加工、产品定价、零部件设计和确立战略重点等。

二、作业成本法的相关概念

（一）作业

作业是指企业生产经营过程中各项独立并相互联系的活动。作业贯穿于生产经营的全过程，从产品设计开始，经过物料供应、生产工艺等各个环节，直至产品的发运销售。在这一过程中，每个环节、每道工序都可以视为一项作业，如产品设计、订单处理、采购、储存等。作业按其等级不同，可以分为单件层作业、批别层作业、产品层作业和公司层作业四种类型。

(1) 单件层作业。这类作业必须是为单件产品而发生的。例如，每件产品都需要机器时间，机器小时就代表单件层作业。其作业动因随产品数量的变动而呈正比例变动，包括直接人工成本、直接材料成本、机器折旧等成本项目。

(2) 批别层作业。这类作业必须是为一批产品而发生的，而不是为单件产品而发生的。其作业动因随批别的变动而呈正比例变动，包括机器调整、产品检验等。它们与产品的产量变动无关，如整批产品生产过程中的成本、批检验成本、材料处理和运送成本等项目。

(3) 产品层作业。这类作业是为一条产品线的整体运作而发生的，而不是为一件产品或一批产品而发生的。其作业动因随特定产品种类的变动而呈正比例变动，包括产品设计规划、处理工程变更、测试线路等。它们通常与产品产量、生产批量无关，而与产品的品种相联系，如对某一种产品进行工艺设计、编制材料清单、为个别产品提供技术支持等。

(4) 公司层作业。这类作业是指为企业整体服务，与企业整体管理水平有关的作业，如工厂管理人员薪酬、工厂维修费、保险费、财产税等。其作业动因通常与企业的整体能力形成有关，故有人将其称为生产能力层作业，如公司管理、生产协调等。现代企业实际上是一个为了最终满足顾客需要而建立的一系列作业活动实体的组合，可以把企业视为作业链。

（二）成本动因

成本动因又称为成本推动因素，是对导致成本发生及增加的具有相同性质的某一类重要事项进行的度量，是对作业的量化表现。成本动因通常以作业活动耗用的资源的计算标准来度量。例如，研究开发费的支出与研究计划的数量、研究计划所费的工时或者研究计划的技术复杂性相关，这三者就是研究开发费的成本动因。一家企业成本动因的数量多少与企业生产经营过程的复杂程度密切相关。企业生产经营过程越复杂，其成本动因就越多。

成本动因按其在作业成本中体现的分配性质不同，可以分为资源动因和作业动因两类。

(1) 资源动因是指资源消耗量与作业量之间的因果关系，即作业消耗资源。它反映了成本库对资源的耗费情况，是分配作业所耗资源的依据，是将资源成本分配到成本库的标准。作业量的多少决定资源的耗用量，而资源耗用量的高低与最终产品没有直接关系。

(2) 作业动因是指作业消耗量与最终产出之间的因果关系，即产品消耗作业。它是将成本库的成本分配到最终成本对象的标准。成本对象是成本分配的终点，它既可以是产品，也可以是顾客或服务。分配到最终产品、顾客或服务的成本反映了成本对象消耗的作业成本。成本库亦称作业中心，是指将同一成本动因导致的费用项目归集在一起的成本类别，即相同成本动因的作业成本集合。成本库的建立可以把间接费用的分配与产生这些费用的成本动因联系起来。不同的成本库选择不同的成本动因作为分配标准。这样，成本库所汇集的成本可以以相同的成本动因为标准，分配给各产品或服务。

作业成本动因（Activities Cost Drivers）是指一项作业产出的计量单位，如直接人工小时、产品种类、机器准备次数等。作业成本动因充当着连接作业和产品的纽带。根据作业成本动因可以对一项作业产出进行定量计量。以作业为基础的成本制度除保留了传统成本制度的单位水平作业动因（如人工小时、机器小时）之外，还需要使用能把批量水平、产品水平、能力水平作业的成本分配到产品和顾客中的作业成本动因。对每一项作业，都有与其相对应的作业成本动因。

把作业成本分配到个别产品中去需要知道每一产品的作业成本动因数量，也就是除了要知道每一产品成本中心所需的材料、直接人工和机器小时外，作业成本制度需知道每一产品的各个成本动因数量。例如，对于每一类产品，必须掌握的关于成本动因的信息有：生产产品的数量、购买材料的数量、材料搬运的数量和设计变更通知的数量。这将引起所要收集信息的数量大幅度增长。幸运的是，不断改进的综合信息系统，尤其是建立在整个企业范围内的信息系统，使得关于作业成本动因的信息比原来更容易获得，其成本也更低。根据作业成本和作业成本动因数量可以计算作业成本动因分配率（Activities Cost Driver Rate）。作业成本动因分配率是作业成本与作业成本动因数量的比率，其计算公式为：

$$作业成本动因分配率=\frac{作业成本}{作业成本动因数量}$$

对于作业成本动因选择主要是在计量精确性和计量成本之间主观权衡。作业成本动因大致可以分为三种类型：

（1）业务动因。业务动因是成本最低、精确度最差的动因类型。它假定每次执行作业总是需要等量资源，例如生产调整准备次数。

（2）时间动因。相对于业务动因，时间动因的精确度和执行成本均得以提高。比如，每次生产调整准备所耗费的时间差异比较大时，企业可以采用生产调整准备时间作为动因。

（3）强度动因。强调动因直接把每次执行作业耗用的资源分配给该项作业，因此它的准确性和执行成本最高。一般来讲，强度动因需要一个工作单成本系统。企业只有当与每次执行某项作业有关的资源既昂贵又经常变化时才使用。

（三）作业成本法的概念

作业成本法是指以作业为间接费用归集对象，通过资源动因的确认、计量，归集资源费用到作业上，再通过作业动因的确认、计量，归集作业成本到产品或顾客上的间接费用分配方法。由于生产成本中直接材料成本和直接人工成本属于直接成本，因而，作业成本法对直接材料成本和直接人工成本的核算方法与传统的成本计算方法并无不同，其特点体现在制造费用的分配上。作业成本法可以克服单纯以直接人工成本等标准分配制造费用的局限性，缩小制造费用的分配范围，增加制造费用的分配标准，即按引起制造费用发生的成本动因进行分配，从而将间接费用和辅助成本更准确地分配到作业、生产过程、产品、服务及顾客上。

作业成本法与传统成本计算法的区别如图 4-2 所示。

作业成本法在核算程序上与传统成本计算法有所区别，更重要的是作业成本法从思想上改变了传统的成本计算基础。

传统成本计算法将成本分为直接材料、直接人工、制造费用，凡是能够直接计入产品中的都作为直接成本计入；而对于制造费用则采用统一的标准分配到产品中，能够予以对象化的成本费

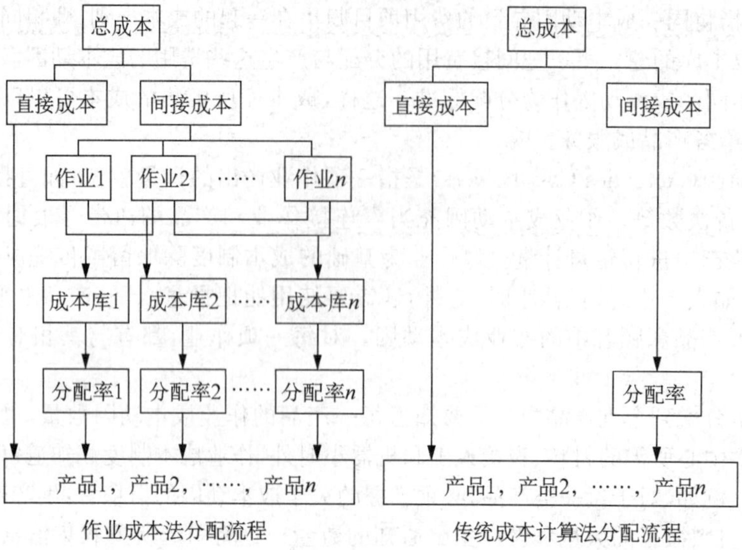

图 4-2　作业成本法与传统成本计算法的区别

用是与产品制造过程相关的制造成本，对于期间费用，则冲减当期损益，不计入产品成本中。在作业成本法下，直接材料和直接人工直接计入产品成本中，这与传统成本制度并无太大区别，但对于制造费用，则按引起制造费用发生的多种作业来进行分配。

将同质的作业引起的成本归集到一个成本库，然后按成本对象所消耗的作业量将制造费用分配到产品中。在作业成本法下，制造费用这一概念在外延上比传统成本制度下的制造费用范围更广、划分更细。

此外，作业成本法认为，企业一切作业活动都是为特定的产出而进行的，与产品成本的形成存在必然的联系，其费用应该作为产品成本分配到产品中。这就使得在传统成本计算法下无法直接归集和分配的成本费用，在作业成本法下可以按照作业活动的不同分类列入某种作业，并按各种产品所消耗的该种作业的作业量分配计入产品成本中。例如，产品订货成本在传统成本计算法下，是作为管理费用计入当期损益的，但在作业成本法下，产品订货成本就可以作为一项作业，其作业成本可按各产品采购订单的次数比例分配给各产品。又如，储存保管费用在传统成本计算法下作为期间费用处理，计入当期损益，但采用作业成本法后，储存保管费用则可以作为直接成本，按照所消耗的储存保管作业量将其分配到各种产品中。因此，作业成本法是从另一个角度对产品成本的计算，无论在内涵上还是外延上都有别于传统成本计算法。

三、作业成本法的特点

与完全成本法和变动成本法相比，作业成本法有以下特点。

（一）对产品间接成本的分配更为合理

与传统成本计算方法相比，作业成本法的分配基础（成本动因）发生了质变。它不再采用单一的分配基准，而是采用多元分配基准，并且集财务变量与非财务变量于一体，特别强调非财务变量（如调整准备次数、运输距离、质量检验次数等）。

【提示】 作业成本法所提供的成本信息要比传统成本计算法准确得多。

（二）“作业”是作业成本法的基本成本对象

传统成本计算法主要以产品为成本对象计算成本，而作业成本法以“作业”为最基本的成本计算对象。其他成本对象的成本计算均通过作业成本进行分配。正是由于作业成本法可以提供各项作业耗费的成本信息，因此它可以使管理人员开展作业成本管理并改善作业链。

(三) 作业成本法是更广泛的变动成本法

变动成本法将许多成本项目列作期间费用，采用在发生的当期“一次性扣除”而不加以分配。在作业成本法下，对于营销、产品设计等领域发生的成本，只要这些成本与特定产品相关，就可通过有关作业分配至有关产品（或其他成本对象）中，这样所提供的成本信息更有利于企业进行定价等相关决策。

(四) 所有成本均是变动的

在变动成本法下，成本因其在一定范围内不随产量的变化而变化被划为固定成本。从作业成本法的观点看，这部分成本虽然不随产量变化而变化，却会随其他因素的变化而改变。这些因素包括产品批次、产品线的调整、企业生产能力的增减等。作业成本法将所有成本均视为变动的，这有利于企业分析成本产生的动因，进而降低成本。

虽然作业成本法有前述许多优点，但是该方法也并非完美无缺。它需要更多的簿记工作，从而会产生更多的成本。

任务二　作业成本法的应用

一、作业成本法的步骤

(一) 确认主要作业，建立成本库

作业作为企业内与产品形成相关或对产品有影响的活动，是产品生产程序的组成部分。通常生产一个产品所需的作业是很多的，而80%的成本是由20%的作业引起的。企业不必对所有作业一一进行分析，只需识别主要的作业，将各类细小的、同质的作业加以确认并归入成本库。在确认作业时，要特别注意具有以下特征的作业：资源昂贵、金额重大的作业；产品之间的使用程度差异极大的作业；需求形态与众不同的作业。这里，成本库是指可以用同一成本动因来解释的同质成本的集合体。例如，某生产车间所发生的动力费用、检验费用等受不同的成本驱动因素影响，应分别设置不同的成本库进行归集。

(二) 将所归集的可追溯投入成本或资源分配到每一个成本库

每个成本库所归集的是由该成本库的作业所引起的成本。为简化计算，可设置同质成本库。同质成本库是指可以用一项共同的成本动因解释其成本变动的成本。同质作业引发的成本可以合并分配以减少计算工作。

这一步骤的分配工作反映了作业成本法的基本前提：作业消耗资源，作业量的多少决定资源的耗用量，而资源的耗用量与最终产品没有直接的关系。

(三) 将各个成本库的成本分配到最终产品(服务或顾客)

这一步骤将成本库的费用按各产品消耗的作业量的比例分配到各产品中去。这样，企业才可以获得作业成本中的某一项重要成本值。例如，整理作业的成本动因是整理小时或整理次数，抽样检验作业的成本动因是生产的批次，钢板打眼作业的成本动因是打出的眼数，组装作业的成本动因是直接人工小时等。这一步骤的分配反映了作业成本法的另一个基本前提：产品消耗作业，产品产出量的多少决定作业的耗用量。

二、作业成本法举例

【做中学 4-1】 蓝天公司某年生产甲、乙、丙三种产品。产品实际的产量和成本资料如表 4-1 所示。该公司准备以成本为基准对产品定价。以往制造费用的分配都以机器工时为分配标准，如表 4-2 所示。

表 4-1　　蓝天公司某年三种产品的产量、成本资料　　金额单位:元

产品名称	甲产品	乙产品	丙产品	合计
年产量(件)	100	500	200	800
单位直接材料	10	5	20	—
单位直接人工	2	3	4	—
制造费用	—	—	—	16 500
单位机器工时(小时)	4	1.5	2.5	—

表 4-2　　三种产品的机器工时

产品名称	甲产品	乙产品	丙产品	合计
年产量(件)	100	500	200	800
单位机器工时(小时)	4	1.5	2.5	—
总工时(小时)	400	750	500	1 650

$$\text{制造费用分配率} = 16\,500 \div 1\,650 = 10(\text{元} / \text{工时})$$

各产品成本计算如下:

甲产品:

$$\text{直接成本总额} = (10 + 2) \times 100 = 1\,200(\text{元})$$
$$\text{制造费用总额} = 10 \times 400 = 4\,000(\text{元})$$
$$\text{产品总成本} = 1\,200 + 4\,000 = 5\,200(\text{元})$$
$$\text{产品单位成本} = 5\,200 \div 100 = 52(\text{元})$$

乙产品:

$$\text{直接成本总额} = (5 + 3) \times 500 = 4\,000(\text{元})$$
$$\text{制造费用总额} = 10 \times 750 = 7\,500(\text{元})$$
$$\text{产品总成本} = 4\,000 + 7\,500 = 11\,500(\text{元})$$
$$\text{产品单位成本} = 11\,500 \div 500 = 23(\text{元})$$

丙产品:

$$\text{直接成本总额} = (20 + 4) \times 200 = 4\,800(\text{元})$$
$$\text{制造费用总额} = 10 \times 500 = 5\,000(\text{元})$$
$$\text{产品总成本} = 4\,800 + 5\,000 = 9\,800(\text{元})$$
$$\text{产品单位成本} = 9\,800 \div 200 = 49(\text{元})$$

根据以上计算,甲、乙、丙三种产品中,甲产品的单位成本最高,它的价格处于高位;乙产品的单位成本最低,它的价格处于低位。根据市场信息反馈,乙产品的盈利性基本符合预计情况;然而丙产品的盈利性比预计的差;甲产品的价格高于市场的平均水平,影响了产品的竞争力。为此,公司的管理人员经过研究,决定采用作业成本法重新计算每种产品的单位成本。

按照作业成本法,该公司将材料准备,设备调试,折旧、维修,动力,质量检验五个作业归集于成本库,每个作业的成本动因及每单位成本动因的成本如表 4-3 所示。

表 4-3　　五个作业的成本动因

1. 材料准备	成本动因:准备次数
	每单位金额:400 元

（续表）

2. 设备调试	成本动因:调试次数
	每单位金额:175 元
3. 折旧、维修	成本动因:机器工时
	每单位金额:5 元
4. 动力	成本动因:机器工时
	每单位金额:0.8 元
5. 质量检验	成本动因:检验数量
	每单位金额:15 元

按照作业成本法,各产品的总成本与单位成本计算如表 4-4 所示。

表 4-4　　按作业成本法计算的各产品总成本与单位成本　　金额单位:元

产品名称		甲产品	乙产品	丙产品
年产量(件)		100	500	200
单位直接材料		10	5	20
单位直接人工		2	3	4
1. 材料准备	准备次数(次)	1	2	5
	金额	400	800	2 000
2. 设备调试	调试次数(次)	1	3	12
	金额	175	525	2 100
3. 折旧、维修	机器工时(小时)	400	750	500
	金额	2 000	3 750	2 500
4. 动力	机器工时(小时)	400	750	500
	金额	320	600	400
5. 质量检验	检验数量(件)	6	4	52
	金额	90	60	780
制造费用合计		2 985	5 735	7 780
总成本		4 185	9 735	12 580
单位成本		41.85	19.47	62.90

根据以上成本计算可知,甲、乙、丙三种产品中,丙的单位成本最高,并且大大高于甲产品。可见,传统成本计算法提供的成本信息发生扭曲,势必造成定价失误。

任务三　作业成本管理

一、作业成本管理的概念及方法途径

(一) 作业成本管理的概念

所谓作业成本管理,是指企业以客户需要为出发点,以作业分析为核心,以不断降低成本、提高企业价值为目的，通过对作业链的不断改进和优化，从而获得竞争优势的一种先进的成本管理方式。

作业成本管理是随着作业成本法的产生而产生的。作业成本管理的出发点是将企业看作由顾客需求驱动的一系列作业组合而成的作业集合体，在管理中以努力提高增值作业，减少乃至消除非增值作业。

管理者在进行作业分析、了解产品成本之后，就会采取许多可行的策略来增加产品的获利能力。

（二）作业成本管理的方法途径

1. 改善作业链

（1）作业消除，就是消除不增值的作业，即先确定不增值的作业，进而采取有效措施予以消除。增值作业与非增值作业的判断标准是：如果去掉某项作业，仍然能够为客户提供与以前同样的效果，则该项作业为非增值作业；否则，为增值作业。将原材料从集中保管的仓库搬运至生产部门，将某部门生产的零部件搬运到下一个生产部门等都是非增值作业。如果条件许可，将材料供应的交货方式改变为直接送至原材料使用部门，改善工厂布局，缩短运输距离，这些均会削减甚至消除非增值作业。

（2）作业选择，就是尽可能列举各项可行的作业并从中选择最佳的作业。不同的策略经常产生不同的作业，例如，不同的产品销售策略会产生不同的销售作业，而作业引发成本，因此不同的产品销售策略，会引发不同的作业及成本。在其他条件不变的情况下，选择作业成本最低的销售策略，可以降低成本。

（3）作业减少，就是改善必要作业的效率或者改善在短期内无法消除的不增值的作业。例如，减少整理次数，就可以减少整理准备作业及其成本。

（4）作业共享，就是利用规模经济效应提高必要作业的效率，即增加成本动因的数量，但不增加作业成本，这样可以降低单位作业成本及分摊于产品的成本。例如，新产品在设计时如果考虑到充分利用现有其他产品使用的零部件，就可以免除新产品零部件的设计作业，从而降低新产品的生产成本。

2. 优化作业

优化作业的目的在于降低作业单位产出成本、缩短作业时间和提高作业质量。实现作业优化可按以下步骤进行：

（1）选择优化潜力大的作业。无法彻底消除的非增值作业、成本较高的增值作业、作业时间较长的增值作业和对其他作业影响较大的作业都是优化作业的重点关注对象。

（2）缩短作业周期，降低作业成本。作业周期的缩短有利于增加顾客的满意度，同时提高作业的产出能力，有利于降低作业成本。可以通过提高作业人员的熟练程度、改善作业方式、更新设备技术的方式来进行。

（3）提高作业质量水平。作业质量水平直接关系到产品价值，这就要求企业加强对作业人员的培训，提高他们的业务能力，或者通过设备的维修和改良来提高作业质量水平。

3. 合理配置资源

成本的高低除了与作业量大小有关之外，还与每种作业上耗费资源的多少有关。无论资源利用处于接近饱和状态还是处于闲置状态，资源成本依然归属于某作业，所以，减少作业量并不能自动减少进行该项作业的设备和人数。为此，单纯减少作业并不一定能降低企业成本，企业还须对资源进行分析，明确各项作业利用率，才能从根本上改善资源总体利用效果。对于过于饱和或闲置的资源，企业必须进行重新配置和利用。对资源配置进行分析要区分两个概念，即实际使用资源成本和总资源成本。实际使用资源成本是指实际耗费的成本。总资源成本是指企业实际花费或支付的资源成本，而不论是否被作业所耗费。两者不一定相等，两者的关系可以用下列公式描述：

总资源成本 = 实际使用资源成本 + 未使用资源成本

资源的使用应当以“适当”为标准。过于饱和或闲置的资源配置对企业都是不利的。如果资源使用过于饱和，企业要考虑增加资源的数量、减少作业量或提高效率。管理人员必须调整闲置或过于饱和状态的资源，或者兼并企业，将未使用的资源投入这些企业，或者从组织中剔除这些资源。

二、作业分析

所谓作业分析，是指以客户的需求为出发点，对作业形成的原因、作业的确认与计量以及作业成本形成的动因展开全面的分析，是消除非增值作业、提高作业有效性的前提。作业分析的具体内容包括资源动因分析、作业动因分析、作业链的连接关系分析和增值作业的确认四个方面。

(一) 资源动因分析

作业耗用资源，资源动因可以反映作业量与资源耗费之间的因果关系。资源动因分析是通过对作业的识别和计量及对资源耗费的确认和归集，分析和评估各项作业的有效性。资源动因分析的程序有：

(1) 调查生产活动的全过程，包括采集、入库、存储、加工、检验、运输等。

(2) 在熟悉生产流程的基础上，对多项作业进行识别和计量，并将作业进行适当的合并或分解，建立作业中心。

(3) 将资源费用归集到相应的作业中。

(4) 分析各作业消耗资源的情况，确定作业的有效性。

(二) 作业动因分析

产品消耗作业，作业动因可以反映产品产量与作业成本之间的因果关系。作业动因分析是指通过产出对作业消耗的确认、计量，以及作业成本费用的分配和产出成本的归集，分析和评价各项作业的增值性。作业动因分析的程序有：

(1) 从作业成本库的各项作业中选择代表作业，计算成本动因分配率。

(2) 确认并计量各产出消耗的代表作业。

(3) 计算并归集各产出的作业成本。

(4) 分析各项作业对产出的贡献，确认其增值性。

(三) 作业链的连接关系分析

开展资源动因分析与作业动因分析，重在分析各项作业存在的必然性、成本动因的合理性以及利用的效率性。进行作业分析，仅对单项作业分析是不够的，还应对各项工作的协调状况进行分析，即对作业链的连接关系进行分析。在实际工作中，即使所有单项作业的利用效率都较高，也不意味着作业之间的相互协调一定就好。这是因为各项作业彼此独立，独立的范畴往往具有人为因素，而导致作业链连接的不如意常有发生。在企业现实的生产经营中，作业与作业之间有时存在重叠现象，即某一独立作业的内容与另一相连的作业内容部分重复，有时也存在作业与作业之间的断开。

(四) 增值作业的确认

以上的资源动因分析、作业动因分析、作业链的连接关系分析，都旨在区分增值作业和非增值作业，以及判定增值作业的效用。

(1) 增值作业是指满足客户需求所必需的作业。它的基本特点在于能增加传递给客户的价值,企业如果消除了这类作业,就会影响客户愿意支付的价格。增值作业主要有两种类型:一是能给客户带来价值的作业,比如包装、及时送货等;二是保证企业的正常运转而必不可少的作业,比如付给职工的工资,虽然不能直接为客户带去价值,但属于企业必需的作业。

(2) 非增值作业是指客户不需要的作业。它的基本特点是对增加客户的价值没有贡献,客户不会因为企业消除此类作业而降低愿意支付的价格。企业在经营活动中有许多非增值作业,比如存货的整理和搬运、产品因质量问题而进行的检测和返修、等待工作等。对于非增值作业,企业应尽量消除,从而达到降低成本、提高经济效益的目标。

三、作业成本管理的应用

(一) 定价决策

企业的管理者可以利用作业成本法提供的信息更好地对企业的产品、服务进行定价,以便使企业的收入与所付出的成本相匹配。在作业成本法下,在进行初步的作业成本分析之后,公司往往能将那些特殊的、顾客化的豪华产品的价格定得很高。一方面,只要顾客愿意为同品质、可靠的产品,或特殊产品的独特性付出相当的高价,那么这种定价策略就是可行的;另一方面,一旦那些低产量的特殊产品的成本被正确分配以后,那些高产量的普通产品的成本就会下降,这样那些高产量的普通产品的价格就可以定得稍微低一些,从而使产品在价格上更有竞争力。

(二) 产品品种决策

企业的管理者可以利用作业成本法所提供的信息更好地选择产品组合。现在,顾客对于产品的需求越来越趋于多样化和个性化,这就使得企业不得不改变现有的产品组合,越来越多的企业选择了生产小批量、多样化产品的战略。在估计该战略对企业成本所造成的影响这一问题上,许多管理者存在错误的想法。他们认为许多成本,尤其是制造费用是固定的,因此从大批量标准产品生产转向小批量特质产品生产并不会引起企业成本的明显变化。而事实上,新的产品组合由于包含许多小批量特质产品,其对批别层和产品层的支持性作业会有许多需求。利用作业成本法,管理者可以预先比较精确地估计出每一种产品组合的成本,因而可以做出正确的产品决策。

(三) 预算管理

企业的管理者还可以利用作业成本法所提供的信息做出合理的预算,以便使企业对资源的供给与企业对资源的需求相匹配,从而消除传统预算方法下容易出现预算空额的问题,更好地管理和处置企业的资源,提高企业利润。在作业成本法所提供信息的帮助下,管理者可以清楚而准确地看到企业将来的资源需求与企业现有资源之间的差额,并改进企业将来的资源供给和提高企业的利润。

(四) 改进生产经营过程

对作业成本法计算的产品成本水平进行仔细分析,也会给改进生产过程带来机会。传统的、复杂的产品成本计算是通过由最终产品所需要的全部零部件和配件组成的材料清单来进行的,作业成本法计算产品成本还需要作业清单。在作业清单中除了要显示材料、人工和机器小时等单件层作业成本以外,还要揭示生产产品所需的批别层和产品层的作业,如订购部件、安排生产、处理顾客订单、机器准备、加工产品清单、设计产品和生产过程等。企业可以利用这些作业信息来改进其经营过程。

(五) 技术投资决策

在高新技术蓬勃发展的今天,为了有效利用科技优势并适应产品的顾客化趋势,现代企业在弹性制造系统的基础上，对企业的各种活动进一步集成，形成了一种更灵活高效的计算机集成制造系统。新技术不仅大大提高了企业的生产能力和对外适应能力，也对降低产品成本有重要意义，而这些新技术的采用必须依赖作业成本计算体系。作业在多大程度上影响了成本、有无必要采用先进的技术等必须在作业划分的基础上进行分析，并做出相应的决策。

关键术语

作业作业成本法　成本动因　资源动因　作业动因　作业成本管理

应知考核

一、单项选择题

1. 在作业成本法下，对于制造费用的分配，要按引起制造费用发生的多种作业来进行，同质的作业引起的成本构成一个成本库，再按成本对象所消耗的(　　)分配到产品中。
   A. 人工小时　B. 机器小时　C. 作业量　D. 工时
2. 成本库的建立把(　　)的分配与产生这些费用的成本动因联系起来，不同的成本库选择不同的成本动因作为分配标准。
   A. 间接费用　B. 制造费用　C. 财务费用　D. 管理费用
3. 作业成本法是一种全新的成本计算方法，对产品(　　)的分配更为合理。
   A. 直接成本　B. 间接成本　C. 人工成本　D. 材料成本
4. 作业成本法是通过资源动因的确认、计量，归集资源费用到作业上，再通过作业动因的确认、计量，归集作业成本到产品或顾客上的(　　)的分配方法。
   A. 人工成本　B. 材料成本　C. 直接费用　D. 间接费用
5. 对某一种产品进行工艺设计、编制材料清单、为个别产品提供技术支持等，属于(　　)。
   A. 单件层作业　B. 批别层作业　C. 产品层作业　D. 公司层作业

二、多项选择题

1. 成本动因按其在作业成本中体现的分配性质不同，可以分为(　　)。
   A. 技术动因　B. 经济动因　C. 资源动因　D. 作业动因
2. 作业分析的具体内容包括(　　)方面。
   A. 资源动因分析　B. 作业动因分析
   C. 增值作业的确认　D. 作业链的连接关系分析
3. 作业成本法对于制造费用的分配，是按引起制造费用发生的成本动因进行的，将间接费用和辅助成本更准确地分配到(　　)上。
   A. 作业　B. 生产过程　C. 产品　D. 顾客
4. 优化作业的主要目的在于(　　)。
   A. 降低作业单位产出成本　B. 缩短作业时间
   C. 提高作业质量　D. 消除非增值作业
5. 作业按其等级不同，可以分为(　　)类型。
   A. 单件层作业　B. 批别层作业
   C. 产品层作业　D. 公司层作业

三、判断题

1. 作业动因是指资源消耗量与作业量之间的因果关系，即作业消耗资源。(　　)
2. 同质成本库是指可以用一项共同的成本动因解释其成本变动的成本。(　　)
3. 作业成本法将所有成本均视为变动成本。(　　)

4. 作业成本法的基本前提是:作业消耗资源,作业量的多少决定资源的耗用量,而资源的耗用量的高低与最终产品没有直接的关系。（ ）
5. 开展资源动因分析与作业动因分析,重在分析各项作业存在的必然性、成本动因的合理性以及利用的效率性。（ ）

四、简述题

1. 作业成本法有哪些特点?
2. 作业成本法的步骤有哪些?
3. 作业成本管理的方法途径有哪些?
4. 作业成本管理有哪些作用?
5. 简述实现作业优化的步骤。

五、计算题

某公司 2020 年 6 月投产的 A、B 两种产品当月全部完工,有关资料如表 4-5 所示。其中,制造费用是由四种作业产生的,具体资料如表 4-6 所示。

表 4-5　　A、B 两种产品的生产及成本资料

项　目	A 产品	B 产品
产量(件)	100	8 200
单位产品机器工时(小时)	3	2
单位产品直接人工成本(元/件)	50	55
单位产品直接材料成本(元/件)	95	90
制造费用总额(元)	395 800	

表 4-6　　制造费用作业资料　　金额单位:元

作业	作业成本	成本动因	动因消耗量		
			A 产品	B 产品	合计
机器调整准备	16 000	调整准备次数(次)	10	6	16
生产订单	62 000	订单份数(份)	15	10	25
机器运行	233 800	机器小时数(小时)	300	16 400	16 700
质量检验	84 000	检验次数(次)	30	20	50
合计	395 800	—	—	—	—

要求:根据上述材料,分别采用作业成本法及完全成本法计算 A、B 两种产品的单位成本。

应会考核

■ 观念应用

【背景资料】

作业成本法在"一日游"服务的应用

某旅游公司有 3 辆客运汽车,每辆车可容纳 50 名游客和 1 名导游。该公司向旅客提供到某地旅游的

"一日游"服务。本月有关成本资料如表4-7所示。

表4-7　　成本资料

作业	动因分配率	成本动因	动因消耗量
支付高速公路费	30元/次	使用次数	46次
车辆使用	500元/次	使用次数	23次
支付门票费	50元/人次	旅客加导游人数	1 108人
支付导游费	500元/次	导游次数	23次
提供膳食	60元/人次	用餐次数	1 131次
广告	1 000元/次	广告次数	4次

【考核要求】

要求:按作业成本法计算该公司每提供1次旅游的服务成本。

■ 技能应用

启亚电器公司的作业成本法计算

启亚电器公司的会计师建立的作业成本库和成本动因如表4-8所示。

表4-8　　作业成本库和成本动因

作业成本库	预算(元)	成本动因	预算水平	分配率
机器准备	250 000	准备次数	125次	2 000元/次
材料处理	75 000	原材料重量	37 500千克	2元/千克
有害废物控制	25 000	使用的有害化学物重量	5 000千克	5元/千克
质量控制	75 000	检验次数	1 000次	75元/次
其他间接成本	200 000	机器小时	20 000小时	10元/小时
合　计	625 000			

一份100件电器部件的订单需要发生的成本如表4-9所示。

表4-9　　订单成本资料

成本动因	动因消耗量
准备次数	5次
原材料重量	10 000千克
使用的有害化学物质重量	2 000千克
检验次数	10次
机器小时	500小时

【技能要求】

(1) 运用作业成本法计算应分配给每份订单的间接费用总额。

(2) 计算每个电器部件的间接成本。

(3) 假定该公司采用基本机器小时计算预计间接费用分配率,请计算间接费用总额分配率和分配给电器部件订单的间接费用。

(4) 为什么这两种计算方法计算出的产品间接成本会有区别？你建议使用哪一种方法？为什么？

■ **案例分析**

【背景资料】

作业成本法为公司设计一个产品组合策略

A塑料公司建立了两条生产线，分别用于生产笔用塑料外壳和手机用塑料外壳。该公司上季度亏损了64 500元，管理层需要采取果断措施以提高收益。

作为主管经营的副总经理，你必须决定要侧重于哪一条生产线以改善收益。你同样希望能削减成本，特别是在价值链的生产职能方面。A塑料公司目前使用传统的成本会计系统，而你正在考虑开始使用作业成本系统来支持公司的战略决策制定和经营控制。该公司的传统成本会计系统流程和最近一季度的两份财务报告如图4-3所示。

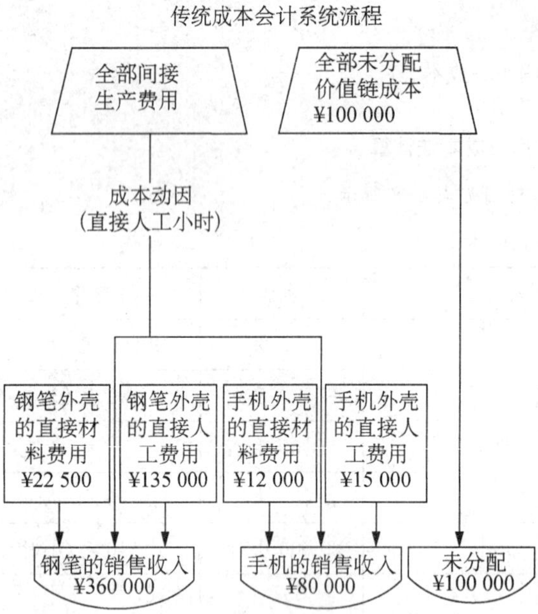

经营利润表
传统成本分配系统

	经营利润表(外部报告目的)	对公司成本、利润的贡献(内部战略决策使用) 钢笔外壳	手机外壳
销售收入	¥440 000	¥360 000	¥80 000
销售成本：			
直接材料	34 500	22 500	12 000
直接人工	150 000	135 000	15 000
间接制造费用	220 000	198 000*	22 000**
销售成本	404 500	355 500	49 000
毛利	35 500	¥4 500	¥31 000
公司费用(未分配费用)	100 000		
经营损失	¥64 500		
毛利率	8.07%	1.25%	38.75%

* 220 000×(4 500÷5 000)＝198 000(元)。

** 220 000×(500÷5 000)＝22 000(元)。

图4-3　公司的传统成本会计系统和最近一季度的两份财务报告

根据该报告，手机外壳的毛利率(38.75%)远高于钢笔外壳的毛利率(1.25%)。基于此，市场部经理已经制订了一个强调手机外壳业务的计划。

现在，管理层运用了图4-4中的作业成本系统。两阶段作业成本系统的第一阶段已经完成。图4-4显示——加工流程作业成本为143 000元以及生产支持作业成本为77 000元。

请完成第二阶段的成本分配并确定每条生产线的收益。加工流程作业的成本分配基础是直接人工小时数，生产支持作业成本的分配基础则是组件数。成本分配相关数据如表4-10所示。

表4-10　　成本分配相关数据

项目	钢笔外壳	手机外壳
直接人工小时数(小时)	4 500	500
组件数(件)	5	20

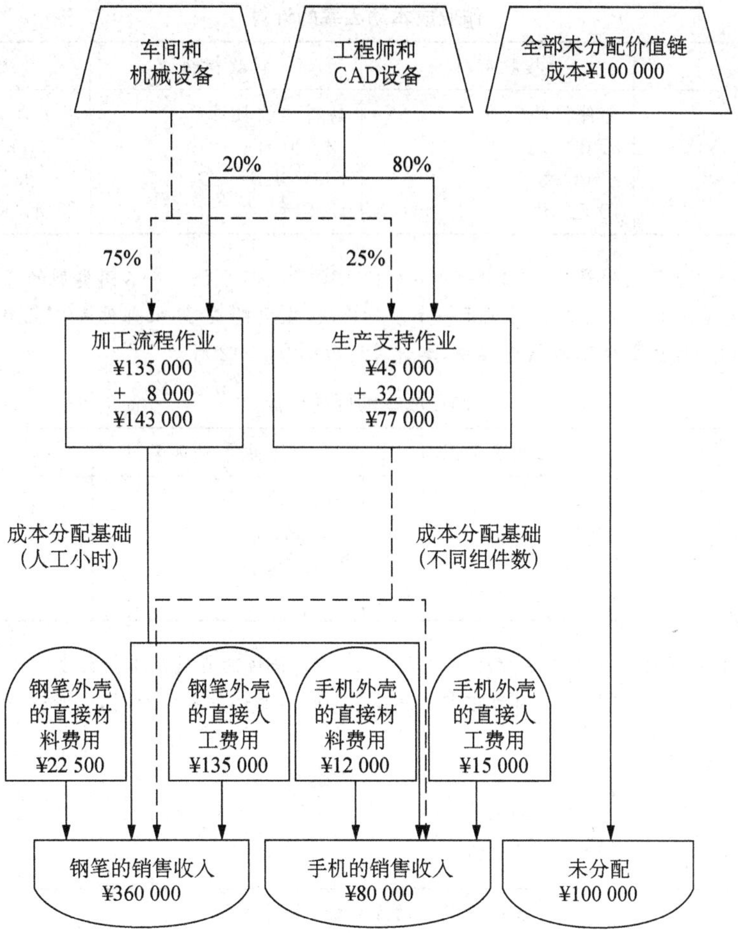

图 4-4　作业成本系统

【分析要求】

（1）根据作业成本法计算所有产品的毛利和毛利率。

（2）请解释该结果与你根据传统成本会计系统计算的结果是否有显著不同。

（3）评价市场计划。

（4）为该公司设计一个产品组合策略。

项目实训

【实训项目】

作业成本动因分析。

【实训情境】

巨龙公司的作业成本动因分析

巨龙公司货物搬运部门每月的总成本为 50 000 元，每月平均直接人工小时为 40 000 小时，搬运材料的分配率为每直接人工小时 1.25 元。巨龙公司生产 A 产品，每月产量为 100 件，每生产一件 A 产品需要 1 直接人工小时。根据公司的传统成本制度，每月 A 产品被分配到 125 元的搬运费用。

巨龙公司采用作业成本制度将货物搬运部门的工作分为三个主要的作业：接收部件、接收材料和把部件分配到生产车间。对于每一个作业，作业成本法设计者都为其选择了一个相应的成本动因，然后收集每一作业成本动因的数量。将被分配来的作业费用除以作业成本动因的数量就可以得到作业成本动因率。其计算过程如表 4-11 所示。

表 4-11 作业成本动因率的计算

项目	接收部件	接收材料	分配部件和材料
作业成本动因	部件接收数量	材料接收数量	生产批次数
作业成本	25 000 元	12 500 元	12 500 元
作业成本动因数	2 500 次	1 000 次	500 批
作业成本动因率	10 元/次	12.5 元/次	25 元/批

A 产品是一个非常复杂的产品，它需要 50 多个独立购买的部件和一些不同类型的原材料来组装成一个成品。1 个月内生产 100 件的 A 产品属于一个生产批次，需要购买 20 批部件和 4 批原材料。使用作业成本动因来把材料搬运成本分配到 A 产品中，其计算过程如表 4-12 所示。

表 4-12 作业成本动因的分配

项目	作业成本动因数	作业成本动因率	作业成本
接收部件	20 次	10 元/次	200 元
接收材料	4 次	12.5 元/次	50 元
分配材料	1 批	25 元/批	25 元
合计	—	—	275 元

每单位 A 产品的材料搬运成本为 2.75 元(275÷100)，是传统的直接人工分配方法计算出的 1.25 元的 2.2 倍。A 产品被分配的成本较高是因为它需要许多不同种类的部件和原材料，而且这种低产量的产品的生产环节相对较短。

【实训任务】

(1) 分析企业如何运用作业成本动因。

(2) 撰写“作业成本动因分析”实训报告。

<table>
<tr><td colspan="3">“作业成本动因分析”实训报告</td></tr>
<tr><td>项目实训班级：</td><td>项目小组：</td><td>项目组成员：</td></tr>
<tr><td>实训时间：　　年　　月　　日</td><td>实训地点：</td><td>实训成绩：</td></tr>
<tr><td colspan="3">实训目的：</td></tr>
<tr><td colspan="3">实训步骤：</td></tr>
<tr><td colspan="3">实训结果：</td></tr>
<tr><td colspan="3">实训感言：</td></tr>
</table>

项目五　本量利分析

知识目标

理解：本量利分析的概念、作用、评价；敏感分析的概念及意义。

熟知：本量利分析的基本假设；本量利分析的基本公式和相关指标。

掌握：本量利分析的基本假设、基本公式和相关指标；保本、保利分析；因素变动对保本点实现目标利润、安全边际的影响；本量利分析中的敏感分析；影响利润的各变量临界值的确定、敏感系数和敏感分析表；本量利分析在经营决策中的应用。

项目课件

技能目标

能够运用本量利基本关系式、边际贡献及相关指标进行分析；能够结合实例对单一品种及多品种条件下企业保本点、保利点进行计算分析；能够利用安全边际指标对企业的经营安全做出判断，保障企业在安全生产中实现利润最大化。

素质目标

能够结合实例，具备进行本量利分析的管理会计所需要的职业素养，提高计算能力、迁移能力。

项目引例

加油站的本量利分析

某小镇有一个加油站，站内设有一个卖报纸和杂货的商店，周围的居民常来此购物。该商店的销售额每周可达到 3 600 元。除此之外，来加油的司机们也会光顾该商店。经理估计，平均每 100 元花费在汽油上的车主会另花费 20 元在商店购物。在汽油销售量波动时，该比率仍维持不变。该地区的商品销售与汽油的销售是各自独立的。汽油的边际贡献率是 18%，而货品的边际贡献率是 25%。当前的汽油销售价是每升 2.8 元，而每周的销售量是 16 000 升。加油站每周的场地固定成本是 4 500 元，而每周工人薪金是固定的2 600元。经理非常关心未来的生意。因为有一个公路拓宽计划可能会导致加油站拆除，而汽油销售量是影响利润的最敏感因素。

【思考与讨论】

(1) 当前每周的利润是多少？

(2) 汽油销售的保本量是多少？

(3) 如果汽油销售跌到 8 000 升，会有多少利润(损失)？

知识精讲

任务一　本量利分析概述

一、本量利分析的概念

本量利分析(Cost-Volume-Profit Analysis，简称 CVP 分析)是成本—业务量—利润关系分析(Analysis of Cost-Volume-Profit Relationship)的简称，是指在成本性态分析和变动成本法的基础上，以模型与图式来揭示成本、销售量、价格、营业利润等因素之间内在的变化关系，为企业经营管理提供信息的一种定量分析方法。

本量利分析是现代管理会计学的重要分析方法之一。运用本量利分析不仅可为企业完成保本、保利条件下应实现的销售量或销售额的预测，而且若将其与风险分析相联系，可为企业提供化解经营风险的方法和手段，以保证企业既定目标的实现；若将其与决策分析相结合，可帮助企业进行有关的生产决策、定价决策和投资项目的不确定性分析。此外，本量利分析还可成为编制全面预算和控制成本的基础。

二、本量利分析的基本假设

（一）成本性态分析假设

本量利分析必须在成本性态分析已经完成的基础上进行，即假定本量利分析所涉及的成本因素已经区分为变动成本和固定成本两类，相关的成本性态模型已经形成，固定成本的性态模型为 $y=a$，变动成本的性态模型为 $y=bx$。

（二）相关范围假设

本量利分析是建立在成本按性态分析基础上的一种分析方法，成本性态分析的前提条件也构成了本量利分析的基本假设。在对成本进行性态分析时，均是在一定“相关范围”前提条件下进行研究的。这个“相关范围”包括“期间范围”和“业务量范围”，因为在一定时期和一定业务量范围内，固定成本总额和单位变动成本均保持不变，所以本量利分析的相关范围假设应包括期间假设和业务量假设。

（三）模型线性化假设

在成本性态分析的前提条件下，固定成本总额和单位变动成本均保持不变，企业的总成本可以近似地描述为 $y=a+bx$ 的线性模型；同时，在相关范围内，单价也不因业务量的变化而改变，使得企业销售收入也可以近似地描述为 $S=px$。这里的总成本函数和销售收入函数以同一业务量为自变量。

（四）产销平衡假设

当企业只生产一种产品时，假设生产出来的产品在市场上均可销售出去，自动实现产销平衡。因为本量利分析的核心是分析收入与成本之间的对比关系，所以本量利分析中的“量”是指销售量而非生产量，在销售价格不变的条件下这个“量”是指销售收入。而生产量的变动对固定成本和变动成本都可能会产生影响，当然也会影响收入与成本之间的对比关系。所以当进行本量利分析时，就必须假设产销平衡。

（五）品种结构不变假设

当企业生产和销售多品种的产品时，由于多品种条件下各种产品的获利能力不一定相同，如果企业产销的品种结构发生较大变动，会导致预计利润与实际利润之间出现较大的差异。在进行本量利分析时，应假定各种产品的销售收入在总收入中所占的比重不变。

三、本量利分析的基本公式和相关指标

（一）基本公式

利润 = 销售收入 − 总成本

利润 = 单价 × 销售量 −（单位变动成本 × 销售量 + 固定成本）

= 销售量 ×（单价 − 单位变动成本）− 固定成本

销售收入 = 单价 × 销售量

总成本 = 变动成本 + 固定成本

= 单位变动成本 × 销售量 + 固定成本

上面所列的公式就是本量利分析的基本公式，保本分析、保利分析都是在这个基本公式的基础上进行的。

本量利分析的基本公式含有五个相互联系的变量，给出其中四个，便可求出剩余一个变量的值，于是可引出多个基本公式的变换形式。

1. 计算销售量的变换公式

销售量 =（固定成本 + 利润）÷（单价 − 单位变动成本）

2. 计算单价的变换公式

单价 =（固定成本 + 利润）÷ 销售量 + 单位变动成本

3. 计算单位变动成本的变换公式

单位变动成本 = 单价 −（固定成本 + 利润）÷ 销售量

4. 计算固定成本的变换公式

固定成本 =（单价 − 单位变动成本）× 销售量 − 利润

由于单位变动成本由单位变动产品成本和单位变动销售及管理费用构成，固定成本由固定制造费用和固定销售及管理费用构成，因此利润又可进一步分解为：

利润 = 销售收入 −（变动产品成本 + 变动销售及管理费用）−（固定制造费用 + 固定销售及管理费用）
　　= 单价 × 销售量 −（单位变动产品成本 + 单位变动销售及管理费用）× 销售量
　　　−（固定制造费用 + 固定销售及管理费用）

（二）边际贡献和其他相关指标

1. 边际贡献

边际贡献是指销售收入总额和变动成本总额之间的差额，也称贡献毛益、边际利润，记作 *Tcm*。

在单一产品的情况下，边际贡献计算公式为：

边际贡献 = 销售收入 − 变动成本
　　　　= 单价 × 销售量 − 单位变动成本 × 销售量
　　　　= 销售量 ×（单价 − 单位变动成本）

在多种产品的情况下，边际贡献计算公式为：

边际贡献 = $\sum$（各种产品边际贡献）
　　　　= $\sum$（各种产品销售收入 − 各种产品变动成本）

2. 单位边际贡献

单位边际贡献是指边际贡献除以销售量，或者单价减去单位变动成本后的差额，表示每增加一个单位的产品销售，可为企业带来的贡献，记作 *cm*。单位边际贡献计算公式为：

单位边际贡献 = 边际贡献 ÷ 销售量
　　　　　　= 单价 − 单位变动成本

有了边际贡献的概念后，利润可用下列公式表示：

利润 = 边际贡献 − 固定成本
　　= 单位边际贡献 × 销售量 − 固定成本

从上面计算利润的公式中可知，边际贡献大于固定成本，企业才有利润；边际贡献小于固定成本，企业就会亏损；边际贡献等于固定成本，企业不亏不盈，利润为零。当固定成本不变时，边际贡献增加多少，利润就增加多少；边际贡献减少多少，利润就减少多少。

3. 边际贡献率

边际贡献率是指边际贡献占产品销售收入总额的百分比，表示每增加1元销售，可为企业带来的贡献，记作 *CMR*。

在单一产品的产销情况下，边际贡献率的计算公式为：

边际贡献率＝（边际贡献÷销售收入总额）×100％

＝（单位边际贡献÷单价）×100％

在多种产品的产销情况下，综合边际贡献率的计算公式为：

综合边际贡献率＝$\sum$（各种产品边际贡献）÷$\sum$（各种产品销售收入）×100％

＝$\sum$（各种产品边际贡献率×该产品的销售比重）×100％

4. 变动成本率

变动成本率是指变动成本总额占销售收入总额的百分比，或者单位变动成本占销售单价的百分比，表示每增加1元销售所增加的变动成本，记作 *bR*。变动成本率的计算公式为：

变动成本率＝（变动成本总额÷销售收入总额）×100％

＝（单位变动成本÷销售单价）×100％

边际贡献率＋变动成本率＝1

【注意】 变动成本率和边际贡献率具有互补关系。变动成本率高，边际贡献率就低，赢利能力就低；变动成本率低，边际贡献率就高，赢利能力就高。

【做中学5-1】 某企业准备生产一种新产品，预计单位变动成本为60元/件，固定成本总额为34万元，变动成本率为60％，销售量为1万件。计算：

（1）该产品的单价是多少？

（2）该产品的单位边际贡献、边际贡献是多少？

（3）该产品的边际贡献率、利润是多少？

解：

（1）变动成本率＝单位变动成本÷单价

单价＝单位变动成本÷变动成本率＝60÷60％＝100（元/件）

（2）单位边际贡献＝单价－单位变动成本＝100－60＝40（元/件）

边际贡献＝销售收入总额－变动成本总额＝100×1－60×1＝40（万元）

或　边际贡献＝单位边际贡献×销售量＝40×1＝40（万元）

（3）边际贡献率＝单位边际贡献÷单价×100％＝40÷100×100％＝40％

或　边际贡献率＝1－变动成本率＝1－60％＝40％

利润＝边际贡献－固定成本总额＝40－34＝6（万元）

四、本量利分析的优缺点

（一）本量利分析的优点

本量利分析是管理会计的基本方法之一，是企业经营管理活动中一种比较实用的工具。它的运用十分广泛，可用于规划经济活动、进行经营决策、控制经济过程等方面。

（1）确定预期的目标。通过本量利分析，可以预测企业达到多少销售量（销售额）才能保本，或达到多少销售量（销售额）才能取得预期的利润。

（2）制定产品或劳务的价格。企业为其产品、劳务制定的价格，必须使预期销量下的销售额能够弥补总成本。通过本量利分析，可以预测在不同的售价下，企业能够获取多少利润，是否能弥补总成本,从而帮助企业制定出合理的产品价格。

(3) 确定成本结构。企业的成本结构(变动成本和固定成本的比例)影响着企业在不同产销水平上的保本点和盈利水平。通过本量利分析,可以预测和分析成本结构变化对企业总体利润水平的影响,从而帮助企业确定一个最佳的成本结构。

(4) 确定产品的最佳销量。通过本量利分析,可以预测销售量变化对企业利润水平产生的影响,从而帮助企业确定一个合适的销售量,使其盈利达到最佳水平。

(二) 本量利分析的缺点

(1) 对总成本,尤其是对某些混合成本的划分不够精确,有时带有一定的主观因素。

(2) 本量利分析中有关函数的线性假设,与实际有较大的偏离。在实际经济活动中,随着产销量超出一定范围,固定成本可能会呈阶梯状变化;变动成本由于受经营规模和生产效率的影响,可能会呈曲线变化;在较长的时间范围内,生产要素价格也可能发生变动,所以总成本与销售收入不会总是呈现一条直线,那么所假设的线性关系不一定能成立。

(3) 影响成本和收入的因素除了产销量外,还包括效率、市场供求等其他多种因素。

(4) 不管企业的预测和计划做得多么好,要使实际的产量和销量完全平衡是十分困难的,在多品种的情况下,各产品的产量变化也不会总是按固定的比例变化。

【注意】 本量利分析对企业管理人员来说,只适用于短期的计划和预测,它的分析结果并不十分精确,一般只能作为决策的参考依据,不能完全代替管理人员的判断和经验。

任务二 保本、保利分析

一、保本分析

保本分析是本量利分析的基础,其基本内容是分析确定产品的保本点,从而确定企业经营的安全程度。

(一) 保本和保本点的概念

保本是指企业在一定时期内收支相等,即边际贡献等于固定成本,利润为零。保本分析主要确定使企业既不亏损又不盈利的保本点,这是本量利分析中最基本的内容。保本分析也可称作盈亏平衡分析。

保本分析的关键是确定保本点。保本点是指企业达到边际贡献等于固定成本,利润为零,不亏不盈时的业务量。在该业务量水平下,企业的收入正好等于全部成本。超过该业务量水平,企业就有盈利;低于该业务量水平,企业就亏损。保本点也可称作盈亏平衡点、盈亏临界点。

(二) 单一品种保本点的确定

单一品种的保本分析是假设企业只生产、销售一种产品的保本分析,它的保本点有两种表现形式:一是保本点销售量(简称"保本量"),二是保本点销售额(简称"保本额")。它们都是标志企业达到收支平衡实现保本的销售业务量指标,统称为保本点业务量。常用的方法有公式法和图解法。

1. 公式法

根据利润 = 销售量 ×(单价 − 单位变动成本)− 固定成本

当利润为零时,该销售量就是保本量,所以:

保本销售量 ×(单价 − 单位变动成本)− 固定成本 = 0

保本销售量 = 固定成本 ÷(单价 − 单位变动成本)= 固定成本 ÷ 单位边际贡献

保本销售额 = 单价 × 保本量 = 固定成本 ÷ 边际贡献率 = 固定成本 ÷(1 − 变动成本率)

【做中学 5-2】 承[做中学 5-1]。

要求：计算保本点的保本销售量、保本销售额。

解：

(1) 保本销售量＝固定成本÷(单价－单位变动成本)＝340 000÷(100－60)＝8 500(件)

或：保本销售量＝固定成本÷单位边际贡献＝340 000÷40＝8 500(件)

(2) 保本销售额＝固定成本÷边际贡献率＝340 000÷0.4＝850 000(元)

或：保本销售额＝固定成本÷(1－变动成本率)＝340 000÷(1－0.6)＝850 000(元)

保本销售额＝单价×保本销售量＝100×8 500＝850 000(元)

计算表明，企业要保本，至少要销售 8 500 件产品，或销售额达到 85 万元。

2. 图解法

图解法是以作图的方式来反映成本、收入和销量之间的关系，主要有保本图和利量图两种。

1) 保本图

保本图反映在一定的价格下，企业各种产销量所对应的固定成本、变动成本、总成本和总收入的金额。保本图具体有三种画法。

(1) 标准式保本图。

现结合[做中学 5-1]的资料，说明其绘制方法。

a. 在直角坐标系中，以横轴表示销售量，纵轴表示成本和销售收入(金额)。

b. 绘制固定成本线。以固定成本的数值(34 万元)为纵轴上的截距，并以此为起点，绘制一条平行于横轴的直线，即为固定成本线。

c. 绘制总成本线。在横轴上任取一销售量(1 万件)，计算出相应的总成本 94 万元(1×60＋34)，在坐标中找出该点(10 000, 94)，然后连接该点与纵轴上的固定成本点，即可绘制出总成本线。

d. 绘制销售收入线。在横轴上任取一个整数销售量(1 万件)，计算出相应的销售收入 100 万元(1×100)，在坐标系中找出与之对应的坐标点(10 000, 100)，用直线将该点与原点相连接，就可做出总收入线。

在图 5-1 中，销售收入线与总成本线的交点(8 500,85)即为保本点。保本点所对应的 X 轴上的数量(8 500 件)是保本点销售量，对应的 Y 轴上的金额(85 万元)是保本点销售额。当销售量或销售额超过保本点，即为盈利，低于保本点即为亏损。

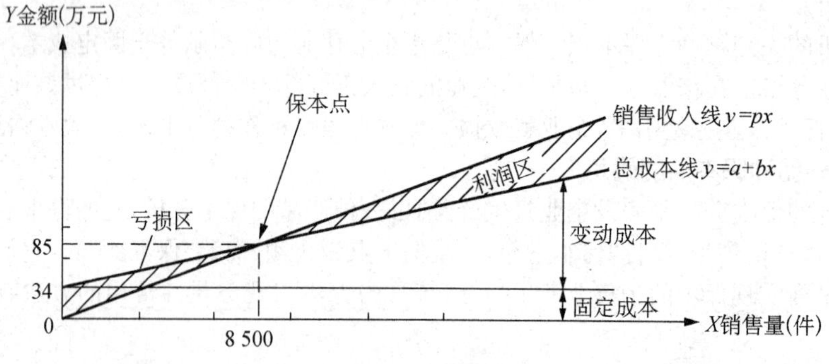

图 5-1 标准式保本

从图 5-1 中可得出下面几条基本规律：

第一，在保本点不变的条件下，销售量越大，能实现的利润就越多；反之，销售量越少，能实现的利润就越少。

第二，在销售量不变的条件下，保本点越低，能实现的利润就越多；反之，保本点越高，能实现的利润就越少。

第三，在销售总成本不变的条件下，保本点受单价的影响而发生变动，产品单价越高(销售收入线的斜率越大)，保本点就越低；反之，保本点就越高。

第四，在销售收入不变的条件下，保本点的高低取决于固定成本和单位变动成本的大小。固定成本或者单位变动成本越大，保本点就越高；反之，保本点就越低。

(2) 边际贡献式保本图。

结合[做中学 5-1]的资料，说明其绘制方法。

a. 在直角坐标系中，以横轴表示销售量，纵轴表示成本和销售收入(金额)。

b. 绘制变动成本线。在横轴上任取一销售量(1 万件)，计算出相应的变动成本 60 万元(1×60)，在坐标中找出该点(10 000，60)，连接该点与原点即为变动成本线。

c. 绘制总成本线。以固定成本的数值(34 万元)为纵轴上的截距，并以此为起点，画一条与变动成本线平行的直线，即为总成本线。

d. 绘制销售收入线。在横轴上任取一个整数销售量(1 万件)，计算出相应的销售收入 100 万元(1×100)，在坐标系中找出与之对应的坐标点(10 000，100)，以直线将该点与原点相连接，就可做出总收入线。

在图 5-2 中，销售收入线与总成本线的交点(8 500，85)即为保本点。边际贡献式保本图是将固定成本置于变动成本之上，形象地反映边际贡献的形成过程和构成，即产品的销售收入减去变动成本就是边际贡献，边际贡献再减去固定成本就是利润。由于边际贡献总额会随着销售收入的增加而不断增加，因此，当边际贡献总额等于固定成本时就是保本点，边际贡献达到保本点之前是用来弥补固定成本的，当边际贡献小于固定成本，不足弥补时则发生亏损；超过保本点后，边际贡献大于固定成本，就会有盈利。

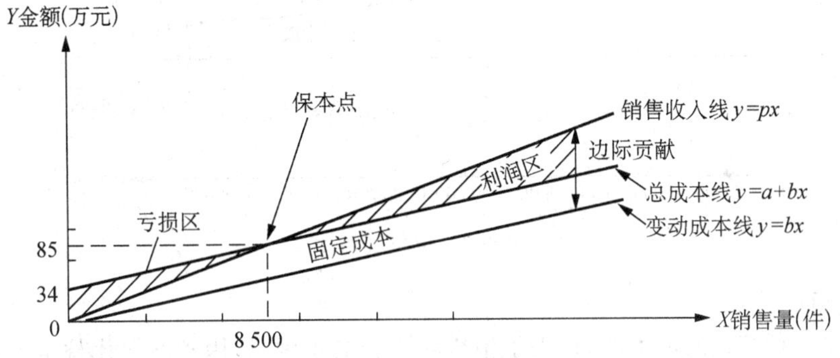

图 5-2 边际贡献式保本

标准式保本图将固定成本置于变动成本之下，反映了固定成本在相关范围内不变的基本特征。

(3) 单位式保本图。

标准式和边际贡献式保本图都是用来描述销售总量、总成本和总利润这三者之间相互关系的，而单位式保本图则可反映产品的销售单价、单位产品成本和单位利润三者之间的关系以及这三者与销售总量之间的关系。仍结合[做中学 5-1]的资料，说明其绘制方法。

a. 在直角坐标系中，以横轴表示销售量，纵轴表示单价、单位产品成本和单位利润。

b. 绘制单位变动成本线。以单位变动成本的数值(60 元)为纵轴上的截距，并以此为起点，绘制一条平行于横轴的直线，即为单位变动成本线。

c. 绘制销售单价线。以销售单价的数值(100 元)为纵轴上的截距，并以此为起点，绘制一条平行于横轴的直线，即为销售单价线。

d. 绘制单位产品成本线。在横轴上任取几个整数销售量(如 2 000 件、4 000 件、5 000 件、8 000件、10 000 件、17 000 件等),计算出相应的单位产品成本(230 元、145 元、128 元、102.5 元、94 元、80 元等),然后在坐标系中找出与之对应的坐标点,将这些坐标点连接起来,即可做出单位产品成本线。

在图 5-3 中,销售单价线与单位产品成本线的支点(8 500, 100)即为保本点的销售量。当销售量超过保本点销售量即为盈利,低于保本点销售量为亏损,从图 5-3 中可得出以下特点:

第一,单位变动成本是固定不变的,单位变动成本线是一条直线;单位固定成本是变动的,单位固定成本线是一条曲线。因此,单位产品成本线也是一条曲线,随产量的变化而变化。

第二,当产品销量越来越小时,企业亏损就越来越趋于固定成本;反之,当销量越来越大时,由于单位产品所负担的固定成本越来越小,因此单位产品成本也越来越小,并且越来越接近单位变动成本,单位产品的利润也越来越接近单位边际贡献。

第三,产品销售单价线与单位成本线的支点即为盈亏平衡点,在该点的销售量下,销售收入刚好抵销全部的成本,既不盈利也不亏损。

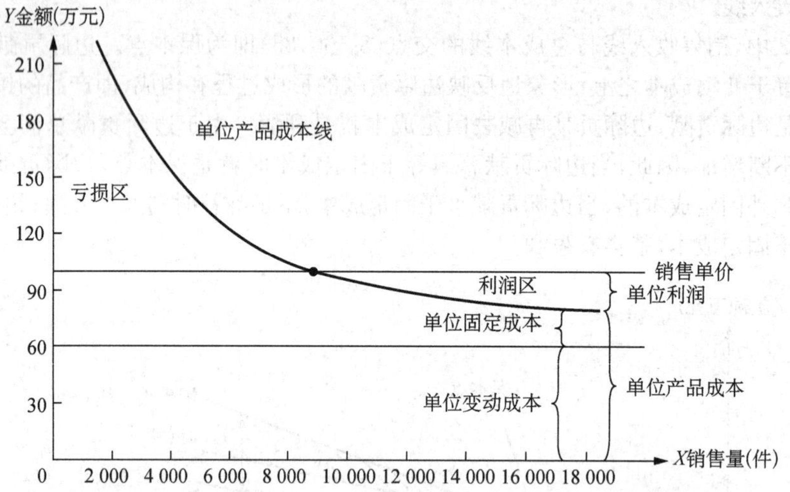

图 5-3 单位式保本

2) 利量图

利量图是一种简化的保本图,略去了销售收入和成本因素,用利润线代替销售线和总成本线,着重分析利润和销售业务量之间的关系。仍结合[做中学 5-1]的资料,介绍其绘制方法,如图 5-4 所示。

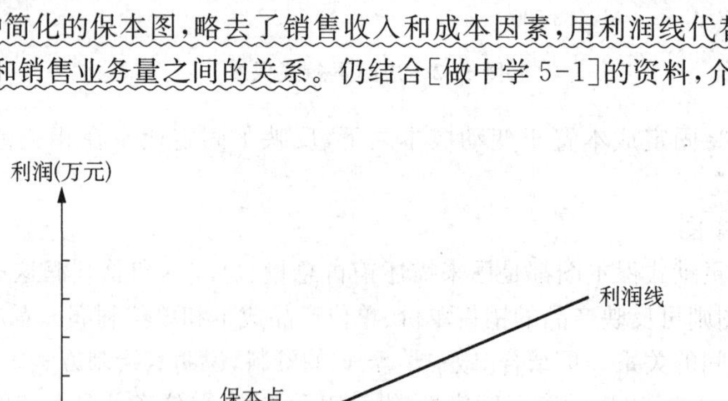

图 5-4 利量图

(1) 在直角坐标系中，以横轴表示销售额，纵轴表示利润。

(2) 绘制利润线。在纵轴的负数区确定固定成本，即在横轴的下方，以固定成本的数额(34万元)为纵轴的截距，再任取整数销售量(1 万件)，计算出相应的利润 6 万元(1×100－1×60－34)，在坐标系中找出与之对应的坐标点(10 000，6)，以直线将该点与纵轴上的固定成本点相连接，就可做出利润线。

利润线与横轴的交点(85，0)就是保本点。从图 5-4 中可得出以下特点：

第一，当销售额为零时，企业的亏损额等于固定成本；随着业务量的增加，亏损逐渐减小，直到亏损为零时即为保本点；过了保本点，随着业务量的增加，利润不断增加。

第二，在产品的销售价格和成本水平不变的条件下，销售量越大，利润就越多(亏损越小)；反之，销售量越小，利润就越少(亏损越大)。

利量图可以明确反映销售业务量的变动对利润的影响，但无法反映销售业务量的变动对成本的影响。

(三) 多品种保本点的确定

上面介绍了单一品种的保本分析模式，但事实上，大部分企业生产和销售的产品有好多种，因此必须了解和掌握多品种的保本分析模式。由于各种产品的计量单位可能不一样，不同品种的产品销售量无法直接相加减，因此只能根据多品种产品的保本点销售额进行保本分析，主要有四种常用方法。

1. 加权平均法

加权平均法是以每种产品的边际贡献率为基础，按各产品销售额占总销售额的比重进行加权平均，计算出综合边际贡献率，以此反映企业多品种综合创利能力的本量利分析方法。综合边际贡献率的计算公式为：

$$综合边际贡献率 = \sum(某产品的边际贡献率 \times 该产品的销售比重)$$

其中：

$$某产品的边际贡献率 = (该产品的边际贡献 \div 该产品的销售收入) \times 100\%$$

$$该产品的销售比重 = 该产品的预计销售额 \div \sum(各种产品的预计销售额) \times 100\%$$

$$综合保本销售额 = 固定成本总额 \div 综合边际贡献率$$

在加权平均法下，不仅可以计算综合边际贡献率，确定综合保本销售额，而且可以在此基础上按销售比重将其分解，计算出每一品种的保本销售额和保本销售量。

$$某产品的保本销售额 = 综合保本销售额 \times 该产品销售比重$$

$$某产品的保本销售量 = 某产品的保本销售额 \div 该产品的单价$$

【做中学 5-3】 某企业生产和销售 A、B、C 三种产品，年固定成本为 60 万元，有关资料如表 5-1 所示。

表 5-1　　产品资料表

产品	销量(万件)	单价(元)	销售收入(万元)	单位变动成本(元)	单位边际贡献(元)	边际贡献(万元)
A	40	20	800	17	3	120
B	10	40	400	32	8	80
C	4	100	400	50	50	200
合计	54		1 600			400

要求：用加权平均法进行保本分析。

解：A 产品的边际贡献率＝3÷20×100%＝15%

B 产品的边际贡献率＝8÷40×100%＝20%

C 产品的边际贡献率＝50÷100×100%＝50%

A 产品的销售比重＝800÷1 600×100%＝50%

B 产品的销售比重＝400÷1 600×100%＝25%

C 产品的销售比重＝400÷1 600×100%＝25%

综合边际贡献率＝15%×50%＋20%×25%＋50%×25%＝25%

综合保本销售额＝60÷25%＝240(万元)

A 产品保本销售额＝240×50%＝120(万元)

B 产品保本销售额＝240×25%＝60(万元)

C 产品保本销售额＝240×25%＝60(万元)

A 产品保本销售量＝120÷20＝6(万件)

B 产品保本销售量＝60÷40＝1.5(万件)

C 产品保本销售量＝60÷100＝0.6(万件)

2. 分算法

分算法是在一定条件下，先将固定成本总额按一定标准在各种产品之间进行分配，然后对每一个品种分别计算保本点，最后将各个品种的保本额汇总，计算出多品种保本销售额的本量利分析方法。

【做中学 5-4】 承[做中学 5-3]，假设固定成本按各种产品的边际贡献比重来分配。

要求：用分算法进行保本分析。

解：固定成本分配率＝60÷400＝15%

A 产品分配的固定成本＝120×15%＝18(万元)

B 产品分配的固定成本＝80×15%＝12(万元)

C 产品分配的固定成本＝200×15%＝30(万元)

A 产品保本销售量＝18÷3＝6(万件)

A 产品保本销售额＝6×20＝120(万元)

B 产品保本销售量＝12÷8＝1.5(万件)

B 产品保本销售额＝1.5×40＝60(万元)

C 产品保本销售量＝30÷50＝0.6(万件)

C 产品保本销售额＝0.6×100＝60(万元)

综合保本销售额＝120＋60＋60＝240(万元)

分算法可以提供各产品计划与控制所需要的详细资料，但对固定成本分配标准的合理性和科学性的要求比较高，并且当企业产品品种较多时，工作量较大。

【提示】 在实际应用中，由于固定成本是由边际贡献来补偿的，因此，一般按照各种产品的边际贡献比重来分配固定成本。

3. 联合单位法

联合单位法是指按多种产品之间相对稳定的产销实物量比例组成一组产品，以此确定每一联合单位的单价和单位变动成本的本量利分析方法。

如果企业生产的多种产品的实物产出量之间存在着比较稳定的数量比例关系，就可用联合单位作为保本点的计算单位。例如，企业生产甲、乙、丙三种产品的销量比为 1∶2∶3，即 1 个甲产品、2 个乙产品、3 个丙产品的组合就构成一个联合单位，再按这种销量比计算出每一组合的联合单价和联合单位变动成本，并据以确定联合单位保本点，然后按单一品种的本量利分析法计算出各产品的保本点。有关计算公式为：

联合保本销售量 = 固定成本 ÷ (联合单价 − 联合单位变动成本)
综合保本销售额 = 联合保本销售量 × 联合单价
某产品保本销售量 = 联合保本销售量 × 该产品销量比
某产品保本销售额 = 该产品保本销售量 × 该产品的单价

其中，联合单价为一个联合单位的全部收入，联合单位变动成本为一个联合单位的全部变动成本。

【做中学 5-5】 承[做中学 5-3]。

要求：用联合单位法进行保本分析。

解：企业生产的 A、B、C 三种产品的销量比为 10∶2.5∶1

联合单价＝20×10＋40×2.5＋100×1＝400(元)

联合单位变动成本＝17×10＋32×2.5＋50×1＝300(元)

联合保本销售量＝600 000÷(400－300)＝6 000(联合单位)

综合保本销售额＝6 000×400＝2 400 000(元)

A 产品保本销售量＝6 000×10＝60 000(件)

A 产品保本销售额＝60 000×20＝1 200 000(元)

B 产品保本销售量＝6 000×2.5＝15 000(件)

B 产品保本销售额＝15 000×40＝600 000(元)

C 产品保本销售量＝6 000×1＝6 000(件)

C 产品保本销售额＝6 000×100＝600 000(元)

4. 综合保本图法

综合保本图法是一种分析多品种产品保本点的图解法，用销售额来表示保本点。现结合[做中学 5-3]的资料具体介绍绘制方法，如图 5-5 所示。

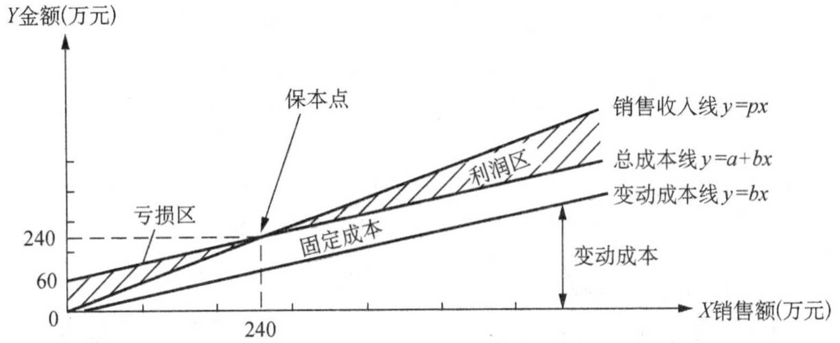

图 5-5 综合保本

(1) 在直角坐标系中，横轴和纵轴均表示金额。

(2) 绘制销售收入线。由于横轴和纵轴均表示金额，可根据两轴的对应金额画一直线。按[做中学 5-3]的资料，如果 A 产品销售 40 万件，B 产品销售 10 万件，C 产品销售 4 万件，那么总销售收入为 1 600 万元(40×20＋10×40＋4×100)，在坐标系中找出与之对应的坐标点(1 600，1 600)，以直线将该点与原点相连接，就可做出销售收入线。若横轴和纵轴的坐标计量单位相同时，销售收入线过原点且呈 45°上升。

(3) 绘制变动成本线。根据变动成本总额与销售收入总额的比例关系确定变动成本线的斜率。在[做中学 5-3]中，A 产品销售 40 万件，B 产品销售 10 万件，C 产品销售 4 万件，总销售收入为 1 600 万元，相应的变动成本为 1 200 万元(17×40＋10×32＋50×4)，则变动成本线的斜率为 3/4(1 200÷1 600)，再过原点即可作变动成本线。

(4) 绘制总成本线。以固定成本的数值(60 万元)为纵轴上的截距，并以此为起点，画一条与变动成本线平行的直线，即为总成本线。

总成本线和销售收入线的交点(240, 240)即为多种产品的综合保本销售点。利用综合保本图可对企业的目标利润进行控制，着重反映销售成本、销售利润销售收入的关系。该图不仅可以反映保本点销售额，而且可以反映任何销售水平上的盈亏情况，以便控制和分析企业的销售利润。

二、保利分析

(一) 保利分析的必要性

保本以企业利润为零、不亏不盈为前提，尽管保本是企业生产的最基本目标，是安全经营的前提，但企业的经营目标不在于保本，而是尽可能地获取利润，达到一定的盈利目标，所以保利才是企业生产的真正目的，也只有在盈利的条件下，才能充分揭示成本、业务量和利润之间的关系。通过保利分析，可以确定为了实现目标利润而应该达到的目标销售量和目标销售额，从而以销定产，确定企业经营方向。

(二) 保利点的概念

保利点是指在单价和成本水平确定的情况下，为了实现一定的目标利润，而应达到的业务量。保利点也有保利量和保利额两种，保利量是实现目标利润应达到的销售量，可记作 X_1；保利额是实现目标利润应达到的销售额，可记作 Y_1；目标利润可记作 TP。

(三) 保利点的计算

1. 单品种保利点的计算

其计算公式为：

保利量＝(固定成本＋目标利润)÷(销售单价－单位变动成本)

＝(固定成本＋目标利润)÷单位边际贡献

保利额＝保利量×单价

＝(固定成本＋目标利润)×单价÷单位边际贡献

＝(固定成本＋目标利润)÷边际贡献率

【做中学 5-6】 承[做中学 5-1]，若计划年度的目标利润为 6 万元。

要求：计算保利量和保利额。

解：保利量＝(固定成本＋目标利润)÷(销售单价－单位变动成本)

＝(34＋6)÷(100－60)＝1(万件)

保利额＝保利量×单价＝1×100＝100(万元)

或： 保利额＝(固定成本＋目标利润)×单价÷单位边际贡献

＝(34＋6)×100÷40＝100(万元)

计算表明，企业为了实现 6 万元的目标利润，应达到 1 万件的销售量，或达到 100 万元的销售额。

此外，上述保利点没有考虑所得税的影响，企业在一定时期实现的税后利润才归所有者。因此，企业的目标税后利润和确保目标税后利润实现的保利分析更受投资者关注，也更受企业管理人员的重视。

在考虑所得税的情况下，上述公式中的目标利润就是目标税后利润，即：

目标税后利润 ＝ 目标利润×(1－所得税税率)

考虑所得税的保利点计算公式为：

保利量＝[固定成本＋目标税后利润÷(1－所得税税率)]÷(销售单价－单位变动成本)

＝[固定成本＋目标税后利润÷(1－所得税税率)]÷单位边际贡献

保利额＝{[固定成本＋目标税后利润÷(1－所得税税率)]×单价}÷单位边际贡献

＝[固定成本＋目标税后利润÷(1－所得税税率)]÷边际贡献率

2. 多品种保利点的计算

多品种的保利点只需计算达到目标利润的销售额。其计算公式为：

综合保利额 =（固定成本＋目标利润）÷加权平均边际贡献率

【做中学 5-7】 承[做中学 5-3]，若计划年度的目标利润为 10 万元。

要求：计算保利额。

解：综合保利额＝(固定成本＋目标利润)÷加权平均边际贡献率

＝(60＋10)÷25%＝280(万元)

该企业为了实现 10 万元的目标利润，应达到 280 万元的销售额。

如果考虑所得税，则：

综合保利额 ＝[固定成本＋目标税后利润÷(1－所得税税率)]÷加权平均边际贡献率

三、企业经营安全程度的评价

评价企业经营安全程度的指标主要有安全边际、安全边际率、保本点作业率。

(一) 安全边际

安全边际是指实际(预计)的销售量与保本点销售量或实际(预计)的销售额与保本点销售额之间的差额，表明销售量(额)下降多少企业仍不至于亏损。它是一个绝对量，用来评价同一企业不同时期的经营安全程度。安全边际有安全边际量和安全边际额两种形式。它们的计算公式为：

安全边际量 = 实际或预计的销售量 − 保本量

安全边际额 = 实际或预计的销售额 − 保本额

= 单价 × 实际或预计的销售量 − 单价 × 保本量

= 单价 × 安全边际量

【提示 1】 安全边际反映了产品盈利(亏损)的可能性，安全边际越大，表示企业经营的安全程度越高，亏损的可能性就越小；反之，安全边际越小，企业经营的安全程度越低，亏损的可能性就越大。

【提示 2】 安全边际是一个正指标，并且只有超过保本点以上的销售量或销售额(即在安全边际内的销售量或销售额)才能给企业带来利润，因为这时全部固定成本已被保本点所弥补，所以安全边际所提供的边际贡献就是企业的利润，安全边际越大，利润越大，因此，利润可表现为下列形式：

利润= 安全边际量 × 单位边际贡献

= 安全边际额 × 边际贡献率

(二) 安全边际率

安全边际率是指安全边际量与实际(预计)销售量的比例，也可以指安全边际额与实际(预计)销售额的比例。它是一个相对量，用来评价不同企业的经营安全程度。

安全边际率计算公式为：

安全边际率=（安全边际量 ÷ 实际或预计的销售量）× 100%

=（安全边际额 ÷ 实际或预计的销售额）× 100%

【注意】 安全边际率的数值越大，企业的经营越安全，所以它也是一个正指标。

【做中学 5-8】 承[做中学 5-1]，表 5-2 是评价企业经营安全程度的检验标准。

表 5-2 企业安全性的检验标准

安全边际率	10%以下	10%～20%	20%～30%	30%～40%	40%以上
安全程度	危险	要注意	较安全	安全	很安全

要求:计算安全边际和安全边际率,并评价该企业的经营安全性。

解:安全边际量=10 000－8 500=1 500(件)

安全边际额=10 000×100－850 000=150 000(元)

或: 安全边际额=1 500×100=150 000(元)

安全边际率=(1 500÷10 000)×100%=15%

或: 安全边际率=(150 000÷1 000 000)×100%=15%

由于安全边际率为15%,在10%～20%的范围内,所以企业的经营不是很安全,要引起注意。

(三)保本点作业率

保本点作业率是指保本点销售量占实际(预计)销售量或保本点销售额占实际(预计)销售额的百分比,也可称为危险率。

【注意】 保本点作业率它是一个逆指标,数值越小,企业的经营越安全;反之,则越不安全。

保本点作业率还可以说明企业在保本状态下生产经营能力的利用程度。其计算公式为:

保本点作业率 = 保本点销售量(销售额)÷实际或预计销售量(销售额)×100%

保本点作业率与安全边际率之间存在互补关系,即:

保本点作业率＋安全边际率 = 1

【做中学 5-9】 承[做中学 5-1]。

要求:计算保本点作业率。

解:保本点作业率=(8 500÷10 000)×100%=85%

保本点作业率=(850 000÷1 000 000)×100%=85%

保本点作业率＋安全边际率=0.85＋0.15=1

任务三 因素变动对相关指标的影响

在进行本量利分析时,我们假设某些因素不变,但在日常经营活动中,既可能只有一个因素发生变动,也可能几个因素一起发生变动;既有确定型因素的变动,也有不确定型因素的变动,这些变动都会对相关指标产生影响。下面主要讨论有关因素对保本点、实现目标利润和安全边际的影响。

一、因素变动对保本点的影响

(一)销售单价单独变动的影响

单价的变动会引起保本点反方向变动。

【做中学 5-10】 企业只生产和销售一种产品,单价为20元,单位变动成本为12元,固定成本为40 000元,销量为8 000只。现单价提高到22元,其他条件不变。

要求:计算单价变化前后的保本点。

解:单价变动前的单位边际贡献=20－12=8(元)

边际贡献率=8÷20×100%=40%

保本量=40 000÷8=5 000(只)

保本额=5 000×20=100 000(元)

单价变动后的单位边际贡献＝22－12＝10(元)

边际贡献率＝10÷22×100%≈45.45%

保本量＝40 000÷(22－12)＝4 000(只)

保本额＝4 000×22＝88 000(元)

提高销售单价，将促使单位边际贡献或边际贡献率上升，保本点下降，从而使企业能用较少产品销售所提供的边际贡献就可弥补固定成本，增加企业的获利能力，促使企业经营状况向好的方面发展；反之，降低销售单价，将导致单位边际贡献或边际贡献率下降，保本点上升，从而降低企业的获利能力，使企业经营状况向不利的方面发展。

(二) 单位变动成本单独变动的影响

单位变动成本的变动会引起保本点同方向变动。

【做中学 5-11】 承[做中学 5-10]，现由于人工价格上涨使单位变动成本增加到 15 元，其他条件不变。

要求：计算单位变动成本变化后的保本点。

解：单位变动成本变动后的单位边际贡献＝20－15＝5(元)

边际贡献率＝5÷20×100%＝25%

保本量＝40 000÷5＝8 000(只)

保本额＝8 000×20＝160 000(元)

单位变动成本上升，将导致单位边际贡献或边际贡献率下降，保本点上升，使企业需用更多产品销售所提供的边际贡献来弥补固定成本，企业的获利能力下降；反之，单位变动成本下降，将促使保本点相应下降，使企业的获利能力增加。

(三) 固定成本总额单独变动的影响

固定成本总额变动会引起保本点同方向变动。

【做中学 5-12】 承[做中学 5-10]，现由于广告费的增加使固定成本增加到 48 000 元，其他条件不变。

要求：计算固定成本变化后的保本点。

解：固定成本变动后的保本量＝48 000÷(20－12)＝6 000(只)

保本额＝6 000×20＝120 000(元)

固定成本总额的增加，将导致保本点上升，使企业需用更多产品销售所提供的边际贡献来弥补固定成本，企业的获利能力下降；反之，减少固定成本总额，将促使保本点下降，使企业的获利能力增加。

(四) 品种结构单独变动的影响

产品品种结构变动会影响多品种产品的综合保本额。

【做中学 5-13】 某企业销售 A、B 两种产品，固定成本总额为 400 400 元，有关资料如表 5-3 所示。

表 5-3　　A、B 产品的相关资料

项　目	A 产品	B 产品
单价(元)	40	60
单位变动成本(元)	26	30
销售比重	30%	70%

如果 A、B 两种产品的销售比重变化为 40%和 60%。

要求：计算品种结构变化前后的保本点。

解：A 产品的边际贡献率＝(40－26)÷40×100%＝35%

B 产品的边际贡献率＝(60－30)÷60×100%＝50%

品种结构变化前：

加权平均边际贡献率＝35％×30％＋50％×70％＝45.5％

综合保本额＝400 400÷45.5％＝880 000(元)

品种结构变化后：

加权平均边际贡献率＝35％×40％＋50％×60％＝44％

综合保本额＝400 400÷44％＝910 000(元)

当边际贡献率低的产品的销售比重增加时，将引起保本点上升，企业的获利能力下降；反之，边际贡献率低的产品的销售比重减少时，将引起保本点下降，企业的获利能力提高。

二、因素变动对实现目标利润的影响

(一) 销售单价单独变动的影响

单价变动会引起保利点反方向变动。

【做中学 5-14】 承[做中学 5-10]，目标利润为 40 000 元，现单价提高到 22 元。其他条件不变。

要求：计算保利点。

解：单价变动前的保利量＝(40 000＋40 000)÷(20－12)＝10 000(只)

保利额＝10 000×20＝200 000(元)

单价变动后的保利量＝(40 000＋40 000)÷(22－12)＝8 000(只)

保利额＝8 000×22＝176 000(元)

提高销售单价，单位边际贡献或边际贡献率上升，导致保利点下降，从而使企业减少实现预期目标利润所需的销售量，若企业能实现预期的销售量，则会使预期的目标利润增加；反之，降低销售单价，保利点上升，使企业增加实现目标利润所需的销售量。

(二) 单位变动成本单独变动的影响

单位变动成本的变动会引起保利点同方向变动。

【做中学 5-15】 承[做中学 5-10]，目标利润为 40 000 元，单位变动成本增加到 15 元，其他条件不变。

要求：计算保利点。

解：单位变动成本变动后的保利量＝(40 000＋40 000)÷(20－15)＝16 000(只)

保利额＝16 000×20＝320 000(元)

单位变动成本上升，单位边际贡献或边际贡献率下降，导致保利点上升，从而使企业增加实现预期目标利润所需的销售量，若企业不能实现预期的销售量，则会使预期目标利润下降；反之，单位变动成本下降，保利点下降，使企业减少实现预期目标利润所需的销售量。

(三) 固定成本总额单独变动的影响

固定成本总额变动会引起保利点同方向变动。

【做中学 5-16】 承[做中学 5-10]，目标利润为 40 000 元，固定成本总额增加至 48 000 元，其他条件不变。

要求：计算保利点。

解：固定成本变动后的保利量＝(48 000＋40 000)÷(20－12)＝11 000(只)

保利额＝11 000×20＝220 000(元)

固定成本总额增加，导致保利点上升，从而使企业增加实现预期目标利润所需的销售量，若企业不能实现预期的销售量，则会使预期目标利润下降；反之，固定成本总额下降，保利点下降，使企业减少实现预期目标利润所需的销售量。

(四) 品种结构单独变动的影响

产品品种结构变动会影响多品种产品的综合保利额。

【做中学 5-17】 承[做中学 5-13]，目标利润为 40 040 元，现 A、B 两种产品的销售比重分别为 40％和 60％，其他条件不变。

要求：计算保利额。

解：品种结构变动前的保利额=(400 400+40 040)÷45.5%=968 000(元)

品种结构变动后的保利额=(400 400+40 040)÷44%=1 001 000(元)

当边际贡献率低的产品的销售比重增加时，保利点上升，从而使企业增加实现预期目标利润所需的销售额，若企业不能实现预期的销售额，则会使预期的目标利润下降；反之，当边际贡献率低的产品的销售比重减少时，保利点下降，使企业减少实现预期目标利润所需的销售额。

三、因素变动对安全边际的影响

(一) 销售量(额)单独变动的影响

销售量(额)对安全边际的影响有两种情况：

(1) 保本销售量(额)保持不动，则实际或预计销售量(额)变动就会引起安全边际与实际或预计销售量(额)呈同方向变动。

【提示】 增加实际或预计销售量(额)，会扩大安全边际，提高企业经营的安全程度；反之，减少实际或预计销售量(额)，会缩小安全边际，降低企业经营安全程度。

(2) 实际或预计销售量(额)保持不动，则保本销售量(额)变动会引起安全边际与保本销售量(额)呈反方向变动。

【提示】 增加保本销售量(额)，会缩小安全边际，降低企业经营的安全程度；反之，减少保本销售量(额)，会扩大安全边际，提高企业经营的安全程度。

(二) 销售单价单独变动的影响

销售单价的变动会引起安全边际与销售单价呈同方向变动。如前所述，销售单价提高，会导致保本点下降，因此相应地扩大了安全边际，提高了企业经营的安全程度；反之，销售单价下降，导致保本点上升，会缩小安全边际，降低企业经营的安全程度。

(三) 单位变动成本单独变动的影响

单位变动成本的变动会引起安全边际与单位变动成本呈反方向变动。单位变动成本增加，保本点上升，会缩小安全边际，降低企业经营的安全程度；反之，单位变动成本减少，保本点下降，会扩大安全边际，提高企业经营的安全程度。

(四) 固定成本总额单独变动的影响

固定成本总额的变动会引起安全边际与固定成本总额呈反方向变动。固定成本总额增加，保本点上升，从而缩小安全边际，降低企业经营的安全程度；反之，固定成本总额减少，保本点下降，安全边际相应扩大，提高企业经营的安全程度。

(五) 品种结构单独变动的影响

品种结构的变动会引起安全边际额的变动。当边际贡献率低的产品的销售比重增加时，安全边际额呈反方向变动；当边际贡献率高的产品的销售比重增加时，安全边际额呈同方向变动。

四、各有关因素同时变动的影响

上面我们讨论的是单因素变动对相关指标的影响，事实上，各因素往往是相互影响、相互作用的。例如，降低单价的同时会使销售量增加，增加单位变动成本的同时往往要提高单价，此时保本点和保利点会发生相应的变动。下面分析多因素变动对保本点和保利点的影响。

【做中学 5-18】 承[做中学 5-10]，目标利润为 40 000 元，固定成本总额增加到 48 000 元，单价提高到 22 元。

要求：计算保本点和保利点。

解：固定成本和单价同时变动后的保本量=48 000÷(22−12)=4 800(件)

保本额＝4 800×22＝105 600(元)

固定成本和单价同时变动后的保利量＝(48 000＋40 000)÷(22－12)＝8 800(件)

保利额＝8 800×22＝193 600(元)

由于单价提高2元足以弥补增加的固定成本，因此保本点从原来的5 000件下降至4 800件，同时也使实现目标利润的销售量从1万件下降到8 800件，如果企业能实现原来预计的销售量10 000件，则可多实现利润12 000元(1 200×10)。可见，增加固定成本支出8 000元并相应提高单价2元对企业来说是可行的。

任务四 本量利分析中的敏感分析

在本量利分析中，我们讨论了相关因素对保本点、保利点、安全边际的影响，但只涉及这些变化是同向的还是反向的，对引起变化的幅度有多大并未涉及。在本任务中，通过敏感分析来了解各因素的变动范围及它们对利润的影响程度，从而采取措施，控制各因素的变化，以保证企业经营计划和目标利润的完成。

一、敏感分析的概念及意义

敏感性分析是用来回答“如果……会怎么样”这一类问题的。比如，销售量比预测的少10%，利润会怎样变化；单价比预测的低5%，利润又会怎样变化。它主要研究当一个重要因素发生变化时，导致目标值发生怎样的变化，是变化大还是变化小。在求得一个确定模型的最优解后，敏感性分析还可以研究该模型中的某个或某几个参数允许变化到怎样的范围，原最优解不变；或者当某个参数的变化超过允许范围，原最优解不再“最优”时，提供一套简便的计算方法，重新计算最优解。

由于敏感性分析适用于各种不同的情况，因此在许多领域得到广泛的应用。在本量利中进行敏感分析，可以研究和提供引起目标利润从盈利转为亏损时各因素变化的界限、各因素变化对利润的影响程度，以及当个别因素变化时，如何保证原目标利润的实现，最终为管理人员提供一种简便、有效、直接的方法，以判断可能发生预测误差的后果并做出相应的决策。

二、影响利润的各变量临界值的确定

临界值也称盈亏临界值，是指在不使目标值发生质的变化的前提下，允许有关参数值变动达到的最小值或最大值。

【提示】 在本量利分析中，临界值是指目标值(利润)由盈利转为亏损时，影响利润的相关变量——销售量、单价的最小允许值和单位变动成本、固定成本最大允许值。

根据本量利分析的基本公式：

$$利润 = 销售量 \times (单价 - 单位变动成本) - 固定成本$$

当利润等于零时，即销售量×(单价－单位变动成本)－固定成本＝0时，可求出盈亏临界值。

【做中学5-19】 企业生产一种产品，单价50元，单位变动成本30元，全年固定成本为100万元，计划销售量50万件，全年利润为900万元。

(1) 销售量的最小允许值：

$$\begin{aligned}销售量的最小允许值 &= 固定成本 \div (单价 - 单位变动成本) \\ &= 固定成本 \div 单位边际贡献 = 100 \div 20 = 5(万件)\end{aligned}$$

销售量的最小允许值为5万件，说明实际销售量只要达到5万件，即完成计划销售量的10%[(5÷50)×100%]，企业就可保本。如果低于该数量，企业就要发生亏损，高于该数量，企业就可获利。

(2) 单价的最小允许值：

单价的最小允许值 = (固定成本 + 变动成本总额) ÷ 销售量 = (100 + 1 500) ÷ 50 = 32(元)

单价的最小允许值为 32 元，说明企业的单价不能低于 32 元，即降价幅度不能高于 36% [(18÷50)×100%]，否则，企业将发生亏损。

(3) 单位变动成本的最大允许值：

单位变动成本的最大允许值 = (销售量 × 单价 − 固定成本) ÷ 销售量
= (销售收入 − 固定成本) ÷ 销售量
= (2 500 − 100) ÷ 50 = 48(元)

单位变动成本的最大允许值为 48 元，说明企业的单位变动成本从 30 元上升到 48 元，利润就从 900 万元下降到零，单位变动成本的最大上升幅度为 60%[(18÷30)×100%]，超过这个幅度，企业就要转为亏损。

(4) 固定成本的最大允许值：

固定成本的最大允许值 = 销售量 × (单价 − 单位变动成本) = 50 × (50 − 30) = 1 000(万元)

固定成本的最大允许值 1 000 万元，说明企业的固定成本最多可达到 1 000 万元，超过这个范围，企业就要从盈利转为亏损。

三、敏感系数和敏感分析表

(一) 敏感系数

虽然单价、单位变动成本、销售量和固定成本的变动都会引起利润的变动，但它们对利润的影响程度却不同。有的因素只要有较小的变动就会导致利润较大程度的变动，这类因素称为强敏感性因素；有的因素虽有较大的变动，但对利润的影响程度却不大，这类因素称为弱敏感性因素。衡量因素敏感程度强弱的指标称为敏感系数，其计算公式为：

敏感系数 = 目标值变动百分比 ÷ 因素值变动百分比

其中，目标值是指利润；因素值是指单价、单位变动成本、销售量和固定成本等。计算敏感系数可帮助管理人员了解各因素变动对利润的影响程度，以便找出问题的关键，提高管理效率，及时调整措施，保证目标利润的完成。

【做中学 5-20】 承[做中学 5-19]，假设单价、单位变动成本、销售量和固定成本均增长 10%。

要求：计算敏感系数。

(1) 单价的敏感系数：

单价变动后的利润 = 50 × [50 × (1 + 10%) − 30] − 100 = 1 150(万元)
利润变动百分比 = (1 150 − 900) ÷ 900 × 100% ≈ 27.78%
单价的敏感系数 = 27.78% ÷ 10% ≈ 2.78

上述计算表明单价变动 1%，利润呈同方向变动，变动 2.78%，利润变动率是单价变动率的 2.78 倍，说明单价的变动对利润的影响程度较大。因此，提高产品的价格是增加企业利润的主要手段。当然，降价也是企业利润下降的主要原因。

(2) 单位变动成本的敏感系数：

单位变动成本变动后的利润 = 50 × [50 − 30 × (1 + 10%)] − 100 = 750(万元)
利润变动百分比 = (750 − 900) ÷ 900 × 100% ≈ −16.67%
单位变动成本的敏感系数 = (−16.67%) ÷ 10% ≈ −1.67

上述计算表明单位变动成本变动 1%，利润呈反方向变动，变动 1.67%，利润变动率是单位变动成本变动率的 1.67 倍，说明单位变动成本的变动对利润的影响程度比单价的影响程度略小。

(3) 销售量的敏感系数(也称经营杠杆系数)：

销售量变动后的利润 = 50 ×(1 + 10%)×(50 − 30) − 100 = 1 000(万元)
利润变动百分比 =(1 000 − 900)÷ 900 × 100% ≈ 11.11%
销售量的敏感系数 = 11.11% ÷ 10% ≈ 1.11

上述计算表明销售量变动 1%,利润呈同方向变动,变动 1.11%,利润变动率是销售量变动率的 1.11 倍,说明销售量的变动对利润的影响程度较小。

(4) 固定成本的敏感系数:

固定成本变动后的利润 = 50 ×(50 − 30) − 100 ×(1 + 10%)= 890(万元)
利润变动百分比 =(890 − 900)÷ 900 × 100% ≈ − 1.11%
固定成本的敏感系数 =(− 1.11%)÷ 10% ≈ − 0.11

上述计算表明固定成本变动 1%,利润呈反方向变动,变动 0.11%,利润变动率是固定成本变动率的 0.11 倍,说明固定成本的变动对利润的影响程度很小。

【注意】 敏感系数为正值,表示该变量与利润呈同方向变动;敏感系数为负值,表示该变量与利润呈反向变动。

敏感系数的高低以其绝对值来表示,与其正值还是负值无关。绝对值越大,敏感程度越高。当敏感系数的绝对值大于 1 时,该因素为敏感系数高的因数;敏感系数绝对值小于等于 1 时,该因素为敏感性低的因素。将上面例题中的敏感系数按绝对值的大小排列,依次为单价、单位变动成本、销售量、固定成本,说明利润对单价的变动最为敏感,其次是单位变动成本和销售量,固定成本的影响程度最小。

需要注意的是,上述各因素敏感系数的排列是在[做中学 5-19]所假设条件的基础上得到的,假设的条件变化了,则各因素敏感程度的排列顺序也有可能发生变化,如果上例中的单位变动成本改为 20 元,全年固定成本改为 500 万元,其他条件不变。当各因素仍分别增长 10%时,则各因素的敏感系数为:

目标利润 = 50 ×(50 − 20) − 500 = 1 000(万元)

(1) 单价变动后的利润 = 50 ×[50 ×(1 + 10%) − 20] − 500 = 1 250(万元)
利润变动百分比 =(1 250 − 1 000)÷ 1 000 × 100% = 25%
单价的敏感系数 = 25% ÷ 10% = 2.5

(2) 单位变动成本变动后的利润 = 50 ×[50 − 20 ×(1 + 10%)] − 500 = 900(万元)
利润变动百分比 =(900 − 1 000)÷ 1 000 × 100% = −10%
单位变动成本的敏感系数 = −10% ÷ 10% = −1

(3) 销售量变动后的利润 = 50 ×(1 + 10%)×(50 − 20) − 500 = 1 150(万元)
利润变动百分比 =(1 150 − 1 000)÷ 1 000 × 100% = 15%
销售量的敏感系数 = 15% ÷ 10% = 1.5

(4) 固定成本变动后的利润 = 50 ×(50 − 20) − 500 ×(1 + 10%)= 950(万元)
利润变动百分比 =(950 − 1 000)÷ 1 000 × 100% = −5%
固定成本的敏感系数 = −5% ÷ 10% = −0.5

上述四个因素按敏感系数排列,依次为单价、销售量、单位变动成本、固定成本,与原来的排列顺序相比,单位变动成本和销售量两个因素的位置互换了一下。

此外,敏感分析中的临界值问题和敏感系数问题,实际上这是一个问题的两个方面。某一因素达到临界值前的允许值越高,利润对该因素就越不敏感;反之,某一因素达到临界值前的允许值越低,利润对该因素就越敏感。

(二) 敏感分析表

敏感系数提供了利润对各因素变动的敏感程度,但不能直接反映各因素变动后的利润值。因此,在实务中,一般通过编制敏感分析表来反映各因素变动后的利润值。通过分析表,管理人员能了解利润对各因素的敏感程度,并可直观地看出各因素变化后的利润值。

【做中学 5-21】 承[做中学 5-19],假设单价、单位变动成本、销售量和固定成本分别以 10%、20%的幅度变动。

要求:编制敏感分析表。

解:敏感分析表如表 5-4 所示。

表 5-4　　敏感分析表

变动百分比因素利润	−20%	−10%	0	10%	20%
单价(元/件)	400	650	900	1 150	1 400
单位变动成本(元/件)	1 200	1 050	900	750	600
固定成本(万元)	920	910	900	890	880
销售量(万件)	700	800	900	1 000	1 100

表 5-4 中的最上栏代表有关变量的变动比例,下面各栏反映了在有关因素变动至一定幅度时,利润变动后的绝对值。根据变动前后的利润值,即可计算出利润的变动幅度,而利润变动幅度的绝对值则显示了有关因素敏感性的强弱。

例如,表 5-4 中的第三栏反映单位变动成本变动对利润的影响:当单位变动成本不变时,利润为 900 万元;当单位变动成本下降 10%,利润上升到 1 050 万元,变动幅度为 16.67%[(1 050−900)÷900×100%];当单位变动成本下降 20%,利润上升到 1 200 万元,变动幅度为 33.33%[(1 200−900)÷900×100%];当单位变动成本增加 10%,利润下降到 750 万元,变动幅度为−16.67%[(750−900)÷900×100%];当单位变动成本增加 20%,利润下降到 600 万元,变动幅度为−33.33%[(600−900)÷900×100%],通过分析,说明利润对单位变动成本的变动还是比较敏感的。

任务五　本量利分析在经营决策中的应用

由于利用本量利分析中的边际贡献概念,能为不同方案的选择提供重要的衡量依据,因此本量利分析被广泛地用于企业的经营决策。在经营决策的分析中,哪种方法能为企业提供更多的边际贡献,更好地弥补和维持现有生产能力所需支付的固定成本,使企业获得更多的利润,哪个方案就是最佳方案。本量利分析在经营决策中主要可用于不同生产方法的选择、购置某项生产设备的选择等。

一、不同生产方法的选择

不同的生产方法虽然可以生产出同样质量和同样价格的产品,但在成本上会存在差异。为了能充分利用不同生产方法的优越性,可应用本量利分析的原理进行选择。

【做中学 5-22】 某企业生产一种产品,产销平衡,产品单价为 600 元,单位变动成本为 450 元,固定成本总额为 150 万元,年生产能力为 2 万件。如果采用一种新的生产方法,单位变动成本可降低 50 元,但固定成本总额增加 30 万元,生产能力保持不变。

要求:对新旧生产方法进行选择。

解:(1) 计算并列出新旧生产方法的数据,如表 5-5 所示。

表 5-5 新旧生产方法的有关数据

项 目	原生产方法	新生产方法
年固定成本(万元)	150	180
单位变动成本(元)	450	400
单价(元)	600	600
单位边际贡献(元)	150	200
生产能力(万件)	2	2
保本量(万件)	1	0.9

(2) 绘制本量利分析图。用 TR 代表销售收入线，FC_1 和 FC_2 分别代表原生产方法和新生产方法的固定成本线，TC_1 和 TC_2 分别代表原生产方法和新生产方法的总成本线，BF_1 和 BF_2 分别代表原生产方法和新生产方法的保本点，将表 5-5 的数据在图 5-6 上体现出来。

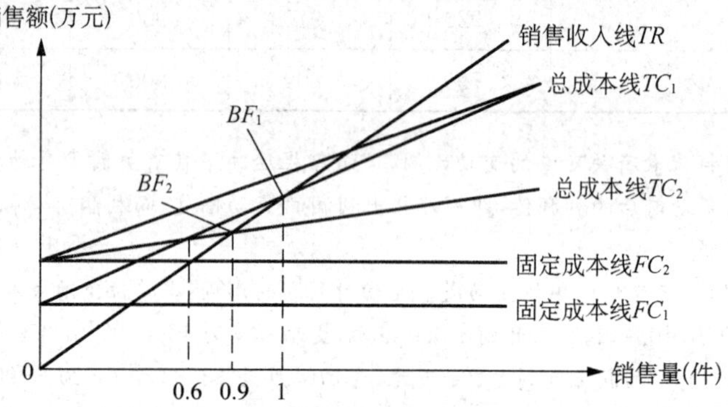

图 5-6 本量利分析

图 5-6 表明，由于新的生产方法使单位边际贡献增加了 50 元，其保本点销售量比原生产方法的保本点销售量降低了 1 000 件，安全边际相应增加 1 000 件。如果企业已有的生产能力可以充分利用，并且生产出来的产品能全部出售，则新的生产方法比原生产方法多实现利润 70 万元[200×(2－0.9)－150×(2－1)]，即用新的生产方法可以获得较大的盈利。但如果企业已有的生产能力难以得到充分利用，或者生产出来的产品不能按照既定的价格出售，则新的生产方法无法发挥它的优势。图 5-6 中两种生产方法的总成本线的交点（TC_1 和 TC_2 的交点），是新的生产方法发挥优势的起点。销售量在 6 000 件以下，用原来的生产方法；销售量在 6 000 件以上，用新的生产方法。

二、购置某项生产设备的选择

【做中学 5-23】 某企业生产一种产品，产销平衡，产品单价为 120 元，年生产能力为 2 000 件，其成本构成如表 5-6 所示。

表 5-6 某产品的成本构成 金额单位:元

项 目	变动成本	固定成本
直接材料	32 000	
直接人工	48 000	32 000

（续表）

项　目	变动成本	固定成本
折旧		48 000
其他		
合计	80 000	80 000

现准备购置一台专用设备，购置费为 21 200 元，可使用 10 年，无残值，用直线法计提折旧。该设备投产后可使变动成本下降 30%。

要求：决策是否购置专用设备。

解：购置前：

$$单位变动成本 = 80\ 000 \div 2\ 000 = 40(元/件)$$
$$单位边际贡献 = 120 - 40 = 80(元)$$
$$保本量 = 80\ 000 \div 80 = 1\ 000(件)$$
$$安全边际 = 2\ 000 - 1\ 000 = 1\ 000(件)$$
$$实现利润 = 1\ 000 \times 80 = 80\ 000(元)$$

购置后：

$$单位变动成本 = 40 \times (1 - 30\%) = 28(元)$$
$$单位边际贡献 = 120 - 28 = 92(元)$$
$$增加的年折旧额 = 212\ 000 \div 10 = 21\ 200(元)$$
$$保本量 = (80\ 000 + 21\ 200) \div 92 = 1\ 100(件)$$
$$安全边际 = 2\ 000 - 1\ 100 = 900(件)$$
$$实现利润 = 900 \times 92 = 82\ 800(元)$$

购置专用设备后，虽然保本点销售量比原来的保本点销售量上升了 100 件，但单位边际贡献增加了 12 元，因此企业每年仍可增加 2 800 元(82 800－80 000)利润，说明购置专用设备是可行的。

关键术语

本量利分析　贡献毛益　变动成本率　盈亏平衡点　安全边际　敏感性分析

应知考核

一、单项选择题

1. 按照本量利分析的假设，销售收入函数和成本函数的自变量均为同一个，即（　　）。

   A. 单位变动成本　B. 销售单价　C. 固定成本　D. 业务量

2. 在贡献式本量利关系图中，总成本线与变动成本线之间的距离所代表的是（　　）。

   A. 边际贡献　B. 固定成本　C. 利润区　D. 亏损区

3. 按多种产品之间相对稳定的产销实物量比例组成一组产品，确定每一联合单位的单价和单位变动成本的本量利分析方法是（　　）。

   A. 综合边际贡献率法　B. 联合单位法　C. 分算法　D. 主要品种法

4. （　　）表示每增加 1 元销售，可为企业带来的贡献。

   A. 边际贡献率　B. 变动成本率　C. 单位边际贡献　D. 单位变动成本

5. （　　）是一个绝对量，用来评价同一企业不同时期的经营安全程度。

   A. 保本量　B. 安全边际　C. 保本额　D. 保本作业率

二、多项选择题

1. 单一品种保本点的表现形式有(   )。

A. 保本量　　B. 保本额　　C. 单价　　D. 边际贡献

2. 下列方法中,属于多品种条件下本量利分析方法的有(   )。

A. 综合保本图法　　B. 联合单位法　　C. 分算法　　D. 主要品种法

3. 在下列各项中,属于正确的管理会计公式的有(   )。

A. 安全边际量=实际或预计的销售量-保本量

B. 安全边际额=实际或预计的销售额-保本额

C. 利润=安全边际量×单位边际贡献

D. 安全边际率=(安全边际量÷实际或预计的销售量)×100%

4. 在下列各项中,属于本量利分析基本假设的有(   )。

A. 相关范围假设　　B. 模型线性化假设

C. 产销平衡假设　　D. 品种结构不变假设

5. 在下列项目中,能够决定保本点大小的因素有(   )。

A. 固定成本　　B. 单位变动成本　　C. 现有销售量　　D. 销售单价

三、判断题

1. 本量利分析是建立在成本按性态分析基础上的一种分析方法。(   )
2. 边际贡献等于固定成本,企业不亏不盈,利润为1。(   )
3. 变动成本率高,边际贡献率就低,盈利能力就低。(   )
4. 保本分析主要确定使企业既不亏损又不盈利的保本点。(   )
5. 保本点也可称作盈亏平衡点、盈亏临界点。(   )

四、简述题

1. 本量利分析的前提假设有哪些?
2. 什么是保本点?如何确定保本点?
3. 什么是边际贡献、安全边际?这两个指标有什么意义?
4. 在各种本量利关系图中,各条线、交点以及有关区域的概念是什么?
5. 为什么需要进行敏感性分析?

五、计算题

1. 已知:A、B、C、D四家公司互不相关,在过去1年中它们的损益情况如表5-7所示。

表5-7　　损益资料　　金额单位:元

公司	销售收入	变动成本	边际贡献率	固定成本	净利润(或净亏损)
A	180 000	(1)	40%	(2)	12 000
B	300 000	165 000	(3)	100 000	(4)
C	(5)	(6)	30%	80 000	-5 000
D	400 000	260 000	(7)	(8)	30 000

要求:填写表5-7中用括弧表示的指标数值。

2. 已知:某企业上个月的保本额为50 000元,假定本月的固定成本增加5 000元,其他指标不变,为实现保本,本月需要增加销售额8 000元。

要求计算:

(1) 上个月的固定成本。

(2) 边际贡献率。

(3) 变动成本率。

3. 已知：某公司生产A、B、C三种产品，其固定成本总额为19 800元，三种产品的有关资料如表5-8所示。

表5-8 相关资料

品种	销售量(件)	销售单价(元/件)	单位变动成本(元/件)
A	60	2 000	1 600
B	30	500	300
C	65	1 000	700

要求：

(1) 用综合边际贡献法的加权平均法计算该公司的综合保本销售额及各产品的保本量。

(2) 计算该公司的安全边际额和营业利润。

4. 已知：某公司生产一种产品，售价每件8元，月初、月末产成品存货成本不变，总成本与销售额之间的函数关系为：月总成本=180+0.625×月销售额。

要求：

(1) 计算边际贡献率、保本量、销售100件产品时的安全边际销售量和目标营业利润为150元时的保利额。

(2) 如果单位变动成本提高1元，售价应定为多少，才能保持原来的边际贡献率?

(3) 如果进一步提高机械化程度，单位变动成本可以下降10%，每月固定成本则上升85元，售价仍为8元，请计算此时的保本量以及目标利润为120元时的保利额。

5. 已知：某公司只产销一种产品，本年度的销售总收入为150 000元，净利润为12 000元。按该公司的计划，下年度销售量将减少10%，销售量下降后，该公司净利润将下降75%。假定下一年度的销售单价仍维持40元不变，单位变动成本与固定成本不变。

要求计算：

(1) 本年度销售量和下一年度的销量降低额。

(2) 下一年度的利润降低额。

(3) 单位边际贡献和固定成本。

(4) 下一年度的保本量。

6. 已知：甲产品单位售价为30元，单位变动成本为21元，固定成本为450元。

要求：

(1) 计算保本量。

(2) 若要实现目标利润180元，应完成多少销售量?

(3) 若销售净利润为销售额的20%，计算销售量。

(4) 若每单位产品变动成本增加2元，固定成本减少170元。计算此时的保本点销售量。

(5) 根据上述资料，若销售量为200件，计算单价应调整到多少才能实现利润350元(假定单位变动成本和固定成本不变)?

7. 某公司2019年的简明利润表如下(单位：元)：

销售收入　160 000

减：销售成本　120 000　(其中变动成本占60%)

销售毛利　40 000

减：营业费用　50 000　(其中固定成本占50%)

净利润 　　 −10 000

经过分析发现，导致该公司亏损的原因是对产品的广告宣传不够，2020年如果能增加广告费4 000元，可使销量大幅度增加，从而扭亏为盈。

要求：

(1) 计算该公司2020年的保本额。

(2) 如果该公司2020年计划实现利润14 000元，计算其保利额。

8. 已知：某公司生产和销售A、B两种产品，A产品的售价为5元/件，B产品的售价为2.50元/件；A产品的边际贡献率为40%，B产品的边际贡献率为30%，全月固定成本为72 000元。假定本月份A产品的预计销售量为30 000件，B产品为40 000件。

要求：

(1) 按综合边际贡献率法计算本月的综合保本额和A、B两种产品的保本量。

(2) 计算企业的安全边际额和本月的预计利润。

(3) 如果本月增加广告费9 700元，可使A产品的销售量增加到40 000件，而B产品的销售量下降到32 000件，分析采取这一措施是否合算。

(4) 根据(3)的有关数据，重新计算保本额。

应会考核

■ 观念应用

【背景资料】

W制造公司的生产计划

W制造公司为拖拉机生产功率输出元件，公司总部设在伊力斯。该公司有两个工厂，一个工厂位于伊力斯，最近刚刚整修；另一个工厂位于莫林，自动化程度较低。两个工厂都为拖拉机生产相同的功率输出元件，绝大多数出售给国内外的拖拉机制造商。该公司预计明年生产和销售192 000个功率输出元件。公司生产经理收集了与两个工厂有关的单位成本、单价和生产能力数据，如表5-9所示。

表5-9 　　 W制造公司有关数据

项　目	伊力斯工厂	莫林工厂
单价(元)	150.00	150.00
变动生产成本(元)	72.00	88.00
固定生产成本(元)	30.00	15.00
佣金(元)(5%)	7.50	7.50
管理费用(元)	25.50	21.00
总单位成本(元)	135.00	131.50
单位利润(元)	15.00	18.50
每天生产率(个)	400	320

全部固定成本以每年正常工作日240天为基础进行分配，当工作日超过240天时，伊力斯工厂的单位变动生产成本增加3元，莫林工厂的单位变动生产成本增加8元。每个工厂的最大生产能力都是300个工作日。

W制造公司要求各工厂支付单位产品管理费用于弥补对各工厂提供的管理服务，如发放工资、会计、采购等。因为该公司认为这些服务成本是各个工厂工作量的一个函数，所以各个工厂支付的每单位6.5元的费用为管理费用中的变动部分。

公司生产经理为了使设在莫林的工厂获得最大的单位利润，决定每个工厂都生产96 000个功率输出元件，该生产计划使设在莫林的工厂达到其最大的生产能力，而设在伊力斯的工厂则处于正常生产能力范围内。公司总会计师不满意该生产计划，他想知道让伊力斯的自动化工厂生产相对较多的元件是否更为可取。

【考核要求】

(1) 确定各个工厂盈亏临界点的销售量。

(2) 计算公司生产经理让每个工厂生产 96 000 个元件的营业收益。

(3) 如果公司要生产 192 000 个元件，其中的 120 000 个在伊力斯工厂生产，其余在莫林工厂生产，计算营业收益。

(4) 试对公司生产经理的生产计划做出评价。

■ 技能应用

海南佳信股份有限公司的保本量分析

海南佳信股份有限公司刚完成第四季度的营业，公司的最大年生产能力现在是 60 000 个单位。在这一水平上，其材料和人工的直接成本总共是 240 000 元，固定间接费用中用于生产的为 60 000 元，用于一般行政管理的为 50 000 元，用于推销的为 40 000 元(假设全部为固定费用)。成品的销售单价为 10 元。遗憾的是，在刚刚过去的这个年度里，公司只生产和销售其总生产能力的 50%的产品。市场情况现在正在好转，在下一年度里，公司希望将产量和销售量提高到生产能力的 75%。

【技能要求】

请完成下列分析：

(1) 计算海南佳信股份有限公司的保本量。

(2) 计算海南佳信股份有限公司完成 50%的生产能力时的安全边际。

(3) 如果海南佳信股份有限公司从完成 50%的生产能力提高到 75%，其利润的增加额是多少？

(4) 如果海南佳信股份有限公司完成 75%的生产能力，其新的安全边际如何？

■ 案例分析

【背景资料】

瑞典绅宝汽车公司本量利分析

瑞典绅宝汽车公司(简称绅宝公司)脱胎于飞机制造企业，于 20 世纪 40 年代建厂，并于 1947 年推出了首部具有领先科技水平的 SAAB92 型轿车，到 1990 年公司已有近半个世纪的历史。在多年的发展中，绅宝汽车秉承了航空制造技术，以先进的科技性能著称于世。绅宝轿车雍容典雅，实而不华。但是到 1990 年，随着汽车行业的变化，绅宝公司面临着前所未有的困难。公司汽车销售数量的萎缩直接导致公司濒临破产边缘。当时，绅宝公司盈亏平衡点的销售量是 130 000 辆汽车，也就是说，需要销售 130 000 辆汽车才能扭亏为盈。这时，美国通用汽车公司出面收购绅宝公司 50%的股份，成为其最大的控股公司。在此强大的经济与技术支持下，绅宝公司开始大幅度降低成本，公司盈亏平衡点的销售量从 130 000 辆降到了 80 000 辆，也就是说，此时只要销售 80 000 辆汽车就能实现扭亏为盈。在同样的销售水平下，以前无法实现盈利的绅宝公司此时实现了较大幅度的盈利。通用汽车公司强大的经济与技术支持，使绅宝公司如虎添翼，设计出的 SAAB 汽车多次荣获世界大奖：1990—1993 年获美国最佳选择汽车奖；1992 年获德国最佳环保汽车奖；1994 年 SAAB 三重智慧引擎管理系统获美国杰出科技大奖；自 1990 年始连续 5 年被瑞典最大的保险公司评为最安全汽车。绅宝汽车遵循以人为本的设计理念，注重安全性、舒适性和实用性的完美结合。如今，绅宝公司已进入中国汽车市场，正逐步为国人所了解。绅宝公司愿意为中国汽车工业的发展与腾飞贡献一份力量。

【分析要求】

依据上述资料，请回答：

(1) 为什么在同样的销售水平下，以前无法实现盈利的绅宝公司此时实现了较大幅度的盈利？

(2) 盈亏平衡点指的是什么？绅宝公司进行盈亏平衡分析有什么重要性？

(3) 你认为大型公司和小型公司都要进行盈亏平衡点分析吗?

(4) 如果你拥有一项新技术或者一种新产品,想要成立公司开拓市场,你觉得应该如何运用本量利分析工具?

项目实训

【实训项目】

本量利图的绘制。

【实训情境】

假设某企业只生产一种产品,单价为10元,单位变动成本为6元,每月固定成本为1 000元。

【实训任务】

要求:

(1) 根据所给资料绘制基本式本量利图。

(2) 根据所给资料绘制贡献毛益式本量利图。

(3) 两种本量利图表达的意义各是什么?

(4) 撰写“本量利图的绘制”实训报告。

<table>
<tr><td colspan="3">“本量利图的绘制”实训报告</td></tr>
<tr><td>项目实训班级:</td><td>项目小组:</td><td>项目组成员:</td></tr>
<tr><td>实训时间: 年 月 日</td><td>实训地点:</td><td>实训成绩:</td></tr>
<tr><td colspan="3">实训目的:</td></tr>
<tr><td colspan="3">实训步骤:</td></tr>
<tr><td colspan="3">实训结果:</td></tr>
<tr><td colspan="3">实训感言:</td></tr>
</table>

模块三

预测和决策分析

项目六　预测分析

知识目标

理解：预测分析的概念、预测分析的基本原则。

熟知：预测分析的基本方法、基本内容、程序。

掌握：定量分析预测法、销售预测分析、成本预测分析、利润预测分析、资金需要量预测分析。

项目课件

技能目标

能够灵活运用预测分析的基本原理及预测方法；能够结合实例运用定量分析方法进行销售预测。

素质目标

能够利用相关方法进行成本预测和资金预测，以保障企业在预测的基础上合理安排生产，塑造专业能力。

项目引例

冠华科技公司的目标利润分析

冠华科技公司只生产“冠华移动电源”一种产品。该公司是2012年成立的高新科技公司，成立以来，一直遵循科技和质量并重的思路，销售量呈逐年稳定上升的良好势头，加上2019年国内移动电源市场非常好，冠华科技公司实现销售量10 000个。产品的市场单价为200元，生产的单位变动成本为150元，固定成本为400 000元。2019年底，冠华科技公司开始预测2020年的利润情况，以便为下一步的生产经营做好准备。经过讨论，公司财务总监张为之决定按同行业先进的资金利润率预测2020年本公司的目标利润基数，并且通过行业的一些基础资料得知行业内先进公司的资金利润率为20%，预计本公司的资金占用额为600 000元。

【思考与讨论】

假如你是冠华科技公司外聘的财务顾问，请你利用相关指标进行测算，并给出咨询方案，即企业若要实现目标利润，应该采取哪些措施？

知识精讲

任务一　预测分析概述

一、预测分析的概念

预测分析是指在企业经营活动过程中，根据企业以往的经营业绩和现在的经营情况，运用预测的基本程序和方法，预测企业未来的发展趋势和结果。预测的结果能否实现，取决于事物本身的发展趋势及人们对其发展规律的认识。所以，人们能否把握事物的内在联系及发展规律，是能否准确预测的关键。因而，科学的预测分析必须在正确理论的指导下，以正确的方法对事物未来发展趋势进行分析、预测。

二、预测分析的基本原则

就企业来说，其经营活动过程中各因素之间的相互关系，也必然存在一些客观规律可以遵循。它们实质上就成为预测分析的基本原则。

（一）延续性原则

延续性原则是指在企业的经营活动过程中，过去和现在的某种发展规律会一直延续下去，于是，假设决定过去和现在发展的条件也适用于未来。企业经营预测根据这条原则，可以把未来视作过去和现在的延伸而进行推测。趋势预测分析法就是基于这条原则而形成的。

（二）相关性原则

相关性原则是指在企业经营活动过程中，某些经济变量之间存在相互依存、相互制约的关系。企业经营预测根据这条原则，可以利用对某些经济变量的分析研究来推测另一个与其有关的经济变量的发展规律。因果预测分析法就是以这条原则为基础的。

（三）统计规律性原则

统计规律性原则是指企业在经营活动过程中对于某个经济变量做出一次观测的结果往往是随机的，但多次观测的结果却会出现具有某种统计规律性的情况。预测分析根据这条原则，可以利用概率分析及数理统计的方法进行推测。回归分析法就是基于这条原则而建立的。

（四）相似性原则

相似性原则是指企业在经营活动过程中，不同的经济变量所遵循的发展规律有时会出现相似的情况。企业预测分析根据这条原则，就可以利用已知变量的发展规律推出未知变量的发展趋势。判断分析法就是以这条原则为基础的。

三、预测分析的基本方法

预测分析是否准确，与所选择的预测分析方法有着很大的关系。企业可用于预测分析的方法有很多，因分析对象和预测期限的不同而不同。但其基本方法大体上可归纳为两类：定量分析法和定性分析法。

（一）定量分析法

定量分析法又称数量分析法，是指应用现代数学方法和各种现代化计算工具加工、处理预测对象的各种经济信息，建立预测分析的数学模型，充分揭示各有关变量之间的规律性联系。使用定量分析法的前提是企业能够完整掌握与预测对象相关的各种要素的定量资料。定量分析法又可分为以下两种类型。

1. 趋势预测分析法

趋势预测分析法是指应用一定的数学方法对预测对象过去的、按时间顺序排列的一系列数据进行加工、计算，据以预测其未来发展趋势的分析方法。其实质就是遵循前面提及的事物发展的“延续性原则”，根据预测对象过去的变化趋势来预测事物发展的趋势。算术平均法、移动加权平均法、平滑指数法等属于这种类型的方法。

2. 因果预测分析法

因果预测分析法是指根据预测对象与其他相关指标之间相互依存、相互制约的规律性联系，建立相应的因果数学模型进行预测分析的方法。其实质就是遵循事物发展的相关性原则，根据预测对象与其他指标的相互联系来推测事物发展的趋势。本量利分析法、投入产出法、回归分析法和经济计量法等属于这种类型的方法。

趋势预测分析法将时间变量看作是影响研究对象的因素，其预测的精确度一般低于因果预测分析法；而因果预测分析方法需要更多的历史资料和信息，计算也较复杂。

（二）定性分析法

定性分析法也称非数量分析法，是指由熟悉业务情况的专业人员根据自己的经验和知识，同时结合预测对象的特点，进行综合分析，从而预测事物的未来发展趋势的分析方法。它是一种直观性的预测方法。这种方法不需要进行复杂的定量分析，一般适用于企业缺乏完备、准确的历史资料或者相关变量没有明显的数量关系等情况。但是，这种方法容易受主观判断的影响，预测结果不精确。

在实际应用中，定性分析法和定量分析法并非相互排斥，而是相互补充、相辅相成的。定量分析法虽然较精确，但无法考虑许多非计量因素的影响，这时便可以采用定性分析法将非计量因素考虑进去，但同时定性分析法受主观因素的影响较大。在实际工作中，企业常常将两种方法结合起来，取长补短，以提高预测的精确度。

四、预测分析的基本内容

预测分析是决策分析的基础和依据，是计划工作的最重要的基本假设和前提。就管理会计而言，预测分析的内容主要包括销售预测、利润预测、成本预测和资金预测等方面。

(一) 销售预测

销售预测有广义与狭义之分。广义的销售预测包括市场调查和销售量预测。市场调查是指通过了解与特定产品相关的市场情况，以判断该产品是否有市场及市场大小的过程。销售量预测又称产品需求量预测，是指根据市场调查的相关资料，分析研究相关因素，测算产品在未来一定期间内的销售水平和变化趋势，从而预测企业产品的未来销售量。狭义的销售预测解释见本项目任务二。

(二) 利润预测

利润预测是指在销售预测的基础上，根据企业未来的发展目标和其他相关资料，对企业未来某一时期可实现的利润的预计和测算。利润的预测包括营业利润的预测、投资净收益的预测和营业外收支净额的预测。在利润总额中，通常营业利润占的比重最大，是利润预测的重点，其余两部分可以使用较为简便的方法进行预测。

(三) 成本预测

成本预测是指运用一定的科学方法，根据企业的未来发展目标及其他相关资料，对企业未来成本水平及其变化趋势做出科学的估计。通过成本预测，掌握未来的成本水平及其变动趋势，有利于经营管理人员选择最优方案，进而做出正确的决策。

(四) 资金预测

资金预测又称资金需要量预测，是指在销售预测、利润预测和成本预测的基础上，根据企业未来发展目标，结合考虑影响资金的各项因素，运用专门方法预测企业在未来一定时期内所需要的资金数额、来源渠道、运用方向及其效果的过程。具体包括流动资金需要量预测、固定资产项目投资需要量预测和资金追加需要量预测等内容。

五、预测分析的基本特点

(一) 预测的科学性

预测分析采用科学的方法对企业的历史资料进行研究分析，推算未来的发展趋势，并非是毫无根据的臆想，所以基本能够反映企业经营活动的发展趋势。

(二) 时间的相对性

预测分析前应先明确预测对象的时间期限，预测可分为长期预测和短期预测、时点预测和时期预测。预测时间越短，预测结果越准确；反之，预测结果越不准确。

(三) 结论的可验证性

事物未来的发展具有不确定性，预测中出现误差难以避免。预测分析应考虑可能出现的误差，并对误差进行检验并反馈，调整预测程序及方法，尽量减少误差。

(四) 方法的灵活性

进行预测分析可采用的方法有很多。选择预测方法时，应先进行测试，选择符合具体情况的最佳方法，以达到事半功倍的效果。

六、预测分析的程序

经营预测一般可按以下步骤进行。

(一) 确定预测目标

确定预测目标就是确定对什么进行预测，并达到什么目的。这必须根据企业经营的总体目标来选择，不能随意确定，也不能要求面面俱到。确定预测目标是经营预测的前提，企业制订预测分析计划、确定信息资料来源、选择预测方法及组织预测人员，都需要以其为依据。

(二) 收集、整理数据和信息

预测目标确定后，就必须开始收集有关经济的、技术的、市场的各种资料。收集资料的过程中应尽量保证资料的全面性。在拥有大量资料的基础上，对资料进行加工、整理、鉴别、去伪存真，找出各因素之间的相互依存、相互制约的关系，从中发现事物的发展规律作为预测的依据。

(三) 选择预测方法

预测方法多种多样，不同的预测方法能够实现不同的目的。预测对象和内容不同，企业选择的预测方法也应不同。对于那些资料较全、可以建立数学模型的预测对象，企业应在定量预测方法中选择恰当的方法进行预测分析；对于那些缺乏定量资料的预测对象，企业可以结合以往的经验选择恰当的定性预测方法进行预测分析。

(四) 分析判断

分析判断是指运用所收集的资料、信息以及选择的预测方法，进行定性、定量的预测分析和判断，揭示事物的变化趋势，预测其发展趋势，为企业的经营管理提供信息。

(五) 检查验证

经过一段时间的实际操作，对上一阶段的预测结果进行验证。比较发生的实际数与预测数，检查预测的结果是否符合当前实际，找出误差的原因，以便及时对原先选择的预测方法进行修正。这是一个反复进行信息数据处理和选择判断的过程，其目的是确保预测的正确性。

(六) 修正预测结果

对于那些根据数学模型计算得出的预测结果，可能因某些因素的数据不充分或无法定量而影响预测的准确性，这就需要结合定性方法的结论修正定量预测的结果。对于通过定性方法预测得出的结果，常常也需用定量方法加以补充，使预测结果更加准确。这是一个定性和定量相结合的过程。

另外，随着时间的推移，情况可能会发生变化，企业还应根据变化的具体情况对初步的预测结果进行修正。

(七) 报告预测结论

将修正补充过的预测结论向企业的有关领导进行汇报。

任务二 销售预测分析

一、销售预测的概念

销售预测是指在充分考虑企业未来各种影响因素的基础上，结合销售实绩，通过一定的分析方法对企业未来一定时间内全部产品或特定产品的销售数量与销售金额做出预测的过程。进行销售预测的目的在于了解社会对产品的需求量及其变动趋势，掌握产品的销售状况及市场占有率。

二、销售预测的影响因素

(一) 外部影响因素

1. 市场需求变化

需求是企业外界影响因素中最重要的一项。市场需求决定了企业的销售潜力。流行趋势、爱好变化、人口流动等都可能对产品的需求产生影响,因此企业必须加以分析与预测。

2. 经济变动

企业的销售水平受经济变动的影响,经济因素是影响商品销售的重要因素。近几年来,随着信息技术的快速发展,企业销售收入波动更加剧烈。为了提高销售预测的准确性,企业应特别关注商品市场中的供应和需求情况。

3. 同业竞争动向

市场经济条件下,销售额深受同业竞争者的影响,而且公平的竞争有利于企业降低成本、提高产品质量。因此,企业进行销售预测时,应首先调查并研究同行业、同类产品的竞争情况,掌握竞争对手在市场的所有活动。

4. 政府动向

政府的各种经济政策对国民经济的发展具有导向作用,而国民经济的发展制约着整个社会的需求及消费水平,进而影响企业的生产、供应和销售活动,所以企业必须考虑政府的各种经济政策、方案措施等。

(二) 内部影响因素

1. 企业的营销策略

产品政策、价格政策、渠道政策、广告及促销政策及市场定位等变化都会对企业的销售水平产生影响。

2. 企业的销售政策

市场管理内容、交易条件或付款条件、销售方法等变更都会对企业销售水平产生影响。企业在展开销售预测前必须考虑这些问题。

3. 业务员

销售活动是一种以人为核心的活动,积极的销售人员能够显著提高企业销售收入,而消极的销售人员则会降低企业销售收入,所以人为因素对于销售额的实现具有重大的影响。

4. 企业的生产状况

产品只有生产出来后才能进行销售,所以进行销售预测时必须考虑企业的生产状况,如货源是否充足、能否与销售收入相配合等。

三、销售预测的定量方法

(一) 趋势预测分析法

趋势预测分析法是指应用一定的数学方法对预测对象过去的、按时间顺序排列的一系列数据进行加工、计算,据以预测其未来发展趋势的分析方法。

趋势预测分析法根据所采用的具体数学方法的不同,又可分为算术平均法、移动加权平均法、指数平滑法、回归分析法、二次曲线法和季节指数法等。在这里我们只介绍前三种。

1. 算术平均法

算术平均法是以过去若干期的销售量或销售额的算术平均数,作为计划期的销售预测值。其计算公式为:

$$计划期销售预测值 = \frac{各期销售量(或销售额)之和}{期数}$$

即：

$$\bar{X} = \frac{\sum X_i}{n}$$

其中，$\bar{X}$ 表示预测的销售量；n 表示期数；X_i 为第 i 期的销售量(额)。

【做中学 6-1】 某公司今年下半年销售 A 类产品的 6 个月的销售额资料，如表 6-1 所示。要求预测明年 1 月份 A 类产品的销售额。

表 6-1　　A 类产品销售资料

月　份	7	8	9	10	11	12
销售额(万元)	14.8	14.6	15.2	14.4	15.6	15.4

由算术平均法计算公式，得：

$$\bar{X} = \frac{\sum X_i}{n} = \frac{14.8 + 14.6 + 15.2 + 14.4 + 15.6 + 15.4}{6} = 15(万元)$$

这种方法的优点是计算简单、方便易行；缺点是没有考虑近期(即 10 月、11 月、12 月)的变动趋势。

【提示】 这种方法适用于销售量或销售额比较稳定的商品，对于某些没有季节性的商品，如食品、文具、日常用品等，是一种十分有效的预测方法。

2. 移动加权平均法

移动加权平均法是对过去若干期的销售量或销售额，按其距离预测期的远近分别进行加权(近期所加权数大些，远期所加权数小些)，然后计算其加权平均数，并以此作为计划期的销售预测值。

【注意】 所谓"移动"，是指所取的观测值(历史数据)随时间的推移而顺延。另外，由于接近预测期的实际销售情况对预测值的影响较大，故所加权数应大些；反之，则应小些。

若取三个观测值，其权数可取 0.2、0.3、0.5。若取五个观测值，其权数可取 0.03、0.07、0.15、0.25、0.5。

移动加权平均法的计算公式为：

$$计划期销售预测值 = 各期销售量(额) \times 权数之和$$

即：

$$\bar{X} = \sum X_i \cdot W_i$$

其中，$\sum W_i = 1$。

为了能反映近期的发展趋势，还可以在上述基础上，再加上平均每月的变动趋势值 b，以此作为计划期的销售预测值。因此，上述公式可修正为：

$$\bar{X} = \sum X_i \cdot W_i + b$$

$$b = \frac{本季度平均每月实际销售量(额) - 上季度平均每月实际销售量(额)}{3}$$

【做中学 6-2】 承[做中学 6-1]，根据 10 月、11 月、12 月的观测值，按移动加权平均法，预测明年 1 月份的销售额。

(1) 计算平均每月销售变动趋势值：

$$三季度月平均实际销售额 = \frac{14.8 + 14.6 + 15.2}{3} \approx 14.867(万元)$$

$$四季度月平均实际销售额 = \frac{14.4 + 15.6 + 15.4}{3} \approx 15.133(万元)$$

$$b = \frac{15.133 - 14.867}{3} \approx 0.089(万元)$$

(2) 取权数 $W_1 = 0.2$，$W_2 = 0.3$，$W_3 = 0.5$，得：

$$\bar{X} = (14.4 \times 0.2 + 15.6 \times 0.3 + 15.4 \times 0.5) + 0.089 = 15.349(万元)$$

移动加权平均法可以利用 n 期全部的历史数据，同时考虑远近期间对预测期间的影响，消除了差异的平均化，使预测数更接近现实。但其也有缺点，就是规定权数大小关系，但没有统一的方法来确定各期的权数值。

3. 指数平滑法

指数平滑法是利用平滑系数(加权因子)，对过去不同期间的实际销售量或销售额进行加权计算，作为计划期的销售预测值。

令 D 表示实际值；F 表示预测值；下标 t 表示第 t 期；a 表示平滑系数($0 \leqslant a \leqslant 1$)，其计算公式为：

$$F_t = a \cdot D_{t-1} + (1 - a) \cdot F_{t-1}$$

【做中学 6-3】 承[做中学 6-1]，该公司 12 月份 A 类商品实际销售额为 15.4 万元，原来预测 12 月份的销售额为 14.8 万元，平滑系数为 0.7。要求按指数平滑法预测明年 1 月份该类商品的销售额。

明年 1 月份的预测值，由其计算公式得：

$$\begin{aligned} F_{13} &= a \cdot D_{12} + (1 - a) \cdot F_{12} \\ &= 0.7 \times 15.4 + (1 - 0.7) \times 14.8 \\ &= 15.22(万元) \end{aligned}$$

平滑指数法比较灵活，使用范围较广，而且在不同程度上考虑了以往各期的观察值，比较全面，但在选择平滑指数时，具有一定的随意性。

(二) 因果预测分析法

因果预测分析法是指根据预测对象与其他相关指标之间相互依存、相互制约的规律性联系，建立相应的因果数学模型进行预测分析的方法。影响产品销售的因素既包括企业外部因素，也包括企业内部因素，只要找到它们与产品销售之间的关系，就可以利用这种关系来预测产品未来的销售水平。因果预测分析法包括直线回归法、指数曲线法、多元回归法等。

1. 直线回归法

直线回归法也称一元线性回归分析法，其假定预测对象销售量只有一个变量因素，根据企业过去若干期的销售资料，按照数学中的最小二乘法原理确定一条反映销售量变化趋势的直线，进而预测产品在未来一定时期内的销售量。

其具体做法是，以 x 代表预测对象的相关因素变量；以 y 代表预测对象的销售量或销售额，建立模型如下：

$$y = a + bx$$

$$b = \frac{n\sum xy - \sum x \sum y}{n\sum x^2 - \left(\sum x\right)^2}$$

$$a = \frac{\sum y - b\sum x}{n}$$

应用相关预测法，一般还需进行相关程度测定，即通过计算相关系数来检验预测变量与相关因素变量间的相关性，以判断预测结果的可靠性。相关系数 R 的计算公式为：

$$R=\frac{n\sum xy-\sum x\sum y}{\sqrt{[n\sum x^2-(\sum x)^2][n\sum y^2-(\sum y)^2]}}$$

相关系数 R 的取值范围为：$-1\leqslant R\leqslant 1$。$|R|$ 越接近 1，相关关系越密切。一般可按如下标准加以判断：

$0.7\leqslant|R|\leqslant 1$，为较高程度相关；

$0.3\leqslant|R|<0.7$，为中等程度相关；

$0<|R|<0.3$，为较低程度相关。

【做中学 6-4】 某汽车轮胎厂专门生产汽车轮胎，而决定汽车轮胎销售量的主要因素是汽车销量。假如中国汽车工业联合会最近 5 年的实际销售量统计及该企业 5 年的实际销售量资料，如表 6-2 所示。

表 6-2　　汽车、轮胎销售量统计资料

年　度	2015	2016	2017	2018	2019
汽车销售量(万辆)	10	12	15	18	20
轮胎销售量(万只)	64	78	80	106	120

假定计划期 2020 年汽车销售量根据汽车工业联合会的预测为 25 万辆，该轮胎生产企业的市场占有率为 35%，要求采取最小平方法预测 2020 年轮胎的销售量。

(1) 编制计算表，如表 6-3 所示。

表 6-3　　回归预测计算表

年度	汽车销售量(x)(万辆)	轮胎销售量(y)(万只)	xy	X^2	Y^2
2015	10	64	640	100	4 096
2016	12	78	936	144	6 084
2017	15	80	1 200	225	6 400
2018	18	106	1 908	324	11 236
2019	20	120	2 400	400	14 400
$n=5$	$\sum x=75$	$\sum y=448$	$\sum xy=7\,084$	$\sum x^2=1\,193$	$\sum y^2=42\,216$

(2) 计算 a、b，并计算预计市场销售量。

$$b=\frac{n\sum xy-\sum x\sum y}{n\sum x^2-(\sum x)^2}=\frac{5\times 7\,084-75\times 448}{5\times 1\,193-75^2}\approx 5.35$$

$$a=\frac{\sum y-b\sum x}{n}=\frac{448-5.35\times 75}{5}=9.35$$

$$y=a+bx=9.35+5.35\times 25=143.1(\text{万辆})$$

2020 年该企业轮胎预计市场销售量$=143.1\times 35\%=50.085$(万只)

(3) 相关性检验。

$$R=\frac{n\sum xy-\sum x\sum y}{\sqrt{\left[n\sum x^2-\left(\sum x\right)^2\right]\left[n\sum y^2-\left(\sum y\right)^2\right]}}$$

$$=\frac{5\times 7\ 084-75\times 448}{\sqrt{[5\times 1\ 193-75^2][5\times 42\ 216-448^2]}}\approx 0.969$$

相关系数 $R=0.969>0.7$，即轮胎销售量与汽车销售量之间具有较高程度的相关性。

2. 指数曲线法

当描述某一客观事物的指标或参数在散点图上的数据点构成指数曲线或近似指数曲线时，表明该事物的发展是按指数规律或近似指数的规律变化的。指数曲线法运用二次或二次以上的回归方程进行预测，如指数曲线、双曲线等曲线形式。这里以指数曲线为例。

其计算公式为：

$$y=ab^x$$

$$\lg b=\frac{n\sum x\lg y-\sum x\sum \lg y}{n\sum x^2-\left(\sum x\right)^2}$$

$$\lg a=\frac{\sum \lg y-\lg b\sum x}{n}$$

使用这种方法时，先对指数方程两边取对数，转化为对数直线方程 $\lg y=\lg a+x\lg b$，再按直线回归法计算。这一方法举例从略。

3. 多元回归法

直线回归法假设只有一个影响因素，但在实际生产经营活动中，往往有多个影响因素。在这种情况下，就需要建立多元回归方程来预测企业未来的销售水平。

其计算公式为：

$$y=a+b_1x_1+b_2x_2+\cdots+b_nx_n$$

其中，y 表示销售量；x_i 表示各个影响因素。

多元回归法的计算原理与直线回归法类似，利用企业历史资料求出 a 和 b_i 的值，就可以求出预测值。这一方法举例从略。

(三) 季节预测分析法

季节性变动是指产品销售量由于受自然条件、生产条件和生活习惯等因素的影响，随着季节的转变而呈现的周期性变动。许多行业的产品销售具有季节性变动，如农机器具、电扇、空调等，这种周期通常为 12 个月。其特点具有规律性，每年重复出现，其表现为逐年同月或同季有相同的变化方向和大致相同的变化幅度。

考虑季节性变动对产品销售的影响，可采用的预测分析方法有两种。

1. 加法模型

$$Y_t=T_t+S_t$$

其中，Y 表示销售量；T 表示趋势值；S 表示季节加量或季节指数；t 为时间。

一般来说，不同的时间，T、S 的取值也不同。

2. 乘法模型

$$Y_t=T_t\times S_t$$

其中，T 表示趋势，它是决定 Y 大小的基本成分；S 表示由于受季节性影响所增加的数量。

这里所说的季节，可以是季度、月份，也可以是周、日等。S 以一定的周期循环取值。例如，如果 Y 代表某家企业每个季度空调的销售量，则其周期为 4；若代表每个月空调的销售量，则其周期为 12。

一般来说，如果观察值的季节性波动随着观察值趋势的变化而同比例变化，则应该采用乘法模型 $Y_t = T_t \times S_t$；如果观察值的季节性波动与其趋势不呈比例关系，则应该采用加法模型 $Y_t = T_t + S_t$。通过加法模型和乘法模型的公式可知，对受季节性影响的产品的预测，是在前面已介绍过的预测方法的基础上加上（或乘上）季节性加量（或指数）。

四、销售预测的定性方法

定性分析方法包括市场调查法和判断分析法。

（一）市场调查法

市场调查法是指通过实地面谈、提问调查等方式，有计划、系统地收集和了解产品在市场上的供求状况与市场占有率的详细资料数据，并进行分析，以了解变化趋势，并据此对该产品在未来一定时期内的销售量做出预测的一种方法。

市场调查法又可分为全面调查法、重点调查法和随机抽样调查法。全面调查法是指对涉及同一产品的所有销售单位进行逐个了解，综合整理取得的资料，推测该产品销售量在未来一定时期的变化趋势。重点调查法是指对有关产品的重点销售单位进行调查，综合整理取得的相关资料，从而预测该产品销售量在未来一定时期的变化趋势。随机抽样调查法是指按照随机原则从产品的所有销售单位抽取部分销售单位进行调查，综合分析取得的相关资料，预测产品在未来一定时期的变化趋势。

市场调查法一般可以从四个方面进行：调查产品所处的寿命周期阶段；调查消费者的情况；调查市场竞争情况；调查国内外和本地区经济发展的趋势。

$$市场占有率 = \frac{本企业产品在市场上的销售量}{同类产品在市场上的总销售量} \times 100\%$$

【做中学 6-5】 某市有居民 100 万户，通过市场调查，得到四种耐用消费品所处的市场阶段与已拥有户数的资料列表，如表 6-4 和表 6-5 所示。

表 6-4　耐用消费品的市场阶段划分

寿命周期	投入期	成长期		成熟期	衰退期
		前期	后期		
年数	1～5 年	1～5 年	1～5 年	1～5 年	1～5 年
商品普及率	0.1%～5%	6%～50%	51%～80%	81%～90%	逐步减少

表 6-5　某市四种商品所处市场阶段情况

产品名称	空调机	摩托车	彩电	洗衣机
所处生命周期阶段	投入期（2 年）	成长前期（3 年）	成长前期（3 年）	成长前期（3 年）
已拥有户数（万户）	2.1	16.5	32	36

又根据市场调查，该市摩托车厂在本市的市场占有率为 44%，对外地的供应约为 3 万辆。

要求：做出该市对四种耐用消费品平均每年需要量的预测；做出该市摩托车厂在计划期的摩托车销售预测。

(1) 列表计算该市四种耐用消费品的平均年需要量,如表 6-6 所示。

表 6-6　　某市四种耐用消费品的平均年需要量预测计算

商品名称	所处市场阶段	已拥有户数比重	各阶段的购买潜力(以每户 1 台或 1 辆计)	该市平均每年需求量
空调机	投入期(2 年)	2.1%	100×(5%−2.1%)=2.9(万台)	$\frac{2.9}{2}=1.45$(万台)
摩托车	成长前期(3 年)	16.5%	100×(50%−16.5%)=33.5(万辆)	$\frac{33.5}{3}\approx11.17$(万辆)
彩电	成长前期(3 年)	32%	100×(50%−32%)=18(万台)	$\frac{18}{3}=6$(万台)
洗衣机	成长前期(3 年)	36%	100×(50%−36%)=14(万台)	$\frac{14}{3}\approx4.67$(万台)

(2) 计算该市摩托厂计划期摩托车预计销售量。

摩托车预计销售量＝该市平均年需要量×本企业市场占有率＋本企业对外地区供应量

$$=11.17\times44\%+3\approx7.91(\text{万辆})$$

由于统计方法提供的数据存在一定程度的误差,计算结果只能作预测分析的主要依据,所以还应考虑各种非数量因素的变化对销售量或销售额的影响,才能得出接近客观实际的预测结论。

(二) 判断分析法

判断分析法是指一些具有丰富的市场经验的经营管理人员或专家对其所掌握的历史销售信息进行分析研究,据此推测有关产品在未来期间内销售水平的变化趋势。

判断分析法主要包括主观判断法、专家小组法和德尔菲法。

1. 主观判断法

主观判断法是指由熟悉企业业务、对于市场的未来发展变化的趋势敏感的主管人员等根据其多年的实践经验,结合征求的专家意见,进行综合分析,据此预测有关产品在未来期间内销售水平的变化趋势。这个方法可以充分发挥个人的能动性,但也容易受个人能力的限制。

2. 专家小组法

专家小组法是指由企业组织各有关专家成立预测小组,通过召开座谈会等方式,进行广泛的讨论和研究,最终将专家小组的集体研究成果做出最后判断的预测方法。采用这一方法,要求各专家从企业的整体利益出发,充分表达各自的观点。

3. 德尔菲法

德尔菲法是指通过采用通信的方式向见识广、学有专长的有关专家发出预测问题调查表来征询专家们的意见,并经过多次综合、整理、归纳各专家的意见直至得出一致意见的预测方法。它是一种比较客观的判断法。

采用德尔菲法时,要求各专家之间互不通气,避免专家之间因为观点不同、地位不同等原因而产生干扰;每次重复征询意见时,必须把上次征询意见的结果进行加工整理后反馈给各专家,并且不能忽略少数人的意见,从而使各专家在重复预测时能做出较全面的分析和判断。

【做中学 6-6】 某工具公司准备推出一种新型切削刀具,现聘请工具专家、销售部经理、外地经销商等九人采用德尔菲法预测计划期该新型刀具的销售量。该公司首先将刀具的样品、特点和用途分别向专家们作详细介绍,并提供同类刀具的有关价格和销售情况信息。然后发出征求意见函,请九位专家分别提出个人的判断。经过三次反馈,预测结果如表 6-7 所示。

要求:根据表 6-7 第三次判断的资料,分别采用算术平均法、加权平均法(最高 0.3,最可能 0.5,最低

0.2)和中位数法,做出销售预测。

表 6-7 专家意见汇总

专家编号	第一次判断销售量			第二次判断销售量			第三次判断销售量		
	最高	最可能	最低	最高	最可能	最低	最高	最可能	最低
1	1 800	1 500	1 000	1 800	1 500	1 200	1 800	1 500	1 100
2	1 200	900	400	1 300	1 000	600	1 300	1 000	800
3	1 600	1 200	800	1 600	1 400	1 000	1 600	1 400	1 000
4	3 000	1 800	1 500	3 000	1 500	1 200	2 500	1 200	1 000
5	700	400	200	1 000	800	400	1 200	1 000	600
6	1 500	1 000	600	1 500	1 000	600	1 500	1 200	600
7	800	600	500	1 000	800	500	1 200	1 000	800
8	1 000	600	500	1 200	800	700	1 200	800	700
9	1 900	1 000	800	2 000	1 100	1 000	1 200	800	600
平均值	1 500	1 000	700	1 600	1 100	800	1 500	1 100	800

(1) 算术平均法,按第三次判断的平均值计算:

$$\text{预计销售量 } \bar{X} = \frac{\sum x}{n} = \frac{1\,500 + 1\,100 + 800}{3} \approx 1\,133(\text{件})$$

(2) 加权平均法,按第三次判断的平均值加权平均计算:

$$\text{预计销售量 } \bar{X} = \sum xw = 1\,500 \times 0.3 + 1\,100 \times 0.5 + 800 \times 0.2 = 1\,160(\text{件})$$

(3) 中位数法,首先,按第三次判断将数值从高到低排列成中位数计算表,如表 6-8 所示。

表 6-8 中位数计算

预测值从高到低顺序	中位数
2 500, 1 800, 1 600, 1 500, 1 300, 1 200	第三、第四项的平均数:1 550
1 500, 1 400, 1 200, 1 000,800	第三项:1 200
1 100, 1 000, 800, 700, 600	第三项:800

其次,计算中位数及其加权平均值。

$$\text{预计销售量 } \bar{X} = 1\,550 \times 0.3 + 1\,200 \times 0.5 + 800 \times 0.2 = 1\,225(\text{件})$$

任务三 成本预测分析

一、成本预测的概念

成本预测是指根据目前的经营状况和发展目标,运用一定的科学方法,根据企业未来成本水平及其变化趋势而做出预测。成本预测是成本管理的重要环节。科学地进行成本预测,有利于企业掌握未来的成本水平及其变动趋势,有助于管理人员根据预测结果选择最优方案,减少决策的盲目性,从而做出正确的决策。

二、成本预测的程序

为了减少预测的主观性,使预测目标与实际更为接近,企业应事先确定成本预测的程序,并严格按照规定的程序进行预测。一般来说,成本预测的步骤包括以下几点。

(一) 根据企业总体目标提出初步成本目标

目标成本是企业为实现经营目标所应达到的成本水平,它比当前企业的实际成本更低。然而,要实现目标成本却不是那么容易,需要企业全体员工的努力。目标成本的提出有两种方法:一是以目标利润为基础预测目标成本;二是以先进的成本水平为基础预测目标成本。

(二) 预测成本的发展趋势

初步的目标成本提出后,还应采用专门方法建立相应的数学模型,预测企业在实际情况中产品成本可能达到的水平,同时计算预测成本与目标成本的差距。

(三) 考虑各种降低成本的方案,预计实施各种方案后成本可能达到的水平

企业应拟定各种可行的降低成本水平的方案,并测算出这些措施对企业未来成本水平的影响,力求缩小预测成本与目标成本之间的差距。

(四) 正式确定成本目标

企业的成本降低措施和方案确定以后,应进一步测算各项措施对产品成本的影响程度,据此修订初步目标成本,正式确定企业预测期的目标成本。

以上成本预测程序表示的只是单个成本预测过程,要达到最终确定的正式成本目标,需要反复进行这个过程。也就是说,只有经过多次的预测、比较并对初步成本目标进行不断的修改、完善,才能确定正式成本目标。

三、成本预测分析的方法

成本预测按产品的不同分类,可以分为可比产品成本预测和不可比产品成本预测。

(一) 可比产品成本预测

可比产品是指以往年度正常生产过的产品,其成本资料比较健全。其常用的成本预测方法有高低点法、直线回归法和因素变动预测法。

1. 高低点法

高低点法是利用代数式 $y=a+bx$,根据企业在若干连续时期的历史资料,选择最高产量和最低产量下成本的差额进行对比,求得单位变动成本 b 和固定成本 a,再按照预计产量来预测未来一定时期内产品的总成本的一种成本预测方法。

其计算公式为:

$$y=a+bx$$

其中,y 表示产品总成本;x 表示产品产量。

$$a=\text{最高点成本总额}-b\times\text{最高点的产量}$$

$$b=\frac{\text{最高产量时的成本}-\text{最低产量时的成本}}{\text{最高产量}-\text{最低产量}}$$

【做中学 6-7】 某生产服装的企业对其历史资料进行分析研究发现,4 月份其产量最高,为 5 000 件,总成本为 40 000 元;10 月份产量最低,为 2 500 件,总成本为 23 000 元。企业预计明年生产 4 000 件产品,要求用高低点法求其总成本与单位成本。

计算过程如下:

$$b = \frac{\text{最高产量时的成本} - \text{最低产量时的成本}}{\text{最高产量} - \text{最低产量}}$$

$$= \frac{40\ 000 - 23\ 000}{5\ 000 - 2\ 500} = 6.8(\text{元 / 件})$$

$$a = \text{最高点成本总额} - b \times \text{最高点的产量}$$

$$= 40\ 000 - 6.8 \times 5\ 000 = 6\ 000(\text{元})$$

$$y = a + bx = 6\ 000 + 6.8x$$

所以，预计企业明年的总成本：$y = 6\ 000 + 6.8x = 6\ 000 + 6.8 \times 4\ 000 = 33\ 200$(元)

预计企业明年的单位成本：$\frac{33\ 200}{4\ 000} = 8.3$(元/件)

用高低点法预测企业成本简便易算，但这种方法只根据最高和最低两点资料，而不考虑两点之间成本的变化，所以该方法适用于产品成本变动趋势较稳定的情况，如果各期成本变动幅度较大，则不应采用这种方法。

2. 直线回归法

这里直线回归法与前面介绍销售预测时的直线回归法是一样的。

其计算公式为：

$$y = a + bx$$

$$b = \frac{n\sum xy - \sum x \sum y}{n\sum x^2 - \left(\sum x\right)^2}$$

$$a = \frac{\sum y - b\sum x}{n}$$

【做中学 6-8】 某公司对其历史资料进行分析，发现其 2015—2019 年 A 产品的产量和历史成本资料如表 6-9 所示。

表 6-9　　某公司近 5 年 A 产品的产量和历史成本资料　　金额单位：万元

年　度	2015	2016	2017	2018	2019
产量(万件)	20	40	30	50	60
单位产品成本(元/件)	220	180	200	150	140

该公司计划在 2020 年生产 70 万件 A 产品，现要求用直线回归法预测 2020 年 A 产品总成本及单位成本。

计算过程如下：

(1) 在 $y = a + bx$ 公式中，设产品总成本为 y，产量为 x。

(2) 根据所给资料编制表 6-10。

表 6-10　　回归预测计算

年份	产量 (x)	单位产品成本 (y/x)	总成本 (y)	xy	x^2
2015	20	220	4 400	88 000	400
2016	40	180	7 200	288 000	1 600
2017	30	200	6 000	180 000	900
2018	50	150	7 500	375 000	2 500

（续表）

年份	产量 (x)	单位产品成本 (y/x)	总成本 (y)	xy	x^2
2019	60	140	8 400	504 000	3 600
$n=5$	$\sum x=200$	—	$\sum y=33\ 500$	$\sum xy=1\ 435\ 000$	$\sum x^2=9\ 000$

(3) 计算 a、b 的值。

$$b=\frac{n\sum xy-\sum x\sum y}{n\sum x^2-\left(\sum x\right)^2}=\frac{5\times 1\ 435\ 000-200\times 33\ 500}{5\times 9\ 000-200^2}=95(\text{元 / 件})$$

$$a=\frac{\sum y-b\sum x}{n}=\frac{33\ 500-95\times 200}{5}=2\ 900(\text{万元})$$

$$y=a+bx=2\ 900+95x$$

(4) 预测公司 2020 年 A 产品总成本和单位成本。

总成本：$y=a+bx=2\ 900+95x=2\ 900+95\times 70=9\ 550$（万元）

单位成本：$\frac{9\ 550}{70}\approx 136.43$（元）

3. 因素变动预测法

因素变动预测法通过分析影响成本的工、料、费等各项因素，预测企业未来一定时期内的成本水平。

【做中学 6-9】 某企业 2019 年生产 A 产品 2 万件，其成本资料如表 6-11 所示。

表 6-11　　2019 年 A 产品成本资料

项　目	单位成本（元）	总成本（万元）
材料	5	10
燃料和动力	0.3	0.6
工资和福利	1.5	3
制造费用	3	6
合　计	9.8	19.6

假定材料、燃料和动力、工资和福利为变动成本，制造费用为固定成本。企业认为 2020 年影响 A 产品的主要因素及其程度为：产量增加 20%，材料成本上升 1%，材料消耗降低 2%；燃料和动力消耗量下降 5%；制造费用增加 10%。要求用因素变动预测法预测企业 2020 年 A 产品的成本水平。

其计算过程如下：

预期材料费用：10×(1+20%)=12（万元）

材料成本上升 1%对材料费用的影响：12×1%=0.12（万元）

材料耗费降低 2%对材料费用的影响：12×(−2%)=−0.24（万元）

预期产品材料费用：12+0.12−0.24=11.88（万元）

预测燃料和动力费用：0.6×(1+20%)×(1−5%)=0.684（万元）

预测工资和福利费用：3×(1+20%)=3.6（万元）

预测制造费用：6×(1+10%)=6.6（万元）

所以，预测企业 2020 年 A 产品的总成本为：11.88+0.684+3.6+6.6=22.764（万元）

其单位成本为：$\frac{22.764}{2\times(1+20\%)}=9.485$(元/件)

(二) 不可比产品成本预测

不可比产品是指企业在以往年度中没有正式生产过的产品，以至于无法获得其历史成本资料。不可比产品成本预测就是采用相关手段对其成本进行预测的方法。

1. 目标成本法

目标成本法要求先确定目标利润，通过市场调查或分析同行业的相关资料，确定一个合理的销售价格，再从销售收入中减去目标利润及相关税费，从而得到目标成本。用公式表示为：

$$目标成本 = 销售单价 \times 预测销售量 - 目标利润 - 相关税费$$

【做中学 6-10】 某公司经过对市场进行调查，认为明年其产品的销售价格为 200 元，并预测其明年的销售量为 2 万件，计划实现的目标利润为 220 万元，已知其产品的税率为 7%。请用目标成本法计算其目标成本。

计算过程为：

$$\begin{aligned}目标成本 &= 销售单价 \times 预测销售量 - 目标利润 - 相关税费\\ &= 200 \times 2 \times (1-7\%) - 220\\ &= 152(万元)\end{aligned}$$

目标利润法将目标成本与目标利润的水平联系起来，但却无法直接确定目标固定成本与目标单位变动成本。

2. 技术测定法

技术测定法是指根据企业产品设计结构、生产条件和工艺方法，采用技术手段测试和分析影响人力与物力消耗的各种因素，从而预测出企业产品成本的一种方法。但在实际工作中，用于生产消耗的要素较多，使用这种方法工作量较大，所以这种方法适用于产品种类少、资料较全的情况。

3. 产值成本法

产值成本法是指根据总产值的一定比例确定产品成本的预测方法。一般来说，产品成本与产品产值之间存在一定的比例关系。比例越大说明产品消耗越大，成本也就越高；反之，比例越小表明产品消耗越少，其成本也越小。

其计算公式为：

$$单位产品预测成本 = \frac{产品总产值 \times 预计产值成本率}{预计产品产量} \times 100\%$$

该预测方法简单易行，工作量较小，但预测不太准确。

四、成本预测的作用

(一) 成本预测是进行成本决策和编制成本计划的依据

通过科学的成本预测，企业能够充分了解未来的成本水平及其变动趋势，有助于企业有计划地降低成本，加强经济核算，使其产品具有成本优势。并且，只有以科学的成本预测结果为基础进行的成本控制才是有据可依的，才不会出现随意性、乱指挥等对企业经营不利的情况。

(二) 成本预测是能为企业挖掘降低产品成本的潜力

在产品的生产经营过程中，通过科学的成本预测可以比较企业产品的成本水平与同行业平均水平或先进企业的差距，分析研究产生差距的原因，发现企业生产经营过程中的不足之处，进而探索能够降低产品成本的各种途径。

(三) 成本预测为企业生产经营决策提供依据

成本是影响企业经营发展的一个重要因素，其大小直接影响企业的经营业绩。企业管理层在做出重大生产经营决策时，必须先进行成本预测。成本预测越准确，企业越能做出适合的决策，从而提高企业的经济效益。

任务四 利润预测分析

一、利润预测的概念

利润是反映企业一定时期内生产经营的成果，也是考核企业经济效益和经营业绩的依据。利润预测是按照企业经营目标要求，对公司未来某一时期可实现的利润进行预计和测算。它对影响公司利润变动的成本、销售量和价格等各种因素进行综合分析，预测公司将来所能达到的利润水平及其变化趋势。利润预测是在销售预测和成本预测的基础之上进行的。

公司的利润包括营业利润、投资净收益、营业外收支净额三部分，因此对利润的预测包括对营业利润的预测、投资净收益的预测和营业外收支净额的预测。一般来说，在利润总额中，营业利润所占的比重最大，也是利润预测的重点，其余两部分则可用较为简便的方法进行预测。

二、利润预测的分析方法

(一) 本量利分析法

本量利分析法是指根据销售价格、销售成本、销售数量和利润之间的变化关系，分析某一因素的变化对其他因素的影响，从而做出预测决策的一种方法，可用于利润预测、成本和业务量预测。

本量利分析法的计算公式为：

预计利润＝预计销售收入－预计销售成本
＝预计销售数量×预计销售单价－预计变动成本总额－预计固定成本总额
＝预计销售数量×(预计销售单价－预计单位变动成本)－预计固定成本总额
＝预计销售数量×预计单位产品边际贡献－预计固定成本总额

因此，只要知道了企业有关产品的销售数量、销售单价、变动成本和固定成本，就可以通过公式预测企业在未来一定时期内的利润。

【做中学 6-11】 某企业通过分析其历史资料并进行了市场调查，预计产品明年的销售量可达到 3 万件，销售价格为每件 80 元，固定成本总额为 60 万元，单位变动成本为 40 元。请预测企业明年能达到的利润。

其计算过程为：

预计利润＝预计销售数量×(预计销售单价－预计单位变动成本)－预计固定成本总额
＝3×(80－40)－60
＝60(万元)

(二) 经营杠杆系数法

经营杠杆又称营业杠杆，是指在企业生产经营中由于存在固定成本而导致息税前利润变动率大于其销售变动率的规律。一般而言，当产品在一定产销量范围内，产销量的增加不会影响其固定成本总额，但会降低单位固定成本，从而提高单位产品利润，使利润增长率大于产销量增长率；反之，产销量减少，会提高单位固定成本，从而降低单位产品利润，使利润下降率大于产销量的下降率。

一般情况下，人们将经营杠杆系数作为衡量企业经营杠杆力度的指标。经营杠杆系数是指息税前利润变动率相当于产销业务量变动率的倍数。

经营杠杆系数的计算公式为：

$$经营杠杆系数 = \frac{息税前利润变动率}{产品销售额变动率}$$

根据经营杠杆系数的公式，可得：

$$息税前利润变动率 = 产品销售额变动率 \times 经营杠杆系数$$

$$预计息税前利润 = 基期实际利润 \times (1 + 息税前利润变动率)$$

【做中学6-12】 某企业2019年实现销售额400万元，息税前利润为250万元，预计2020年产品销售额将增加至450万元。已知该企业的经营杠杆系数为1.5，请预测企业2020年的利润。

计算过程为：

$$\begin{aligned}息税前利润变动率 &= 产品销售额变动率 \times 经营杠杆系数\\ &= \frac{450-400}{400} \times 1.5 \times 100\%\\ &= 18.75\%\end{aligned}$$

$$\begin{aligned}预计息税前利润 &= 基期实际利润 \times (1 + 息税前利润变动利率)\\ &= 250 \times (1 + 18.75\%)\\ &= 296.875(万元)\end{aligned}$$

(三) 相关比率法

相关比率法是指根据利润与有关指标之间的内在关系，对企业一定期间的利润进行预测的一种方法。常用的相关比率方法主要有销售收入利润预测法、资金利润预测法、销售成本利润预测法。

1. 销售收入利润预测法

销售收入利润法是指根据企业销售利润与预计的产品销售收入来预测企业未来一定期间利润的一种方法。

其计算公式为：

$$预计利润 = 预计销售收入 \times 销售收入利润率$$

在实际工作中，只要知道预计销售收入，企业就可以根据该公式预测出其未来一定期间的利润。

2. 资金利润预测法

资金利润预测法是指根据企业过去若干期的资金利润率和计划期预计的资金占用情况来预测企业在计划期的利润的一种方法。

其计算公式为：

$$预计利润 = 预计平均资金占用额 \times 资金利润率$$

在实际工作中，只要确定其计划期的资金占用额，企业就可以预测其未来的利润。

3. 销售成本利润预测法

销售成本利润预测法是指根据企业销售成本利润率和预计计划期产品销售成本来预测其利润的一种方法。

其计算公式为：

$$预计利润 = 预计产品销售成本 \times 销售成本利润率$$

【提示】 在实际工作中,只要预测出计划期产品的销售成本,企业就可以根据公式测算未来的利润。

三、利润的敏感性分析

利润敏感性分析是研究当制约利润的相关因素发生变动时对利润产生的影响的一种方法。在现实经济环境中,影响利润的因素有很多,有些因素的增长会促使利润的增长,有些因素的增长会导致利润的减少,并且这些因素经常会发生变动。

(一) 各因素变动临界值的确定

影响利润的因素主要有销售单价、单位变动成本、固定成本和销售量。

【做中学 6-13】 假设某企业生产 A 产品,2019 年的销售量为 3 万件,销售单价为 150 元,单位变动成本为 100 元,固定成本为 30 万元。经调查分析,企业预测 A 产品明年的销售量将增加 20%。

1. 销售单价的最小值

根据$(p-100)\times 30\ 000\times(1+20\%)-300\ 000\geqslant 0$,可得 $p\geqslant 108.33$(元)。所以,产品单价不能低于 108.33 元,否则企业会发生亏损。

2. 单位变动成本的最大值

根据$(150-x)\times 30\ 000\times(1+20\%)-300\ 000\geqslant 0$,可得 $x\leqslant 141.67$ (元)。所以,产品单位变动成本不得高于 141.67 元,否则企业会发生亏损。

3. 固定成本的最大值

根据$(150-100)\times 30\ 000\times(1+20\%)-x\geqslant 0$,可得 $x\leqslant 180$(万元)。所以,生产产品的固定成本不得高于 180 万元,否则企业会发生亏损。

4. 销售量的最小值

根据$(150-100)\times x-300\ 000\geqslant 0$,可得 $x\geqslant 0.6$(万件)。所以,产品的销售量不得低于 6 000 件,否则企业会发生亏损。

(二) 利润灵敏度指标

利润灵敏度指标也称敏感系数,是指在其他因素不变的前提下,某一因素单独变动 1%时利润增长的百分比。

$$某因素的敏感系数=\frac{利润变动百分比}{某因素变动百分比}$$

【注意】 敏感系数的绝对值越大,说明这一因素对利润的影响就越大。

【做中学 6-14】 承[做中学 6-13],假设销售单价、单位变动成本、固定成本和销售量分别增长 1%,请计算各因素的敏感系数。

1. 销售单价的敏感系数

原预计利润:$(150-100)\times 3\times(1+20\%)-30=150$(万元)

价格上涨 1%后预计利润:$[150\times(1+1\%)-100]\times 3\times(1+20\%)-30=155.4$(万元)

利润变动百分比:$\frac{155.4-150}{150}\times 100\%=3.6\%$

销售单价的敏感系数:$\frac{3.6\%}{1\%}=3.6$

所以,销售单价的敏感系数为 3.6,即销售单价上涨 1%,利润上涨 3.6%。

2. 单位变动成本的敏感系数

单位变动成本上涨 1%后预计利润:$[150-100\times(1+1\%)]\times 3\times(1+20\%)-30=146.4$(万元)

利润变动百分比:$\frac{146.4-150}{150}\times 100\%=-2.4\%$

所以,单位变动成本的敏感系数为-2.4,即单位变动成本上升 1%,利润下降 2.4%。

3. 固定成本的敏感系数

固定成本上升1%时预计利润：(150－100)×3×(1＋20%)－30×(1＋1%)＝149.7(万元)

利润变动百分比：$\frac{149.7-150}{150}\times100\%=-0.2\%$

所以，固定成本敏感系数为－0.2，即固定成本上升1%时，企业利润下降0.2%。

4. 销售量的敏感系数

销售量上升1%后的预计利润：(150－100)×3×1.2×(1＋1%)－30＝151.8(万元)

利润变动百分比：$\frac{151.8-150}{150}\times100\%=1.2\%$

所以，销售量的敏感系数为1.2，即销售量增加1%，产品利润上升1.2%。

任务五 资金需要量预测分析

一、资金需要量预测的概念

资金需要量预测是指企业根据其生产经营的需求，对未来一定时期内所需资金的估计和推测。企业在筹集资金前，必须先预测资金需要量，即估计企业未来一定时期内组织生产经营活动的资金需要量。科学的资金预测使企业能够保证资金供应，合理运用资金，提高资金利用率，它是企业制订融资计划的基础。企业既可以从内部筹集资金，增加留存收益，也可以从外部筹集资金。在一般情况下，影响资金需要量程度最大的就是计划期的预计销售量和销售额，销售预测是资金需要量预测的主要依据。

二、资金需要量预测的方法

常用的用于资金需要量预测的方法有销售百分比法和回归分析法。

(一) 销售百分比法

销售百分比法是指假设资产、负债与销售收入存在稳定的百分比关系，根据计划期销售额的增长情况及相应的百分比预计资产和负债，从而预测资金需要量的一种方法。

销售百分比法一般按照以下三个步骤进行。

1. 区分资产负债表中的敏感资产与非敏感资产、敏感负债与非敏感负债

敏感资产或敏感负债是指资产负债表中随销售额的变动而发生变动的项目。非敏感资产或非敏感负债是指资产负债表中不因销售额的变动而发生变化或变化非常小，可以忽略不计的项目。

【注意】 敏感项目会影响资金需求量，而非敏感项目不会影响资金需求量。

一般来说，资产负债表中除预付费用外，其余资产类项目如货币资金、存货和应收账款等都会随着销售的增加而增加，因而属于敏感资产。在负债类项目中，只有应付账款、应付费用会随着销售额的增加而增加，属于敏感负债，其余的为非敏感负债。一般情况下，所有者权益项目不会因销售额的变动而改变。

【提示】 计划期所提取的折旧准备(应减除计划期用于更新改造的金额)和留存收益两个项目，通常可作为计划期内需要追加资金的内部资金来源。

2. 将基期的资产负债表各项目用销售百分比的形式另行编表

(1) 计算敏感资产和敏感负债的销售百分比。

根据各敏感项目的数额和销售收入计算其销售百分比，计算公式为：

$$某敏感项目销售百分比=\frac{基期该项目金额}{基期年销售额}\times100\%$$

(2) 根据敏感项目的销售百分比计算预计资产和负债。

$$预计资产 = \sum(预计销售收入 \times 各敏感资产销售百分比)$$

$$预计负债 = \sum(预计销售收入 \times 各敏感负债销售百分比)$$

3. 按公式计算计划期预计需要追加的资金数额

假设基期销售收入总额为 S_0，计划期销售收入总额为 S_1，基期随销售额变动而变动的资产项目总额为 A，基期随销售额变动而变动的负债项目总额为 L，计划期提取的折旧减去用于固定资产更新改造后的余额为 D_1，基期的税后销售利润率为 R_0，计划期的股利发放率为 d_1，计划期的零星资金需要量为 M_1，则计划期预计需要追加的资金数额为：

$$计划期预计需要追加的资金数额 = \left(\frac{A}{S_0} - \frac{L}{S_0}\right)(S_1 - S_0) - D_1 - S_1 R_0 (1 - d_1) + M_1$$

【做中学 6-15】 某公司在基期(2019 年)的实际销售总额为 500 000 元，税后净利 20 000 元，发放普通股股利 10 000 元。假定基期固定资产利用率已达到饱和状态。该公司基期期末的简略资产负债表，如表 6-12所示。

表 6-12 **某公司资产负债表(简表)**

2019 年 12 月 31 日 金额单位:元

资产			权益		
1	货币资金	12 000	1	应付账款	52 000
2	应收账款	85 000	2	应交税费	25 000
3	存货	115 000	3	非流动负债	120 000
4	固定资产(厂房设备)	150 000	4	普通股股本	200 000
5	无形资产	48 000	5	留存收益	13 000
资产合计		410 000	权益合计		410 000

若该公司在计划期(2020 年)销售收入总额将增至 750 000 元，并仍按基期股利发放率支付股利；折旧准备提取数为 20 000 元，其中 70%用于改造现有的厂房设备；计划期零星资金需要量为 15 000 元。要求预测计划期需要追加资金的数量。

(1) 根据基期期末资产负债表，分析研究各项资金与当年销售收入总额的依存关系，并编制基期用销售百分比形式反映的资产负债表，如表 6-13 所示。

表 6-13 **某公司资产负债表(用销售百分比反映)**

2019 年 12 月 31 日

资产			权益		
1	货币资金	2.4%	1	应付账款	10.4%
2	应收账款	17%	2	应交税费	5%
3	存货	23%	3	非流动负债	(不适用)
4	固定资产(厂房设备)	30%	4	普通股股本	(不适用)
5	无形资产	(不适用)	5	留存收益	(不适用)
合 计		72.4%	合 计		15.4%

在表 6-13 中，

$$\frac{A}{S_0}-\frac{L}{S_0}=72.4\%-15.4\%=57\%$$

即表示该公司每增加 100 元的销售收入，需要增加资金 57 元。

(2) 将以上各有关数据代入公式，计算计划期需要追加资金的数量。

$$\begin{aligned}\text{计划期预计需追加资金数量}&=\left(\frac{A}{S_0}-\frac{L}{S_0}\right)(S_1-S_0)-D_1-S_1R_0(1-d_1)+M_1\\&=(72.4\%-15.4\%)\times(750\ 000-500\ 000)-(20\ 000\\&\quad-14\ 000)-750\ 000\times\frac{20\ 000}{500\ 000}\times\left(1-\frac{10\ 000}{20\ 000}\right)+15\ 000\\&=136\ 500(\text{元})\end{aligned}$$

(二) 回归分析法

回归分析法就是应用最小平方法的原理，对过去若干期间的销售额及资金总量(即资金占用额)的历史资料进行分析，确定反映销售收入总额 (x) 与资金总量(y) 之间相互关系的回归直线($y=a+bx$)，并据以预测计划期的资金需要量。具体计算方法与成本回归预测相同。

【做中学 6-16】 某公司最近 5 年的销售收入和资金占用总量的历史资料，如表 6-14 所示。

表 6-14 **某公司近五年销售收入与资金占用额** 金额单位:万元

年 度	第 1 年	第 2 年	第 3 年	第 4 年	第 5 年
销售收入	240	260	255	270	300
资金总额	153	162	159	165	175

该公司计划年度(第 6 年)的销售收入总额预测值为 350 万元，已有资金 80 万元。要求预测计划年度需要追加多少资金?

(1) 按回归分析原理对历史数据加工、整理、制表计算，如表 6-15 所示。

表 6-15 **回归预测计算**

年度	销售收入 (x)(元)	资金占用额(y)(元)	xy	x^2
1	240	153	36 720	57 600
2	260	162	42 120	67 600
3	255	159	40 545	65 025
4	270	165	44 550	72 900
5	300	175	52 500	90 000
$n=5$	$\sum x=1\ 325$	$\sum y=814$	$\sum xy=216\ 435$	$\sum x^2=353\ 125$

(2) 应用表 6-15 中有关数据计算资金需要量。

$$b=\frac{n\sum xy-\sum x\sum y}{n\sum x^2-\left(\sum x\right)^2}=\frac{5\times 216\ 435-1\ 325\times 814}{5\times 353\ 125-1\ 325^2}=0.362\ 5$$

$$a=\frac{\sum y-b\sum x}{n}=\frac{814-0.362\ 5\times 1\ 325}{5}\approx 66.74(\text{元})$$

计划期(第 6 年) 预计资金需要量(y) $=a+bx=66.74+0.362\ 5\times 350\approx 193.62$(万元)

计划期(第 6 年) 需追加资金 $=193.62-80=113.62$(万元)

多数企业在其生产经营期间要求有一定的现金储备量，以确保现金收入一旦发生背离计划的差异时进行现金补充，使生产经营过程不因资金供应不足而受到影响。因此，上述计算在实际工作中，还应考虑现金储备量这一因素。

关键术语

预测分析　销售预测　利润预测　成本预测　资金预测　经营杠杆

应知考核

一、单项选择题

1. 下列各项中，不属于因果预测分析法的是（　　）。
   A. 多元回归法　B. 直线回归法　C. 专家小组法　D. 指数曲线法
2. 采用（　　）进行销售预测时，要求各专家之间互不通气，避免专家之间因为观点不同、地位不同等原因而产生干扰。
   A. 主观判断法　B. 专家小组法　C. 德尔菲法　D. 市场调查法
3. 下列各项中，属于不可比产品成本预测的方法是（　　）。
   A. 目标成本法　B. 因素变动预测法　C. 直线回归法　D. 高低点法
4. 下列各项中，可用于预测追加资金需要量的方法是（　　）。
   A. 销售百分比法　B. 加权平均法　C. 指数平滑法　D. 高低点法
5. （　　）适用于产品成本变动趋势较稳定的情况。
   A. 目标成本法　B. 因素变动预测法　C. 直线回归法　D. 高低点法

二、多项选择题

1. 对利润的预测包括（　　）预测。
   A. 货币资金　B. 营业利润　C. 投资净收益　D. 营业外收支净额
2. 下列各项中，可用于成本预测的方法有（　　）。
   A. 指数曲线法　B. 高低点法　C. 技术测定法　D. 直线回归法
3. 不可比产品成本预测方法包括（　　）。
   A. 目标成本法　B. 技术测定法　C. 产值成本法　D. 本量利分析法
4. 常用的相关比率方法主要有（　　）。
   A. 销售收入利润预测法　B. 资金利润预测法
   C. 销售成本利润预测法　D. 销售百分比法
5. 按照在生产经营过程中的作用不同，将资金分为（　　）。
   A. 固定资金　B. 营运资金　C. 生产资金　D. 建设资金

三、判断题

1. 预测是决策的前提，没有科学的预测，企业也无法做出正确、有效的决策。（　　）
2. 企业开展预测分析时，必须依据科学的预测方法。（　　）
3. 回归分析法就是基于相似性原则而建立的。（　　）
4. 使用定性分析法的前提是企业能够完整地掌握与预测对象相关的各种要素的定性资料。（　　）
5. 趋势预测分析法将时间变量看作是影响研究对象的因素，其预测的精确度一般低于因果预测分析法。（　　）

四、简述题

1. 预测分析的主要内容是什么？预测分析的基本原则是什么？

2. 销售预测有什么目的？影响销售预测的因素有哪些？
3. 成本预测工作的程序有哪些？
4. 利润预测的方法有哪些？对利润进行敏感性分析的程序是什么？
5. 什么是资金需要量预测？资金需要量预测的方法有哪些？

五、计算题

1. 某公司2019年度的生产能力只利用了70%，实际销售收入为850 000元，获得利润42 500元，并发放了17 000元的股利。该公司2019年年末的简略资产负债表如表6-16所示。

表6-16 **资 产 负 债 表**

2019年12月31日 金额单位：元

资 产		负债和所有者权益	
货币资金	20 000	应付账款	100 000
应收账款	150 000	应付票据	80 000
存货	200 000	长期负债	200 000
固定资产(净额)	300 000	股本	350 000
长期股权投资	40 000	留存收益	40 000
无形资产	60 000		
资产总计	770 000	负债和所有者权益总计	770 000

该公司预计2020年销售收入将增至1 000 000元，并仍按2019年度的股利发放率支付股利。提取折旧60 000元，其中80%用于更新改造原有的设备。2020年零星资金需要量为20 000元。

要求：按销售百分比法预测2020年需要追加的资金量。

2. 冰城家具厂通过调查发现，双人床的销售量与结婚人数有很大关系，已知本市4年的相关资料如表6-17所示。

表6-17 **本市4年的结婚人数与双人床销售量**

年 份	结婚人数(万对)	双人床销售量(千件)
2016	8	50
2017	7	45
2018	10	60
2019	9	54

冰城家具厂在本市的市场占有率为20%，每年销往外地的双人床为800件。

要求：假定2020年预计结婚人数是11万对，用回归分析法预测2020年冰城家具厂的双人床销售量。

3. 某公司近5年来甲产品的产销量及成本水平如表6-18所示。

表6-18 **近5年甲产品的产销量及成本水平**

摘 要	2015年	2016年	2017年	2018年	2019年
产量 x(台)	250	200	300	360	400
总成本 y(元)	275 000	240 000	315 000	350 000	388 000
其中：固定成本总额(元)	86 000	88 000	90 000	89 000	92 000
单位变动成本(元)	756	760	750	725	740

若计划年度(2020 年)的预计产量为 450 台。

要求:预测 2020 年甲产品的总成本和单位成本。

(1) 采用高低点法。

(2) 采用加权平均法。

应会考核

■ 观念应用

【背景资料】

某工厂生产一种产品,1～6 月的平均制造总成本资料如表 6-19 所示。

表 6-19　　某工厂 1～6 月的平均制造总成本资料　　金额单位:元

月份	固定成本(a)	单位变动成本(b)
1	24 000	25
2	26 000	26
3	27 500	24
4	28 000	24
5	27 000	21
6	26 000	19

【考核要求】

用自然权数加权平均法预测 7 月份当产量为 20 台时的制造总成本和单位产品成本。

■ 技能应用

华艺家用电器厂的预测销售量和保本量

华艺家用电器厂引进国外先进技术试制一批新的用于清洁毛皮大衣和高级呢绒服装的清洁吸尘器。这种产品在当地还没有销售记录。于是,该工厂决定聘请一些专家来预测此产品明年投放市场后可能的销售量。

在预测前,他们首先对产品的样式、特点和性能用途及可能的售价连同其他地区和国外市场的销售情况做了详细介绍,同时发给每人一张书面意见表,让各人进行判断,经过三次反馈得到资料如表 6-20 所示。

表 6-20　　三次反馈资料

专家姓名	第一次预测(台)			第二次预测(台)			第三次预测(台)		
	最低	可能	最高	最低	可能	最高	最低	可能	最高
A	2 100	7 000	11 900	3 300	7 000	11 900	3 600	8 000	12 800
B	1 500	5 000	9 100	2 100	5 500	9 800	2 700	6 000	12 000
C	2 700	6 500	11 900	3 300	7 500	11 900	3 300	7 000	12 000
D	4 200	8 500	20 000	3 900	7 000	15 300	3 300	5 000	20 000
E	900	2 500	5 600	1 500	4 500	7 700	2 100	5 500	10 400
F	2 000	4 500	9 800	1 800	5 000	10 500	2 100	5 500	10 400
G	1 500	3 000	5 600	1 200	3 500	11 300	2 700	4 500	9 600
H	1 900	3 500	6 800	2 400	4 500	9 100	2 400	4 500	10 400
I	2 100	4 500	13 800	2 100	5 000	15 100	2 100	8 000	10 400
平均数	2 100	5 000	10 500	2 400	5 500	11 400	2 700	6 000	12 000

对资料加以整理，并运用概率进行测算，最低销售量、可能销售量和最高销售量的概率分别为0.2、0.5、0.3。

该厂零售店经理从该市各大服装公司了解到去年的清洁吸尘器的销售量与毛皮大衣和高级呢绒中西服的销售量有十分密切的关系。已知国外市场为1∶3，国内市场为1∶23，零售店经理估计该市可能的比例为1∶35，销售量约为18 429台。

该厂销售人员对如何预测其销售量产生了不同意见：

第一种意见认为：只要把专家预测判断数加以平均，再适当地考虑概率因素，即可作为销售预测量。

第二种意见认为：应排除专家预测中的各种最大和最小因素后，再加以平均，因此也无须考虑概率因素。

第三种意见认为：坚持按服装和产品的比率来确定全年的销售量，认为无须考虑专家预测因素。

【技能要求】

(1) 上述几种方案，哪种最合理(说明理由)？具体预测销售量应为多少？

(2) 预测该新产品企业可能实现的利润以及产品的保本量。

(3) 判断该新产品的经营是否安全。

■ 案例分析

【背景资料】

新的纸产品的销售预测

戴丽娜是某类产品分部的销售经理。她应分部经理的要求对新的纸产品进行销售预测。分部经理正在收集有关数据，以对两种不同的生产工序进行选择。第一种生产工序每箱变动成本为10元，固定成本为100 000元。第二种生产工序每箱变动成本为6元，固定成本为200 000元。每箱价格为30元。戴丽娜已经完成了销售分析，预计年度销售量为30 000箱。

戴丽娜不愿向分部经理报告该预测结果。她知道第一种生产工序为劳动密集型，而第二种生产工序为自动化生产，只需少数工人，无需现场管理人员。如果选择第一种生产工序，她的好朋友佳佳就会被任命为生产主管。而如果选择第二种生产工序，佳佳和生产线的工人都会被解雇，戴丽娜决定把预计销售量下调至22 000箱。

她认为下调是合理的。因为这将使分部经理选择手工系统，从而保留目前员工的岗位。而她担心，分部经理很可能不太关注这一问题。他太专注于决策上的定量因素，而常常忽略定性因素。

【分析要求】

根据资料分析回答以下问题：

(1) 两种生产工序实现相同利润时的销售量一样吗？请确定手工系统比自动化系统盈利更多的范围，并确定自动化系统比手工系统盈利更多的范围。部门经理为什么要进行销售预测？

(2) 你赞同戴丽娜改变销售预测的决定吗？她的行为符合道德准则吗？她使许多雇员免于失业，她的决定合理吗？进行决策时必须考虑对雇员的影响吗？不考虑决策对雇员的影响是不道德的吗？

项目实训

【实训项目】

预测分析方法。

【实训情境】

瑞奇公司资金需要总量的预测

瑞奇公司2015—2019年各年产品销售收入分别为2 000万元、2 400万元、2 600万元、2 800万元和3 000万元；各年年末现金余额分别为110万元、130万元、140万元、150万元和160万元。在年度销售收入不高于5 000万元的前提下，存货、应收账款、流动负债、固定资产等资金项目与销售收入的关系如表6-21所示。

表 6-21 各资金项目与销售收入的关系

资金项目		年度不变资金(a)(万元)	每万元销售收入所需变动资金(b)(万元)
流动资产	现金		
	应收账款净额	60	0.14
	存货	100	0.22
流动负债	应付账款	60	0.10
	其他应付款	20	0.01
	固定资产净额	510	0.00

已知该公司 2019 年资金完全来源于自有资金(其中,普通股 1 000 万股,共 1 000 万元)和流动负债。2019 年销售净利率为 10%,瑞奇公司拟按每股 0.2 元的固定股利进行利润分配。瑞奇公司 2020 年销售收入将在 2019 年的基础上增长 40%,销售净利率维持 2019 年的水平,继续执行固定股利政策。2020 年所需对外筹资部分可通过按面值发行 10 年期、票面利率为 8%、分期付息到期还本的公司债券予以解决,债券筹资费率为 2%,公司所得税税率为 25%。

【实训任务】

要求:

(1) 计算 2019 年净利润及应向投资者分配的利润。

(2) 采用高低点法计算现金项目每万元销售收入的变动资金(b)和不变资金(a)。

(3) 按 $y=a+bx$ 的方程建立资金预测模型。

(4) 预测该公司 2020 年资金需要总量及需新增资金量。

(5) 撰写"预测分析方法"实训报告。

"预测分析方法"实训报告		
项目实训班级:	项目小组:	项目组成员:
实训时间: 年 月 日	实训地点:	实训成绩:
实训目的:		
实训步骤:		
实训结果:		
实训感言:		

项目七 决策分析的相关指标

知识目标

理解：决策与决策分析的概念、分类原则。

熟知：决策分析的一般程序、决策分析所涉及的特殊成本概念；现金流量的概念和基本假设、作用、内容。

掌握：现金流量的分析计算、货币时间价值的计算。

项目课件

技能目标

具备在企业的短期生产经营决策和长期投资决策中进行决策分析的能力。

素质目标

能够结合决策成本的概念、现金流量和货币资金时间价值的计算，为决策分析方法奠定基础。

项目引例

玫瑰花誓言

拿破仑 1797 年 3 月在卢森堡第一国立小学演讲时，说了这样一番话："为了答谢贵校对我，尤其是对我夫人约瑟芬的盛情款待，我不仅今天呈上一束玫瑰花，并且在未来的日子里，只要我们法兰西存在一天，每年的今天我将亲自派人送给贵校一束价值相等的玫瑰花，作为法兰西与卢森堡友谊的象征。"时过境迁，拿破仑疲于应付连绵的战争和此起彼伏的政治事件，最终惨败而被流放到圣赫勒拿岛，把该诺言忘得一干二净。可卢森堡这个小国对这位"欧洲巨人与卢森堡孩子亲切、和谐相处的一刻"念念不忘，并将其载入他们的史册。1984 年底，卢森堡旧事重提，向法国提出违背"赠送玫瑰花"诺言案的索赔：要么从 1797 年起，用 3 法郎作为一束玫瑰花的本金，以 5 厘复利(利滚利)计息全部清偿这笔"玫瑰债"；要么法国政府在法国各大报刊上公开承认拿破仑是个言而无信的小人。起初，法国政府准备不惜重金赎回拿破仑的声誉，但却又被计算机算出的数字惊呆了：原本 3 法郎的许诺，本息竟高达 1 375 596 法郎。经过冥思苦想，法国政府斟词酌句地答复："以后，无论在精神上还是物质上，法国将始终不渝地对卢森堡大公国的中小学教育事业予以支持与赞助，来兑现我们的拿破仑将军那一诺千金的玫瑰花誓言。"这一措辞最终得到了卢森堡人民的谅解。

【思考与讨论】

什么是货币资金的时间价值？货币资金的时间价值应如何计算？

知识精讲

任务一 决策分析概述

一、决策与决策分析的概念

所谓决策，就是根据确定的目标，依据对过去、现状的分析，对未来实践做出决定的过程。企业的决策主要是属于经济方面的决策。决策分析只是决策全过程的一个组成部分，是企业会计人员参与决策活动的主要内容。

所谓决策分析，就是在充分利用会计资料和其他信息的基础上，利用专门的方法，对各个备选方案的经济效益进行科学的计算和分析，权衡轻重，并说明利害得失，以便管理人员选择经济效益最大或损失最小的方案的过程。它是会计参与企业管理决策的主要形式，是管理会计人员的一项重要工作，也是管理会计这门学科要着重研究的一个重要方面。

二、决策的分类

(一) 按决策规划所涉及的时期长短，可分为短期决策和长期决策

1. 短期决策

短期决策也称经营决策，主要是对如何在企业现有技术装备和经营条件的基础上，有效地开展经营活动所做的决策。它一般不需要购置较多的设备或新增较多的生产能力，决策方案所产生的经济效益体现在1年内或一个营业周期内。

2. 长期决策

长期决策也称投资决策，主要是为企业的发展方向、新产品的开发、生产规模的扩大等所进行的具有长远性、全面性的决策。其决策方案所产生的经济效益体现在1年以上或未来若干年内。管理会计中的长期决策只对涉及固定资产投资的问题进行讨论。

(二) 按决策的重要程度，可分为战略决策和战术决策

1. 战略决策

战略决策是指那些关系到企业发展的全局性、长远性和根本性问题的有关决策，如经营目标的制定、新产品的开发等。它的正确与否，对企业的成败具有决定性意义。

2. 战术决策

战术决策是指为了实现战略性决策目标而进行有针对性、短期性的具体决策，如零部件的自制与外购、生产结构的安排等。

(三) 按决策条件的肯定程度，可分为确定型决策、风险型决策和不确定型决策

1. 确定型决策

确定型决策即决策人员对未来的有关情况可事先掌握和控制，各方案的条件都是肯定的，而且各个备选方案均可用具体的数字表示出来；只要比较各个方案的数据，就可以做出判断，选取一个最优方案。确定型决策比较容易选择，管理会计中的决策大多属确定型决策。

2. 风险型决策

风险型决策是指在各种决策因素中，有决策人所不能控制的客观因素，一个方案可能会出现几种不同的结果。

3. 不确定型决策

不确定型决策是指决策人对未来的情况和因素不能事先掌握与控制，又不能估计其在各种客观状态下出现的概率。例如，生产某种新产品，决策人对将来产品的销路、售价无法控制，也无法估计各种情况出现的概率。

(四) 按决策方案间的关系，可分为独立方案决策、互斥方案决策和组合方案决策

1. 独立方案决策

独立方案决策也称拒绝或接受方案决策，是指对各自独立存在、不受其他任何方案影响的不同方案的决策。独立方案决策只需判断方案本身的可行性，而不必择优。

2. 互斥方案决策

互斥方案决策是指选取某个方案必须以排除其他方案的选取为条件的各种方案的决策。互斥方案决策要在两个或两个以上可行方案中择优选取最佳方案。

3. 组合方案决策

组合方案决策是指在资源约束条件下，将若干可以同时并举的方案进行优化组合，使其综合经济效益达到最优化的决策。

(五) 决策的其他分类

决策除了按上述标准进行分类外,还可以按其他标准进行分类。例如,按决策内容,决策可分为成本决策、生产决策、定价决策、存货决策、固定资产更新决策等;按决策目标多少,决策可分为单目标决策和多目标决策;按决策层次,决策可分为高层决策、中层决策和基层决策;等等。

三、决策分析的原则

为了做出正确的、有效的决策,在进行决策分析时必须遵循以下原则。

(一) 政策性原则

政策性原则是指企业在经营决策分析过程中,不能仅仅考虑企业的微观效益,还应自觉遵守国家有关法律法规和制度政策。当企业的微观利益与社会宏观利益发生矛盾时,必须无条件地按国家政策规定办事,绝不允许损人利己,伤害公众和社会的利益。

(二) 民主性原则

民主性原则是指企业在决策分析过程中,必须克服主观、武断,应集思广益,依靠智囊团和专家决策群,由个人决策向集体决策过渡,以调动各方面的积极性,实行民主决策。因为现代社会生产和商品经济所具有的精细性、宏观性、高速性和易变性,使得任何个人都不可能单独地收集、分析、整理和归纳繁多的动态信息,并作出科学的抉择。

(三) 科学性原则

科学性原则是指企业的决策分析必须以真实、可靠的信息为基础,以客观规律为依据,以科学的决策方法为保证,决策分析的结果必须经得起客观实践的检验。

(四) 效益性原则

效益性原则是指企业的决策分析,必须面向经营,要以提高企业经营效益为前提,合理利用资源;同时,决策分析本身也要讲求效益,注意提高决策分析工作的效率,节约时间、降低开支,以较小的代价取得最好的效果。

四、决策分析的一般程序

决策是一个完整的过程,它不是简单地从几个备选方案中选定一个最优方案的孤立行动,而是由一系列行动组成的,其中包括决策分析、选择方案、执行方案三大部分。具体来说,决策程序可分为六个基本步骤。

(一) 确定决策的目标

确定决策的目标是科学决策的首要步骤。目标定错了,结果肯定受到影响。为此,要明确决策究竟要解决什么问题。一般来说,企业的经营决策主要是解决如何使现有生产能力得到充分利用,并合理安排、使用有限资源,争取最佳经济效益的问题。没有明确的具体目标,决策就无从下手。

(二) 收集有关资料

针对决策目标,广泛收集尽可能多的、对决策目标有影响的各种可计量因素与不可计量因素的资料,包括历史的和现在的实际数据,也包括对将来的预测数据,并对这些有关数据进行分类、加工、登记、综合,以便形成决策分析所使用的数据资料。数据资料是科学决策的重要前提条件。有了完整的数据资料,才能做到“知己知彼”,进行有效的分析评价。应该注意,这项资料收集工作,实际上往往要反复进行,穿插在各步骤之间。

(三) 提出备选方案

针对决策目标拟定若干可行的备选方案。所谓“可行”,必须是技术上适当、经济上合理。每个备选方案都要注意实事求是、量力而行、扬长避短,使企业现有的人力、物力和财力资源都能得到最合理、最充分的使用。总之，提出可行方案是决策分析的重要环节，是做出科学决策的基础和保证。

（四）通过定量分析对备选方案做出初步评价

把各个备选方案的可计量资料分别归类、系统排列，选择适当的专门方法，建立数学模型。通过计算各备选方案的预期收入和预期成本，确定其预期经济效益的大小，对备选方案做出初步的判断和评价，这是整个决策分析过程的关键阶段。当然，评价备选方案优劣的标准，既有技术指标，也有经济指标，归根结底，经济效益指标才是最终评价企业经营决策方案优劣的标准。

（五）考虑非计量因素的影响，分析决策方案可能产生的后果，确定最优方案

根据上一步骤定量分析的初步评价，进一步考虑计划期间各种非计量因素的影响。例如，国际、国内政治经济形势的变动，国家有关经济法规对决策方案所产生的影响，以及人们心理、习惯、风俗等因素的特点等。然后，把定量分析和定性分析结合起来，权衡利害得失，进行综合判断，最终筛选出最优方案。

（六）执行方案，并对决策执行情况进行评估和信息反馈

决策的执行是决策的目的，也是检验决策是否正确的客观依据。首先，应根据最后选定的方案，编制计划或预算；其次，落实具体执行的方法。在实施后，每隔一定期间还应对决策的执行情况进行评估，借以发现过去决策过程中存在的问题，通过信息反馈，纠正偏差，以保证决策目标的实现。

任务二 决策分析的成本概念

一、相关成本

相关成本是指与特定决策方案相联系的、能对决策方案产生重大影响的、在经营决策中必须予以充分考虑的成本。这类成本都是目前尚未发生或支付的各种形式的未来成本，它们通常因决策产生而产生，随决策改变而改变，其内容完全取决于所要解决问题的特定内容。相关成本包括差别成本、边际成本、机会成本、付现成本、重置成本、专属成本、可避免成本和可延缓成本等。

（一）差别成本

差别成本也称差量成本，有广义和狭义之分。

广义的差别成本是指两个备选方案的预期成本之间的差额。例如，某厂甲零件可自制，也可外购，自制方案的预期成本为5 000元，外购方案的预期成本为4 000元，则自制与外购方案的差别成本为1 000元。

狭义的差别成本又称增量成本，是指单一决策方案由于生产能力利用程度不同而引起的不同产量水平下成本的差额。在一定条件下，某一决策方案的增量成本就是相关变动成本，增量成本是最基本的相关成本。

（二）边际成本

所谓边际成本，是指产量无限小的变化所引起的成本的变化数。由于现实生活中，产量无限小的变化，最小只能小到一个单位，小于一个单位就没有实际意义了，因此，边际成本实际上是业务量变化一个单位，相应的成本的变化数。

在相关范围内，增加或减少一个单位产品产量的差别成本、单位变动成本、边际成本三者取得一致。如果超越了相关范围，由于差别成本和边际成本的变动可能包括固定成本和半变动成本的变动，它不等于变动成本，因此狭义的差别成本、变动成本与边际成本就不一致。

(三) 机会成本

所谓机会成本,是指决策时从几个备选方案中选取某一方案而放弃次优方案所丧失的潜在利益,也可定义为由于放弃某一机会而失掉的利益。例如,某厂生产甲产品需要A零件,该零件可利用剩余生产能力制造,也可外购。若自行制造,生产成本为5 000元;若外购,购买价为8 000元,但外购时其剩余生产能力可以出租,租金收入为4 000元。这4 000元租金收入就是该厂若选择自制方法将丧失的潜在利益,即选择自行制造A零件的机会成本。

机会成本这一概念是与资源的稀缺性和多用性相联系的。企业所拥有的某项有限资源往往有多种用途,即多种使用机会,但其用在某一方面就不能同时用于另一方面。因此,从许多可供选择的方案中权衡利害得失,选取最优方案,必然会有一些次优方案被放弃,有所"得"必有所"失"。已放弃的次优方案的"失",就是选取最优方案所付出的代价,即选取的最优方案的机会成本。它应能从所选用的最优方案的"得"中获得补偿,这也是正确判别最优方案是否最优的一个必要条件。

(四) 付现成本

付现成本是指实施某项决策时,需要立即动用现金支付的成本。企业在经营决策中,如遇到本身货币资金紧张,而市场上筹措资金又比较困难时,特别要把付现成本作为考虑的重点。这时,决策者宁愿选择总成本较高但付现成本较低的方案。例如,某厂一条生产线损坏,急需购进,现有两个方案可供选择:一是甲供应商按总价300 000元供应,但货款必须立即付清;二是乙供应商按总价360 000元供应,但交货时先付30%的货款,其余70%的货款在未来6个月内平均分6次偿付。此时,企业正值资金紧张,现金余额仅13 000元,预计近期内不可能从应收账款中收到现金,银行又不同意提供更多资金作贷款。据此,决策者必然会选取第二个方案,即从乙供应商处购买,尽管其总价高于从甲供应商处购买,但其付现成本较低,企业目前的支付能力能够承受,多支出的成本也可以从早恢复生产而产生的收益中得到补偿。

(五) 重置成本

重置成本也称现行成本,是指目前从市场上购买同一资产所需支付的成本。例如,企业拟出售一批原材料,原价4 800元,而该种材料的现行市价(重置成本)为5 600元。若定价5 200元,按历史成本(原价)考虑,可获利400元,但从重置成本考虑,则要亏损400元。

【提示】 重置成本是决策分析时不可忽视的重要因素,尤其是在定价决策中必须充分予以考虑。

(六) 专属成本

专属成本是指那些能够明确归属于特定决策方案的固定成本或混合成本。它往往是为了弥补生产能力的不足而增加的有关设备、工具等长期资产所发生的。例如,专门用来生产某种产品设备的折旧额就是该种产品的专属成本。

【提示】 在决策分析时,决策者常将其与相关收入进行对比。

(七) 可避免成本

可避免成本是指决策者的决策行为可以避免其发生或改变其数额的成本,如培训费、广告费以及与某项备选方案有直接联系的变动成本等。可避免成本是与某一特定的决策方案相联系的。

【注意】 成本是否发生、发生多少,完全取决于该特定方案是否被采用。

(八) 可延缓成本

可延缓成本是指企业在受到资源稀缺的约束条件下,对其暂缓开支不会对企业未来的生产经营产生重大不利影响的那部分成本。

二、无关成本

无关成本是指与决策不相关联、在进行决策分析时无需考虑的成本。它们不会因决策产生而产生，也不因决策改变而改变，如沉没成本、共同成本、不可避免成本和不可延缓成本等。此外，有些相关成本，若在各备选方案中项目相同、金额相等，可视同无关成本，在决策分析时无需考虑，以简化决策的分析计算过程。

(一) 沉没成本

沉没成本又称沉落成本，是指过去的成本支出，即在决策前发生的成本，不是目前或将来决策所能改变的成本。例如，企业有一批积压存货，原价 200 000 元。现有两种处理方案：一是直接出售，二是加工后再出售。在企业决定选择何种方案时，存货的原价 200 000 元就是沉没成本，因为现在的决策无法改变这一已经发生的事实。

【注意】 由于沉没成本已实质性地支出，且现在的决策无法改变，因此这项成本通常是决策的无关成本。

(二) 共同成本

共同成本是指应由几种产品或几个部门共同负担的成本。例如，在一条生产线上生产甲、乙、丙三种产品，则该生产线的折旧额就是甲、乙、丙三种产品的共同成本。

【注意】 共同成本总额不会因某一产品停产而不发生，也不会因某一产品产量增加而增加，因此，共同成本通常是对决策分析不存在影响的成本。

(三) 不可避免成本

不可避免成本是与可避免成本相对应的，是指决策者的决策行为不能避免其发生或改变其数额的成本。不可避免成本与特定的决策方案没有直接的联系，无论决策者选用何种方案，其成本照常发生，而且数量固定。约束性固定成本就属于不可避免成本。

(四) 不可延缓成本

不可延缓成本是与可延缓成本相对应的，是指企业在受到资源稀缺的约束条件下，对其暂缓开支就会对企业未来的生产经营产生重大不利影响的那部分成本。由于不可延缓成本具有较强的刚性，必须保证对它的支付，没有选择的余地。

任务三 现金流量计算

一、现金流量的概念和基本假设

(一) 现金流量的概念

现金流量是指一个投资项目所引起的现金流出和现金流入的增加数量的总称。这里的"现金"是广义的现金，它不仅包括各种货币资金，而且包括项目所需要投入的企业拥有的非货币资源的变现价值，如一个投资项目需要使用原有的厂房、设备和材料的变现价值等。现金流量是在一个较长时期内表现出来的，受资金时间价值的影响，一定数额现金在不同时期的价值是不同的，因此，研究现金流量及其发生的期间对正确评价投资项目的效益有着重要的意义。

(二) 现金流量的基本假设

现金流量是计算项目投资决策评价指标的主要依据和重要信息，其本身也是评价项目投资是否可行的一个基础指标。为方便项目投资现金流量的确定，首先做出以下基本假设。

1. 项目投资的类型假设

这一假设是指在项目投资中涉及两种类型，即新建项目投资和更新改造项目投资。

2. 财务可行性分析假设

假设项目投资决策从企业投资者的立场出发，只考虑该项目是否具有财务可行性，而不考虑该项目是否具有国民经济可行性和技术可行性。

3. 全投资假设

假设在确定投资项目的现金流量时，只考虑全部投资的运动情况，而不具体考虑和区分哪些是自有资金、哪些是借入资金，即使是借入资金也将其视为自有资金处理。

4. 建设期间投资全部资金假设

假设项目投资的资金都是在建设期投入的，在生产经营期没有投资。

5. 经营期和折旧年限一致假设

假设项目的主要固定资产的折旧年限或使用年限与经营期相同。

6. 时点指标假设

为了便于利用资金时间价值的形式，将项目投资决策所涉及的价值指标都作为时点指标处理。其中，建设投资在建设期内有关年度的年初或年末发生；流动资金投资则在建设期期末发生；经营期内各年的收入、成本、摊销、利润、税金等项目的确认均在年末发生；新建项目最终报废或清理所产生的现金流量均发生在终结点。

7. 产销量平衡假设

假设经营期内同一年的产量等于该年的销售量。这样，即可在会计利润的基础上计算出现金流量。

8. 确定性因素假设

假设项目所涉及的有关价格、产销量、成本水平、所得税税率等因素均为已知的常数。

二、现金流量的内容

现金流量包括三项内容，即现金流出量、现金流入量和现金净流量。

(一) 现金流出量

一个方案的现金流出量是指由该方案所引起的企业现金支出的增加额，主要包括以下内容。

1. 建设投资

建设投资是指与形成生产经营能力有关的各种直接支出，包括固定资产投资、无形资产投资、开办费投资等。它是建设期发生的主要现金流出量。其中，固定资产投资是所有类型投资项目注定要发生的内容。这部分现金流出随着建设进程的进行可能一次性投入，也可能分次投入。

2. 流动资金投资

在完整工业投资项目中，建设投资形成的生产经营能力要投入使用，会引起对流动资金的需求，主要是保证生产正常进行必要的存货储备占用等。这使企业要追加一部分流动资金投资。这部分流动资金投资属于垫支的性质，当投资项目结束时，一般会如数收回。

3. 经营成本

经营成本是指在经营期内为满足正常生产经营而动用现实货币资金支付的成本费用，又被称为付现的营运成本(或简称“付现成本”)。它是生产经营阶段上最主要的现金流出量项目。

4. 各项税款

各项税款是指项目投产后依法缴纳的、单独列示的各项税款，如所得税等。

5. 其他现金流出

其他现金流出是指不包括在以上内容中的现金流出项目，例如，项目所需投入的非货币资源的变现价值，项目投资可能会动用企业原有的资产，这时企业虽未直接支出现金，但原有资产的变现价值也要视为项目投资的现金流出。

(二) 现金流入量

一个方案的现金流入量是指由该方案所引起的企业现金收入的增加额，主要包括以下内容。

1. 营业收入

营业收入是指项目投产后每年实现的全部销售收入或业务收入。营业收入是经营期主要的现金流入项目。

2. 回收固定资产的余值

当投资项目的有效期结束,残余的固定资产经过清理会得到一笔现金收入,如残值出售收入。同时,清理时还要支付清理费用,如清理人员报酬。残值收入扣除清理费用后的净额,应当作为项目投资的一项现金流入。

3. 回收垫支的流动资金

当投资项目的有效期结束后,原先投入周转的流动资金可以转化成现金,用于其他方面,从而构成一项现金流入。

4. 其他现金流入量

除以上三项指标外的现金流入量项目。

(三) 现金净流量

现金净流量又称净现金流量(Net Cash Flow, NCF),是指项目在一定期间内的现金流入量减去现金流出量的差额。这里所说的"一定期间"一般是指 1 年期间,流入量大于流出量时,净流量为正值;反之,净流量为负值。

现金净流量具有以下两个特征:第一,无论是在经营期内还是在建设期内都存在净现金流量。第二,由于项目计算期不同阶段上的现金流入和现金流出发生的可能性不同使得各阶段上的净现金流量在数值上表现出不同的特点:建设期内的净现金流量一般小于或等于零;在经营期内的净现金流量则多为正值。

现金净流量的计算公式为:

$$\text{现金净流量}(NCF_t) = \text{现金流入量} - \text{现金流出量}$$

三、现金流量的分析计算

项目投资现金流量分析涉及项目的整个计算期,即从项目投资开始到项目结束的各个阶段:

第一阶段(初始阶段):即建设期所发生的现金流量;

第二阶段(经营期):即正常经营阶段所发生的现金流量;

第三阶段(终结阶段):即在经营期终结点,项目结束时发生的现金流量。

(一) 建设期现金流量

建设期现金流量是指初始投资阶段发生的现金流量,一般包括如下几个部分。

1. 在固定资产上的投资

在固定资产上的投资包括固定资产的购入或建造成本、运输成本和安装成本等。在一个继续使用旧设备的投资方案中,旧设备的变现价值就是在固定资产上的投资,也属于一项现金流出。

2. 垫支的营运资本

垫支的营运资本就是增加的流动资产与增加的流动负债的差额,即为了配合项目投资,在原营运资本的基础上所增加的与固定资产相配套的营运资本投资支出,包括对材料、在产品、产成品和现金等流动资产的投资以及增加的流动负债。

3. 其他投资费用

其他投资费用是指与固定资产投资有关的职工培训费、谈判费、注册费等不属于上述两项的其他投资费用。

4. 原有固定资产的变现收入

变现收入是指在进行固定资产更新决策时，由于新购建固定资产而使原有固定资产淘汰出售的收入。此时，原有固定资产变卖所得的现金收入视为现金流入。然而，当旧设备继续使用时，旧设备的变现收入则是一项现金流出。

在建设期内，由于没有现金流入量，只有现金流出量，所以建设期的现金净流量总为负值。建设期净现金流量的简化计算公式为：

建设期某年现金净流量(NCF) $=-$该年发生的投资额

（二）经营期现金流量

经营期现金流量是指项目在正常经营期内由于生产经营所带来的现金流入和现金流出的数量。这种现金流量一般以年为单位进行计算。这里的现金流入主要是指营业现金流入和该年的回收额，而现金支出主要是指营业现金支出和缴纳的税金。营业现金流量的计算公式为：

生产经营期某年现金净流量(NCF) $=$ 该年营业收入 $-$ 该年付现成本 $-$ 该年所得税

$=$ 该年营业收入 $-$（该年营运总成本 $-$ 该年折旧额）$-$ 该年所得税

$=$ 该年税后利润 $+$ 该年折旧额

$=$（该年营业收入 $-$ 该年付现成本 $-$ 该年折旧额）$\times$（1 $-$ 所得税税率）$+$ 该年折旧额

$=$ 该年营业收入 $\times$（1 $-$ 所得税税率）$-$ 该年付现成本 $\times$（1 $-$ 所得税税率）$+$ 该年折旧额 $\times$ 所得税税率

或

生产经营期某年现金净流量(NCF) $=$ 该年税后利润 $+$ 该年折旧 $+$ 该年摊销额 $+$ 该年利息 $+$ 该年回收额

（三）终结点现金流量

终结点现金流量是指投资项目结束时固定资产变卖或停止使用所发生的现金流量，主要包括：

(1) 固定资产的残值收入或变价收入。

(2) 原垫支营运资本的收回。在项目结束时，将收回垫支的营运资本视为项目投资方案的一项现金流入。

(3) 在清理固定资产时发生的其他现金流出。

终结点现金净流量(NCF) $=$ 经营期现金净流量 $+$ 回收额

【做中学 7-1】 某企业进行一项固定资产投资，在建设起点一次投入 800 万元，建设期为 1 年，该投资从银行贷款，建设期按 10%利息率计算的利息为 80 万元。该项目的生产经营期为 8 年，该固定资产报废时预计有残值 32 万元。生产经营期每年可获税后利润 130 万元。

要求：计算该投资的项目计算期内各年的现金净流量。

如果用简化的生产经营期现金净流量的计算公式来计算的话，必须要计算每年的折旧额，计算如下：

$$固定资产原值 = 800 + 80 = 880(万元)$$

$$固定资产年折旧额 = \frac{880 - 32}{8} = 106(万元)$$

项目计算期内各年现金净流量的计算如表 7-1 所示。

表 7-1　　现金净流量计算　　金额单位:万元

年份＼项目	投资	税后利润	折旧	回收残值	现金净流量
0	800				−800
1	0				0
2		130	106		236
3		130	106		236
4		130	106		236
5		130	106		236
6		130	106		236
7		130	106		236
8		130	106		236
9		130	106	32	268

【做中学 7-2】 某企业投资新建一个分厂,投资均为贷款,建设期为 2 年。第 1 年年初固定资产投资为 300 万元,第 2 年年初固定资产投资为 200 万元,第 1 年应计贷款利息为 30 万元,第 2 年应计贷款利息为 53 万元。第 2 年年末投入流动资金 80 万元,该项目的生产经营期为 10 年,预计期满报废时有残值 43 万元。生产经营期各年预计实现的税后利润如表 7-2 所示。

要求:计算该投资的项目计算期内各年现金净流量。

表 7-2　　预计税后利润表　　金额单位:万元

年份	第 3 年	第 4 年	第 5 年	第 6 年	第 7 年	第 8 年	第 9 年	第 10 年	第 11 年	第 12 年
税后利润	20	25	40	40	50	50	35	30	20	20

$$固定资产原值 = (300 + 200) + (30 + 53) = 583(万元)$$

$$年折旧额 = \frac{583 - 43}{10} = 54(万元)$$

项目计算期内各年现金净流量的计算如表 7-3 所示。

表 7-3　　现金净流量计算　　金额单位:万元

年份＼项目	投资	税后利润	折旧	回收残值	回收流动资金	现金净流量
0	300					−300
1	200					−200
2	80					−80
3		20	54			74
4		25	54			79
5		40	54			94
6		40	54			94
7		50	54			104
8		50	54			104

（续表）

年份＼项目	投资	税后利润	折旧	回收残值	回收流动资金	现金净流量
9		35	54			89
10		30	54			84
11		20	54			74
12		20	54	43	80	197

【做中学 7-3】 某企业新建一条生产线，第1年年初利用贷款投资80万元，建设期为1年，建设期应计贷款利息8万元。该生产线使用期限为8年，期满有残值4万元。在生产经营期，该生产线每年可为企业增加营业收入30万元，每年增加付现营业成本13万元。该企业享受15%的优惠所得税税率。计算项目计算期内各年的现金净流量。

$$固定资产原值 = 80 + 8 = 88(万元)$$

$$年折旧额 = \frac{88-4}{8} = 10.5(万元)$$

$$年利润 = 30 - (13 + 10.5) = 6.5(万元)$$

$$年税后利润 = 6.5 \times (1 - 15\%) = 5.525(万元)$$

项目计算期内各年现金净流量的计算如表7-4所示。

表 7-4 **现金净流量计算** 金额单位：万元

年份＼项目	投资	税后利润	折旧	回收残值	现金净流量
0	80				−80
1	0				0
2		5.525	10.5		16.025
3		5.525	10.5		16.025
4		5.525	10.5		16.025
5		5.525	10.5		16.025
6		5.525	10.5		16.025
7		5.525	10.5		16.025
8		5.525	10.5		16.025
9		5.525	10.5	4	20.025

四、现金流量的作用

以现金流量作为项目投资的重要价值信息，其主要作用在于：

首先，现金流量信息所揭示的未来期间现实货币资金收支运动，可以序时动态地反映项目投资的流出与回收之间的投入产出关系，使决策者在投资主体的立场上，完整、准确、全面地评价具体投资项目的经济效益。

其次，利用现金流量指标代替利润指标作为反映项目效益的信息，可以克服因贯彻财务会计的权责发生制原则而带来的计量方法和计算结果的不可比与不透明等问题，即：由于不同的投资项目可能采取不同的固定资产折旧方法、存货估价方法或费用摊配方法，从而导致不同方案的利润信息相关性差、透明度不高和可比性差。

再次，利用现金流量信息排除了非现金收付内部周转的资本运动形式，从而简化了有关投资决策评价指标的计算过程。

最后，由于现金流量信息与项目计算期的各个时点密切结合，有助于在计算投资决策评价指标时应用资金时间价值的形式进行动态投资效果的综合评价。

任务四 货币时间价值计算

一、货币时间价值概述

（一）货币时间价值的概念

货币时间价值是指一定量的资金在不同时点上价值量的差额，也称为资金的时间价值。资金在周转过程中会随着时间的推移而发生增值，使资金在投入、收回的不同时点上的价值不同，形成价值差额。

在日常生活中，经常会遇到这样一种现象，一定量的资金在不同时点上具有不同价值，现在的1元钱比将来的1元钱更值钱。例如，我们现在有1 000元存入银行，银行的年利率为5%，1年后可得到1 050元，于是现在的1 000元与1年后的1 050元相等。因为这1 000元经过1年的时间增值了50元，而这增值的50元就是资金经过1年时间的价值。同样，企业的资金投到生产经营中，经过生产过程的不断运行、资金的不断运动，随着时间的推移，会创造新的价值，使资金得以增值。因此，一定量的资金投入生产经营或存入银行，会取得一定的利润和利息，从而产生资金的时间价值。

（二）货币时间价值产生的条件

货币时间价值产生的前提条件是，由于商品经济的高度发展和借贷关系的普遍存在，出现了资金使用权与所有权的分离，资金的所有者把资金使用权转让给使用者，使用者必须把资金增值的一部分支付给资金的所有者作为报酬，资金占用的金额越大，使用的时间越长，所有者所要求的报酬就越高。资金在周转过程中的价值增值是货币时间价值产生的根本源泉。

（三）货币时间价值的表示

货币的时间价值可用绝对数（利息）和相对数（利息率）两种形式表示，通常用相对数表示。货币时间价值的实际内容是，在没有风险和没有通货膨胀条件下的社会平均资金利润率，是企业资金利润率的最低限度，也是使用资金的最低成本率。

由于资金在不同时点上具有不同的价值，不同时点上的资金难以直接比较，必须换算到相同的时点上才能做比较。因此，掌握资金时间价值的计算很重要。我们对有关的计算符号进行约定，在下面的内容中，某一符号所代表的概念如下：

i——利率（The Discount Rate per Period），通常是指年利率；

I——利息（Interest）；

t——计息期间（A Time Period），如 $t=3$，意味着第三个计息期间；

m——1年中复利的次数，如 $m=4$，意味着按季度计息，1年计息四次；

n——计息期数，如 n 可以是5年，10个半年，40个季度，也可以是60个月；

P——现值（Present Value）又称期初金额或本金（Present）；

F——终值（Future Value）也称本利和；

A——每期相等的现金流量（Cash Flow Each Period），也即年金（Annuity）。

二、单利

单利是指在规定期限内只计算本金部分的利息，而利息部分不再计算利息，形成各期利息固定不变的一种计算方法。

(一) 终值

所谓终值，是指现在的一笔资金按单利计算的本金与利息未来的价值，又称本利和。其计算公式为：

$$F = P + P \times i \times n = p \times (1 + i \times n) \tag{7-1}$$

式中，F 表示终值，即本利和；P 表示现值，即本金；i 表示利率；n 表示计息期；I_n 表示利息。

式(7-1)中的(1+i×n)称为单利终值系数。

【做中学 7-4】 某人有一笔 20 000 元的借款，借期 3 年，年利率为 8%，按单利计息，则到期应归还的本利和为多少？

解：根据题意，已知 P=20 000(元)，i=8%，n=3(年)，求 F 的值：

$$F = 20\,000 \times (1 + 8\% \times 3) = 24\,800(元)$$

(二) 现值

所谓现值，是指未来的一笔资金按单利折算的现在价值。如公司商业汇票贴现时，银行按一定利率从票据的到期值中扣除从借款至票据到期日应付利息，将余款支付给持票人。贴现时使用的利率称为贴现率，计算出的利息称为贴现息，扣除贴现息后的余额称为贴现值，即现值。其计算公式为：

$$P = \frac{F}{(1 + i \times n)} \tag{7-2}$$

式中，$\frac{1}{(1 + i \times n)}$ 称为单利现值系数。

【做中学 7-5】 某公司计划在 6 年后支付一笔 100 000 元的债务，如果银行的存款利率为 10%，他现在应该一次性存入银行多少元？

解：根据题意，已知 F=100 000(元)，i=10%，n=6(年)，求 P 的值：

$$P = \frac{100\,000}{1 + 10\% \times 6} = 62\,500(元)$$

通过以上对于一次性支付款项单利计息的终值和现值分析，可以得出以下结论：

(1) 单利终值和单利现值互为逆运算。

(2) 单利终值系数 $(1 + i \times n)$ 和单利现值系数 $\frac{1}{(1 + i \times n)}$ 互为倒数。

三、复利

复利是指不仅本金计算利息，而且将本金产生的利息计入下期本金再计算利息，即通常所说的“利滚利”。因此，资金的时间价值一般按复利计算。

(一) 终值

所谓终值，是指现在的一笔资金按复利计算的本金和利息未来的价值，即未来的本利和。

假如，现在有 1 000 元，年复利率为 10%，存 5 年，则从第 1 年到第 5 年各年年末的终值如下。

第 1 年的终值：

$$F = 1\,000 \times (1 + 10\%) = 1\,100(元)$$

第 2 年的终值：

$$F = 1\,000 \times (1+10\%) \times (1+10\%) = 1\,210(\text{元})$$
$$F = 1\,000 \times (1+10\%)^2 = 1\,210(\text{元})$$

以此类推……

第 5 年的终值：

$$F = 1\,000 \times (1+10\%)^5 = 1\,610.51(\text{元})$$

所以，复利终值计算公式为：

$$F = P(1+i)^n \tag{7-3}$$

式中，$(1+i)^n$ 称为复利终值系数，用符号表示为$(F/P, i, n)$；如$(F/P, 10\%, 5)$表示利率为 10%，5 期的复利终值系数。复利终值系数可以通过查阅附录一“复利终值系数表”直接获得或运用 Excel 财务函数计算求得。

所以，复利终值计算公式可以简化为：

$$F = P \cdot (F/P, i, n)$$

【做中学 7-6】 某企业现有资金 500 万元，假设利率为 10%，3 年后按复利计算的终值是多少万元？

解：根据题意，已知 $P=500$(万元)，$i=10\%$，$n=3$(年)，求 F 的值：

$$F = P \times (1+i)^n = 500 \times (1+10\%)^3 = 665.5(\text{万元})$$

或可直接查附录一“复利终值系数表”，$(F/P, 10\%, 3)=1.331$

$$\begin{aligned} F &= P \times (1+i)^n \\ &= 500 \times 1.331 \\ &= 665.5(\text{万元}) \end{aligned}$$

即现有 500 万元，按 10%复利计息，3 年后将获得的本利和为 665.5 万元。

(二) 现值

所谓现值，是指未来一定时期的资金按复利计算的现在价值；也可以理解为为了取得将来一定数额的本利和现在所需要的本金。

$$P = F \times \frac{1}{(1+i)^n} = F \times (1+i)^{-n} \tag{7-4}$$

式中，$\frac{1}{(1+i)^n}$ 称为复利现值系数或贴现系数，用符号表示为$(P/F, i, n)$，如$(P/F, 5\%, 4)$表示利率为 5%，4 期的复利现值系数。复利现值系数可以通过查阅附录二“复利现值系数表”直接获得或运用 Excel 财务函数计算求得。

所以，复利现值计算公式可以简化为：

$$P = F \times (P/F, i, n)$$

【做中学 7-7】 某企业计划 5 年后进行设备更新，需要资金 500 万元，如果银行的年利息率为 8%，现在应存入银行多少元？

解：根据题意，已知 $F=500$(万元)，$n=5$(年)，$i=8\%$，求 P 的值：

$$\begin{aligned} P &= F \times (1+i)^{-n} \\ &= 500 \times (1+8\%)^{-5} \\ &= 340.3(\text{万元}) \end{aligned}$$

或可直接查附录二“复利现值系数表”，$(P/F,\ 8\%,\ 5)=0.680\ 6$

$$\begin{aligned}P&=F\times(P/F,\ i,\ n)\\&=500\times0.680\ 6\\&=340.3(\text{万元})\end{aligned}$$

即现在存入银行340.3万元，按8%计算利息，5年后的本利和恰好是500万元，企业更新设备的资金有了保障。

通过以上对于一次性支付款项复利计息的终值和现值分析，可以得出如下结论：

(1) 复利终值和复利现值互为逆运算。

(2) 复利终值系数 $(1+i)^n$ 和复利现值系数$\frac{1}{(1+i)^n}$互为倒数。

四、普通年金

以上讨论的单利和复利都属于一次性收付款项。在实际工作中，还存在一定时期内多次收付的款项，如直线法提取折旧、保险费、分期付款、养老金的发放、偿还贷款等业务，都是系列收付款项。在财务管理中，这些业务的计算需要采用年金的方法。

年金是指一定时期内连续发生相等金额的收付款项。年金具有连续性、等额性和间隔期相等的特点；这里的间隔期只要满足相等的条件即可。按照收付的时点和收付的次数，年金可以分为普通年金、即付年金、递延年金和永续年金几类。首先介绍普通年金，它是计算其他几种年金的基础。

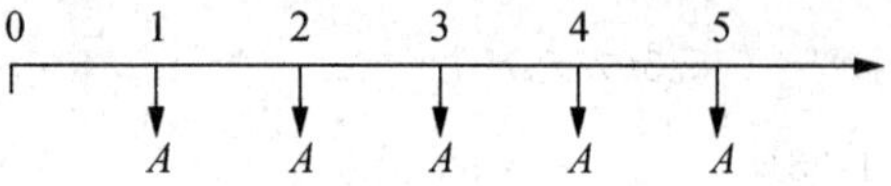

图 7-1 普通年金示意

普通年金是指每期期末有等额收付款项的年金，又称为后付年金。普通年金示意如图 7-1 所示。

图 7-1 中，横轴代表时间，用数字代表发生支付款项的时点，箭头下方标出的字母“A”则代表年金。图中的年金都发生在每期期末，这是普通年金的特点。

(一) 终值

普通年金终值是指一定时期内每期期末等额收付款项的复利终值之和。普通年金终值的收付形式如图 7-2 所示。

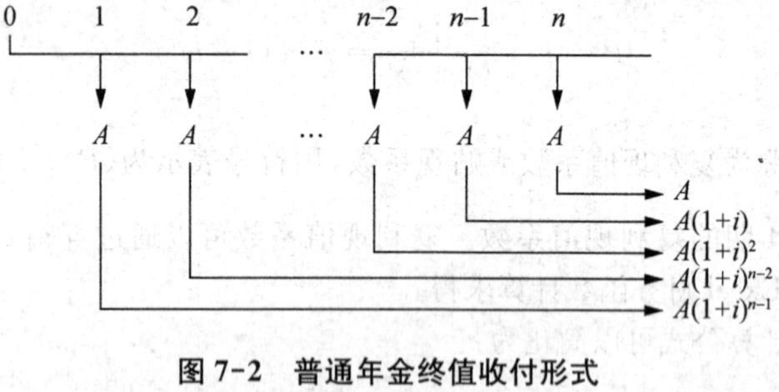

图 7-2 普通年金终值收付形式

从普通年金终值计算图可以看出，第1期期末年金有$(n-1)$期计息期，其复利终值为$A(1+i)^{n-1}$；第2期期末年金有$(n-2)$期计息期，其复利终值为$A(1+i)^{n-2}$；以此类推，第n期期末的复利终值为$A(1+i)^0$。将以上各期的复利终值相加就是整个计算期的年金终值，整理后得出普通年金终值计算公式为：

$$F=A\times\frac{(1+i)^n-1}{i}\qquad(7\text{-}5)$$

式中，$\frac{(1+i)^n-1}{i}$ 称为年金终值系数，用符号$(F/A, i, n)$表示，可通过直接查附录三“年金终值系数表”求得。因此，普通年金终值公式可写成：

$$F = A \times (F/A, i, n)$$

【做中学 7-8】 某公司从现在起每年年末存进银行 100 万元，用于将来偿还债务；假设银行存款利率为 10%，该公司在第五年年末可用于偿还债务的总额是多少？

解：根据题意，已知 $A=100$（万元），$i=10\%$，$n=5$（年），求 F 的值：

$$\begin{aligned} F &= A \times \frac{(1+i)^n-1}{i} \\ &= 100 \times \frac{(1+10\%)^5-1}{10\%} \\ &= 610.51(\text{万元}) \end{aligned}$$

或

$$\begin{aligned} F &= A \times (F/A, i, n) \\ &= 100 \times 6.1051 \\ &= 610.51(\text{万元}) \end{aligned}$$

（二）偿债基金

偿债基金是指为使年金终值达到特定金额每年年末应收付的年金数额。如企业为了在将来某一时点偿还一笔债务或积累一定数额的资本，必须分次等额提取的存款准备金。在这里，每年提取的存款准备金就是年金，而债务就是年金的终值。因此，偿债基金的计算实际上是年金终值的逆运算。其计算公式为：

$$A = F \times \frac{i}{(1+i)^n-1} \tag{7-6}$$

式中，$\frac{i}{(1+i)^n-1}$ 称为“偿债基金系数”，用符号表示为$(A/F, i, n)$；可通过查附录三“年金终值系数表”求倒数得出。因此，偿债基金公式可写作为：

$$A = F \times (A/F, i, n) = F \times \frac{1}{(F/A, i, n)}$$

【做中学 7-9】 某企业借款 1 000 万元，5 年后还本付息；如果银行利率为 10%，那么企业每年年末应存入银行多少元才能保证到期还清借款？

解：根据题意，已知 $F=1\,000$（万元），$i=10\%$，$n=5$（年），求 A 的值：

$$A = F \times \frac{i}{(1+i)^n-1}$$

$$\begin{aligned} A &= 1\,000 \times \frac{10\%}{(1+10\%)^5-1} \\ &= 163.8(\text{万元}) \end{aligned}$$

或

$$\begin{aligned} A &= F \times (A/F, i, n) \\ &= 1\,000 \times \frac{1}{6.1051} \\ &= 1\,000 \times 0.1638 \\ &= 163.8(\text{万元}) \end{aligned}$$

通过以上对普通年金终值与偿债基金的分析，可以得出如下结论：

(1) 普通年金终值和偿债基金互为逆运算。

(2) 普通年金终值系数 $\frac{(1+i)^n-1}{i}$ 和偿债基金系数 $\frac{i}{(1+i)^n-1}$ 互为倒数。

(三) 普通年金现值

普通年金现值是指一定时期内每期期末等额收付款项的复利现值之和。普通年金现值的收付形式如图 7-3 所示。

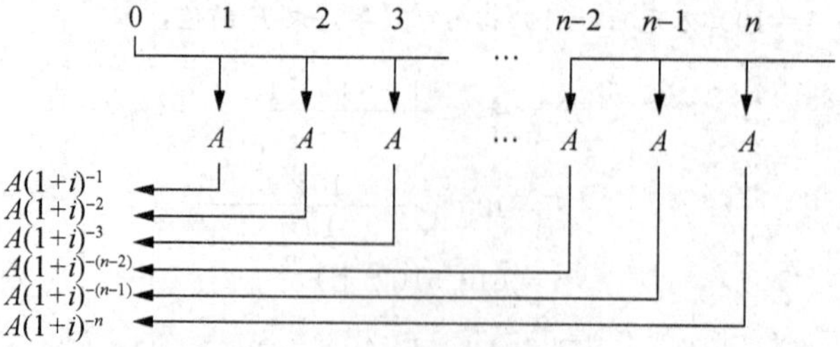

图 7-3 普通年金现值收付形式

从图 7-3 可以看出,第 1 期期末到第 1 期期初,经历了 1 个计息期,其复利现值为 $A(1+i)^{-1}$;第 2 期期末到第 1 期期初,经历了 2 个计息期,其复利现值为 $A(1+i)^{-2}$;以此类推,第 $n-1$ 期期末到第 1 期期初,经历了 $(n-1)$ 个计息期,其复利现值为 $A(1+i)^{-(n-1)}$;第 n 期期末到第 1 期期初经历了 n 个计息期,其复利现值为 $A(1+i)^{-n}$。

将以上各期的复利现值相加之和就是整个计算期的年金现值,整理后得出普通年金现值计算公式:

$$P = A \times \frac{1-(1+i)^{-n}}{i} \tag{7-7}$$

式中,$\frac{1-(1+i)^{-n}}{i}$ 称为"年金现值系数",用符号 $(P/A, i, n)$ 表示,可通过直接查附录四"年金现值系数表"求得。因此,普通年金现值公式也可写成:

$$P = A \times (P/A, i, n)$$

【做中学 7-10】 某房地产公司预计在 10 年中,每年末从一顾客处收取 10 000 元的按揭贷款还款,贷款利率为 5%,则该顾客的全部房款现值是多少?

解:根据题意,已知 $A=10\ 000$ 元,$i=5\%$,$n=10$ 年,求 P 的值:

$$\begin{aligned} P &= A \times \frac{1-(1+i)^{-n}}{i} \\ &= 10\ 000 \times \frac{1-(1+5\%)^{-10}}{5\%} \\ &= 10\ 000 \times 7.721\ 7 \\ &= 77\ 217(\text{元}) \end{aligned}$$

(四) 资本回收额

资本回收额是指在约定年限内,收回初始投资的每年相等的金额。

$$A = P \times \frac{i}{1-(1+i)^{-n}} \tag{7-8}$$

式中,$\frac{i}{1-(1+i)^{-n}}$ 称为"资本回收系数",用符号表示为 $(A/P, i, n)$;可通过查附录四"年

金现值系数表"求倒数得出。因此,资本回收额公式可写作为:

$$A = P \times (A/P, i, n) = P \times \frac{1}{(P/A, i, n)}$$

【做中学 7-11】 某公司现在以 8%的利率借款 1 000(万元),投资于一个使用寿命为 5(年)的项目,每年至少收回多少现金该项目才可行?

解:据题意,已知 $P=1\ 000$(万元),$i=8\%$,$n=5$(年),求 A 的值:

$$\begin{aligned} A &= P \times \frac{i}{1-(1+i)^{-n}} \\ &= 1\ 000 \times \frac{8\%}{1-(1+8\%)^{-5}} \\ &= 1\ 000 \times 0.250\ 5 \\ &= 250.5(\text{万元}) \end{aligned}$$

或

$$\begin{aligned} A &= P \times (A/P, i, n) \\ &= 1\ 000 \times \frac{1}{3.992\ 7} \\ &= 1\ 000 \times 0.250\ 5 \\ &= 250.5(\text{万元}) \end{aligned}$$

通过以上对普通年金现值与资本回收额的分析,可以得出如下结论:

(1) 普通年金现值和资本回收额互为逆运算。

(2) 普通年金现值系数 $\frac{1-(1+i)^{-n}}{i}$ 和资本回收额系数 $\frac{i}{1-(1+i)^{-n}}$ 互为倒数。

五、即付年金

即付年金是指每期期初等额收付款项的年金,又称预付年金、先付年金。它与普通年金的区别仅在于收付款项的时点不同。即付年金示意如图 7-4 所示。

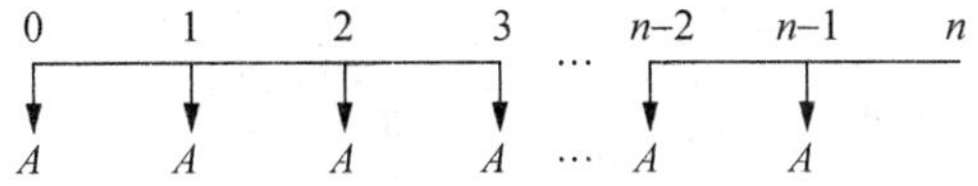

图 7-4　即付年金示意

(一) 即付年金终值

即付年金终值是指一定时期内每期期初等额收付款项的复利终值之和。即付年金终值的收付形式如图 7-5 所示。

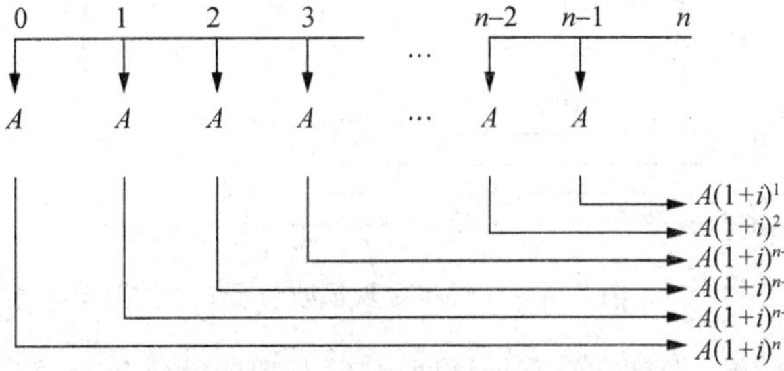

图 7-5　即付年金终值收付形式

从图 7-5 可以看出，第一期期初有 n 个计息期；第二期期初有 $n-1$ 个计息期；以此类推，第 $n-1$ 期有 2 个计息期；第 n 期有 1 个计息期。通过以上分析可以看出，即付年金与普通年金相比，收付款项的次数相同，但即付年金的收付款时间比普通年金提前一期，即 n 期即付年金比 n 期普通年金的终值多计算一期利息。因此，在 n 期普通年金终值基础上乘以 $(1+i)$ 就是 n 期即付年金终值。其计算公式可表示为：

$$\begin{aligned} F &= A\times\frac{(1+i)^n-1}{i}(1+i) \\ &= A\times\left[\frac{(1+i)^{n+1}-1}{i}-1\right] \end{aligned} \tag{7-9}$$

式中，$\left[\frac{(1+i)^{n+1}-1}{i}-1\right]$ 称为“即付年金终值系数”，用符号表示为 $[(F/A,\ i,\ n+1)-1]$。或者，可通过查附录三“年金终值系数表”，找到 $(n+1)$ 期的系数，然后减去 1，就可得到相同时期的即付年金终值系数。因此，即付年金终值公式也可表示为：

$$F = A\times(F/A,\ i,\ n)\times(1+i)$$
$$F = A\times[(F/A,\ i,\ n+1)-1]$$

【做中学 7-12】 某企业从现在起每年年初存进银行 100 万元，作为企业发展基金；假设银行存款利率为 10%，则该企业第 5 年年末的发展基金总额将达到多少？

解：根据题意，已知 $A=100$ 万元，$i=10\%$，$n=5$ 年，求 F 的值：

$$\begin{aligned} F &= A\times\left[\frac{(1+i)^{n+1}-1}{i}-1\right] \\ &= 100\times\left[\frac{(1+10\%)^{5+1}-1}{10\%}-1\right] \\ &= 671.56（万元） \end{aligned}$$

或：

$$\begin{aligned} F &= A\times[(F/A,\ i,\ n+1)-1] \\ &= 100\times(7.715\,6-1) \\ &= 671.56（万元） \end{aligned}$$

(二) 即付年金现值

即付年金现值是指一定时期内每期期初等额收付款项的复利现值之和。即付年金现值的收付形式如图 7-6 所示。

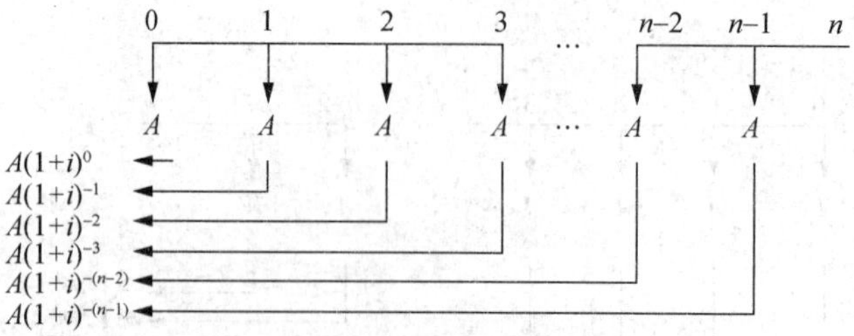

图 7-6　即付年金现值收付形式

从图 7-6 可以看出，第一期期初没有计息期，其复利现值就是年金；第二期期初有 1 个计息期，其复利现值要扣 1 期利息；以此类推，第 $n-1$ 期期初，经历了 $n-2$ 个计息期，其复利现值要扣 $n-2$ 期利息；第 n 期期初，经历了 $n-1$ 个计息期，其复利现值要扣 $n-1$ 期利息。将 n 期的复利现值求和即是即付年金现值。

从以上分析可以看出，即付年金与普通年金的收付款期数相同，但由于其付款时间的不同，即付年金比普通年金现值少折算一期利息。因此，可在普通年金现值的基础上乘以$(1+i)$就是即付年金现值。其计算公式可表示为：

$$P = A \times \frac{1-(1+i)^{-n}}{i} \times (1+i)$$

$$P = A \times \left[\frac{1-(1+i)^{-(n-1)}}{i} + 1\right] \tag{7-10}$$

式中，$\left[\frac{1-(1+i)^{-(n-1)}}{i} + 1\right]$称为“即付年金现值系数”，用符号表示为$[(P/A, i, n-1)+1]$。或者，可通过查附录四“年金现值系数表”，找到$(n-1)$期的系数，然后加1，就可得到相同时期的即付年金现值系数。因此，即付年金现值公式也可表示为：

$$P = A \times (P/A, i, n) \times (1+i)$$

$$P = A \times [(P/A, i, n-1)+1]$$

【做中学 7-13】 李女士采用分期付款方式购买房产一套，每年年初支付30 000元，分10年付清。如果银行利率为5%，该项分期付款相当于一次现金支付的购买价是多少？

解：根据题意，已知$A=30\ 000$元，$i=5\%$，$n=10$年，求P的值：

$$P = A \times \left[\frac{1-(1+i)^{-(n-1)}}{i} + 1\right]$$

$$= 30\ 000 \times \left[\frac{1-(1+5\%)^{-(10-1)}}{5\%} + 1\right]$$

$$= 243\ 234(\text{元})$$

或：

$$P = A \times [(P/A, i, n-1)+1]$$

$$= 30\ 000 \times (7.107\ 8+1)$$

$$= 243\ 234(\text{元})$$

六、递延年金

递延年金是指第一次收付款在第二期或者第二期以后的年金。即凡不是第一期就发生的年金都是递延年金。递延年金示意如图7-7所示。

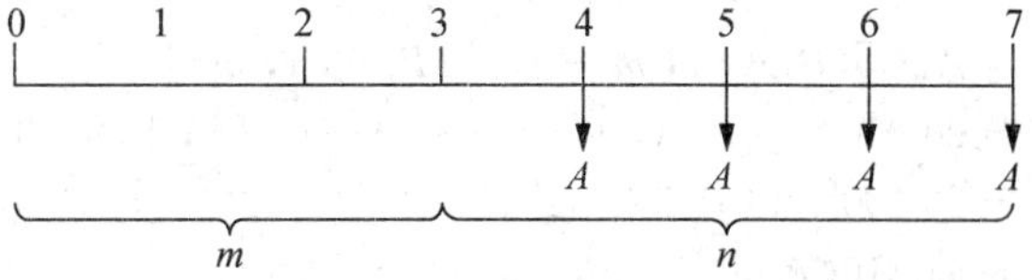

图7-7 递延年金示意

从图7-7可以看出，第一期、第二期和第三期都没有发生收付款项，即没有年金发生；没有年金发生的时期称为递延期，用m表示，即$m=3$。从第四期开始连续四期发生等额收付款项，这个时期用n表示，即$n=4$。

(一) 递延年金终值

在实际工作中，常常将递延年金作为普通年金的特殊形式处理，递延年金终值的计算与普通年金计算方法相同，只是注意期数；n 说明年金个数，年金终值的大小与递延期无关。因此，递延年金终值计算公式为：

$$F = A \times (F/A, i, n) \tag{7-11}$$

(二) 递延年金现值

递延年金现值是自第 m 期后开始每期等额款项的现值之和。因为存在递延期，所以在计算年金现值时不能等同普通年金现值，必须要考虑递延期；即年金现值的大小与递延期存在直接关系，但它是以普通年金计算为基础。递延年金现值计算方法有以下三种。

方法一：首先将递延年金看成是 n 期的普通年金，求出在 m 期的普通年金现值，然后再将 m 期的普通年金现值折算到第一期期初。其计算公式为：

$$P = A \times (P/A, i, n) \times (P/F, i, m) \tag{7-12}$$

【注意】 将 m 期折算到第一期初，没有年金发生，一定用复利方法折现。

方法二：首先假设递延期也有年金发生，求出 $(m+n)$ 期的年金现值；然后再将实际没有发生年金的递延期 (m) 的年金扣除，即可得到所要求的递延年金现值。其计算公式为：

$$P = A \times [(P/A, i, m+n) - (P/A, i, m)] \tag{7-13}$$

方法三：将递延年金看成普通年金，按普通年金方法求出年金终值（n 期），然后再将该年金终值折算到第一期初的现值。其计算公式为：

$$P = A \times (F/A, i, n) \times (P/F, i, m+n) \tag{7-14}$$

【注意】 将年金终值折算到第一期期初是按复利现值计算的。

【做中学 7-14】 某公司向银行借入一笔资金，银行规定前 3 年不用还款，从第 4 年起每年年末向银行偿还本息 20 000 元，直到第 8 年末止。如果银行的贷款利率为 12%，那么该笔贷款的现值为多少？

解：根据题意，已知 $A=20\,000$，$i=12\%$，$n=5$ 年，$m=3$ 年，求 P 的值：

按方法一计算：

$$\begin{aligned} P &= A \times (P/A, i, n) \times (P/F, i, m) \\ &= 20\,000 \times (P/A, 12\%, 5) \times (P/F, 12\%, 3) \\ &= 20\,000 \times 3.604\,8 \times 0.711\,8 \\ &\approx 51\,317.93(\text{元}) \end{aligned}$$

按方法二计算：

$$\begin{aligned} P &= A \times [(P/A, i, m+n) - (P/A, i, m)] \\ &= 20\,000 \times [(P/A, 12\%, 3+5) - (P/A, 12\%, 3)] \\ &= 20\,000 \times (4.967\,6 - 2.401\,8) \\ &\approx 51\,316(\text{元}) \end{aligned}$$

按方法三计算：

$$\begin{aligned} P &= A \times (F/A, i, n) \times (P/F, i, m+n) \\ &= 20\,000 \times (F/A, 12\%, 5) \times (P/F, 12\%, 3+5) \\ &= 20\,000 \times 6.352\,8 \times 0.403\,9 \\ &\approx 51\,317.92(\text{元}) \end{aligned}$$

【提示】 因运用年金系数表中的数值进行运算，不同计算方法的计算结果有点偏差属正常。

七、永续年金

永续年金是指无限期等额收付款项的年金，可以看成是普通年金的特殊形式，即期限趋于无穷大的普通年金。永续年金示意如图 7-8 所示。

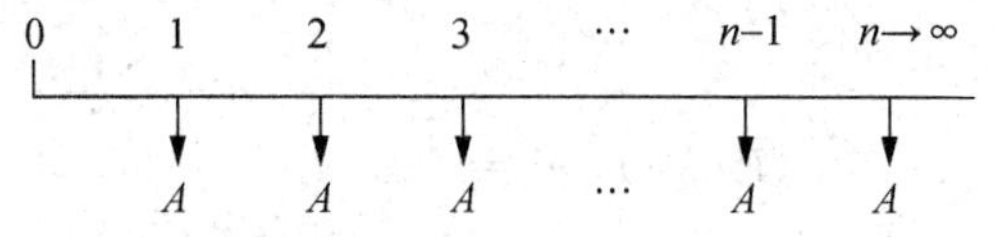

图 7-8 永续年金示意

从图 7-8 可以看出，$n \rightarrow \infty$，即年金没有期限，没有终止的时间，因此没有办法计算这种年金的终值，也就是说，永续年金没有终值，但可以计算出现值。其计算公式为：

由普通年金现值公式

$$P = A \cdot \frac{1-(1+i)^{-n}}{i}$$

因为永续年金 $n \rightarrow \infty$，

$\therefore (1+i)^{-n} \rightarrow 0$，

$$\therefore P = A \times \frac{1}{i} \tag{7-15}$$

【做中学 7-15】 某高校拟建立一项永久性奖学金，计划每年颁发 10 万元奖学金，鼓励学习成绩优异者，若银行利率为 10%，则现在应存入银行多少元？

解：根据题意，已知 $A=10$ 万元，$i=10\%$，求 P 的值：

$$P = 10 \times \frac{1}{10\%} = 100(\text{万元})$$

即学校必须现在存入银行 100 万元，才能保证每年提取 10 万元发放奖学金。

八、贴现率(利息率)和期数的推算

上述资金时间价值的计算是假定期数和贴现率是给定的，即给定期数 n、利率 i，求终值 F 或现值 P 的问题。但在实际工作中，有时会出现已知贴现率 i、终值 F、现值 P，求期数 n；或已知计算期数 n、终值 F、现值 P，求贴现率 i。 面对这类问题该如何解决？下面将分别进行介绍。

(一) 求期数

在已知终值 F、现值 P 和利率 i 的情况下，推算期数 n。 推算的基本步骤如下：

(1) 根据已知的终值、现值和利率，计算出复利或年金系数，设为 α。

(2) 用第一步的结果查复利或年金系数表。按照已知的利率 i 所在的列纵向查找，如能在系数表中找到恰好等于 α 的系数，则该系数所在的行对应的 n 值就是所求的期数值。

(3) 如果查找不到恰好等于 α 系数时，则根据利率 i 列在系数表中找到邻近的两个数值，界定期数所在的区间，然后用内插法求出期间 n。

内插法计算公式为：

$$n = n_1 + \frac{\beta_1 - \alpha}{\beta_1 - \beta_2}(n_2 - n_1) \tag{7-16}$$

式中，n 表示期数；n_1 表示小于 n 的期数；n_2 表示大于 n 的期数；β_1 表示较小的系数临界值；

β_2 表示较大的系数临界值;α 表示所求 n 期的年金系数。

【提示】 内插法应用的前提条件是:将时间价值系数与利率之间的变动看成是线性变动。

【做中学 7-16】 泰恒公司拟购买一台新设备,更换目前的旧设备。新设备的价格比旧设备高出28 000元,但运行后每年可节约成本 7 000 元。如果利率为 10%,求更换新设备至少运行多少年对企业是有利的?

解:已知 P=28 000 元,A=7 000 元,i=10%,求 n 的值:

(1) 求年金现值系数:

$$(P/A,\ i,\ n)=\frac{P}{A}=\frac{28\,000}{7\,000}=4$$

(2) 查附录四"年金现值系数表",在 i=10%的列上纵向查找,没有恰好等于 4 的系数值,于是查找大于 4 和小于 4 的两个临界值,即$(P/A,\ 10\%,\ 5)=3.790\,8$;$(P/A,\ 10\%,6)=4.355\,3$,即所求的期数 n 在5 年和 6 年之间。

(3) 运用插值法求 n。

$$n=5+\frac{3.790\,8-4}{3.790\,8-4.355\,3}\times(6-5)\approx 5.4(\text{年})$$

(二) 求贴现率(利率)

贴现率 i 的推算原理和步骤同期数 n 的方法类似。现以普通年金为例说明贴现率的推算方法。如果已知年金终值 F 或年金现值 P、年金 A、期数 n,求贴现率(利率)i,可按以下步骤进行:

(1) 根据普通年金终值 F 或普通年金现值 P 推算出普通年金终值系数$(F/A,\ i,\ n)$或普通年金现值系数$(P/A,\ i,\ n)$,设为 α。

(2) 查年金系数表,按照已知 n 期所在的横向查找,如果恰好找到某一系数值正好等于 α,则该系数所在列对应的利率 i 就是所求的值。

(3) 如果无法找到恰好等于 α 的系数值,就在表中 n 行上寻找邻近的两个数值,界定贴现率(利率) 所在的区间,然后用插值法计算出贴现率(利率)i。

内插法计算公式为:

$$i=i_1+\frac{\beta_1-\alpha}{\beta_1-\beta_2}(i_2-i_1) \tag{7-17}$$

式中,i 表示贴现率;i_1 表示小于 i 的贴现率;i_2 表示大于 i 的贴现率;β_1 表示 i_1 系数临界值;β_2 表示 i_2 系数临界值;α 表示年金系数。

【做中学 7-17】 某人参加保险,他预计如果 20 年后有 300 000 元存款,自己的养老问题就可以解决。他现有 60 000 元,则当银行存款利率为多少时,这位先生的愿望才能实现?

解:已知 F=300 000 元,P=60 000 元,n=20 年,求 i 的值:

(1) 求复利终值系数:

$$(F/P,\ i,\ n)=\frac{F}{P}=\frac{300\,000}{60\,000}=5$$

(2) 查复利终值系数表,在 n=20 行上查找,没有恰好等于 5 的系数值;找到两个临界值,$(F/P,8\%,20)=4.661\,0$;$(F/P,\ 9\%,\ 20)=5.604\,4$;即所求的利率在 8%和 9%之间。

(3) 用插值法求 i 。

$$\begin{aligned}i&=8\%+\frac{4.661\,0-5}{4.661\,0-5.604\,4}\times(9\%-8\%)\\&=8\%+0.359\,3\times1\%\\&=8.359\,3\%\end{aligned}$$

计算结果表明，如果银行的存款利率能够达到或高于8.359 3%，这位先生的愿望就能实现。

【做中学7-18】 小李大学刚毕业，想租一店面经营；出租方提出一次性支付租金30 000元，租期3年；但小李一时拿不出这笔资金，因此请求出租方允许延后支付租金。出租方经过认真思考后，同意3年后一次性支付，但租金为50 000元。假设银行贷款利率为10%，那么小李是选择现在付款还是3年后付款划算？

解：根据题意，已知$F=50\ 000$元，$P=30\ 000$元，$n=3$年，求i的值：

(1) 求复利终值系数：

$$(F/P, i, n)=\frac{F}{P}=\frac{50\ 000}{30\ 000}\approx 1.666\ 7$$

(2) 查复利终值系数表，在$n=3$行上查找，没有恰好等于1.666 7的系数值；找到两个临界值，$(F/P, 18\%, 3)=1.643$；$(F/P, 20\%, 3)=1.728$，即所求的利率在18%～20%之间。

(3) 用插值法求i。

$$\begin{aligned} i &= 18\%+\frac{1.643-1.666\ 7}{1.643-1.728}\times(20\%-18\%) \\ &= 18\%+0.278\ 82\times 2\% \\ &\approx 18.56\% \end{aligned}$$

计算结果表明，如果小李选择3年后付款，利率高达18.56%，高于银行的贷款利率，所以小李应选择向银行贷款支付租金。

关键术语

单利　复利　年金　普通年金　年金现值　偿债基金　预付年金　递延年金

应知考核

一、单项选择题

1. 下列各项年金中，只有现值没有终值的年金是(　　)。
   A. 普通年金　B. 即付年金　C. 先付年金　D. 永续年金
2. 现金流量又称现金流动量。在项目投资决策中，现金流量是指投资项目在其计算期内各项(　　)的统称。
   A. 现金流入量　B. 现金流出量
   C. 现金流入量与现金流出量　D. 净现金流量
3. 一定时间内每期期初等额收付款项是(　　)。
   A. 永续年金　B. 普通年金　C. 预付年金　D. 递延年金
4. (　　)是决策时从几个备选方案中选取某一方案而放弃次优方案所丧失的潜在利益。
   A. 估算成本　B. 重置成本　C. 机会成本　D. 沉没成本
5. 将决策分为确定型决策、风险型决策和不确定型决策是按(　　)进行的分类。
   A. 决策本身的重要程度　B. 决策条件的肯定程度
   C. 决策规划时期的长短　D. 决策解决问题的内容

二、多项选择题

1. 下列成本中，属于相关成本的是(　　)。
   A. 专属成本　B. 共同成本　C. 差别成本　D. 不可避免成本
2. 下列项目中，属于年金形式的项目有(　　)。
   A. 按直线法计提的折旧　B. 按产量法计提的折旧
   C. 定期支付的租金　D. 定期上缴的保险费

3. 年金是一种特殊的等额系列收付款项，其特点包括（ ）。
   A. 连续性　B. 等额性　C. 非连续性　D. 非等额性
4. 下列各项中，属于年金形式的项目有（ ）。
   A. 零存整取储蓄存款的整取额　B. 定期定额支付的养老金
   C. 年资本回收额　D. 偿债基金
5. 下列表述中，正确的有（ ）。
   A. 复利终值系数和复利现值系数互为倒数
   B. 普通年金终值系数和普通年金现值系数互为倒数
   C. 普通年金终值系数和偿债基金系数互为倒数
   D. 普通年金现值系数和资本回收系数互为倒数

三、判断题

1. 在利率和计息期数相同的条件下，复利现值系数与复利终值系数互为倒数。（ ）
2. 在现值和利率一定的条件下，计息期数越多，则复利终值越小。（ ）
3. 计算偿债基金系数，可根据年金现值系数的倒数确定。（ ）
4. 资金时间价值的计算与利息计算相同，因此资金时间价值就是利率。（ ）
5. 沉没成本是实质性的支出，通常是决策的无关成本。（ ）

四、简述题

1. 简述决策分析的原则和决策分析的一般程序。
2. 简述现金流量的基本假设。
3. 简述现金流量的作用。
4. 简述货币时间价值产生的条件。
5. 简述货币时间价值的表示形式。

五、计算题

1. 某家长准备为孩子在银行存入一笔款项，以便以后10年每年末得到20 000元学杂费，假设银行存款利率为9%，要求：计算该家长目前应存入银行的款项数额。
   提示：$(P/A,\ 9\%,\ 10)=6.418$。
2. 某企业有一笔4年后到期的借款，到期值为1 000万元。若存款年复利率为10%，则为偿还这笔借款应于每年末存入银行多少元？
   提示：$(F/A,\ 10\%,\ 4)=4.641$；$(P/A,\ 10\%,\ 4)=3.170$；$(F/P,\ 10\%,\ 4)=1.464$；$(P/F,\ 10\%,\ 4)=0.683$。
3. 某企业拟设立一项基金，每年末存入100 000元，若利率为10%，计算五年后该项基金的本利和？
   提示：$(F/A,\ 10\%,\ 5)=6.105\ 1$；$(F/A,\ 10\%,6)=7.715\ 6$。
4. 某人拟在5年后偿还所欠的60万元债务，故设立偿债基金，假设银行存款年利率为10%，则此人从第一年起，每年末应存入银行多少元？
   提示：$(F/A,\ 10\%,\ 5)=6.105\ 1$。
5. 某公司年初存入银行20万元，假设年利率为12%，按复利计算，到第10年末该公司可获得本利和多少万元？
   提示：$(F/P,\ 12\%,\ 10)=3.105\ 8$；$(P/F,\ 12\%,\ 10)=0.322\ 0$。
6. 某企业于年初存入银行10万元，年利率为15%，一年复利一次计算，到第10年末该企业可获得本利和多少万元？
   提示：$(F/P,\ 15\%,\ 10)=4.046$。
7. 某人将20 000元存入银行，年利率为6%，则第10年末此人共能取出本利和多少元？

提示：$(F/P, 6\%, 10)=1.7908$。

8. 已知某长期投资项目建设期现金净流量为：$NCF_0=-500$万元，$NCF_1=-500$万元，$NCF_2=0$；第3年到第12年的经营现金净流量$NCF_{3\sim12}=200$万元，第12年末的回收额为100万元。计算终结点现金净流量。

应会考核

■ 观念应用

【背景资料】

现金流量应用

某企业进行一项固定资产投资，在建设起点一次投入800万元，建设期1年；该投资的资金系从银行贷款，建设期按10%利率计算的贷款利息为80万元，生产经营期8年；该固定资产期满有残值32万元，生产经营期内每年可获得利润130万元；假定不考虑所得税因素。

【考核要求】

要求：计算该投资项目计算期各年的现金净流量。

■ 技能应用

货币时间价值应用

甲公司从某租赁公司租入一设备，设备价款及各项费用合计为500万元，合同期为8年。合同规定甲公司每年末支付租金，合同期满后，该设备归甲公司所有，设备净残值为0，现市场利率为6%。

【技能要求】

(1) 甲公司每期支付的租金为多少？

(2) 如果合同规定甲公司须于每年初支付租金，那么甲公司每期支付的租金应为多少？

■ 案例分析

【背景资料】

“钱生钱”

山东创智投资管理有限公司(简称创智投资)致力于高新技术企业股权投资和房地产、银企的优质债权投资。该公司的一款债权转让型理财产品募集资金投向为优质信贷资产。创智投资利用自有资金，对企业、银行、信托债权和封闭基金进行严格有序的投资，形成广泛的投资债权，然后将债权进行拆分细分、重组分配，形成不同收益规格的债权产品，通过转让债权所有权益的形式销售给会员。会员可以实时看到债权收益利息和投资收益的产生。

“六福生金”是创智投资利用高倍理财的投资原理，为中长期理财客户设计的低风险、保本保收益的六个月期理财产品。其收益按月计算，每月登录创智理财通都可以看到利息进账的情况。客户可以按30天为一个理财周期随时进行收益提取。该理财产品门槛低，3万元起即可享受专业高息理财服务。相关内容如表7-5所示。

注：“六福生金”利息月月提现，如果违约赎回本金，将扣除本金1%的违约金。

表7-5 “六福生金”理财服务收益计算表

理财本金	月收益	年收益
10万元	1 100元	13 200元
50万元	5 500元	66 000元
100万元	11 000元	132 000元

以年息13.2%计算7年半本金即可翻倍，是普通银行短期、月定期存款利息的15倍以上。以投资回报率计算，“钱生钱”的赚钱方式相比投资房产盈利更高更安全。

【分析要求】

根据资料回答以下问题：

(1) 请指出什么是“钱生钱”的赚钱方式？

(2) 根据货币时间价值原理该公司“六福生金”产品年收益率为13.2%是否正确？

(3) 投资该产品“以年息13.2%计算7年半本金即可翻倍”需要哪些条件？

项目实训

【实训项目】

货币资金时间价值观念。

【实训情境】

你能帮助王磊做出正确的选择吗

王磊是国际某领域的知名专家。近日，他接到一家上市公司的邀请函，邀请他担任公司的技术顾问，指导新产品的开发。邀请函的主要内容如下：①担任公司顾问工作期限为5年；②每个月到公司指导工作2天；③每年顾问费为15万元；④提供公司所在地城市住房1套，价值100万元。

王磊对以上工作待遇很满意，对该公司开发的新产品也很有研究，因此他决定接受邀请。但他不想接受住房，因为每月工作两天，只需要住公司宾馆就可以了。于是，他向公司提出，能否将住房改为住房补贴。公司研究了王磊的请求，决定可以在今后5年里，每年年初给王磊支付22万元的住房补贴。

收到公司的通知后，王磊又犹豫起来。因为如果接受公司住房，可以将住房出售，扣除售价5%的税金和手续费，他可以获得95万元；而接受房贴，则每年年初他可获得22万元。假设每年存款利率为4%。

【实训任务】

(1) 请运用资金时间价值观念，帮助王磊做出正确的选择。

(2) 撰写“货币资金时间价值观念”实训报告。

<table>
<tr><td colspan="3">“货币资金时间价值观念”实训报告</td></tr>
<tr><td>项目实训班级：</td><td>项目小组：</td><td>项目组成员：</td></tr>
<tr><td>实训时间：　　年　　月　　日</td><td>实训地点：</td><td>实训成绩：</td></tr>
<tr><td colspan="3">实训目的：</td></tr>
<tr><td colspan="3">实训步骤：</td></tr>
<tr><td colspan="3">实训结果：</td></tr>
<tr><td colspan="3">实训感言：</td></tr>
</table>

项目八 短期经营决策分析

知识目标

理解:短期经营决策的评价指标。

熟知:短期经营决策分析的常用方法。

掌握:生产决策分析、定价决策分析、存货决策分析。

项目课件

技能目标

能够选用合适的方法对企业日常生产经营问题进行分析并做出正确决策;能够确定存货的经济批量和订货时间,计算存货年订货成本、储存成本及短货成本;能够结合市场和企业的实际情况,制定合理的产品价格,并能对产品是否调价做出决策分析。

素质目标

提高资料理解分析能力、数据加工计算能力、团队合作沟通能力、绘图看图能力。

项目引例

"咖喱屋"是否应该接受订单

咖喱屋是某大学附近一家以独特的咖喱饭出名的餐馆,该餐馆只供应咖喱套餐,并以不同样式以适应不同口味。该餐馆每天业务量为200份、单价8元,单位变动成本3.5元,每天经营的固定成本500元,最大生产能力为240份。

最近该餐馆拒绝了一份某单位订单,该订单要求按每天每盒5元提供100份。该单位负责人很恼火,因为他看到该咖喱屋在此之前曾接受过特别的一次性总额为200元、数量为40份的订单。于是,该负责人前往咖喱屋责问:算一算我们为每份饭支付了多少,想一想你们在做什么,难道你们没有商业头脑吗?

【思考与讨论】

该咖喱屋经理是否应接受该订单?为什么经理接受了数量为40份的订单,而拒绝了某单位100份的订单?如若接受,在咖喱屋经营能力成本不变时,应具备什么条件?

知识精讲

任务一 短期经营决策分析方法

一、短期经营决策的评价指标

短期经营决策分析的基本依据是经济效益的高低,企业经营决策的目标是经济效益的最大化。因此,进行方案评价时反映经济效益的指标有利润、边际贡献和成本。

(一)利润

利润(或收益)即收入减去总成本。在经营决策中,我们可以只考虑相关收入和相关成本来计算收益指标。其基本计算公式为:

$$利润 = 相关收入 - 相关成本$$

(二)边际贡献

边际贡献也称贡献边际、贡献毛益,是销售收入减去变动成本后的差额。边际贡献率是边际贡献与销售收入的比值,也等于单位边际贡献与单价的比值。

当多个互斥方案均不改变现有生产能力、固定成本稳定不变时，固定成本为无关成本，则以边际贡献为评价指标。

如果决策方案中有专属固定成本的发生，则应从边际贡献中减去专属固定成本，我们称其为剩余边际贡献。它既不是原来意义上的边际贡献，也不是最终利润，如果要算利润，还要减去分摊的原有固定成本。

（三）成本

当多个互斥方案均不存在相关收入或相关收入相同时，则以成本作为评价指标。

上述三个评价指标中，利润或收益是核心，边际贡献和成本是特殊情况下采用的指标。在固定成本为无关成本时，采用边际贡献指标；在不存在相关收入或相关收入相同时，采用成本指标，最终目的是使企业利润最大化。

二、短期经营决策常用的方法

在经营决策中，决策的内容不同，运用的具体分析方法也不同。总的来说，都是围绕利润、边际贡献和成本三个指标来进行计算和评价的。具体来说，经营决策常用的方法包括以下四种。

（一）边际贡献分析法

短期经营决策一般是在原有生产能力的范围内进行的，多数情况下不改变生产能力，所以，固定成本通常为无关成本。

在各方案固定成本均相同的前提下，边际贡献最大的方案实质上就是利润最大的方案。在应用边际贡献法评价各方案优劣时，只需要计算各方案边际贡献指标，选择边际贡献最大的方案即可。

如果决策方案中有专属固定成本的发生，则应从边际贡献中扣除专属固定成本，扣除后的余额一般称为剩余边际贡献，为此就采用剩余边际贡献这一指标进行评价。边际贡献有两个基本指标：单位边际贡献和边际贡献总额。

对某一种产品来说，单位边际贡献指标只反映了产品的盈利能力。在不同备选方案之间进行比较分析时，单位边际贡献指标不能作为唯一评价标准，我们常常以边际贡献总额指标作为方案取舍的依据，或者以单位生产能力所提供的边际贡献大小作为方案取舍的依据。这是因为，在生产能力一定的前提下，不同方案单位产品耗费的生产能力可能有所不同，因此各方案能够生产的产品总量也可能不同。如果用单位边际贡献评价各备选方案的话，就可能导致决策失误，因为单位边际贡献最大的方案不一定是边际贡献总额最大的方案。

【做中学 8-1】 假设某企业拟利用现有剩余生产能力生产甲产品或乙产品。甲产品单价 20 元，单位变动成本 10 元，乙产品单价 10 元，单位变动成本 4 元。该企业现有剩余生产能力 1 000 台时，生产一件甲产品需耗 8 台时，生产一件乙产品需耗 4 台时。

首先，根据表 8-1 来比较两个方案的优劣。

表 8-1 单位边际贡献表 金额单位：元

项　目	甲产品	乙产品
单价	20	10
单位变动成本	10	4
单位边际贡献	10	6

从表 8-1 中可以看到，甲产品的单位边际贡献 10 元大于乙产品的单位边际贡献 6 元，如果我们把单位

边际贡献作为评价指标,则应选择甲产品。

下面再根据表8-2来比较各方案的优劣。

表8-2　　边际贡献总额表　　金额单位:元

项　目	甲产品	乙产品
单位变动成本	10	4
单位边际贡献	10	6
剩余生产能力(台时)	1 000	1 000
单位产品耗时(台时)	8	4
可生产量(件)	125	250
边际贡献总额	1 250	1 500

从表8-2中可以看出,尽管甲产品的单位边际贡献较大,但边际贡献总额却小于乙产品,应选择生产乙产品。所以,在应用边际贡献分析法时,不能采用单位边际贡献作为评价指标。

(二)差别分析法

差别分析法也称差量分析法或差额分析法,是管理会计中最常用的决策分析方法,是指在计算两个备选方案的预期收入与预期成本差额的基础上,从中选出最优方案的方法。所谓差别,是指两个不同备选方案之间的差额。

差别分析法一般包括差别收入、差别成本和差别收益三个因素。差别收入是两个备选方案预期收入之间的差额;差别成本是两个备选方案预期成本之间的差额;差别收益则是差别收入与差别成本之间的差额。其分析的基本公式为:

$$差别收益 = 差别收入 - 差别成本$$

假设以甲方案和乙方案做比较,如差别收益为正数,说明甲方案较优;反之,如差别收益为负数,则乙方案较优。

差别分析法只能应用于只有两个备选方案的决策。差别分析法的应用范围非常广泛,在生产决策的各个方面均可应用。在只有两个备选方案的情况下,差别分析法和相关分析法的本质完全相同,其结果也完全相同,只是计算顺序不同。那么,为什么在经营决策中有时要采用差别分析法呢?因为在经营决策中,原有的收入是无关收入,原有的成本是无关成本,在分析时不必计算全部收入和全部成本,只需要计算两个方案新增加的收入差别和成本差别就可以计算出收益差别,据此就可以做出正确决策。

【做中学8-2】 以前面边际贡献分析法所举的例题为基础,采用差别分析法进行决策分析。现编制差别分析表如表8-3所示。

表8-3　　差别分析表　　金额单位:元

项　目	甲产品	乙产品	差　额
相关收入	125×20=2 500	250×10=2 500	0
相关成本	125×10=1 250	250×4=1 000	250
差别损益			−250

在表8-3中,是以乙产品作为分析的基础,也就是作为减数,甲产品是作为被减数。从该表可以看出,生产甲产品与乙产品的差别收入为0,而差别成本为250元,由此计算出的差别损益为−250元。也就是在收入相同的前提下,生产甲产品比生产乙产品的成本要多支出250元,差别损益−250元意味着

生产甲产品比生产乙产品的利润要少250元，所以应选择生产乙产品。这与边际贡献分析法得出的结论是相同的。

【做中学8-3】 设某厂根据本厂生产能力和市场需要，可以生产甲产品15 000件，或乙产品8 000件，甲产品每件售价40元、单位变动成本30元；乙产品每件售价80元、单位变动成本50元。该企业应决定生产哪种产品才能获得较大的利润？将有关资料列表计算，如表8-4所示。

表8-4 差别分析表 金额单位：元

项目	甲产品	乙产品	差额
销售收入	15 000×40＝600 000	8 000×80＝640 000	600 000－640 000＝－40 000
变动成本	15 000×30＝450 000	8 000×50＝400 000	450 000－400 000＝50 000
边际贡献	600 000－450 000＝150 000	640 000－400 000＝240 000	－40 000－50 000＝－90 000

差别分析法：

$$\begin{aligned}差别收益 &= 差别收入 - 差别成本\\ &= (600\ 000 - 640\ 000) - (450\ 000 - 400\ 000)\\ &= -90\ 000(元)\end{aligned}$$

计算结果表明，差别收益是负数，故应选择生产乙产品。

相关分析法：

$$甲产品边际贡献 = 600\ 000 - 450\ 000 = 150\ 000(元)$$

$$乙产品边际贡献 = 640\ 000 - 400\ 000 = 240\ 000(元)$$

$$240\ 000 - 150\ 000 = 90\ 000(元)$$

计算结果表明，乙产品边际贡献大于甲产品边际贡献90 000元，故应选择生产乙产品。

（三）相关分析法

相关分析法是在各个备选方案收入相同的前提下，只分析每个备选方案新增加的变动成本和固定成本，也就是计算每个方案的增量成本和专属成本，两项之和即为相关成本。在收入相同的前提下，相关成本最低的方案必然是利润最高的方案。所以，应选择相关成本最低的方案。采用相关成本分析法必须是在各备选方案业务量确定的条件下，如果各备选方案的业务量不确定，则不能采用相关成本分析法。

【做中学8-4】 某企业生产需要一种A零件，年需用量500件，可以由本企业生产，也可以外购。如果由本企业生产，单位变动成本26元，而且需购买一台专用设备，每年发生专属固定成本2 000元。如果外购，外购单价为35元。要求进行决策分析。具体分析如表8-5所示。

表8-5 相关成本分析表 金额单位：元

项目	自制	外购
变动成本	500×26＝13 000	500×35＝17 500
专属成本	2 000	
相关成本合计	15 000	17 500

从表8-5可以看出，采用自制方案制造A零件的相关成本为15 000元，而外购的相关成本为17 500元。自制成本较低，所以应选择自制方案。

（四）成本无差别点分析法

在备选方案业务量不能事先确定的情况下，特别是各备选方案的预期收入相等的前提下，可通过计算成本平衡点来选择预期总成本较低的方案，这种决策分析方法称为成本无差别点分析法。

所谓成本无差别点，就是两个备选方案的预期成本相等时的业务量。确定了成本无差别点，就可以确定在什么业务量范围内哪个方案最优。例如，零件是自制还是外购，采用不同工艺进行加工等决策，都可以应用成本无差别点分析法。

【做中学8-5】 某企业只生产一种产品，现有两种设备可供选择：一种是采用传统的机械化设备，每年的专属固定成本20 000元，单位变动成本12元；另一种是采用先进的自动化设备，每年的专属固定成本30 000元，单位变动成本7元。

我们可以采用成本无差别点分析方法，设全年生产 x 件甲产品为机械化设备方案和自动化方案的"成本平衡点"。

机械化方案的预期成本：$y_1 = a_1 + b_1 \cdot x = 20\,000 + 12x$

自动化方案的预期成本：$y_2 = a_2 + b_2 \cdot x = 30\,000 + 7x$

当机械化方案与自动化方案成本相等时，即：

$$y_1 = y_2$$

$$20\,000 + 12x = 30\,000 + 7x$$

$$x = 2\,000(\text{件})$$

然后，根据两方案的数据作图，如图8-1所示。

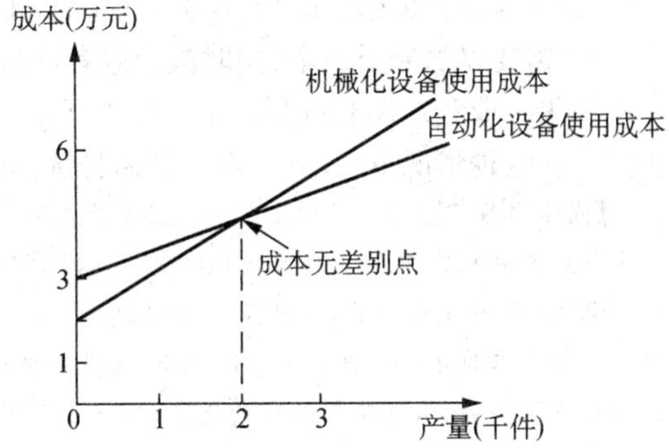

图8-1

从图中可以看出：

若 $x = 2\,000$(件)，则 $y_1 = y_2$，两个方案成本相等，均可行；

若 $x > 2\,000$(件)，则 $y_1 > y_2$，自动化方案为优；

若 $x < 2\,000$(件)，则 $y_1 < y_2$，机械化方案为优。

任务二　生产决策分析

一、生产品种决策

(一) 开发何种新产品决策分析

固定资产投资、扩大生产能力、发展新产品，属于长期投资决策问题，留待以后讨论。在此只讨论有关企业利用现有或剩余生产能力，生产何种新产品的决策分析问题，包括几种新产品的选择问题，以及发展新产品与减少老产品的关系问题。

1. 无需追加专属成本，不影响原有产品正常生产时的决策分析

如果企业利用现有或剩余生产能力开发新产品时，无需追加专属成本，也不必减少老产品生产。在这种情况下，其开发新产品品种选择的决策分析可采用相关分析法。

【提示】 在不同的备选方案中，能提供边际贡献总额最多或单位时间提供的边际贡献最多的新产品生产方案为最优方案。

【做中学8-6】 某企业现有剩余生产能力30 000机器台时，拟开发新产品，有关的生产能力成本(约束性固定成本)为15 000元，现有甲、乙两种新产品可供选择，只能生产其中一种。生产新产品时，不必追加专属成本，也不影响原有老产品正常生产。甲、乙两种产品的有关资料如表8-6所示。现在需要决定是生产甲产品还是乙产品。

表 8-6 甲、乙产品有关资料

项 目	甲产品	乙产品
单价(元)	100	50
单位变动成本(元)	75	32
单位产品定额台时(台时)	5	3

由于固定成本 15 000 元是不可避免成本，为无关成本，故可采用相关分析法选择边际贡献较多的产品生产。

甲产品边际贡献总额 ＝ (100 － 75) × (30 000 ÷ 5) ＝ 150 000(元)

乙产品边际贡献总额 ＝ (50 － 32) × (30 000 ÷ 3) ＝ 180 000(元)

180 000 － 150 000 ＝ 30 000(元)

乙产品边际贡献总额比甲产品多 30 000 元，故企业应选择开发生产新产品乙。

2. 需要追加专属成本，同时减少原有产品生产时的决策分析

如果企业利用现有或剩余生产能力开发新产品时，既需追加专属成本，又需减少原有老产品生产。在这种情况下，其开发新产品品种选择的决策可采用差别分析法或相关分析法。

【做中学 8-7】 承[做中学 8-6]，假设开发甲、乙两种产品都需要装备不同的专用模具，相应需要追加的专属成本分别为 4 000 元和 35 000 元。同时，需要减少原有 A 产品的产销量，如开发甲产品，A 产品需减少 25%；如开发乙产品，A 产品需减少 50%。原有老产品，A 产品的产销量为 8 000 件，单价为 60 元/件，单位变动成本为 40 元/件。在此情况下，企业应该选择开发哪种新产品？

依据这些资料，可编制差别分析表，如表 8-7 所示。

表 8-7 差别分析表 金额单位：元

项 目	甲产品	乙产品	差 额
相关收入	100×30 000÷5＝600 000	50×30 000÷3＝500 000	100 000
相关成本	494 000	435 000	59 000
其中：变动成本	75×30 000÷5＝450 000	32×30 000÷3＝320 000	
专属成本	4 000	35 000	
机会成本	(60－40)×8 000×25%＝40 000	(60－40)×8 000×50%＝80 000	
差别收益			41 000

由表 8-7 可见，差别收益为 41 000 元，为正数，说明开发新产品甲比开发新产品乙多获利润 41 000 元，故考虑追加的专属成本以及减少原有产品生产造成的损失后，企业应选择开发生产新产品甲。

(二) 亏损产品应否停产、增产或转产的决策分析

亏损产品的决策，主要是指企业生产的多种产品中，有一种产品出现亏损，对于该亏损产品应按原有规模继续生产，还是应停止其生产、转产其他产品，或是扩大规模继续生产等问题所进行的决策。有关这类问题的决策分析，可采用相关分析法。

1. 亏损产品应否停产的决策分析

(1) 停产后闲置生产能力不能转移时，是否停产的决策分析。所谓不能转移，是指停产后闲置的生产能力无法用于转产其他产品或对外出租。在这种情况下，只要亏损产品的销售收入高于变动成本，其边际贡献为正数，就应继续生产。因为一方面无论其是否停产固定成本仍然发生，且总额不变；另一方面亏损产品提供的边际贡献是对企业盈利所做的贡献，可以弥补一部分

固定成本。

【做中学 8-8】 某公司产销甲、乙、丙三种产品，其中乙和丙两种产品发生了亏损，有关资料见表 8-8。要求分析评价乙产品和丙产品应否停产（假定停产后，乙产品和丙产品的生产能力无法转移）。

表 8-8　　　　**利润表**　　　　金额单位：元

项　目	甲产品	乙产品	丙产品	合　计
销售收入	200 000	300 000	100 000	600 000
减：变动成本	60 000	230 000	120 000	410 000
边际贡献	140 000	70 000	－20 000	190 000
减：固定成本	60 000	90 000	30 000	180 000
利润	80 000	－20 000	－50 000	10 000

由于全部固定成本 180 000 元，不论乙产品、丙产品是否停产，均会照常发生，故分析时采用边际贡献指标。

乙产品边际贡献为 70 000 元，为正数，可以为公司创造产品贡献；如果停产，公司总利润将变为－60 000元（80 000－90 000－50 000），公司利润将减少 70 000 元。所以，在生产能力无法转移的情况下，乙产品不应停产，而应该继续生产。

丙产品边际贡献为－20 000 元，为负数，不能为公司创造产品贡献；如果停产，公司总利润将变为 30 000元（80 000－20 000－30 000），公司利润将增加 20 000 元。所以，丙产品应停止生产。

（2）停产后闲置生产能力可以转移时，应否停产的决策分析。生产能力可以转移是指亏损产品停产后其闲置的生产能力，可用于生产其他产品获利，或对外出租获取租金收入。若亏损产品不停产，将会丧失这部分潜在利益，因此，它应作为不停产亏损产品的机会成本。在这种情况下，决策分析应考虑机会成本，即分析亏损产品提供的边际贡献总额是否大于机会成本。

【做中学 8-9】 承［做中学 8-8］，假定乙产品停产后，其生产能力可对外出租，每年可获租金收入 80 000 元。

此时，因为乙产品提供的边际贡献额为 70 000 元，小于生产能力机会成本 80 000 元，所以乙产品应停产并对外出租生产能力，这样可为公司增加利润 10 000 元。亏损产品应否转产的决策分析，与上述停产后生产能力可移作他用的决策分析方法相同。因为转产实质上就是生产能力转移的一种方式，故不再重述。

2. 亏损产品应否增产的决策分析

亏损产品应否增产的决策是指对是否应增加亏损产品的产销量，以扭亏为盈或减少亏损所进行的决策。当然，应否增产的决策，是针对能够提供正数边际贡献的亏损产品进行的。

（1）增产能力不能转移时，应否增产的决策分析。若该亏损产品属于不应停产的亏损产品，就应当利用增产能力，增加该亏损产品的产销量以减少亏损，或扭亏为盈。

若该亏损产品属于应该停产的亏损产品，即边际贡献大于零，但小于生产能力机会成本，若增产后，该亏损产品所能获得的边际贡献总额，能够大于原生产能力机会成本，就应增产该亏损产品。

【做中学 8-10】 承［做中学 8-8］［做中学 8-9］中有关乙产品的资料，即由于乙产品所提供的边际贡献总额为 70 000 元，虽大于 0，但仍小于生产能力机会成本的 80 000 元，故应停产乙产品，出租其生产能力。假设该企业有增产乙产品的生产能力，可增产乙产品 10%；如果不增产乙产品，该生产能力无法转移。

这样，增产后乙产品提供的边际贡献总额为：

$$70\ 000 \times (1 + 10\%) = 77\ 000(\text{元})$$

计算结果表明，增产 10%后，乙产品的边际贡献总额为 77 000 元，虽比增产前贡献毛益总额 77 000 元有所增加，但仍低于生产能力机会成本，故乙产品不应增产，而仍应停产乙产品，并将其生产能力对外出租。

(2) 增产能力可转移时,应否增产的决策分析。在这种情况下,进行应否增产的决策分析时,必须考虑这种由于增产能力可利用而形成的机会成本。具体分析方法分别说明如下:

① 当亏损产品为不应停产的亏损产品,只要增加的亏损产品所创造的边际贡献大于增产能力机会成本,该亏损产品就应该增产。

【做中学 8-11】 承[做中学 8-9],企业亏损产品乙所提供的边际贡献总额为 70 000 元,大于 0,该亏损产品为不应停产的亏损产品。假设企业现具备增产乙产品的生产能力,可增产乙产品 30%。但该增产能力若不用于增产乙产品,可用于生产丁产品,获边际贡献总额 10 000 元。那么,乙产品增产 30%创造的边际贡献额为:

$$70\ 000\times30\%=21\ 000(元)$$

计算结果表明,企业因增加乙产品生产所创造的边际贡献总额 21 000 元大于增产能力机会成本10 000 元,所以应当增产亏损产品乙。这样,企业可多获利 11 000 元(21 000−10 000)。

② 当亏损产品为应该停产的亏损产品,即亏损产品提供的边际贡献大于 0,但小于生产能力机会成本,若增产后亏损产品所提供的边际贡献总额大于生产能力机会成本与增产能力机会成本之和,则该亏损产品应增产。

【做中学 8-12】 承[做中学 8-9],公司亏损产品乙为应停产的亏损产品,因为其所提供的边际贡献 70 000元大于 0,但小于生产能力机会成本的 80 000 元。假定企业现具有增产乙产品的生产能力,可增产乙产品 30%,但该增产能力若不用于增产乙产品,可用于生产丁产品,获边际贡献额 10 000 元。

那么,增产后乙产品可提供的边际贡献总额为:

$$70\ 000\times(1+30\%)=91\ 000(元)$$

生产能力机会成本与增产能力机会成本之和为:

$$80\ 000+10\ 000=90\ 000(元)$$

因为 91 000 元>90 000 元,所以,在这种情况下,企业应增产亏损产品乙。这样,企业可多获利 1 000 元(91 000−90 000)。

(3) 企业不具备增产亏损产品的生产能力时,应否增产的决策分析。若企业不具备增产亏损产品的生产能力,要达到增产亏损产品的目标,需要追加一定的专属成本。具体分析方法分别说明如下:

① 当亏损产品为不应停产的亏损产品,只要增加的亏损产品所创造的边际贡献大于专属成本,该亏损产品就应该增产。

② 当亏损产品为应该停产的亏损产品,即亏损产品提供的边际贡献大于 0,但小于生产能力机会成本,若增产后亏损产品所提供的边际贡献总额小于生产能力机会成本与专属成本之和,则该亏损产品应停产。

【做中学 8-13】 承[做中学 8-9],公司亏损产品乙为应停产的亏损产品,因为其所提供的边际贡献 70 000元大于 0,但小于生产能力机会成本的 80 000 元。企业为实现增产乙产品 30%的目标,需购置一台通用设备,相关年折旧费用为 12 000 元。

这样,增产后乙产品可提供的边际贡献总额为:

$$70\ 000\times(1+30\%)=91\ 000(元)$$

生产能力机会成本与专属成本之和为:

$$80\ 000+12\ 000=92\ 000(元)$$

因为 91 000 元<92 000 元,所以,在这种情况下,企业应停止增产亏损产品乙。这样,企业可减少损失 1 000 元(92 000−91 000)。

(三) 应否接受特殊价格追加订货的决策分析

所谓"特殊"价格,就是客户在订货时所出的价格,等于或低于产品的正常单位成本。是否接受这种追加订货，一般可以运用差别分析法或相关分析法进行决策。

(1) 当企业利用剩余生产能力接受追加订货而不减少原有正常的产销量时，若追加订货的收入超过变动成本，则可接受该项追加订货。

(2) 当企业利用剩余生产能力接受追加订货需要追加专用设备时，则要将追加设备所增加的专属固定成本作为相关成本考虑。

(3) 当企业利用剩余生产能力接受追加订货会影响原有产品的正常产销量时，应将为了接受订货而减少的正常收入作为追加订货方案的机会成本。

(4) 当企业剩余生产能力能够转移时，转产所能产生的收益应作为追加订货方案的机会成本。

【做中学 8-14】 设某企业生产甲产品，正常销售量为 80 000 件，设计生产能力可达 110 000 件，正常的单位售价为 10 元，单位变动成本为 5 元，单位固定成本为 3 元。

(1) A 客户增加订货 20 000 件，出价 7.5 元，剩余生产能力无法转移，追加订货不需要追加专属成本。

(2) B 客户追加订货 30 000 件，出价 8 元，企业接受该追加订货需要追加一台专用设备，增加专属固定成本 30 000 元。

(3) C 客户追加订货 35 000 件，出价 7 元，剩余生产能力无法转移。

(4) D 客户追加订货 40 000 件，出价 7 元，企业若不接受订货可将设备出租，可获租金 50 000 元。

针对上述四种情况，具体分析如下：

(1) 企业现有剩余生产能力 30 000 件(110 000－80 000)，特殊订货量只有 20 000 件，小于剩余生产能力，且剩余生产能力无法转移，追加订货不需要追加专属成本。在此情况下，特殊定价 7.5 元大于单位变动成本 5 元，因此可以接受此追加订货。

(2) 在此情况下，可对接受订货和拒绝追加订货两个方案采用差别分析法，具体计算分析如表 8-9 所示。

表 8-9 差别分析表 金额单位:元

项　目	接受追加订货	拒绝追加订货	差　额
相关收入	30 000×8＝240 000	0	240 000
相关成本	180 000	0	180 000
其中:增量成本	30 000×5＝150 000	0	—
专属成本	30 000	0	—
差别收益			60 000

差别收益大于 0，因此，应接受追加订货。

(3) 追加订货 35 000 件，超出企业剩余生产能力 30 000 件，如果接受订货将减少正常销售量 5 000 件，该 5 000 件的正常销售收入应作为接受订货的机会成本。具体计算分析如表 8-10 所示。

表 8-10 差别分析表 金额单位:元

项　目	接受追加订货	拒绝追加订货	差　额
相关收入	35 000×7＝245 000	0	245 000
相关成本	200 000	0	200 000
其中:增量成本	(110 000－80 000)×5＝150 000	0	—
机会成本	5 000×10＝50 000	0	—
差别收益			45 000

差别收益大于0,因此,应接受追加订货。

(4) 追加订货40 000件,超出企业剩余生产能力30 000件,如果接受订货将减少正常销售量10 000件,该10 000件的正常销售收入应作为接受订货的机会成本,设备出租的租金也应作为接受订货方案的机会成本。具体计算分析如表8-11所示。

表8-11 差别分析表 金额单位:元

项　目	接受追加订货	拒绝追加订货	差　额
相关收入	40 000×7=280 000	0	280 000
相关成本	300 000	0	300 000
其中:增量成本	(110 000−80 000)×5=150 000	0	—
机会成本	10 000×10+50 000=150 000	0	—
差别收益			−20 000

差别收益小于0,因此,应拒绝追加订货。

(四) 产品是否继续加工的决策分析

产品立即出售或是继续加工,是多步骤生产企业经常遇到的问题。如半成品、联产品,既可以立即出售,也可以继续加工后再出售。究竟采用哪种方案能为企业带来更多的收益?解决此类问题,可采用差别分析法。

产品继续加工前所发生的成本为沉没成本,决策分析时不必考虑,只需考虑继续加工后,预期增加的收入是否超过继续加工时所追加的成本(包括变动成本和专属固定成本等)。

【做中学8-15】 某炼油厂从原油中提炼出的煤油,既可以直接出售,也可以进一步通过提炼加工为汽油和柴油后再出售。煤油经过提炼加工的利用率是:汽油80%、柴油15%、自然损耗率5%。每吨煤油进一步加工的可分费用为1 000元。该厂现生产了400吨煤油,每吨生产费用为500元,进一步加工需增加固定成本21 000元。每吨煤油售价1 800元,每吨汽油售价3 000元,每吨柴油售价2 000元。

如果进一步加工,400吨煤油可产出汽油320吨(400×80%)、柴油60吨(400×15%),考虑与此相关的收入和成本,具体计算分析如表8-12所示。

表8-12 差别分析表 金额单位:元

项　目	深加工	直接出售	差　额
相关收入	320×3 000+60×2 000=1 080 000	400×1 800=720 000	360 000
相关成本	421 000	0	421 000
其中:可分成本	1 000×400=400 000	0	—
专属成本	21 000	0	—
差别收益			−61 000

通过上表可以看出,差别收益小于0,应将煤油立即销售而不宜进一步加工。

二、产品生产数量决策

(一) 产品最优组合决策分析

当企业利用现有生产能力生产两种或两种以上的产品时,由于企业的资源是有限的,会受到生产能力、材料供应、市场销售、资金等资源的限制,这样,在生产决策中常常会遇到每种产品各生产多少才能使利润最大化的问题,也即产品最优组合决策分析。

由于确定产品组合时，一般不改变现有生产能力，固定成本为无关成本，因此，边际贡献最大的产品组合，其利润也必然最大。所以，通常以边际贡献的大小作为评价方案优劣的标准。

产品最优组合决策采用的分析方法是最优分析法，在具体分析中经常采用的是线性规划法。具体步骤如下：

(1) 确定目标函数，并用方程式表示。目标函数就是使企业边际贡献最大的函数。

(2) 确定约束条件，并用不等式表示。约束条件，可以是企业的资源限制、质量限制，也可以是数量限制。

(3) 将上述代数表达式描绘在直角坐标图上，并在图上确定可行解。

(4) 在可行解中确定满足企业目标函数的组合，即最满意解。

【做中学 8-16】 某厂同时生产甲、乙两种产品，企业最大生产能力为 54 000 机器工作小时，其他有关数据如表 8-13 所示。

表 8-13 **有关数据**

项　目	甲产品	乙产品
单位产品售价(元)	30	20
单位变动成本(元)	20	12
单位产品机器工时(小时)	17	10
订货量(件)	2 500	2 000

应该如何安排甲、乙两种产品的生产，才能使企业获得最佳效益？

一般来说，设甲产品产量为 x，乙产品产量为 y，Tcm 代表边际贡献。

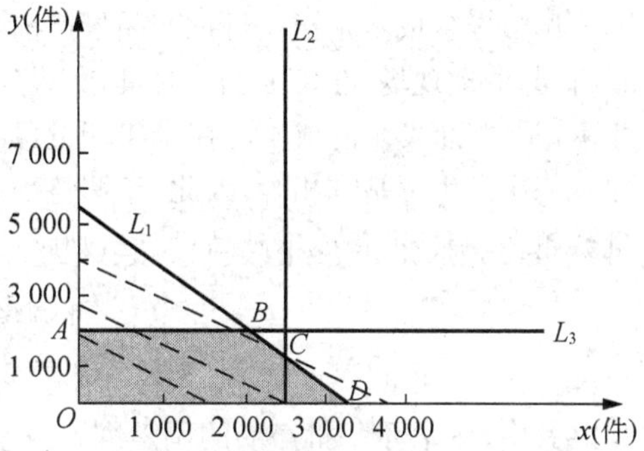

图 8-2　可行域

(1) 确定目标函数。

$$\max Tcm = 10x + 8y$$

(2)确定约束条件。

$$17x + 10y \leqslant 54\,000$$
$$x \leqslant 2\,500$$
$$y \leqslant 2\,000$$
$$x, y \geqslant 0$$

(3) 确定可行解。将上述约束条件描绘在坐标图上，如图 8-2 所示。

上述 L_1、L_2、L_3 与坐标轴 x，y 轴所围成的凸多边形 $OABCD$（图中阴影部分），即为可行域，可行域内任一点所对应的 x、y 值，均为能满足约束条件的产品组合。

(4) 确定最优解。确定产品生产的最优组合，可用两种方法求得：

① 等利润线原理。将目标函数：

$$Tcm = 10x + 8y$$

变换为：

$$y = -x$$

由此可知，目标函数所代表的直线斜率为$-10/8$。据此，在图 8-2 上做一组平行线（以虚线表示），这些平行线称为等利润线。这些等利润线的截距为 $Tcm/8$，显然截距越大，函数值越大。因此，只要在多边形 $OABCD$ 范围内寻找一点，使通过该点的等利润线的纵截距最大。由图 8-2 可见，等利润线在 B 点正是满足这样条件的点，故 B 点所对应的 x、y 值，即甲产品产销 2 000 件、乙产品产销 2 000 件为产品最优组合，在这一点企业的边际贡献最大：

$$Tcm = 2\,000 \times 10 + 2\,000 \times 8 = 36\,000(\text{元})$$

② 顶点原理。从数学上可以证明，最满意解必定在凸多边形 $OABCD$ 的顶点上。分别求出多边形 $OABCD$ 各角点 O、A、B、C、D 所对应的 x、y 值：$O(0,\ 0)$，$A(0,\ 2\,000)$，$B(2\,000,\ 2\,000)$，$C(2\,500,\ 1\,150)$，$D(3\,176,\ 0)$。

将上述求得的各角点的坐标值，代入目标函数，便可求出各点的边际贡献，其中边际贡献最大的点所对应的 x、y 值，即为产品最佳组合，现计算如下：

O 点：$Tcm = 10 \times 0 + 8 \times 0 = 0$

A 点：$Tcm = 10 \times 0 + 8 \times 2\,000 = 16\,000$(元)

B 点：$Tcm = 10 \times 2\,000 + 8 \times 2\,000 = 36\,000$(元)

C 点：$Tcm = 10 \times 2\,500 + 8 \times 1\,150 = 34\,200$(元)

D 点：$Tcm = 10 \times 3\,176 + 8 \times 0 = 31\,760$(元)

上述计算结果可见，在B点边际贡献值最大，故该企业应安排生产甲产品 2 000 件、乙产品 2 000 件，这时企业获得边际贡献总额最大，为 36 000 元。

(二) 最优生产批量的决策分析

在成批生产产品的企业里，经常会遇到每批生产多少数量、全年分几批生产最经济的问题，这就是“最优生产批量”的决策问题。

对这类问题进行决策分析，主要应考虑两个因素——调整准备成本和储存成本，即要确定一个适当的生产批量，使其全年的调整准备成本与全年的平均储存成本之和最低。因此，其决策分析方法又可称为最低成本法或经济生产批量法。

调整准备成本是指在每批产品投产前，需要进行一些调整准备工作而发生的成本。例如，调整机器，清理现场，准备工、卡、模具，布置生产线，下达派工单，领取原材料，准备生产作业记录与成本记录等所发生的成本。在全年产量已定的情况下，生产批量与生产批次呈反比。调整准备成本每次发生额基本相等，因此，年调整准备成本与生产批次呈正比，与生产批量呈反比。投产批数越多，调整准备成本越高；反之，则越低。用公式表示为：

$$\text{年调整准备成本} = S \cdot n$$
$$n = S \cdot A/Q$$

其中，S 表示每批产品的调整准备成本；n 表示批数；A 表示某产品的全年需要量；Q 表示每批产品产量。

储存成本是指产品在储存过程中所发生的各种成本，如仓储费、搬运费用、仓库及其设备的维修费、折旧费、保险费、保管人员工资、利息支出、自然损耗等。这类成本与批数多少无直接关系，而与每批产量的多少呈正比，批量越大，年储存成本越高；反之，则越低。用公式表示为：

$$\text{单位资源边际贡献} = \text{单位边际贡献} \div \text{单位产品资源消耗定额}$$

$$\text{年储存成本} = \frac{Q}{2} \cdot \left(1 - \frac{d}{r}\right) \cdot C$$

其中，d 表示每天领用量；r 表示每天生产量；C 表示单位产品的全年储存成本。

显然，调整准备成本和储存成本，是性质相反的两类成本，在全年产量一定的情况下，减少投产批数虽可以降低全年调整准备成本，但投产批数减少，必然增加每批批量，从而增加全年的平均储存成本。要确定其最优生产批量，通常采用公式法。

企业成批生产一种零件或产品时，根据上述调整准备成本和储存成本的概念与计算公式，可知全年总成本的计算公式为：

$$T=S\cdot\frac{A}{Q}+\frac{Q}{2}\cdot\left(1-\frac{d}{r}\right)\cdot C$$

通过绘图可知，年准备成本等于年储存成本时，年总成本最低，由此确定经济批量。也可用微分求极值的方法：

以 Q 为自变量，求 T 的一阶导数 T^*：

$$T=\frac{1}{2}\cdot\left(1-\frac{d}{r}\right)\cdot C-\frac{AS}{Q^*}$$

令 $T^*=0$，则有：

$$\frac{1}{2}\cdot\left(1-\frac{d}{r}\right)\cdot C-\frac{AS}{Q^*}=0$$

所以，最优生产批量：

$$Q^*=\sqrt{\frac{2AS}{C\left(1-\frac{d}{r}\right)}}$$

据此，可推得：

$$\text{最优生产批次}=\frac{A}{Q^*}=\sqrt{\frac{AC\left(1-\frac{d}{r}\right)}{2S}}$$

$$\text{最优生产批量下的全年总成本}(T^*)=\sqrt{2ASC\left(1-\frac{d}{r}\right)}$$

【做中学 8-17】 某企业全年需生产甲零件 36 000 个，专门生产甲零件的设备每天能生产 150 个，每天一般领用 120 个。每批调整准备成本为 288 元，单位零件全年的平均储存成本为 2 元。

解：最优生产批量：

$$Q^*=\sqrt{\frac{2AS}{C\left(1-\frac{d}{r}\right)}}=\sqrt{\frac{2\times 36\ 000\times 288}{2\times\left(1-\frac{120}{150}\right)}}=7\ 200(\text{个})$$

$$\text{最优生产批次}=\frac{A}{Q^*}=\frac{36\ 000}{7\ 200}=5(\text{批})$$

$$\begin{aligned}\text{最优生产批量下的全年总成本}(T^*)&=\sqrt{2ASC\left(1-\frac{d}{r}\right)}\\&=\sqrt{2\times 36\ 000\times 288\times 2\times\left(1-\frac{120}{150}\right)}\\&=2\ 880(\text{元})\end{aligned}$$

三、产品生产安排的决策

(一) 零部件应自制还是外购的决策分析

零部件应自制或外购是企业经营中经常遇到的问题。自制或外购零部件，其组成产品后所获得的预期收入是相同的，在决策分析时无需考虑两方案的预期收入，只需考虑两方案的预期成本，择其低者为最优方案便能确定。

首先要分析哪些成本是与决策相关的成本。如果自制需要追加专属固定成本，则追加的专属固定成本是与决策相关的成本，而原有的固定成本则是与决策无关的成本。自制的另一个相关成本是变动生产成本，如果自制生产能力可以转移，还要考虑与此相关的机会成本。

【提示】 外购方案的相关成本一般包括买价、运输费用和采购费用等。

1. 需用量确定，自制或外购的决策分析

在需用量确定的情况下，一般采用相关成本分析法。

【做中学 8-18】 某企业年需要甲零件 10 000 个，可以自制也可以外购。外购单价 20 元，每件运费 1 元，外购一次的差旅费 2 000 元，每年采购 2 次。自制单位产品成本 22 元，其中：直接材料费 8 元，直接人工费 6 元，变动制造费用 3 元，固定制造费用 5 元。自制每月需要增加专属固定成本 3 000 元。如果外购，生产甲零件的设备可以出租，每年可获租金 10 000 元。

自制方案中，直接材料费、直接人工费、变动制造费用属于相关成本，而分摊的固定制造费用为无关成本，每月增加的专属成本是相关成本，出租设备可获租金是自制方案的机会成本。外购方案中，购价、运输费是变动成本，差旅费是固定成本，此三项费用均是与决策相关的成本。具体决策分析如表 8-14 所示。

表 8-14 **相关成本分析表** 金额单位：元

项 目	自制	外购
变动成本	10 000×(8+6+3)=170 000	10 000×(20+1)=210 000
专属成本	3 000×12=36 000	2 000×2=4 000
机会成本	10 000	
合 计	216 000	214 000

通过上表可以看出，外购方案比自制方案成本低，故应选择外购。

2. 需用量不确定，自制或外购的决策分析

当零部件需用量不确定时，其自制或外购的决策分析可采用成本平衡点法。

【做中学 8-19】 某企业生产甲产品需用 A 零件，过去 A 零件一直是外购，每件 A 零件外购单价为 24 元。现该企业尚有部分剩余生产能力可以生产 A 零件。据会计部门预测，每件 A 零件的直接材料、直接人工及变动制造费用为 18 元，但每年需增加专属固定成本 18 000 元。

这样，可以设全年需要 x 件 A 零件为自制和外购方案的"成本平衡点"。那么，

外购方案的预期成本：$y_1 = a_1 + b_1x = 0 + 24x$

自制方案的预期成本：$y_2 = a_2 + b_2x = 18\,000 + 18x$

当外购方案与自制方案成本相等时，即 $y_1 = y_2$

$$0 + 24x = 18\,000 + 18x$$
$$x = 3\,000(件)$$

所以，x 的取值为 3 000 件。

然后，根据两方案的数据作图，如图 8-3 所示。

从图 8-3 可以看出：

若 $x = 3\,000$(件)，则 $y_1 = y_2$，两个方案成本相等，自制和外购均可行；

若 $x > 3\,000$(件)，则 $y_1 > y_2$，自制方案为优；

若 $x < 3\,000$(件)，则 $y_1 < y_2$，外购方案为优。

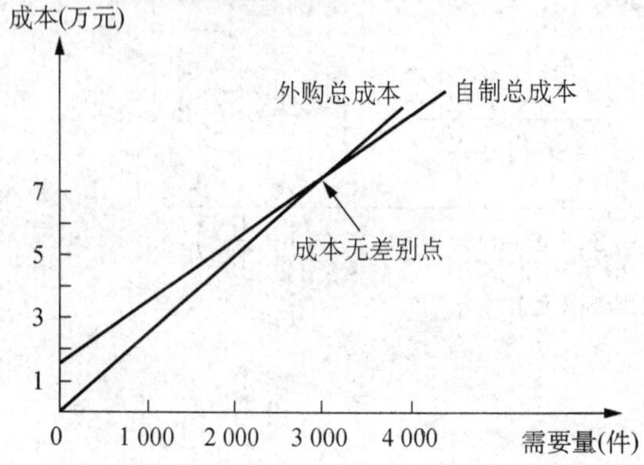

图 8-3 两方案下成本平衡点示意

(二) 产品采用何种生产工艺加工的决策分析

生产工艺是指加工制造产品或零件所使用的机器、设备及加工方法的总称。工业企业对于同一种产品或零件的生产，往往可以采用不同的生产工艺，如既可以用手工操作，又可以采用半

机械化、机械化或自动化的生产工艺。

采用不同的生产工艺，其成本往往较为悬殊。一般来说，越先进的生产工艺，其固定成本越高，单位变动成本就越低。对于先进的生产工艺，除非产销量较大，可以降低单位产品中的固定成本，否则，不宜采用。因此，采用何种生产工艺进行加工，产量成为最佳的判断标准。先计算不同生产工艺进行加工的成本平衡点，再以此为基础，做出采用何种工艺技术加工的决策。

【做中学 8-20】 某企业计划投产某种新产品，其生产工艺可采用半机械化、机械化或自动化三种，预计的成本资料如表 8-15 所示。

表 8-15 预计的成本资料 金额单位：元

项 目	单位变动成本	固定成本
半机械化	80	30 000
机械化	40	60 000
自动化	20	120 000

采用哪种生产工艺成本最低呢？假设半机械化与机械化加工的成本平衡点为 x_1，机械化与自动化加工的成本平衡点为 x_2，半机械化与自动化加工的成本平衡点为 x_3。根据已知资料，有：

$$30\,000+80x_1=60\,000+40x_1$$

$$120\,000+20x_2=60\,000+40x_2$$

$$30\,000+80x_3=120\,000+20x_3$$

解得：

$$x_1=750(\text{件})$$

$$x_2=3\,000(\text{件})$$

$$x_3=1\,500(\text{件})$$

根据上述资料作图，如图 8-4 所示。

由图 8-4 可知，当该产品年产销量低于 750 件时，宜选择半机械化生产；当该产品年产销量大于 750 件但小于 3 000 件时，宜选择机械化生产方式；当该产品年产销量超过 3 000 件时，则应采用自动化生产方式。

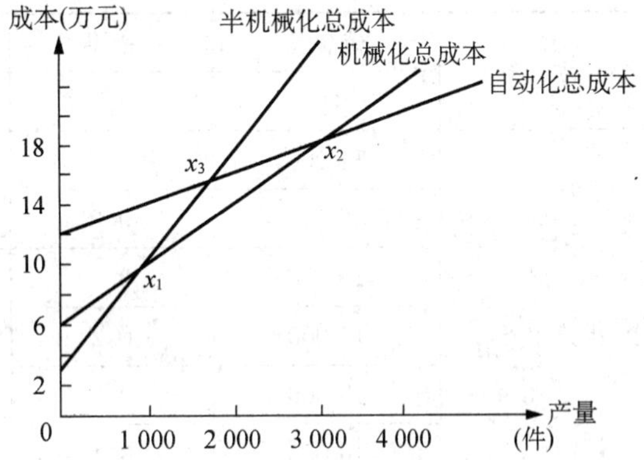

图 8-4 三方案下成本平衡点示意图

四、非确定条件下的生产决策

上述分析决策都是在销量、成本等条件已知的情况下做出的，是确定性生产决策。在现实经济生活中，未来事态往往充满不确定，决策者对未来可能出现的情况和结果不能完全肯定地把握，此时需采用其他评价方法进行方案的选择。

在非确定条件下，根据能否估计未来的情况和因素在各种客观状态下出现的概率，又可分为风险型生产决策和不确定型生产决策。

（一）风险型生产决策

风险型生产决策是指有关备选方案在不同自然状态下的结果已确定，各种自然状态出现的概率也可大致估计的决策。风险型决策一般采用概率分析法，先预测备选方案各种自然状态及出现的概率，然后计算期望收益（或期望边际贡献、期望成本），进行比较选优。

【做中学 8-21】 某企业准备开发新产品，现有甲、乙两种产品可供选择。预测甲产品和乙产品单价分别为44元和40元，单位变动成本分别为38元和35元，固定成本总额为90 000元，销售量的预测资料如表8-16所示。

表 8-16　　　　销售量预测资料

销售量(件)	概　率	
	甲产品	乙产品
10 000	0	0.1
11 000	0.1	0.1
12 000	0.2	0.2
13 000	0.3	0.3
14 000	0.2	0.2
15 000	0.1	0.1
16 000	0.1	0

那么，应该开发哪种产品呢？

由于固定成本为无关成本，可以边际贡献最大为标准进行分析评价。根据上述资料，编制期望边际贡献计算分析表，如表8-17所示。

表 8-17　　　　期望边际贡献计算分析表　　　　金额单位:元

方　案	销售量	概率	单位边际贡献	边际贡献	边际贡献期望值
	①	②	③	④=①×③	⑤=②×④
生产甲产品	11 000	0.1	6	66 000	6 600
	12 000	0.2	6	72 000	14 400
	13 000	0.3	6	78 000	23 400
	14 000	0.2	6	84 000	16 800
	15 000	0.1	6	90 000	9 000
	16 000	0.1	6	96 000	9 000
	合　计				79 200
生产乙产品	10 000	0.1	5	50 000	5 000
	11 000	0.1	5	55 000	5 500
	12 000	0.2	5	60 000	12 000
	13 000	0.3	5	65 000	19 500
	14 000	0.2	5	70 000	14 000
	15 000	0.1	5	75 000	7 500
	合　计				63 500

甲产品的边际贡献期望值比乙产品的边际贡献期望值大，因此，选择开发甲产品。

(二) 不确定型生产决策

决策者对于未来的情况虽有所了解，即能够预见有关因素未来可能出现哪几种状况，但不能估计各种状况出现的概率。在这种情况下，需要做出的决策称为不确定型决策。对于不确定型生产决策，可采用的方法有小中取大法、大中取大法、大中取小法和折中决策法。举例说明如下：

【做中学 8-22】 某公司准备开发一种新产品，根据市场调查，提出 A、B、C 三种生产方案，并预计销路好坏不同情况下的利润总额，如表 8-18 所示。

表 8-18 **预计利润资料** 金额单位：万元

方案	畅销	一般	滞销
A	90	68	44
B	98	60	49
C	108	66	41

该公司应该选择开发哪种产品，可以有四种分析方法：

(1) 小中取大法。也称悲观决策法，是在几种不确定的随机事件中，选择最不利的市场需求情况下的收益值最大的方案作为实施方案。

本例中，方案 A、B、C 的最小收益值分别为 44 万元、49 万元、41 万元，其中 49 万元最大，根据小中取大法，应选择方案 B。

(2) 大中取大法。也称最大收益值法，是在各种不确定决策方案中，选择最有利的市场需求情况下具有最大收益值的方案作为最满意方案的决策方法。它是决策者对前途非常乐观并充满信心的选择标准。

本例中，方案 A、B、C 的最大收益值分别为 90 万元、98 万元、108 万元，其中 108 万元最大，根据大中取大法，应选择方案 C。

(3) 大中取小法。也称最小的最大后悔值法，是在几种不确定的随机事件中，选择最大后悔值中的最小值的方案作为决策方案。所谓后悔值，是指在同一自然状态下某一决策方案的收益值与最优方案收益值的差额。

本例中，后悔值的计算结果如表 8-19 所示。

表 8-19 **后悔值计算分析表** 金额单位：万元

方案	畅销	一般	滞销	最大后悔值
A	108－90＝18	0	49－44＝5	18
B	108－98＝10	68－60＝8	0	10
C	0	68－66＝2	49－41＝8	8

可见，最大后悔值中的最小值为 8 万元，因此，选择方案 C。

这种方法是从最不利的情况下选择后悔值即损失额最小的方案作为最满意方案，是一种比较审慎、稳健的决策方法。

(4) 折中决策法。由赫威兹创立，又称为赫威兹决策法，是在确定乐观系数 α 和各方案预期价值的基础上，选择各个备选方案中预期价值最大的方案作为中选方案。

$$各个方案预期价值 = \alpha \times 方案最大收益值 + (1-\alpha) \times 方案最小收益值$$

决策者在确定乐观系数 α 时，既不能过于乐观，也不能过于悲观，而是采取务实的态度，根据实际情况和自己的实践经验折中确定。α 的取值范围是 $0 \leqslant \alpha \leqslant 1$，如果 α 取值接近 1，则比较乐观；如果接近 0，则比较悲观。

本例中，设乐观系数 α 为 0.6，那么三个方案未来收益就有两个结果：畅销和滞销。则：

方案 A 的预期价值＝0.6×90＋(1－0.6)×44＝71.6(万元)

方案 B 的预期价值＝0.6×98＋(1－0.6)×49＝78.4(万元)

方案C的预期价值＝0.6×108＋(1－0.6)×41＝81.2(万元)

可见，方案C的预期价值最大。因此，应选择方案C。

任务三 定价决策分析

一、定价决策的范围及目标

(一)定价决策的范围

所谓定价决策，就是怎么样为生产的产品选择一个适当的价格，提高企业的经济效益。在发达的市场经济环境中，价格可分为垄断价格、完全自由竞争市场价格和非完全自由竞争市场价格(即企业可控制价格)三类。

1. 垄断价格

垄断价格是指由政府硬性规定的价格或大企业财团垄断的价格。对于这一类商品的价格，企业只有执行的义务，没有改变的权利和能力，因而不存在自行定价的必要与可能。

2. 完全自由竞争市场价格

完全自由竞争市场价格是指完全由市场整体供求规律支配所形成的价格。对于个别企业来说，不可能控制产品价格。换言之，对于个别企业来说，只能接受市场上已经客观形成的价格。因为，其销量不可能大到足以打破市场总体已经形成的供求平衡关系。企业只有根据市场客观的供求规律去测定均衡价格并自觉地执行，而不存在自行定价的必要与可能。

3. 非完全自由竞争市场价格

非完全自由竞争市场价格又称企业可控制价格，是指企业可自行决定的价格。只有这类价格，才属于管理会计中定价决策的范围。

(二)定价决策的目标

确定定价目标，是每一个企业制定产品价格的首要过程。所谓定价目标，就是每一个产品的价格在实现以后应达到的目的。企业的定价目标一般有以下几种。

1. 利润最大化

追求利润最大化是多数企业定价的最基本目标，也是最终目标。这里所指的最大利润，是指长期最大利润，而不是短期最大利润；是指全部产品的最大利润，而不是单一产品的最大利润。因此，企业为了实现这一目标，往往根据不同情况，对不同产品选择不同的定价目标。

2. 保持和提高市场占有率

市场占有率也称市场份额，是指企业产品销量在同类产品的销售总量中所占的比重。它是反映企业经营状态好坏和产品竞争能力强弱的一个重要指标。能否维持和提高市场占有率，对企业来说，有时比获得预期收益更为重要，因为市场占有率的高低直接影响企业今后能否长期稳定地获得收益。

3. 实现目标投资报酬率

任何企业对投资都希望获得预期的报酬，且是长期的报酬。目标投资报酬率是企业经常采用的注重长期利润的一种定价目标，是根据投资期望得到的一定百分比的纯利或毛利为目标。目标利润率的选择应慎重研究，既要能够保证利润目标的实现，又能够为市场所接受。

4. 应付和防止竞争

价格竞争是大多数企业间市场竞争的一个重要方面。对于本企业市场有决定性影响的竞争者，为了应付和防止竞争，企业可紧跟竞争对手来定价，采取与竞争者相同的价格，也可采取低于或高于竞争者的价格。当竞争对手改变价格时，企业也应相应调整价格，以应付或避免竞争。

企业的定价目标是多种多样的，在实践中，企业定价目标往往是多目标的综合运用。

二、以成本为导向的定价决策方法(成本加成定价法)

成本加成定价法是指在单位产品成本的基础上，按一定的加成率计算相应的加成额，进而确定商品价格的方法。其价格确定的通用模型为：

$$\begin{aligned}价格 &= 单位产品成本 + 加成额\\ &= 单位产品成本 \times (1 + 加成率)\end{aligned}$$

其中：

$$成本加成率 = 加成内容 \div 相关成本 \times 100\%$$

由于成本计算有完全成本法与变动成本法之分，按两种不同的成本计算法所求得的单位产品成本的内涵各不相同。因此，其加成的内容也各有差异，故成本加成定价法又可分为完全成本加成定价法和变动成本加成定价法。

(一) 完全成本加成定价法

采用完全成本加成定价法，其作为基础的“成本”是单位产品的制造成本，“加成”内容包括期间费用（销售费用、管理费用和财务费用）及目标利润，其计算公式为：

$$产品单价 = 单位产品制造成本 \times (1 + 加成率)$$

其中：

$$\begin{aligned}加成率 &= \frac{目标利润 + 期间费用}{预计产量 \times 单位产品制造成本} \times 100\%\\ &= \frac{销售毛利}{预计产量 \times 单位产品制造成本} \times 100\%\\ &= \frac{投资额 \times 期望投资报酬率 + 期间费用}{预计产量 \times 单位产品制造成本} \times 100\%\end{aligned}$$

【做中学 8-23】 某企业拟投资 300 万元生产甲产品，根据市场调查，甲产品预计每年销售 50 万件，甲产品单位成本的有关资料如表 8-20 所示。

表 8-20　　甲产品单位成本资料　　金额单位：元

项　目	金　额
直接材料费	6
直接人工费	4
变动制造费用	3
固定制造费用	7
变动销售及管理费用	2
固定销售及管理费用	1
单位产品成本合计	23

该企业期望的投资报酬率为 25%，如果采用完全成本加成定价法确定甲产品销售价格，那么：

$$甲产品单位产品制造成本 = 6 + 4 + 3 + 7 = 20(元)$$

$$期间费用 = 50 \times (2 + 1) = 150(万元)$$

$$加成率 = \frac{300 \times 25\% + 150}{50 \times 20} \times 100\% = 22.5\%$$

$$甲产品单价 = 20 \times (1 + 22.5\%) = 24.5(元)$$

所以，甲产品销售价格可确定为 24.5 元。

（二）变动成本加成定价法

采用变动成本加成定价法，其作为基础的"成本"是单位产品的变动成本，加成内容包括全部固定成本和目标利润。其计算公式为：

$$产品单价 = 单位产品变动成本 \times (1 + 加成率)$$

其中：

$$
\begin{aligned}
加成率 &= \frac{目标利润 + 固定成本}{预计产量 \times 单位产品变动成本} \times 100\% \\
&= \frac{贡献毛益}{变动成本总额} \times 100\% \\
&= \frac{贡献毛益率}{变动成本率} \times 100\% \\
&= \frac{投资额 \times 期望投资报酬率 + 固定成本}{预计产量 \times 单位产品变动成本} \times 100\%
\end{aligned}
$$

【做中学 8-24】 承[做中学 8-23]，如果采用变动成本加成定价法确定甲产品销售价格，则有：

$$甲产品单位变动成本 = 6 + 4 + 3 + 2 = 15(元)$$

$$固定成本 = 50 \times (7 + 1) = 400(万元)$$

$$加成率 = \frac{300 \times 25\% + 400}{50 \times 15} \times 100\% \approx 63.33\%$$

$$甲产品单价 = 15 \times (1 + 63.33\%) \approx 24.5(元)$$

成本加成定价应用范围较广，由于加成率可以沿用标准产品的有关指标，故在长期定价时，运用此法简便易行。

三、以市场需求为导向的定价决策方法

受市场供求规律调节，产品价格与销量之间有着密切的关系。一般来说，价格的提高往往会直接影响产品需求，使销量减少；反之，销量上升。以市场需求为导向的定价方法又称按需定价法。这种定价法优先考虑的是消费者对价格的接受程度，企业必须研究什么样的价格才能使企业的产品销售不仅符合社会需求，而且能给企业带来最佳效益。下面主要介绍边际分析法。在现实生活中，由于收入函数、成本函数有连续型和离散型之分，故边际分析法有公式法和列表法两种具体应用形式。

（一）公式法

公式法是指当收入和成本函数均为连续可微函数时，可直接通过对利润函数求一阶导数，当边际收入等于边际成本时利润最大，进而求得最优售价的方法。举例说明如下：

【做中学 8-25】 某企业生产甲产品，经预测其收入函数 $TR = 80x - 0.02x^2$，成本函数 $TC = 70 + 20x + 0.01x^2$。

那么，边际收入：

$$MR = 80 - 0.04x$$

边际成本：

$$MC = 20 + 0.02x$$

令：

$$MR = MC$$

即：

$$80-0.04x=20+0.02x$$

$$x=1\ 000(件)$$

该点就是使利润最大的销售量，此时，产品售价：

$$P=\frac{TR}{x}=80-0.02x$$

$$=80-0.02\times 1\ 000$$

$$=60(元)$$

所以，甲产品的最优售价为60元。

(二)列表法

当收入和成本函数均为离散型函数，可通过列表计算找到使利润最大的销售量和单价。

【做中学8-26】 某企业生产的丙产品准备投放市场，丙产品的有关销售和成本资料如表8-21所示。试确定最优价格。

表8-21 丙产品有关资料 金额单位：元

销售价格	预计销售量(件)	固定成本	单位变动成本
60	4 000	60 000	20
55	4 800	60 000	20
50	5 800	60 000	20
45	7 000	80 000	20
40	8 000	80 000	20
35	8 500	80 000	20

根据上述资料，编制分析计算表，如表8-22所示。

表8-22 分析计算表 金额单位：元

价格	销售量	销售收入	边际收入	固定成本	变动成本	总成本	边际成本	边际利润	利润
60	4 000	240 000	—	60 000	80 000	140 000	—	—	100 000
55	4 800	264 000	24 000	60 000	96 000	156 000	16 000	8 000	108 000
50	5 800	290 000	26 000	60 000	116 000	176 000	20 000	6 000	114 000
45	7 000	315 000	25 000	80 000	140 000	220 000	44 000	−19 000	95 000
40	8 000	320 000	5 000	80 000	160 000	240 000	20 000	−15 000	80 000
35	8 500	297 500	−22 500	80 000	170 000	250 000	10 000	−32 500	47 500

由表8-22可知，当销售量为5 800件、价格为50元时，边际收入最接近边际成本，此时的利润最大，为114 000元。因此，丙产品每件定价50元为最优价格。

四、特殊环境下的定价决策方法

这里的特殊环境是指企业面临闲置生产能力、市场需求发生了变化、参加订货会议或投标活动过程中遇到强劲的竞争对手等环境。此时企业所采用的定价基本上属于一次性的。解决这类定价决策问题常用的几种方法如下。

(一) 极限定价法

极限定价法是指企业把事先确定的单位成本标准作为定价决策的最低价格极限的一种定价方法。

在企业面临闲置生产能力且无法转移时，追加订货的最低极限价格就是单位变动成本。只要单位产品价格不低于这种极限价格，对企业来说就是有利可图的或损失最小的。

(二) 保本定价法

从长期角度看，如果企业要保本，其产品价格就是保本价格，即盈亏临界点价格。其公式为：

$$保本价格=单位变动成本+\frac{固定成本}{预计销量}$$

(三) 保利定价法

企业的经营目标最终是为了获利，如果企业要实现预期利润，其产品价格就是保利价格，即实现目标利润的价格水平。其公式为：

$$保利价格=单位变动成本+\frac{固定成本+目标利润}{预计销量}$$

保利定价法和保本定价法可应用于企业在市场需求发生了变化、参加订货会议或投标活动过程中，迅速报出基于不同销售量或订货量下的产品价格。

【做中学 8-27】 某企业生产甲产品，单位变动成本为 40 元，固定成本总额为 10 000 元。现企业准备参加订货会，此行的目标是实现目标利润 20 000 元，要求提供销售量在 500～1 000 件的范围内(属于企业正常生产能力范围)，每间隔 100 件的保本价格和保利价格，作为洽谈时的重要依据。

企业可以根据资料，编制报价单如表 8-23 所示。

表 8-23　　报　价　单　　金额单位：元

销售量(件)	500	600	700	800	900	1 000
保本价格	60	56.67	54.29	52.50	51.11	50.00
保利价格	100	90.00	82.86	77.50	73.33	70.00

五、定价策略

在市场经济条件下，影响产品价格的因素多种多样，具体来说，包括成本、需求、产品所处的寿命周期阶段、市场竞争、政策法规、科学技术、相关工业产品销量等。

因此，企业在制定价格时，除了采用数学模型进行定量分析外，还要充分考虑上述因素进行定性分析。针对不同情况，灵活采用定价策略，以期获取尽可能多的利润。

(一) 新产品定价策略

新产品定价策略通常有两种方法：一是撇脂法，二是渗透法。

(1) 撇脂法是指在新产品上市时，先将价格定得很高，以获取较高的边际利润，随着产品销路的扩大，再逐步降价的方法。

(2) 渗透法是指当新产品投放市场时，价格定得尽可能低一些，以扩大销售量，增加市场占有率，提高商品信誉，逐步获得高额利润的方法。

前者着眼于短期收益，后者着眼于长期利益。对于那些同类竞争产品差异性较大、能满足较大市场需要、弹性小、不易仿制的新产品，最好采用撇脂法定价；而对于那些与同类产品差别不大、需求弹性小、易于仿制、市场前景光明的新产品应考虑按渗透法定价。

(二) 配套产品定价策略

配套产品定价策略可分为两种情况：

(1) 对互补关系的配套产品，如钢笔与墨水、照相机与胶卷等配套产品，在充分研究了产品市场和顾客的心理后，可以采用此降彼升的办法。例如，照相机降价，而胶卷提价，通过降价打开照相机的销路，从而从胶卷总销量增加带来的增收中得到超过照相机降价损失的超额补偿。

(2) 具有配套关系的相关商品，就是既可以配套使用，也可以单独使用的产品，如沙发与茶几、化妆品系列等。该类商品可以规定两组价格：成套价格和单件价格，成套价格低于单件价格，通过成套销售增加企业总收入。

(三) 心理定价策略

一般来说，心理定价策略包括以下几种形式。

1. 尾数定价法

如对某商品定价 29.90 元，而不定价 30 元，这样能给消费者一个价格较低的印象。这种价格又称诱人的价格，一般适用于价值较小、销售量大、购买次数多的中低档日用消费品。

2. 整数定价法

与尾数定价法相反，为高档商品或耐用消费品定价时，宜采用整数定价，给消费者以质量好、可靠性强的印象。

3. 对比定价法

对于亟待出售、需降价处理的商品，可将削价前后价格同时列出，促使顾客通过对比积极购买。

(四) 折扣定价策略

折扣定价策略是指在一定条件下，以降低商品价格的方式来刺激消费者购买，具体方式有：数量折扣、现金折扣、季节折扣、交易折扣等。

(五) 竞争定价策略

竞争定价策略是指通过刺探主要竞争对手的价格水平，决定自己的价格水平的定价策略。对于疲软的对手，常用低价倾销的手段，将对手挤走或挤倒；对于强硬的对手，常用“你提我也提，你降我也降”的定价策略；对于势均力敌的对手，常用联合协商、签订价格合约的策略。

(六) 分期收款定价策略

分期收款定价策略适用于价格偏高的耐用消费品的定价，如汽车、住房等。在计价时，各期收款的价格中应包括延付利息在内。采用本策略，可促进及时销售，避免商品的大量积压。

任务四 存货决策分析

一、存货管理的必要性与内容

存货是指企业在生产经营过程中为了生产或销售而储备的物资。具体而言，为生产而储备的存货主要包括企业的库存原材料、辅助材料、包装物、低值易耗品等，为销售而储备的存货主要有库存商品、产成品等。

(一) 存货管理的必要性

对于一般的企业(尤其是制造业、商业等)来说，持有一定数量的存货是十分必要的，一方面，一定数量的存货有利于保障企业生产经营的顺利进行；另一方面，可以使企业的生产与销售具有较大的机动性，适应市场不规律的突然变化，以免失去商机。但是，存货的增加必然要占用更多的资金，使企业付出较多的持有成本。因此，存货管理的目标就是在充分发挥存货作用的前提下，不断降低存货成本，以最低的存货成本保障企业生产经营的顺利进行。

(二) 存货管理的内容

存货管理的内容主要有:①根据企业生产经营的特点,制定存货管理的程序和办法。②合理确定存货的采购批量和储存期,降低各种相关成本。③对存货实行归口管理,使存货管理责任具体化。④加强存货的日常控制与监督,充分发挥存货的作用。

二、存货管理的功能与成本

(一) 存货管理的功能

企业持有存货的原因:一方面是为了保证生产或销售的经营需要;另一方面是出于价格的考虑,零购物资的价格往往较高,而整购物资在价格上有优惠。但是,过多的存货要占用较多资金,并且会增加包括仓储费、保险费、维护费、管理人员工资在内的各项开支。一般来说,存货管理具体有以下几项功能。

1. 保证生产正常进行

生产过程中需要的原材料和在产品,是生产的物质保证,为保障生产的正常进行,必须储备一定量的原材料;否则可能会造成生产中断、停工待料的现象。尽管当前部分企业的存货管理已经实现计算机自动化管理,但要实现存货为零的目标实属不易。

2. 有利于销售

一定数量的存货储备能够增加企业在生产和销售方面的机动性与适应市场变化的能力。当企业市场需求量增加时,若产品储备不足就有可能失去销售良机,所以保持一定量的存货是有利于市场销售的。

3. 便于维持均衡生产,降低产品成本

有些企业产品属于季节性产品或者需求波动较大的产品,此时若根据需求状况组织生产,则可能有时生产能力得不到充分利用,有时又超负荷生产,这会造成产品成本的上升。为了降低生产成本,实现均衡生产,就要储备一定的产成品存货,并应相应地保持一定的原材料存货。

4. 降低存货取得成本

一般情况下,当企业进行采购时,进货总成本与采购物资的单价和采购次数有密切关系。而许多供应商为鼓励客户多购买其产品,往往在客户采购量达到一定数量时,给予价格折扣,所以企业通过大批量集中进货,既可以享受价格折扣,降低购置成本,也因减少订货次数,降低了订货成本,使总的进货成本降低。

5. 防止意外事件的发生

企业在采购、运输、生产和销售过程中,都可能发生意料之外的事故,保持必要的存货保险储备,可以避免和减少意外事件的损失。

(二) 存货管理的成本

企业要维持生产经营必须持有一定量的存货,因持有存货发生的成本支出,就是存货管理的成本。企业存货管理的成本由以下三个方面组成。

1. 进货成本

进货成本(purchasing cost)又称取得成本,是指企业取得存货时的成本,主要包括存货的进价成本和进货费用。

进价成本也称购置成本,是指存货本身的价值,在数量上等于采购单价与采购数量的乘积。在一定时期进货总量既定,物价不变且无商业折扣的条件下,无论企业采购次数如何变化,存货的进价成本通常保持相对稳定,属于存货决策的一项无关成本。

进货费用也称为订货成本,是指企业为组织采购存货而发生的支出,包括差旅费、运杂费、办公费、电信费、邮资费、检验费、入库前的整理挑选费和入库搬运费等。

2. 储存成本

储存成本(storing cost)是指在存货储存过程中发生的资金占用费、仓储费、保险费、存货库存损耗、搬运费等。储存成本按照与存货储存数额的关系分为变动性储存成本和固定性储存成本。

(1) 变动性储存成本是指那些随储存数额的增减呈正比例变动的费用,如存货资金占用的应计利息、保险费等。这类成本的高低,取决于存货数量,平均库存量越大,成本额越高,因此属于决策的相关成本。

(2) 固定性储存成本是指那些与存储数额没有多少直接关系的费用,如保管人员的固定工资、仓库折旧费等。这类成本与存货决策无关。

3. 缺货成本

缺货成本(out of stock cost)是指企业因存货储备不足不能满足需要给企业造成的损失,主要包括因材料供应不及时而造成的停工损失,因库存商品不足而造成的丧失销售机会损失、信誉损失等。缺货成本因其计量十分困难常常不予考虑,但如果缺货成本能够准确计量的话,也可以在存货决策中考虑缺货成本。

三、存货资金需要量的预测

企业持有存货必然需要一定的资金,而对存货占用资金的需要量进行预测,有利于提前做好购买存货的资金准备。存货资金需要量的预测方法主要有以下几种。

(一) 周转期计算法

周转期计算法是根据各种存货平均每天的周转额和资金周转日数来确定存货资金需要量的一种方法。其计算公式为:

$$存货资金需要量 = 平均每日周转额 \times 资金周转日数$$

其中,平均每日周转额是指某项存货资金平均每天垫支额;资金周转日数是指存货完成一次周转所需要的天数。

周转期计算法是计算存货资金需要量的最基本的方法,它适用于原材料、在产品和产成品等资金数额的测定。

(二) 因素分析法

因素分析法是以上一年资金实际占用量为基础,分析计划期影响资金占用额的各种因素的变动情况,加以调整后,测定存货资金需要量的一种方法。

$$存货资金需要量 = (上一年资金实际平均需要量 - 不合理占用额) \times (1 \pm 预测年度各因素变动百分比)$$

这种方法主要适用于品种繁多、规模复杂和价格较低的材料物资项目资金占用额的测算,也可用这种方法匡算全部存货资金需要量。

(三) 比例计算法

比例计算法是根据存货资金需要量和有关因素之间的比例关系来测算资金需要量的一种方法。其计算公式为:

$$存货资金需要量 = 预测年度预计销售收入总额 \times 预计销售收入存货资金率$$

$$预计销售收入存货资金率 = 上一年存货资金平均余额 - 不合理占用额 \div 上一年实际销售收入总额 \div (1 - 预测年度存货资金周转加速率)$$

这种方法以前主要用于辅助材料、修理备件等资金需要量的测算,现在也用于全部资金需要量的测算。

四、存货经济批量决策

企业在确定了计划采购总量后，还要确定合理的每次进货批量，以防止盲目采购造成损失。合理的进货批量也就是经济进货批量，是指能够使一定时期存货的总成本达到最低点的进货数量。通过上述对存货成本分析可知，决定存货经济进货批量的成本因素主要包括变动性进货费用(简称进货费用)、变动性储存成本(简称储存成本)以及允许缺货时的缺货成本。不同的成本项目与进货批量呈现着不同的变动关系。减少进货批量，增加进货次数，在影响储存成本降低的同时，也会导致进货费用与缺货成本的提高；相反，增加进货批量，减少进货次数，尽管有利于降低进货费用与缺货成本，但同时会导致储存成本的提高。因此，如何协调各项成本费用间的关系，使其总和保持最低水平，是企业组织进货时需要解决的主要问题。

(一) 存货经济进货批量基本模型

为了将问题简化，在进行经济批量决策时，常常做如下假设：①企业一定时期的进货总量可以较为准确地进行预测；②存货的流转比较均衡；③存货的价格稳定，且不考虑商业折扣；④进货日期完全由企业自行决定，并且采购不需要时间；⑤所需存货市场供应充足，并能集中到货；⑥仓储条件及所需现金不受限制；⑦不允许出现缺货。

在满足以上假设的前提下，经济批量考虑的仅仅是使变动性的进货费用(简称进货费用)与变动性的储存成本(简称“储存成本”)之和最低。

$$\text{存货相关总成本} = \text{进货费用} + \text{存储成本}$$

设：Q 表示存货的经济批量；A 表示某种存货的全年需要量；B 表示平均每次进货费用；C 表示单位存货平均储存成本；T_c 表示经济批量的相关总成本；N 表示最佳进货次数；W 表示经济批量的资金平均占用额；P 表示进货单价。则：

$$T_c = \frac{A}{Q} \cdot B + \frac{Q}{2} \cdot C$$

由此公式可推出 T_c 极小时：

存货的经济批量：

$$Q = \sqrt{\frac{2AB}{C}}$$

经济批量的变动总成本：

$$T_c = \sqrt{2ABC}$$

最佳进货次数：

$$N = \frac{A}{Q} = \sqrt{\frac{AC}{2B}}$$

经济批量的资金平均占用额：

$$W = \frac{Q}{2} \cdot P = P\sqrt{\frac{AB}{2C}}$$

其中，Q 表示经济进货批量；A 表示某种存货年度计划进货总量；B 表示平均每次进货费用；C 表示单位存货年度储存成本；T_C 表示存货总成本。

【做中学 8-28】 某企业 2019 年度计划耗用甲材料 360 000 千克，该材料的单位采购成本为 100 元，单位年储存成本为 2 元，平均每次进货费用为 400 元，试做出经济批量决策。

解：依据题意，则：

$$Q=\sqrt{\frac{2\times 360\ 000\times 400}{2}}=12\ 000(\text{千克})$$
$$T_C=\sqrt{2\times 360\ 000\times 400\times 2}=24\ 000(\text{元})$$
$$W=100\times\frac{12\ 000}{2}=600\ 000(\text{元})$$
$$N=\frac{360\ 000}{12\ 000}=30(\text{次})$$

【做中学 8-29】 湘华集团每年需耗用甲材料 640 000 千克，该材料的单位采购成本 100 元，单位年储存成本 4 元，平均每次进货费用 200 元。

解：

$$Q=\sqrt{\frac{2AB}{C}}=\sqrt{\frac{2\times 640\ 000\times 200}{4}}=8\ 000(\text{千克})$$
$$T_c=\sqrt{2ABC}=\sqrt{2\times 640\ 000\times 200\times 4}=32\ 000(\text{元})$$
$$N=\frac{A}{Q}=\frac{640\ 000}{8\ 000}=80(\text{次})$$
$$W=\frac{Q}{2}\cdot P=\frac{8\ 000}{2}\times 100=400\ 000(\text{元})$$

（二）存在商业折扣的经济订货批量模型

在市场经济条件下，为了鼓励客户购买更多的商品，销售企业通常会以提供商业折扣的方式吸引客户。购买越多，所获得的价格优惠越大。此时，企业对经济订货批量的确定，除了考虑进货费用与储存成本之外，还要考虑存货的进价成本。

在经济订货批量基本模型其他各种假设条件均不变的前提下，存在商业折扣的存货的总成本的计算公式为：

$$\text{存货相关总成本}=\text{进价成本}+\text{相关进货费用}+\text{相关储存成本}$$

其中：

$$\text{进价成本}=\text{进货数量}\times\text{进货单价}$$

实行数量折扣的经济进货批量具体确定步骤如下：

第一步，按照基本经济进货批量模式确定经济进货批量。

第二步，计算按基本经济进货批量进货时的存货相关总成本。

第三步，计算按给予数量折扣的不同批量进货时的存货相关总成本。

第四步，比较不同批量进货时的存货相关总成本。此时最佳进货批量，就是使存货相关总成本最低的进货批量。

【做中学 8-30】 承[做中学 8-28]中，一次订购甲材料 20 000 千克以上，则可获得 2%的商业折扣，此时应如何做出采购决策。

解：(1)按基本经济批量采购时的总成本：

$$\begin{aligned}\text{总成本(一次采购 12 000 千克)}&=\text{年需要量}\times\text{单价}+\text{基本经济批量的存货变动相关总成本}\\&=360\ 000\times 100+24\ 000=36\ 024\ 000(\text{元})\end{aligned}$$

(2) 按享受商业折扣的最低批量采购时的总成本：

总成本（一次采购 20 000 千克）＝年需要量×单价＋年储存成本＋年采购费用
＝360 000×100×（1－2%）＋2×20 000÷2＋400×360 000÷20 000
＝35 307 200（元）

36 024 000－35 307 200＝716 800（元）

经比较，应享受商业折扣，即应一次采购 20 000 千克，这样可以节约 716 800 元的采购总成本。

（三）再订货点（reorder point）

再订货点是指企业发出订货指令时尚存的原材料数量。用公式表示为：

再订货点＝原材料每日平均耗用量×原材料的交货时间

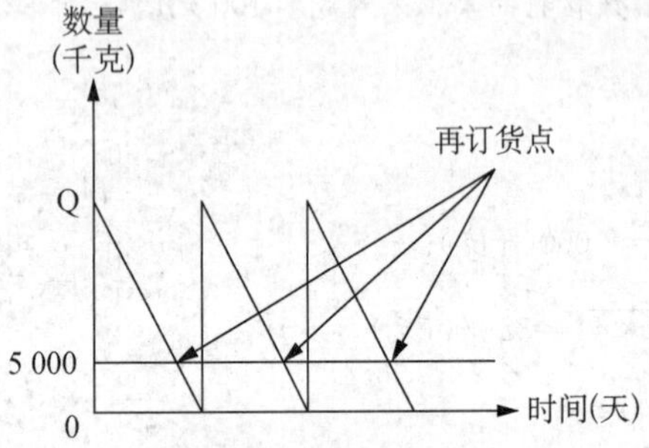

图 8-5　再订货点

【做中学 8-31】　湘华集团的生产周期为 1 年，甲材料全年需用量为 360 000 千克，材料的交货时间为 5 天。

解：原材料每日平均耗用量＝原材料全年需用量÷360
＝360 000÷360
＝1 000（千克）

再订货点＝1 000×5＝5 000（千克）

计算结果表明，当湘华集团原材料库存降为 5 000 千克时，就需要发出订购指令。

再订货点的操作可以用图 8-5 说明。

（四）订货提前期

订货提前期是指企业从发出订单到货物验收完毕所用的时间。用公式表示为：

订货提前期＝预计交货期内原材料的使用量÷原材料每日平均耗用量

【做中学 8-32】　湘华集团预计交货期内原材料的使用量为 100 千克，每日平均耗用量为 20 千克。

解：订货提前期＝100÷20＝5（天）

也就是说，当湘华集团原材料数量还差 5 天用完时，就需要发出订购指令。

（五）保险储备

保险储备是指企业为了防止耗用量突然增加或交货延期等意外情况而进行的储备。一般情况下，存货需求和供应的变化越大，公司需要保持的保险储备量越多。公司的保险储备量越多，储存成本越高，但缺货成本越低；相反，保险储备量越少，储存成本越低，但缺货造成损失的可能性增加。所以，公司在建立保险储备量时，必须在缺货成本与储存成本之间进行权衡，以确定理想的保险储备量。用公式表示为：

保险储备量（SS）＝1÷2×（预计每天最大耗用量×最长订货提前期
－原材料每日平均耗用量×订货提前期）

【做中学 8-33】　承［做中学 8-29］［做中学 8-31］［做中学 8-32］，湘华集团预计每天最大耗用量为 1 200千克，预计最长订货提前期为 8 天。

解：保险储备量（SS）＝1÷2×（1 200×8－1 000×5）＝2 300（千克）

再订货点＝1 000×5＋2 300＝7 300（千克）

计算结果表明，当湘华集团原材料库存降为 7 300 千克时，就需要发出订货指令。

五、存货日常管理

存货日常管理包括存货储存期控制、ABC 分类控制法等。

（一）存货储存期控制法

存货储存期控制包括存货保本储存期控制和保利储存期控制两项内容，有关计算公式为：

利润＝毛利－销售税金及附加－固定储存费－变动储存费用

其中：

变动储存费用＝每日变动储存费×储存天数

$$存货保本储存天数=\frac{毛利-销售税金及附加-固定储存费用}{每日变动储存费}$$

$$存货保利储存天数=\frac{毛利-销售税金及附加-固定储存费用-目标利润}{每日变动储存费}$$

批进批出经销某商品实际获利或亏损额＝每日变动储存费×(保本储存天数－实际储存天数)

批进零售经销某商品预计获利或亏损额＝每日变动储存费×(平均保本储存天数－平均实际储存天数)

其中：

平均实际储存天数＝(实际零散售完天数＋1)÷2

【做中学 8-34】 某商品流通企业批进批出一批商品共 500 件，该商品单位进价为 500 元(不含增值税)，单位售价为 550 元(不含增值税)，经销该批商品的一次性费用为 5 000 元。已知，该商品的进货款来自银行贷款，年利率为 9%，商品的月保管费用率为 3‰，流转环节的销售税金及附加为 2 500 元。(1 年按 360 天计算)

要求：

(1) 计算该批商品的保本储存天数。

(2) 如果企业要求获得目标利润 8 750 元，计算该批商品的保利期天数。

(3) 如果该批商品超过保利期 10 天后售出，计算该批商品的实际获利额。

解：

(1) 保本天数＝[(550－500)×500－5 000－2 500]÷[500×500×(9%÷360＋3‰÷30)]
＝17 500÷87.5
＝200(天)

(2) 保利天数＝[(550－500)×500－5 000－2 500－8 750]÷[500×500×(9%÷360＋3‰÷30)]
＝100(天)

(3) 超过保利期 10 天售出的实际获利额＝[500×500×(9%÷360＋3‰÷30)]×(200－110)
＝7 875(元)

(二) ABC 分类控制法

ABC 分类控制法是意大利经济学家巴雷特于 19 世纪提出的，后来经过不断地发展和完善，已广泛用于存货、成本和生产等方面的控制。所谓 ABC 分类管理，就是按照一定的标准，将企业的存货划分为 A、B、C 三类，分别实行分品种重点管理、分类别一般控制和按总额灵活掌握的存货管理方法。

ABC 分类控制法的基本原理是：先将存货分为 A、B、C 三类，其分类的标准有两个：一是金额标准；二是品种数量标准。其中，金额标准是最基本的，品种数量标准仅作为参考。

A 类存货的特点是金额巨大，品种数量较少；B 类存货金额一般，品种数量相对较多；C 类存货品种数量繁多，但价值较小。三类存货的金额比重大致为 A∶B∶C＝0.7∶0.2∶0.1。

运用 ABC 分类控制法一般分以下四个步骤：

第一步，根据每一种存货在一定期间内(如 1 年内)耗用量乘以价格计算出该种存货的资金耗用总额。

第二步，计算出每一种存货资金耗用总额占全部存货资金耗用总额的百分比，并按大小顺序排列，编成表格。

第三步，根据事先设定好的标准，把各项存货分为 A、B、C 三类，并用直角坐标图表示出来。

第四步，对 A 类存货实施重点控制，对 B 类存货实施次重点控制，对 C 类存货实施一般性的控制。

ABC 三类存货的特点与控制要求：

(1) A 类存货的特点与控制要求。A 类存货品种数量少，但占用资金多。企业应集中主要力量进行周密的规划和严格的管理，应列为控制重点。其控制措施有：①计算确定其经济订货批量、最佳保险储备和再订货点，严格控制存货数量；②采用永续盘存制，对存货的收发结存进行严密监视，当存货数量达到再订货点时，应及时通知采购部门组织进货。

(2) B 类存货的特点与控制要求。B 类存货品种数量、占用资金均属中间状态，不必像 A 类存货控制得那样严格，但也不能过于宽松。其控制要求是：确定每种存货的经济订货批量、最佳保险储备量和再订货点，并采用永续盘存制对存货的收发结存情况进行反映和监督。

(3) C 类存货的特点与控制要求。C 类存货品种多，数量大，但资金占用量很小。企业对此类存货不必花费太多的精力，可以采用总金额控制法，根据历史资料分析后，按经验适当增大订货批量，减少订货次数。

六、企业存货决策

企业存货决策可分为存货与否决策、存货数量决策、存货期限决策等。其中，存货与否决策涉及零库存问题；存货数量决策决定存货的批量，包括采购批量和生产批量；存货期限决策涉及商品保本期和商品保利期问题。企业存货的决策主要涉及存货订购点决策和订货量决策。

(一) 存货订购点决策

存货的基本性质是在当期内随着提取而降低，因此企业的管理人员需要决定在何种剩货水平时就必须发出新的订单，以避免届时完全缺货，这个存货水平就称为订购点。如果订购点为 20 单位，则表明企业所存货物降到 20 单位时，就必须发出订单，以保持应有的存货量。订购点取决于订购前置时间、使用率、服务水平以及其他因素。

1. 订购前置时间

订购前置时间是指自订购单发出到接到货物所需要的平均时间。这段时间越长，则订购点就越高。例如，订购后等候 20 天才取得货物比仅需 10 天所采用的订货点要高，也就是必须提早订货。

2. 使用率

使用率是指在某一段时间内，顾客的平均购买数量。使用率越高，则订购点就应越高。因此，每天销售 4 单位就比每天销售 2 单位使用的订购点高。

3. 服务水平

服务水平是指企业希望从存货中直接用来完成顾客订单的百分比。服务水平越高，订购点就应越高。使用率与订购前置时间变动越大，则订购点应越高。只有这样，才能达到一定的服务水平。一般把高于订购点的存货称作安全存货，与补充存货相反。企业安全存货的大小，取决于顾客服务与成本两项因素。

由此可见，“何时订购”这一决策，乃是寻求一个最低的存货水平，当达到这一水平时，就须发出新订单。在使用率越高、订购时间越长以及在使用率及订购前置时间变动的条件下，服务水平越高，则所需的订购点也应越高。换言之，订购点是由平衡缺货的风险和存货过多的成本而决定的。

(二) 订购量决策

企业有关订购多少(即订购量)的决策直接影响企业的订购频率。订购量越大，则购买频率越低(即购买次数越少)。每次订购要花费成本费用，但保留大量存货也需要成本费用。企业在决定订购数量时,就要比较订购成本和存货占用成本这两种不同的成本。

1. 订购成本

订购成本也就是订货处理成本,对于经销商和制造商来讲有所不同。经销商订购成本是指每次从发出订单到收货、验货所发生的成本,如物品费用(邮票、订单表格、信封等支出)及人工费用等。不同企业对订货处理成本估计数值的差异,有些是真实的,即来自实际经营成本的差异;有些是人为的,即来自会计方法的不同。

制造商订购成本包括装置成本与运转成本。如果装置成本很低,则制造商可以经常生产该产品,该产品的成本将变得非常牢固。然而,如果装置成本过高,制造商只有在大量生产的情况下才能降低平均单位成本。此时,企业愿采取大量生产但生产次数较少的生产方式。

2. 存货占用成本

存货占用成本大致可以分为四种:

(1) 存货空间费用。存货的保存常常需要热、光、冷冻、安全等专门的服务,有关设备可以租赁,也可以建造,但无论是租赁设备还是自建设备,都是存货越多,空间费用越高。

(2) 资金成本。实际上,存货也是企业投资的一种形式,因此企业会丧失投资于其他方面的机会收益。

【提示】 存货越多,全部存货的资金成本也就越高。

(3) 税金与保险费。企业的存货通常都须加以保险,并负担税金。在制定购量决策时,必须考虑到这两项费用。

(4) 折旧与报废损失。企业的存货须冒损坏、降价、报废等风险。尽管这项成本难以计算,但很显然,存货越多,这项成本越高。

关键术语

相关分析法　差别分析法　成本无差别点分析法　风险型生产决策　不确定型生产决策　成本加成定价法　极限定价法

应知考核

一、单项选择题

1. 如果决策方案中有专属固定成本的发生,则应从边际贡献中扣除专属固定成本,扣除后的余额一般称为(　　)。
   A. 剩余边际贡献　　B. 成本边际贡献
   C. 利润边际贡献　　D. 差别边际贡献
2. 在新产品开发的品种决策中,如果方案不涉及追加专属成本,则下列方法中,最应当选用的是(　　)。
   A. 单位资源边际贡献分析法　　B. 边际贡献总额分析法
   C. 差别损益分析法　　D. 相关损益分析法
3. 在零件自制或外购的决策中,采用不同工艺进行加工等决策,都可以采用的决策方法是(　　)。
   A. 最优分析法　　B. 差别分析法
   C. 相关分析法　　D. 成本无差别点分析法
4. 成本无差别点是指能使两方案的(　　)。
   A. 标准成本相等时的业务量　　B. 变动成本相等时的业务量
   C. 固定成本相等时的业务量　　D. 预期成本相等时的业务量
5. 在定价决策中,对于那些同类竞争产品差异性较大、能满足较大市场需要、弹性大、不易仿制的新产品最好采用(　　)。
   A. 撇脂法定价策略　　B. 渗透法定价策略

C. 弹性定价决策　　D. 先低后高策略

二、多项选择题

1. 下列各项中,属于以成本为导向的定价决策方法的有(　　)。

A. 完全成本加成定价法　　B. 公式法

C. 列表法　　D. 变动成本加成定价法

2. 下列各项中,属于以市场需求为导向的定价决策方法的有(　　)。

A. 完全成本加成定价法　　B. 公式法

C. 列表法　　D. 变动成本加成定价法

3. 进行方案评价时反映经济效益的指标有(　　)。

A. 边际贡献　　B. 利润　　C. 成本　　D. 费用

4. 短期经营决策常用的方法有(　　)。

A. 边际贡献分析法　　B. 差别分析法

C. 相关分析法　　D. 成本无差别点分析法

5. 下列各项中,差别分析法包含的因素有(　　)。

A. 差别收入　　B. 差别成本　　C. 差别收益　　D. 无差别点

三、判断题

1. 短期经营决策分析的基本依据是经济效益的高低。(　　)
2. 进行方案评价时反映经济效益的指标有边际贡献、利润和费用。(　　)
3. 对某一种产品来说,单位边际贡献指标只反映产品的盈利能力。(　　)
4. 单位边际贡献最大的方案一定是边际贡献总额最大的方案。(　　)
5. 差别收益则是差别收入与差别成本之间的差额。(　　)

四、简述题

1. 在经营决策分析中,衡量选择最佳方案常用的方法有哪些?
2. 什么是差别分析法?试举例说明这种方法的应用。
3. “为了扭亏转盈,凡是亏损产品都应该停产”这句话对吗?为什么?
4. 在哪种经营决策中要计算成本平衡点?
5. 有人说“机器设备折旧有时是决策分析的相关成本,有时又不是相关成本”,你是否同意这种说法,请说明理由。

五、计算题

1. 某企业尚有一定闲置设备台时,拟用于开发一种新产品,现有A、B两个品种可供选择。A品种的单价为100元/件,单位变动成本为60元/件,单位产品台时消耗定额为2小时/件,此外,还需消耗甲材料,其单耗定额为5千克/件;B品种的单价为120元/个,单位变动成本为40元/个,单位产品台时消耗定额为8小时/个,甲材料的单耗定额为2千克/个。假定甲材料的供应不成问题。

要求:用单位资源边际贡献分析法做出开发哪种品种的决策,并说明理由。

2. 某企业每年生产1 000件甲半成品。其单位完全生产成本为18元(其中单位固定性制造费用为2元),直接出售的价格为20元/件。企业目前已具备将80%的甲半成品深加工为乙产成品的能力,但每深加工1件甲半成品需要追加5元变动性加工成本。乙产成品的售价为30元/件。假定乙产成品的废品率为1%。

要求:考虑以下不相关的情况,用差别损益分析法为企业做出是否深加工甲半成品的决策,并说明理由。

(1) 深加工能力无法转移。

(2) 深加工能力可用于承揽零星加工业务,预计可获得边际贡献4 000元。

(3) 同(1)，如果追加投入 5 000 元专属成本，可使深加工能力达到 100%，并使废品率降低为零。

3. 某企业每年需用 A 零件 2 000 件，原由金工车间组织生产，年总成本为 19 000 元，其中，固定生产成本为 7 000 元。如果改从市场上采购，价格为 8 元/件，同时将剩余生产能力用于加工 B 零件，可节约外购成本 2 000 元。

要求：为企业做出自制或外购 A 零件的决策，并说明理由。

4. 某公司生产甲产品，甲产品产量为 500 件时的有关成本费用资料如下：直接材料 20 000 元，直接人工 11 000 元，变动性制造费用 12 000 元，固定性制造费用 10 000 元，销售及管理费用 1 800 元。已知该公司计划实现 30 000 元的目标利润。

要求：分别按完全成本法和变动成本法下的成本加成定价法确定目标售价。

5. 某产品按每件 10 元的价格出售时，可获得 8 000 元边际贡献；边际贡献率为 20%，企业最大生产能力为 7 000 件。

要求：分别根据以下不相关条件做出是否调价的决策。

(1) 将价格调低为 9 元/件时，预计可实现销售 9 000 件。

(2) 将价格调高为 12 元/件时，预计可实现销售 3 000 件。

6. 某企业只生产一种产品，全年最大生产能力为 1 200 件。年初已按 100 元/件的价格接受正常任务 1 000件，该产品的单位完全生产成本为 80 元/件(其中，单位固定生产成本为 25 元)。现有一客户要求以 70 元/件的价格追加订货。

要求：考虑以下不相关情况，用差别损益分析法为企业做出是否接受低价追加订货的决策，并说明理由。

(1) 剩余能力无法转移，追加订货量为 200 件，不追加专属成本。

(2) 剩余能力无法转移，追加订货量为 200 件，但因有特殊要求，企业需追加 1 000 元专属成本。

(3) 条件同(1)，但剩余能力可用于对外出租，可获租金收入 5 000 元。

(4) 剩余能力无法转移，追加订货量为 300 件，因有特殊要求，企业需追加 900 元专属成本。

应会考核

■ 观念应用

【背景资料】

格兰有限公司的商品报价

格兰有限公司是一家制造高档电话机的公司，其产品主要在美国出售。公司的营业经理最近收到一家意大利连锁店的邀请，提交一个为该连锁店制造 2 000 台高档电话机的报价。格兰有限公司将在其有空闲生产能力时段进行这张订单的生产，且不会影响其正常的运作。然而，如果要取得这张订单，所提交的报价必须是很低的。

格兰有限公司每台电话机的标准成本如表 8-24 所示。

表 8-24　　格兰有限公司每台电话机的标准成本

原材料	零部件 A	18.00 元
	零部件 B	12.80 元
	零部件 C	10.00 元
	包装	4.00 元
	合计	44.80 元
直接人工	2 小时，每小时 20 元	40.00 元
组长人工	直接人工的 10%	4.00 元

（续表）

间接费用	折旧	8.00元
	其他一般固定制造费用	15.20元
总成本		112.00元
毛利	成本的20%	22.40元
每台售价		134.40元

关于原材料的其他资料如下：

(1) 目前存货中还有至少2 000件零部件A，但格兰有限公司的其他产品已不再使用零部件A了，而该零部件也无其他用途。

(2) 零部件B是格兰有限公司常用的，预计其价格在下年维持不变。

(3) 零部件C是格兰有限公司大量使用的，但短期内将被一种新的零部件取代。届时在库的大量存货可按每件4元出售。新零部件的外购成本为每件12元。

这张订单并不需要公司的常规包装，但运往意大利的特别包装需花费20 000元，船运费用是24 000元。这张订单所需耗用的直接人工成本在公司有空闲生产能力时段一般按正常工资率照常支付。如果订单落实，要完成必需的维修工作便需支付超时工资28 000元。影响折旧的因素是时间而不是使用量。此外，这张订单直接引起的额外间接费用为6 000元。

【考核要求】

(1) 计算格兰有限公司制造2 000台高档电话机订单的最低报价，而这个报价又不会使格兰有限公司亏本。

(2) 你提议的报价是多少？请列出原因。讨论接受这张订单前除财务因素外，还应考虑的其他因素。

■ 技能应用

自制或外购决策

某企业常年生产需用的A零件，该零件以前一直从市场上采购。采购量在5 000件以下时，单价为8元；达到或超过5 000件时，单价为7元。如果追加投入12 000元专属成本，就可以自行制造该零件，预计单位变动成本为5元。

【技能要求】

要求：用成本无差别点法为企业做出自制或外购A零件的决策，并说明理由。

■ 案例分析

【背景资料】

AS公司的定价决策

AS公司是一家生产电子产品的企业，其有关间接费用的预算如表8-25所示。

表8-25 有关间接费用的预算

项目	电子车间	测试车间	辅助部门
变动间接成本(元)	1 200 000	600 000	700 000
固定间接成本(元)	2 000 000	500 000	800 000
预算人工小时(小时)	800 000	600 000	

在分派辅助部门间接成本时，变动间接成本是根据各车间的人工小时分配的，而辅助部门的固定间接成本以电子车间和测试车间的最大实际生产能力为基础分配。两个车间的最大实际生产能力相等。

AS公司的产品价格长期以来是按照完全生产成本的25%～30%的比例加成的。AS公司正在开发某个新产品,已处于最后阶段。AS公司希望其性能超过竞争者的同类产品,竞争者同类产品的市场价在60～70元之间。产品开发工程主任确定该产品的直接材料成本为每件7元,电子车间需耗人工小时每件4小时,测试车间3小时。两个车间的小时工资率分别为2.5元和2.0元。

管理人员预测与该产品有关的固定成本为:每年管理人员工资13 000元,最近购置设备的折旧100 000元,广告费37 000元。这些固定成本已包括在上述预算中。另外,上述预算包括很多产品,AS公司不会因一个产品的原因修改这个预算。

市场研究表明,AS公司对该产品的市场占有率为10%,按乐观估计可达到15%。该产品的市场总需求量为20 000件。

【分析要求】

(1) 编制一份概括性的信息资料以帮助决策者制定产品价格。这些资料应包括分派辅助部门间接成本后的完全成本法和变动成本法信息。

(2) 详细解释如何根据上述信息制定产品价格。

项目实训

【实训项目】

预测分析方法。

【实训情境】

你能给出建议吗?

你所属公司的生产经理就项目Y的成本问题向你询问意见。项目Y是该生产经理准备竞投的一个海外的一次性订单。该项目的有关成本如表8-26所示。

表8-26　项目Y的有关成本　金额单位:元

原材料A	16 000
原材料B	32 000
直接人工	24 000
监督成本	8 000
间接费用	48 000
合　计	128 000

你所知的资料如下:

(1) 原材料A已存放于仓库,上述数字乃是其成本价格。除上述项目Y以外,公司暂时没有其他项目使用原材料A。假如需要清理原材料A,费用将是7 000元。原材料B将需要从外面购入,成本如表8-26所列。

(2) 直接人工24 000元为从另一项目调配到项目Y的工人的人工成本。另一项目因为这次调配而需招聘额外工人的成本为28 000元。

(3) 监督成本是按项目的人工成本的1/3计算的,由现有的职员在其既定的工作范围内执行。

(4) 间接费用按直接人工的200%计算。

(5) 公司现正在高于保本点的水平运作。

(6) 公司为此项目需购置的新机器,在项目完成后别无他用。机器的成本价为40 000元,项目完成后可卖得21 000元。

根据生产经理的资料,这位海外客户愿意支付的最高价格为120 000元,而公司的竞争对手也愿意接受这个价格。基于上述的成本128 000元还未包括机器的成本及公司的利润,生产经理可接受的最低价格是 160 000 元。

【实训任务】

要求：

(1) 计算项目 Y 的相关成本，应清楚列明地如何得出这些数字，并解释某些数字被排除的理由。

(2) 给生产经理编写一份报告，阐明公司应否竞投此项目的原因及投标价。请留意竞争对手愿意出价 120 000 元竞投此项目。

(3) 指出在竞投项目 Y 前应考虑的一些非货币性因素。

(4) 假设公司是在低于保本点的水平运作，你将会提出什么建议？请说明理由。

(5) 撰写“预测分析方法”实训报告。

“预测分析方法”实训报告		
项目实训班级：	项目小组：	项目组成员：
实训时间：　年　月　日	实训地点：	实训成绩：
实训目的：		
实训步骤：		
实训结果：		
实训感言：		

项目九 长期投资决策分析

知识目标

理解：投资的概念和分类、长期投资决策的概念和特征。

熟知：长期投资决策的程序；项目投资决策及其影响因素、项目投资全额及其投入方式、项目投资决策评价的主要指标及分类。

掌握：长期投资决策分析方法、项目投资决策评价指标的运用、项目投资决策的敏感性分析、新项目投资决策、固定资产更新决策、固定资产租赁或购置决策。

项目课件

技能目标

能够具备运用项目投资决策方法进行投资方案的决策能力。

素质目标

能够根据企业所处的内外部环境状况，估计项目投资的现金流量，并能够用适当的项目投资决策方法对最佳投资方案做出选择，具备项目投资分析与决策的能力。

项目引例

康元葡萄酒厂项目投资决策的可行性分析

康元葡萄酒厂是生产葡萄酒的中型企业，该厂生产的葡萄酒酒香纯正，价格合理，长期以来供不应求。为了扩大生产能力，康元葡萄酒厂准备新建一条生产线。

张晶是该厂的助理会计师，主要负责投资工作。总会计师王冰要求张晶搜集建设葡萄酒新生产线的有关资料，并对投资项目进行财务评价，以供厂领导决策考虑。

张晶经过半个月的调查研究，得到以下有关资料：

(1) 投资新的生产线需一次性投入 1 000 万元，建设期 1 年，预计可使用 10 年，报废时无残值收入；按税法要求该生产线的折旧年限为 8 年，使用直线法折旧，残值率为 10%。

(2) 购置设备所需的资金通过银行借款筹措，借款期限为 4 年，每年年末支付利息 100 万元，第 4 年年末用税后利润偿付本金。

(3) 该生产线投入使用后，预计可使工厂第 1～5 年的销售收入每年增长 1 000 万元，第 6～10 年的销售收入每年增长 800 万元，耗用的人工和原材料等成本为收入的 60%。

(4) 生产线建设期满后，工厂还需垫支流动资金 200 万元。

(5) 所得税税率为 25%。

(6) 银行借款的资金成本为 10%。

【思考与讨论】

如何对项目投资进行可行性评价？

知识精讲

任务一 长期投资决策概述

一、投资的概念和分类

(一) 投资的概念

投资是指特定经济主体（包括国家、企业和个人）为了在未来可预见的时期内获得收益或使资金增值,在一定时期向一定领域的标的物投放足够数额的资金或实物等货币等价物的经济行为。从特定企业角度看,投资就是企业为获取收益而向一定对象投放资金的经济行为。

（二）投资的分类

1. 按照投资行为的介入程度,分为直接投资和间接投资

(1) 直接投资是指不借助金融工具,由投资人直接将资金转移交付给被投资对象使用的投资,包括企业内部直接投资和对外直接投资。前者形成企业内部直接用于生产经营的各项资产,如各种货币资金、实物资产、无形资产等;后者形成企业持有的各种股权性资产,如持有子公司或联营公司股份等。

(2) 间接投资是指通过购买被投资对象发行的金融工具而将资金间接转移交付给被投资对象使用的投资,如企业购买特定投资对象发行的股票、债券、基金等。

2. 按照投入的领域不同,分为生产性投资和非生产性投资

(1) 生产性投资是指将资金投入生产、建设等物质生产领域中,并能够形成生产能力或可以产出生产资料的一种投资,又称为生产资料投资。这种投资的最终成果将形成各种生产性资产,包括形成固定资产的投资、形成无形资产的投资、形成其他资产的投资和流动资金投资。其中,前三项属于垫支资本投资,后者属于周转资本投资。

(2) 非生产性投资是指将资金投入非物质生产领域中,不能形成生产能力,但能形成社会消费或服务能力,满足人民的物质文化生活需要的一种投资。这种投资的最终成果是形成各种非生产性资产。

3. 按照投资的方向不同,分为对内投资和对外投资

(1) 对内投资就是项目投资,是指企业将资金投放于为取得供本企业生产经营使用的固定资产、无形资产、其他资产和垫支流动资金而形成的一种投资。

(2) 对外投资是指企业为购买国家及其他企业发行的有价证券或其他金融产品(包括期货与期权、信托、保险),或以货币资金、实物资产、无形资产向其他企业(如联营企业、子公司等)注入资金而发生的投资。

此外,按照投资的内容不同,分为固定资产投资、无形资产投资、流动资金投资、房地产投资、有价证券投资、期货与期权投资、信托投资和保险投资等多种形式。

【提示】 本项目所讨论的投资是指属于直接投资范畴的企业内部投资,即项目投资。

二、长期投资决策的概念和特征

长期投资是指涉及投入大量资金,投资所获得报酬要在长时期内逐渐收回,能在较长时间内影响企业经营获利能力的投资。与长期投资项目有关的决策,称作长期投资决策。广义的长期投资包括固定资产投资、无形资产投资和长期证券投资等内容。而固定资产投资在长期投资中所占比例较大;狭义的长期投资特指固定资产投资,本项目主要论述狭义的长期投资决策。一般来说,长期投资有如下特征。

（一）投资金额大

长期投资,特别是战略性扩大生产能力的投资需要的金额一般较大,往往是企业多年的资金积累。长期投资在企业总资产中占到很大比重,因此对企业未来的财务状况和现金流量起到相当大的影响。

（二）影响时间长

长期投资投资期和发挥作用的时间都较长,项目建成后对企业的经济效益会产生长久的效应,并可能对企业的前途有决定性的影响。

（三）变现能力差

长期投资的使用期长,一般不会在短期内变现,即使由于种种原因想在短期内变现,其变现能力也较差。长期投资项目一旦建成，想要改变是很困难的，不是无法实现，就是代价太大。

(四) 投资风险大

长期投资项目的使用期长，面临的不确定因素很多，如原材料供应情况、市场供求关系、技术进步速度、行业竞争程度、通货膨胀水平等都会影响投资的效果。所以，固定资产投资面临较高的投资风险。

长期投资不仅需要投入较多的资金，而且影响的时间长，投入资金的回收和投资所得收益都要经历较长的时间才能完成。在进行长期投资决策时，一方面要对各方案的现金流入量和现金流出量进行预测，正确估算出每年的现金净流量；另一方面要考虑资金的时间价值，还要计算出为取得长期投资所需资金所付出的代价，即资金成本。

【提示】 现金净流量、资金时间价值和资金成本是影响长期投资决策的重要因素。

三、长期投资决策的程序

投资项目具有相当大的风险，一旦决策失误，就会严重影响企业的财务状况和现金流量，甚至会使企业走向破产。因此，投资项目不能在缺乏调查研究的情况下轻率决定，而必须按特定的程序，运用科学的方法进行可行性分析，以保证决策的正确有效。投资项目决策的程序一般包括下述几个步骤。

(一) 投资项目方案的提出

为了满足公司生存、发展和获利的需要，根据公司的长远发展战略目标进行投资项目，可以为公司提供更多、更好的发展机遇。公司的各级管理人员都可以提出投资项目。一般而言，公司的最高管理层提出的投资项目多是战略性的，基层管理人员提出的投资项目多是战术性的。

(二) 投资项目方案的评价

投资项目方案的评价主要涉及如下几项工作：一是项目对公司的重要意义及项目的可行性；二是估算项目预计投资额，预计项目的收入和成本，预测投资项目的现金流量；三是计算项目的各种投资评价指标；四是写出评价报告，请领导批准。

(三) 投资项目方案的决策

投资项目评价后，根据评价的结果，公司相关决策者要做最后决策。最后决策一般可分为三种情况：

(1) 该项目可行，接受这个项目，可以进行投资；

(2) 该项目不可行，拒绝这个项目，不能进行投资；

(3) 将项目计划发还给投资项目的提出部门，重新调查后，再作处理。

(四) 投资项目的执行

公司相关决策者做出投资决策，决定对某项目进行投资后，公司相关部门按照投资计划的要求积极筹措资金，实施投资。在投资项目的执行过程中，还要对工程进度、工程质量、施工成本进行控制，以使投资按预算的规定保质并如期完成。

(五) 投资项目的再评价

在投资项目的执行过程中，应根据项目的实行情况判断原来做出的决策是否合理、正确。一旦发现原方案有不妥之处，或者情况有重大变化，就应对原方案重新审议，必要时应修改原方案或者终止投资，以避免更大的损失。

四、项目投资的概念和意义

(一) 项目投资的概念

项目投资是对特定项目所进行的一种长期投资行为。对工业企业来讲，主要有以新增生产能力为目的的新建项目投资和以恢复或改善原有生产能力为目的的更新改造项目投资两大类。

(二) 项目投资的意义

1. 宏观角度

从宏观角度看,项目投资有以下两方面的积极意义:

第一,项目投资是实现社会资本积累功能的主要途径,也是扩大社会再生产的重要手段,有助于促进社会经济的长期可持续地发展。

第二,增加项目投资,能够为社会提供更多的就业机会,提高社会总供给量,不仅可以满足社会需求的不断增长,而且最终会拉动社会消费的增长。

2. 微观角度

从微观角度看,项目投资有以下三个方面的积极意义:

第一,增强投资者经济实力。投资者通过项目投资,扩大其资本积累规模,提高其收益能力,增强其抵御风险的能力。

第二,提高投资者创新能力。投资者通过自主研发和购买知识产权,结合投资项目的实施,实现科技成果的商品化和产业化,不仅可以不断地获得技术创新,而且能够为科技转化为生产力提供更好的业务操作平台。

第三,提升投资者市场竞争能力。市场竞争不仅是人才的竞争、产品的竞争,而且从根本上说是投资项目的竞争。一个不具备核心竞争能力的投资项目,是注定要失败的。无论是投资实践的成功经验还是失败的教训,都有助于促进投资者自觉按市场规律办事,不断提升其市场竞争力。

五、项目投资决策及其影响因素

项目投资决策是指特定投资主体根据其经营战略和方针,由相关管理人员做出的有关投资目标、拟投资方向或投资领域的确定和投资实施方案的选择的过程。

一般而言,项目投资决策主要考虑以下因素。

(一) 需求因素

需求情况可以通过考察投资项目建成投产后预计产品的各年营业收入(即预计销售单价与预计销量的乘积)的水平来反映。如果项目的产品不适销对路,或质量不符合要求,或产能不足,都会直接影响其未来的市场销路和价格水平。其中,产品是否符合市场需求、质量应达到什么标准,取决于对未来市场的需求分析和工艺技术水平的分析;而产能情况则直接取决于工厂布局是否合理、原材料供应是否有保证,以及对生产能力和运输能力的分析。

(二) 时期因素和时间价值因素

1. 时期因素

时期因素是由项目计算期的构成情况决定的。项目计算期(记作 n) 是指项目从开始投资建设到最终清理结束整个过程的全部时间,即项目的有效持续时间。项目计算期通常以年为计算单位。

一个完整的项目计算期,由建设期(记作 s, $s \geqslant 0$) 和生产经营期(记作 p) 两部分构成。其中:

(1) 建设期是指从开始投资建设到建成投产这一过程的全部时间。建设期的第 1 年年初(记作第 0 年)称为建设起点,建设期的最后 1 年年末(记作第 s 年)称为投产日。

(2) 生产经营期是指从投产日到终结点这一过程的全部时间。生产经营期开始于建设期的最后 1 年年末即投产日,结束于项目最终清理的最后 1 年年末(记作第 n 年)称为终结点。

【提示】 生产经营期包括试产期和达产期(完全达到设计生产能力)。试产期是指项目投入生产，但生产能力尚未完全达到设计能力时的过渡阶段。达产期是指生产运营达到设计预期水平后的时间。运营期一般应根据项目主要设备的经济使用寿命期确定。图 9-1 为项目计算期的构成示意。

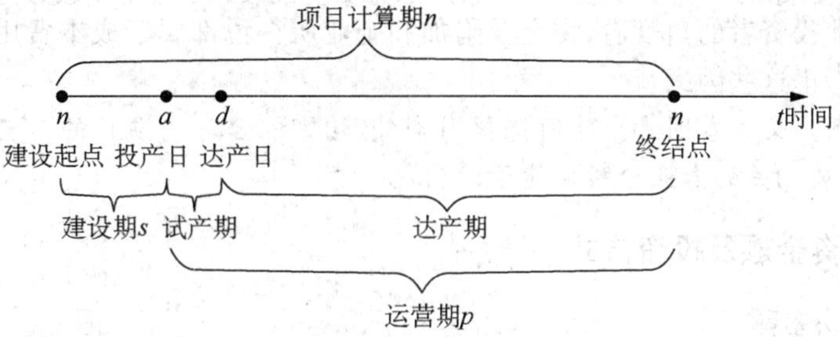

图 9-1　项目计算期的构成示意

项目计算期、建设期和运营期之间有以下关系成立，即：

$$项目计算期(n) = 建设期(s) + 运营期(p)$$

【做中学 9-1】　A 企业拟投资新建一个项目，在建设起点开始投资，历经 2 年后投产，试产期为 1 年，主要固定资产的预计使用寿命为 10 年。

根据上述资料，估算该项目各项指标如下：

建设期为 2 年，运营期为 10 年。

$$达产期 = 10 - 1 = 9(年)$$
$$项目计算期 = 2 + 10 = 12(年)$$

2. 时间价值因素

时间价值因素是指根据项目计算期不同时点上价值数据的特征，按照一定的折现率对其进行折算，从而计算出相关的动态项目评价指标。因此，科学地选择适当的折现率，对于正确开展投资决策至关重要。

(三) 成本因素

成本因素包括投入和产出两个阶段的广义成本费用。

1. 投入阶段的成本

它是由建设期和运营期初期所发生的原始投资决定的，从项目投资的角度看，原始投资(又称“初始投资”)等于企业为使该项目完全达到设计生产能力、开展正常经营而投入的全部现实资金，包括建设投资和流动资金投资两项内容。建设投资是指在建设期内按一定生产经营规模和建设内容进行的投资。流动资金投资是指项目投产后分次或一次投放于营运资金项目的投资增加额，又称垫支流动资金或营运资金投资。

在财务可行性评价中，原始投资与建设期资本化利息之和为项目总投资，这是一个反映项目投资总体规模的指标。

【做中学 9-2】　B 企业拟新建一条生产线项目，建设期为 2 年，运营期为 20 年。全部建设投资分别安排在建设起点、建设期第 2 年初和建设期期末分三次投入，投资额分别为 100 万元、300 万元和 68 万元；全部流动资金投资安排在投产后第 1 年末和第 2 年末分两次投入，投资额分别为 15 万元和 5 万元。根据项目筹资方案的安排，建设期资本化借款利息为 22 万元。根据上述资料，可估算该项目各项指标如下：

解：建设投资合计＝100＋300＋68＝468(万元)

流动资金投资合计＝15＋5＝20(万元)

原始投资＝468＋20＝488(万元)

项目总投资＝488＋22＝510(万元)

2. 产出阶段的成本

它是由运营期发生的经营成本、税金及附加和企业所得税三个因素决定的。经营成本又称付现的营运成本(简称付现成本)，是指在运营期内为满足正常生产经营而动用货币资金支付的成本费用。从企业投资者的角度看，税金及附加和企业所得税都属于成本费用的范畴，因此，在投资决策中需要考虑这些因素。

【注意】 各项广义成本因素中除所得税因素外，均需综合考虑项目的工艺、技术、生产和财务等条件，通过开展相关的专业分析才能予以确定。

六、项目投资金额及投资方式

(一) 项目投资金额

反映项目投资金额的指标主要有原始总投资和项目总投资。

1. 原始总投资

原始总投资是反映项目所需现实资金的价值指标。从项目投资的角度看，原始总投资等于企业为使投资项目完全达到设计生产能力而投入的全部现实资金。

从项目投资的角度看，原始投资(又称初始投资)是指企业为使该项目完全达到设计生产能力、开展正常经营而投入的全部现实资金，包括建设投资和流动资金投资两项内容。

1) 建设投资

建设投资是指在建设期内按一定生产经营规模和建设内容进行的投资，具体包括固定资产投资、无形资产投资和其他资产投资三项内容。

(1) 固定资产投资是指项目用于购置或安装固定资产应当发生的投资。固定资产投资是任何类型项目中都不可缺少的投资内容。固定资产原值与固定资产投资之间的关系为：

$$固定资产原值 = 固定资产投资 + 建设期资本化借款利息$$

(2) 无形资产投资是指项目用于取得无形资产应当发生的投资。

(3) 其他资产投资是指建设投资中除固定资产投资和无形资产投资以外的投资，包括生产准备投资和开办费投资。

2) 流动资金投资

流动资金投资，又称垫支流动资金投资或营运资金投资，是指项目投产前后分次或一次投放于流动资产项目的投资增加额。

2. 项目总投资

项目总投资是反映项目投资总体规模的价值指标，它等于原始投资与建设期资本化利息之和。其中，建设期资本化利息是指在建设期发生的与购建项目所需的固定资产、无形资产等长期资产有关的借款利息。

$$项目总投资 = 原始投资 + 建设期资本化利息$$

【做中学 9-3】 A企业拟新建一条生产线，需要在建设起点一次投入固定资产投资200万元，在建设期末投入无形资产投资25万元。建设期为1年，建设期资本化利息为10万元，全部计入固定资产原值。流动资金投资合计为20万元。

解：根据上述资料可计算该项目有关指标为：

$$固定资产原值 = 200 + 10 = 210(万元)$$
$$建设投资 = 200 + 25 = 225(万元)$$
$$原始投资 = 225 + 20 = 245(万元)$$
$$项目总投资 = 245 + 10 = 255(万元)$$

(二) 项目投资方式

项目投资的资金投入方式可分为一次投入和分次投入两种方式。一次投入方式是指投资行为集中一次发生或资金集中在某一个时点上投入。如果投资行为涉及两个或两个以上的时点，则属于分次投入方式。当建设期为零时，则一般为一次投入方式。

七、项目投资决策评价的主要指标及分类

(一) 项目投资决策评价指标

投资项目的现金净流量计算出来后，应采用适当的指标进行评价。项目投资决策评价指标是指用于衡量和比较投资项目可行性以便据以进行方案决策的定量化标准与尺度，它由一系列综合反映投资效益、投入产出关系的量化指标构成。项目投资决策评价的指标主要有投资利润率、静态投资回收期、动态投资回收期(又称贴现投资回收期)、净现值、净现值率、现值指数、内含报酬率等。

(二) 项目投资决策评价指标的分类

1. 按是否考虑货币时间价值分类

按是否考虑货币时间价值，分为非折现评价指标和折现评价指标。非折现评价指标是指在计算过程中不考虑货币时间价值因素的指标，又称为静态指标，包括投资利润率、静态投资回收期等。折现评价指标是指在计算过程中充分考虑和利用货币时间价值因素的指标，又称为动态指标，包括净现值、净现值率、现值指数、内含报酬率等。

2. 按性质不同分类

按性质不同，分为正指标和反指标。投资利润率、净现值、净现值率、现值指数和内含报酬率属于正指标，在评价决策中，这些指标值越大越好。静态投资回收期、动态投资回收期属于反指标，在评价决策中，这类指标的值越小越好。

3. 按数量特征不同分类

按数量特征不同，分为绝对指标和相对指标。前者包括以时间为计量单位的静态投资回收期指标、动态投资回收期和以价值量为计量单位的净现值指标；后者包括净现值率、现值指数、内含报酬率等指标，除现值指数用指数形式表现外，其余指数用百分比指标。

4. 按指标重要性不同分类

按指标重要性不同，分为主要指标、次要指标和辅助指标。净现值、内含报酬率等为主要指标，静态投资回收期为次要指标，投资利润率为辅助指标。

5. 按指标计算的难易程度不同分类

按指标计算的难易程度不同，分为简单指标和复杂指标。投资利润率、静态投资回收期、动态投资回收期、净现值、净现值率和现值指数等为简单指标；内含报酬率为复杂指标。

任务二　长期投资决策分析方法

长期投资决策分析方法，按照是否考虑货币资金时间价值，可以分为非贴现的决策分析方法和贴现的决策分析方法两大类。所谓非贴现的决策分析方法，就是决策分析时不考虑货币时间价值，计算简单，便于理解；所谓贴现的决策分析方法，就是决策分析时要考虑货币时间价值，虽然计算稍为复杂，但更贴近实际，更为科学合理。

一、非贴现投资评价方法

非贴现的方法不考虑资金时间价值，把不同时间的货币收支看成是等效的。这些方法在选

择方案时只起辅助作用。

(一) 投资利润率

投资利润率(return on investment, ROI)又称投资报酬率、平均报酬率(average rate of return, ARR),是指投资方案的年平均利润额与投资总额的比率。

投资利润率的计算公式为:

$$投资利润率(ROI) = \frac{P}{I} \times 100\%$$

式中,P 表示年平均净利润;I 表示投资总额。

$$投资利润率(ROI) = \frac{年平均净利润}{项目投资总额} \times 100\%$$

投资利润率从会计收益角度反映投资项目的获利能力,即投资 1 年能给企业带来的平均利润是多少。

利用投资利润率进行投资决策时将方案的投资利润率与预先确定的基准投资利润率(或企业要求的最低投资利润率)进行比较:若方案的投资利润率大于或等于基准投资利润率,方案可行;若方案的投资利润率小于基准投资利润率,方案不可行。一般来说,投资利润率越高,表明投资效益越好;投资利润率越低,表明投资效益越差。

【做中学 9-4】 某企业有 A、B 两个投资方案,投资总额均为 280 万元,全部用于购置固定资产,直线法折旧,使用期均为 4 年,不计残值,该企业要求的最低投资利润率为 10%,其他有关资料如表 9-1 所示。

表 9-1　　**A、B 投资方案相关资料**　　金额单位:万元

年序	A 方案		B 方案	
	利润	现金净流量(*NCF*)	利润	现金净流量(*NCF*)
0		−280		−280
1	35	105	25	95
2	35	105	28	98
3	35	105	35	105
4	35	105	38	108
合计	140	140	126	126

要求:计算 A、B 两方案的投资利润率。

解:

$$A\ 方案的投资利润率 = \frac{35}{280} \times 100\% = 12.5\%$$

$$B\ 方案的投资利润率 = \frac{126 \div 4}{280} \times 100\% = 11.25\%$$

从计算结果可以看出,A、B 方案的投资利润率均大于基准投资利润率 10%,A、B 方案均为可行方案,且 A 方案的投资利润率比 B 方案的投资利润率高出 1.25%,故 A 方案优于 B 方案。

投资利润率的优点主要是计算简单,易于理解。其缺点主要是:①没有考虑资金时间价值;②没有直接利用现金净流量信息;③计算公式的分子是时期指标,分母是时点指标,缺乏可比性。基于这些缺点,投资利润率不宜作为投资决策的主要依据,一般只适用于方案的初选,或者投资后各项目间经济效益的比较。

(二) 静态投资回收期

静态投资回收期是指以投资项目营业现金净流量抵偿原始总投资所需要的全部时间，通常以年来表示，记为 *PP*。投资决策时将方案的投资回收期与预先确定的基准投资回收期（或决策者期望投资回收期）进行比较，若方案的投资回收期小于基准投资回收期，方案可行；若方案的投资回收期大于基准投资回收期，方案不可行。一般来说，投资回收期越短，表明该投资方案的投资效果越好，则该项投资在未来时期所冒的风险越小。它的计算可分为两种情况。

1. 经营期年现金净流量相等

此时，其计算公式为：

$$静态投资回收期=\frac{原始总投资}{年现金净流量}$$

【做中学 9-5】 承[做中学 9-4]。

要求：计算 A 方案的静态投资回收期。

解：A 方案的静态投资回收期$=\frac{280}{105}\approx 2.67$（年）

2. 经营期年现金净流量不相等

此时，则需计算逐年累计的现金净流量，然后用插入法计算出投资回收期。

【做中学 9-6】 承[做中学 9-4]。

要求：计算 B 方案的投资回收期。

解：现金净流量和累计现金净流量计算如表 9-2 所示。

表 9-2　　现金净流量和累计现金净流量计算表　　金额单位：万元

年序	B 方案	
	现金净流量（*NCF*）	累计现金净流量
0	−280	−280
1	95	−185
2	98	−87
3	105	18
4	108	126

从表 9-2 可得出，B 方案第 2 年末累计现金净流量为 −87 万元，表明第 2 年末未回收额已经小于第 3 年的可回收额 105 万元，静态投资回收期在第 2 年与第 3 年之间，用插入法可计算出：

$$B方案的静态投资回收期=2+\frac{|-87|}{105}\approx 2.83（年）$$

A 方案的静态投资回收期小于 B 方案的静态投资回收期，所以 A 方案优于 B 方案。

静态投资回收期的优点主要是简单易算，并且投资回收期的长短也是衡量项目风险的一种标志，所以在实务中被广泛使用。其缺点主要是：①没有考虑资金时间价值；②仅考虑了回收期以前的现金流量，没有考虑回收期以后的现金流量，而有些长期投资项目在中后期才能得到较为丰厚的收益，投资回收期不能反映其整体的盈利性。

二、贴现投资评价方法

(一) 净现值

净现值（Net Present Value，NPV）是指在项目计算期内，按行业基准收益率或投资者设定的

贴现率计算的各年现金净流量现值的代数和,记为 NPV。净现值的基本计算公式为:

$$NPV=\sum_{t=0}^{n}\frac{NCF_t}{(1+i)^t}=\sum_{t=0}^{n}NCF_t\times(P/F,i,t)$$

式中,n 表示项目计算期(包括建设期与经营期);NCF_t 表示第 t 年的现金净流量;i 表示行业基准收益率或投资者设定的贴现率;$(P/F, i, t)$ 表示第 t 年、贴现率为 i 的复利现值系数。

显然,净现值也可表示为投资方案的现金流入量总现值减去现金流出量总现值的差额,也就是一项投资的未来收益总现值与原始总投资现值的差额。若前者大于或等于后者,即净现值大于等于零,投资方案可行;若后者大于前者,即净现值小于零,投资方案不可行。

1. 经营期内各年现金净流量相等,建设期为零时

净现值的计算公式为:

净现值 = 经营期每年相等的现金净流量 × 年金现值系数 − 原始总投资现值

【做中学 9-7】 承[做中学 9-4],假定行业基准收益率为 10%。

要求:计算 A 方案的净现值。

解:$NPV=105\times(P/A, 10\%, 4)-280=105\times3.169\,9-280=52.839\,5$(万元)

2. 经营期内各年现金净流量不相等

净现值的计算按基本公式计算:

净现值 = ∑(经营期各年的现金净流量 × 各年现金现值系数) − 原始总投资现值

【做中学 9-8】 承[做中学 9-4],仍假定行业基准收益率为 10%。

要求:计算该投资 B 方案的净现值。

解:$NPV=95\times(P/F, 10\%, 1)+98\times(P/F, 10\%, 2)+105\times(P/F, 10\%, 3)+108\times(P/F, 10\%, 4)-280$

$=95\times0.909\,1+98\times0.826\,4+105\times0.751\,3+108\times0.683\,0-280$

$=40.002\,2$(万元)

A 方案的净现值比 B 方案的大,所以 A 方案优于 B 方案。

【做中学 9-9】 某企业准备引进先进设备与技术,有关资料如下:

(1) 设备总价 700 万元,第 1 年初支付 400 万元,第 2 年初支付 300 万元,第 2 年初投入生产,使用期限为 6 年,预计净残值 40 万元,采用直线法计提折旧。

(2) 预计技术转让费共 360 万元,第 1、第 2 年初各支付 150 万元,其余的在第 3 年初付清。

(3) 预计经营期第 1 年税后利润为 100 万元,第 2 年的税后利润为 150 万元,第 3 年的税后利润为 180 万元,第 4~6 年的税后利润均为 200 万元。

(4) 经营期初投入流动资金 200 万元。

要求:按 12% 的贴现率计算该项目的净现值,并做出评价。相关内容如表 9-3 所示。

解:

表 9-3　　现金流量计算表　　金额单位:万元

年　序	0	1	2	3	4	5	6	7
购买设备	−400	−300						
无形资产投资	−150	−150	−60					
流动资产投资		−200						
税后利润			100	150	180	200	200	200

（续表）

年 序	0	1	2	3	4	5	6	7
折旧			110	110	110	110	110	110
无形资产摊销			60	60	60	60	60	60
残值回收								40
流动资产回收								200
现金净流量	−550	−650	210	320	350	370	370	610
折现系数(12%)	1	0.892 9	0.797 2	0.711 8	0.635 5	0.567 4	0.506 6	0.452 3

$$NPV=-550+(-650)\times0.8929+210\times0.7972+320\times0.7118+350\times0.6355+370\times0.5674+370\times0.5066+610\times0.4523=160.5110(\text{万元})$$

该项目的净现值大于零，方案可行。

使用净现值指标进行投资方案评价时，贴现率的选择相当重要，会直接影响到评价的正确性。通常情况下，可以通过企业筹资的资金成本率或企业要求的最低投资利润率来确定。

净现值是长期投资决策评价指标中最重要的指标之一。

其优点在于：①充分考虑了货币时间价值，能较合理地反映投资项目的真正经济价值；②考虑了项目计算期的全部现金净流量，体现了流动性与收益性的统一；③考虑了投资风险性，贴现率选择应与风险大小有关，风险越大，贴现率就可选得越高。但是，该指标的缺点也是明显的。

其缺点在于：①净现值是一个绝对值指标，无法直接反映投资项目的实际投资收益率水平，当各项目投资额不同时，难以确定投资方案的好坏；②贴现率的选择比较困难，很难有统一标准。

（二）净现值率

净现值率(Net Present Value Rate，NPVR)是指投资项目的净现值与原始总投资现值之和的比率。净现值率的基本计算公式为：

$$\text{净现值率}=\frac{\text{净现值}}{\text{原始总投资现值之和}}=\frac{NPV}{\left|\sum_{t=0}^{s}[NCF_t\cdot(1+i)^{-t}]\right|}$$

净现值率反映每元原始投资的现值未来可以获得的净现值有多少。净现值率大于或等于零，投资方案可行；净现值率小于零，投资方案不可行。净现值率可用于投资额不同的多个方案之间的比较，净现值率最高的投资方案应优先考虑。

【做中学 9-10】 承[做中学 9-7][做中学 9-8]，计算净现值的数据，计算 A、B 两方案的净现值率并加以比较。

解：

$$NPVR_A=\frac{52.8395}{280}\approx18.87\%$$

$$NPVR_B=\frac{40.0022}{280}\approx14.29\%$$

A 方案的净现值率比 B 方案的高，所以 A 方案优于 B 方案。

【做中学 9-11】 承[做中学 9-9],计算投资方案的净现值率。

$$NPVR=\frac{160.511}{550+650\times0.8929+60\times0.7972}\approx13.62\%$$

净现值率这个贴现的相对数评价指标的优点在于,可以从动态角度反映投资方案的资金投入与净产出之间的关系,反映了投资的效率,使投资额不同的项目具有可比性。

(三) 现值指数

现值指数(profitability index, PI)又称获利指数,是指项目投产后按一定贴现率计算的经营期各年现金净流量的现值之和与原始总投资现值之和的比率。其计算公式为:

$$现值指数(PI)=\frac{经营期各年现金净流量的现值之和}{原始总投资现值之和}=1+净现值率$$

现值指数反映每元原始投资的现值未来可以获得报酬的现值有多少。现值指数大于或等于1,投资方案可行;现值指数小于1,投资方案不可行。现值指数可用于投资额不同的多个相互独立方案之间的比较,现值指数最高的投资方案应优先考虑。

【做中学 9-12】 承[做中学 9-7][做中学 9-8],计算 A、B 两方案的现值指数并加以比较。

解:

$$PI_A=\frac{280+52.8395}{280}=1.1887$$

$$PI_B=\frac{280+40.0022}{280}=1.1429$$

A 方案的现值指数比 B 方案的高,所以 A 方案优于 B 方案。

【做中学 9-13】 承[做中学 9-9],计算投资方案的现值指数。

解: $PI=\frac{550+650\times0.8929+60\times0.7972+160.511}{|-550+(-650)\times0.8929+(-60)\times0.7972|}=1.1362$

现值指数同样是贴现的相对数评价指标,可以从动态角度反映投资方案的资金投入与总产出之间的关系,同样反映了投资的效率,使投资额不同的项目具有可比性。

(四) 内含报酬率

内含报酬率(internal rate of return, IRR)又称内部收益率,是指投资方案在项目计算期内各年现金净流量现值之和等于零时的贴现率,或者说能使投资方案净现值为零时的贴现率。显然,内含报酬率 IRR 应满足以下等式:

$$\sum_{t=0}^{n}NCF_t\times(P/F,IRR,t)=0$$

从上式可以看出,根据方案整个计算期的现金净流量就可计算出内含报酬率,它是方案的实际收益率。利用内含报酬率对单一方案进行决策时,只要将计算出的内含报酬率与企业的预期报酬率或资金成本率加以比较,若前者大于后者,方案可行;若前者小于后者,方案不可行。如果利用内含报酬率对多个方案进行选优时,在方案可行的条件下,内含报酬率最高的方案是最优方案。计算内含报酬率的过程,就是寻求使净现值等于零的贴现率的过程,根据投资方案各年现金净流量的情况不同,可以按以下两种方式进行计算。

1. 简单计算法

如果投资方案建设期为零,全部投资均于建设起点一次投入,而且经营期内各年现金净流量为普通年金的形式,可用简单计算法计算内含报酬率。

假设建设起点一次投资额为 A_0,每年现金净流量为 A,则有:

$$A(P/A, IRR, n) - A_0 = 0$$

$$(P/A, IRR, n) = \frac{A_0}{A}$$

然后，通过查附录四“年金现值系数表”，用线性插值方法计算出内含报酬率。

【做中学 9-14】 承[做中学 9-4]，计算 A 方案的内含报酬率。

解：A 方案的建设期为零，全部投资 280 万元在第 1 年初一次投入，经营期 4 年内各年现金净流量均为 105 万元。

$$105 \times (P/A, IRR, 4) - 280 = 0$$

$$(P/A, IRR, 4) = \frac{280}{105} \approx 2.666\ 7$$

查附录四“年金现值系数表”，在 $n=4$ 这一行中，查到最接近 2.666 7 的两个值，一个大于 2.666 7 的是 2.690 1，其对应的贴现率为 18%；另一个小于 2.666 7 的是 2.588 7，其对应的贴现率为 20%。*IRR* 应位于 18%与 20%之间，如图 9-2 所示。

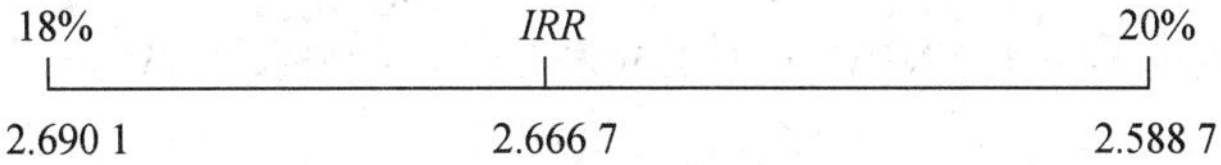

图 9-2　线性插值示意

利用线性插值法得到：

$$\frac{IRR - 18\%}{20\% - 18\%} = \frac{2.690\ 1 - 2.666\ 7}{2.690\ 1 - 2.588\ 7}$$

$$IRR = 18\% + \frac{2.690\ 1 - 2.666\ 7}{2.6901 - 2.588\ 7} \times (20\% - 18\%) \approx 18.46\%$$

2. 一般计算法

若建设期不为零，原始投资额是在建设期内分次投入或投资方案在经营期内各年现金净流量不相等的情况下，无法应用上述的简单方法，则应采用逐次测试法，并结合线性插值法计算内含报酬率，其计算步骤如下：

(1) 估计一个贴现率，用它来计算净现值。如果净现值为正数，说明方案的实际内含报酬率大于预计的贴现率，应提高贴现率再进一步测试；如果净现值为负数，说明方案本身的报酬率小于估计的贴现率，应降低贴现率再进行测算。反复测试，直到寻找出贴现率 i_1 和 i_2，$i_1 < i_2$，以 i_1 为贴现率计算的净现值 $NPV_1 > 0$ 且最接近零；以 i_2 为贴现率计算的净现值 $NPV_2 < 0$ 且最接近零。

(2) 用线性插值法求出该方案的内含报酬率 *IRR*，如图 9-3 所示。

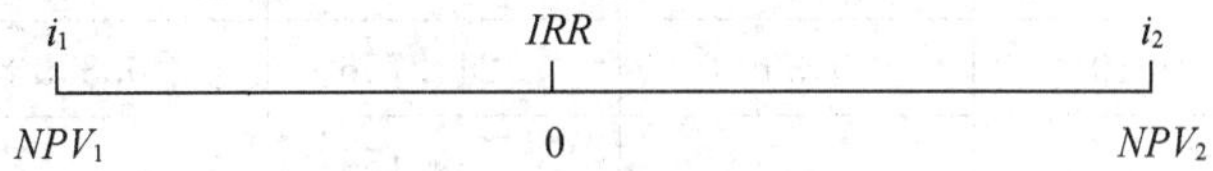

图 9-3　线性插值示意

根据各指标之间的关系，即可得到计算内含报酬率的一般公式：

$$IRR = i_1 + \frac{NPV_1}{NPV_1 - NPV_2} \times (i_2 - i_1)$$

【做中学 9-15】 承[做中学 9-4]，计算 B 方案的内含报酬率。

解：第一次测试，取贴现率 10%：

$$\begin{aligned}NPV &= 95\times(P/F,10\%,1)+98\times(P/F,10\%,2)+105\times(P/F,10\%,3)+108\\&\quad\times(P/F,10\%,4)-280\\&=40.002\,2(万元)\end{aligned}$$

NPV 的值高出 0 较多，说明低估了贴现率。

第二次测试，取贴现率 16%：

$$\begin{aligned}NPV &= 95\times(P/F,16\%,1)+98\times(P/F,16\%,2)+105\times(P/F,16\%,3)+108\\&\quad\times(P/F,16\%,4)-280\\&=1.655(万元)\end{aligned}$$

说明仍然低估了贴现率。

第三次测试，取贴现率 18%：

$$\begin{aligned}NPV &= 95\times(P/F,18\%,1)+98\times(P/F,18\%,2)+105\times(P/F,18\%,3)+108\\&\quad\times(P/F,18\%,4)-280\\&=-9.494\,5(万元)\end{aligned}$$

根据以上计算，得到 $i_1=16\%$、$NPV_1=1.655$(万元)、$i_2=18\%$、$NPV_2=-9.494\,5$(万元)，B 方案的内含报酬率为：

$$IRR=16\%+\frac{1.655}{1.655-(-9.494\,5)}\times(18\%-16\%)\approx16.30\%$$

【做中学 9-16】 承[做中学 9-9]，计算该项目的内含报酬率。

解：从[做中学 9-9]得知：当贴现率为 12%时，净现值为 160.511 0 万元；取 $i=14\%$时，$NPV=69.156$ 万元；再提高贴现率，取 $i=16\%$时，$NPV=-12.141$ 万元，测试过程也可列表完成，如表 9-4 所示。

表 9-4 **内含报酬率测试计算表** 金额单位：万元

年份	现金净流量(NCF)	贴现率=14%		贴现率=16%	
		现值系数	现值	现值系数	现值
0	−550	1	−550	1	−550
1	−650	0.877 2	−570.180	0.862 1	−560.365
2	210	0.769 5	161.595	0.743 2	156.072
3	320	0.675 0	216.00	0.640 7	205.024
4	350	0.592 1	207.235	0.552 3	193.305
5	370	0.519 4	192.178	0.476 1	176.157
6	370	0.455 6	168.572	0.410 4	151.848
7	610	0.399 6	243.756	0.353 8	215.818
净现值			69.156		−12.141

$$IRR=14\%+\frac{69.156}{69.156-(-12.141)}\times(16\%-14\%)\approx15.70\%$$

内含报酬率也是长期投资决策评价指标中最重要的指标之一。它的优点是在考虑货币时间价值基础上，直接反映投资项目的实际收益率水平，而且不受决策者设定的贴现率高低的影响，比较客观。其缺点主要是，如果投资方案在经营期现金净流量不是持续地大于零，而是出现间隔若干年就会有一年现金净流量小于零，就可能计算出若干个内含报酬率。在这种情况下，只能结合其他指标或凭经验加以判断。

任务三 长期投资决策案例分析

一、新项目投资决策

新项目投资决策分析涵盖了全部投资寿命周期和完整的收支项目，是标准的投资决策问题。

【做中学 9-17】 某企业准备新建工厂，有甲、乙两个方案可供选择。甲方案原始投资 60 万元，其中固定资产投资 50 万元，于建设起点投入，建设期 1 年，投产前垫支流动资金 10 万元，项目经济寿命 3 年，投产后预计每年净收益为 30 万元。乙方案原始投资 100 万元，其中固定资产投资 87.5 万元，于建设起点投入，建设期 1 年，投产前垫支流动资金 12.5 万元，项目经济寿命 3 年，投产后预计每年净收益为 40 万元。固定资产均采用直线法计提折旧，预计净残值率为 4%。设基准贴现率为 10%，试做出投资决策。

解：甲、乙两方案原始投资不同，计算期相同，可采用差别分析法进行评价。

计算两方案的差额（乙方案－甲方案）：

$$\text{固定资产投资差额} = 87.5 - 50 = 37.5(\text{万元})$$
$$\text{流动资金投资差额} = 12.5 - 10 = 2.5(\text{万元})$$
$$\text{每年折旧差额} = \frac{(87.5-50)\times(1-4\%)}{3} = 12(\text{万元})$$
$$\text{每年净收益差额} = 40 - 30 = 10(\text{万元})$$
$$\text{固定资产净残值差额} = (87.5-50)\times 4\% = 1.5(\text{万元})$$

差量现金净流量为：

$$\Delta NCF_0 = -37.5(\text{万元})$$
$$\Delta NCF_1 = -2.5(\text{万元})$$
$$\Delta NCF_{2\sim3} = 10 + 12 = 22(\text{万元})$$
$$\Delta NCF_4 = 10 + 12 + 1.5 + 2.5 = 26(\text{万元})$$

计算差额内部收益率：

$$-37.5 - 2.5\times(P/F,\ \Delta IRR,\ 1) + 22\times(P/A,\ \Delta IRR,\ 2)\times(P/F,\ \Delta IRR,\ 1) + 26\times(P/F,\ \Delta IRR,\ 4) = 0$$

运用逐次测试逼近法，可得 $\Delta IRR = 21\%$。

因为差额内部收益率大于基准贴现率 10%，所以乙方案优于甲方案，应选择乙方案。

二、固定资产应否更新决策

更新决策不同于一般的投资决策。一般来说，设备更换并不改变企业的生产能力，不增加企业的现金流入。更新决策的现金流量主要是现金流出，即使有少量的残值变价收入，也可看作是支出抵减。此外，新旧固定资产的使用年限一般不同。因此，固定资产应否更新决策是项目计算期不同、只有现金流出的两个互斥方案的比选，可运用等年值法，计算等年现金流出量（也称年平均成本，记作 AC），选择年平均成本最低的方案。

$$AC = \frac{\sum_{t=0}^{n} CO_t (P/F,\ i,\ t)}{(P/A,\ i,\ t)}$$

其中，CO_t 表示各方案在第 t 年的现金流出量，也可按现金净流量的计算方法分三个时间段来确定，具体方法如下。

(一) 建设期现金流出量的计算

旧设备在建设期的现金流出量可以看作是继续使用旧设备的机会成本，新设备在建设期的现金流出量则是与新设备购置、建造有关的成本。

旧设备 CO_t = 旧设备变现价值 −（旧设备变现价值 − 旧设备账面价值）× 所得税税率

新设备 CO_t = 设备投资额

(二) 经营期现金流出量的计算

无论新旧设备，在经营期发生的现金流出主要是设备运行成本，如维修保养费、能源耗费、材料和工时耗费等。折旧引起的所得税抵减额是付现成本的减项。

经营期 CO_t = 年运行成本 ×（1 − 所得税税率）− 年折旧 × 所得税税率

(三) 经营期末现金流出量的计算

经营期末主要考虑设备余值回收对现金流出量的影响。

经营期末 CO_n = 经营期 CO_t −[设备回收余值 −（设备回收余值 − 设备账面价值）× 所得税税率]

【做中学 9-18】 某公司有一台设备，购于 3 年前，现在考虑是否需要更新。该公司所得税税率为 25%，设定的折现率为 10%，其他有关资料如表 9-5 所示。

表 9-5　　其他有关资料　　金额单位：元

项　目	旧设备	新设备
原价	60 000	50 000
税法规定残值(10%)	6 000	5 000
税法规定使用年限(年)	6	4
已用年限(年)	3	0
尚可使用年限(年)	3	4
每年操作成本	8 600	5 000
2 年末大修支出	18 000	
最终报废残值	7 000	10 000
目前变现价值	10 000	
每年折旧额	(直线法)	(直线法)
第 1 年	9 000	11 250
第 2 年	9 000	11 250
第 3 年	9 000	11 250
第 4 年		11 250

解：

计算旧设备各年的现金流出量：

$CO_0 = 10\ 000 - [10\ 000 - (60\ 000 - 9\ 000 \times 3)] \times 25\% = 15\ 750$(元)

$CO_1 = 8\ 600 \times (1 - 25\%) - 9\ 000 \times 25\% = 4\ 200$(元)

$CO_2 = 8\ 600 \times (1 - 25\%) - 9\ 000 \times 25\% + 18\ 000 \times (1 - 25\%) = 17\ 700$(元)

$CO_3 = 8\ 600 \times (1 - 25\%) - 9\ 000 \times 25\% - [7\ 000 - (7\ 000 - 6\ 000) \times 25\%] = -2\ 550$(元)

计算旧设备的年平均成本：

$$AC=\frac{15\ 570+4\ 200\times(P/F,10\%,1)+17\ 700\times(P/F,10\%,2)-2\ 550\times(P/F,10\%,3)}{(P/A,10\%,3)}$$

$=12\ 979.89$(元)

计算新设备各年的现金流出量：

$CO_0=50\ 000$(元)

$CO_{1\sim3}=5\ 000\times(1-25\%)-11\ 250\times25\%=937.5$(元)

$CO_4=5\ 000\times(1-25\%)-11\ 250\times25\%-[10\ 000-(10\ 000-5\ 000)\times25\%]=-7\ 812.5$(元)

计算新设备的年平均成本：

$$AC_{新}=\frac{50\ 000+937.5\times(P/A,10\%,3)-7\ 812.5\times(P/F,10\%,4)}{(P/A,10\%,4)}$$

$=14\ 825.56$(元)

因为旧设备的年平均成本低于新设备的年平均成本，所以选择继续使用旧设备。

三、固定资产经济寿命决策

某项固定资产从开始投入使用直至丧失其应有功能而无法修复再使用为止的期限，称为固定资产自然寿命。某项固定资产的年平均成本达到最低的使用期限，则称为固定资产的经济寿命，也称最低成本期或最优更新期。一般来说，固定资产的经济寿命短于自然寿命。

正确确定固定资产的经济寿命，显然要计算出固定资产在使用期限内各年的年平均成本，从中选取年平均成本最低的使用年限。年平均成本的计算方法与固定资产应否更新决策中所述年平均成本计算方法类似，其计算公式为：

$$AC_m=\left[C-\frac{S_m}{(1+i)^t}+\sum_{t=1}^{m}\frac{C_t(1-T)-D_tT}{(1+i)^t}\right]/(P/A,i,m)$$

其中，m 表示设备被更新的年份($m=1,2,\cdots,n$)；C 表示设备原值；S_m 表示第 m 年设备税后余值；C_t 表示第 t 年设备运行成本；D_t 表示第 t 年设备折旧；T 表示所得税税率。

四、固定资产租赁或购置的决策

在企业资金有限的情况下，如果要添置某项固定资产，通常面临是借款购置还是租赁的决策。这里，我们分融资租赁和经营租赁两种情况来说明。

(一) 固定资产融资租赁或购置的决策

融资租赁租入的固定资产视同自有固定资产管理，这种方式下与新增的固定资产相关的现金流出量和现金流入量完全相同，此时，需要考虑的是这种方式下资金的使用成本。决策时，只要计算租金的内含报酬率(能使各期租金总现值正好等于租入资产原价的贴现率)，再将其与举债的借款利率进行比较，选择低者即可。

【做中学 9-19】 某公司拟添置一台生产设备，该设备的买价为 300 000 元，可使用 10 年，假设期满无残值。这项设备的添置有两个方案可供选择：一是向银行借款购入，借款利率为 14%；二是向租赁公司融资租入，需于第一年年初支付租金 20 000 元，以后每年年末支付租金 52 000 元。

要求：为该公司做出该项设备应举债购置还是租入的决策。

解：(1)计算租入固定资产的 IRR：

$$52\ 000(P/A,IRR,10)=300\ 000-20\ 000$$
$$(P/A,IRR,10)\approx5.385$$

查附录四"普通年金现值系数表"可知，在期数 $n=10$ 时，与 5.385 相邻近的两个贴现率分别为 13%、

14%，对应年金现值系数分别为 5.426、5.216，即 13%<租金的 IRR<14%。采用内插法计算得：

$$IRR=13\%+\frac{5.426-5.385}{5.426-5.216}\times(14\%-13\%)\approx 13.20\%$$

(2) 比较两个方案的利率。借款利率为 14%，租入的 IRR 为 13.20%。显然，借款利率高于租入内含报酬率，故该公司应选择租入方案。

(二) 固定资产经营租赁或购置的决策

经营租赁租入的固定资产与购置的固定资产相比，设备的生产能力相同，设备的运行费用也相同，此时只需比较两种方案的成本差异及成本对企业所得税产生的影响差异即可。成本差异表现在两个方面：一方面经营租赁每年需支付一定的租赁费用，同时租赁费用可列入成本，抵减相应的所得税；另一方面借款购买设备，企业需支付借款本息，每年还可计提折旧费，折旧和利息费用均可列入成本费用，抵减相应所得税。

【做中学 9-20】 某企业在生产中需要一种设备，设备买价为 150 000 元，该设备预计使用 5 年，直线法计提折旧，期末无残值。企业可以从某租赁公司租用该设备，需每年年末支付租赁费 40 000 元，租赁期 5 年。企业也可借款购置，借款利率 8%，不计复利，借款期限 3 年，到期一次还本付息。假定折现率为 10%，所得税税率为 25%，请问企业是借款购置好还是租赁好？

解：分析计算如下：

(1) 租赁设备。

租赁费支出现值：$40\ 000\times(P/A,\ 10\%,\ 5)=151\ 632$(元)

租赁费抵减所得税现值：$40\ 000\times25\%\times(P/A,\ 10\%,\ 5)=37\ 908$(元)

租赁设备的现金流出量现值：$151\ 632-37\ 908=113\ 724$(元)

(2) 借款购置设备。

借款本息现值：$(150\ 000+150\ 000\times3\times8\%)\times(P/F,\ 10\%,\ 3)=139\ 741.8$(元)

折旧递减所得税现值：$\frac{150\ 000}{5}\times25\%\times(P/A,\ 10\%,\ 5)=28\ 431$(元)

利息抵减所得税现值：$150\ 000\times8\%\times25\%\times(P/A,\ 10\%,\ 3)=7\ 460.7$(元)

借款购置设备的现金流出量现值：$139\ 741.8-28\ 431-7\ 460.7=103\ 850.1$(元)

上述计算结果表明，借款购置设备的总支出数小于租赁设备的总支出数，因此企业应采取借款购置的方式。

关键术语

投资　长期投资　项目投资　原始总投资　投资总额　投资利润率　静态投资回收期　净现值　净现值率　现值指数　内含报酬率

应知考核

一、单项选择题

1. 下列指标中，属于静态评价指标的是(　　)。

A. 投资回收期　B. 净现值　C. 净现值率　D. 内部收益率

2. 能使投资方案的净现值为 0 的折现率是(　　)。

A. 净现值率　B. 内部收益率　C. 投资利润率　D. 资金成本率

3. 下列指标中，属于绝对指标的是(　　)。

A. 净现值　B. 净现值率　C. 投资利润率　D. 内部收益率

4. 在只有一个投资方案的情况下，如果该方案不具备财务可行性，则(　　)。

A. 净现值>0　B. 净现值率<0　C. 内部收益率>0　D. 内部收益率<0

5. 项目投资决策中，完整的项目计算期是指(　　)。

A. 建设期　B. 生产经营期　C. 建设期+达产期　D. 建设期+生产经营期

二、多项选择题

1. 净现值法的优点有(　　)。
   A. 考虑了资金时间价值　　B. 考虑了项目计算期的全部净现金流量
   C. 考虑了投资风险　　D. 可从动态上反映项目的实际投资收益率
2. 采用净现值法评价投资项目可行性时,所采用的折现率通常有(　　)。
   A. 投资项目的资金成本率　　B. 投资的机会成本率
   C. 行业平均资金收益率　　D. 投资项目的内部收益率
3. 完整的工业投资项目的现金流入主要包括(　　)。
   A. 营业收入　　B. 回收固定资产变现净值
   C. 固定资产折旧　　D. 回收流动资金
4. 在一般投资项目中,当一个方案的净现值等于0时,即表明(　　)。
   A. 该方案的获利指数等于1　　B. 该方案的净现值率大于0
   C. 该方案的内部收益率等于设定的折现率　　D. 该方案不具有财务可行性
5. 内部收益率是指(　　)。
   A. 投资报酬与总投资的比率　　B. 项目投资可望达到的报酬率
   C. 投资报酬现值与总投资现值的比率　　D. 使投资方案净现值为0的报酬率

三、判断题

1. 项目投资是一种以特定项目为对象,直接与新建项目或更新改造项目有关的长期投资行为。一般将其视为固定资产投资。(　　)
2. 项目投资就是固定资产投资。(　　)
3. 企业应该频繁地进行项目投资。(　　)
4. 项目投资决策都应该提交股东大会决策。(　　)
5. 项目投资决策必须按企业规定的程序进行。(　　)

四、简述题

1. 简述长期投资决策的特征。
2. 简述长期投资决策的程序。
3. 简述项目投资的意义。
4. 简述项目投资金额及其投入方式。
5. 简述项目投资决策评价的主要指标。

五、计算题

1. 某企业拟进行一项固定资产投资,投资额为2 000万元,分2年投入,该项目的现金流量表(部分)如表9-6所示。

表9-6　　现金流量表(部分)　　金额单位:万元

项　目	建设期		经营期					合　计
	0	1	2	3	4	5	6	
净收益			−300	600	1 400	600	600	2 900
净现金流量	−1 000	−1 000	100	1 000	(B)	1 000	1 000	2 900
累计净现金流量	−1 000	−2 000	−1 900	(A)	900	1 900	2 900	—
折现净现金流量(资本成本率6%)	−1 000	−943.4	89	839.6	1 425.8	747.3	705	1 863.3

要求:

(1) 计算表 9-6 中用英文字母表示的项目的数值。

(2) 计算回收期、折现回收期、会计收益率、净现值、现值指数、内含报酬率。

2. 某企业拟新建一项固定资产,需投资资金 200 万元,按直线法折旧,使用年限为 6 年,其终结点的净残值为 20 万元。在建设点一次投入借入资金 200 万元,建设期为 1 年,发生建设期资本化利息为 12 万元。预计投产后,每年可增加营业收入 80 万元,增加付现成本为 30 万元。借款利息在生产经营期的前 2 年平均偿还(资金成本率为 8%)。

要求:计算各年净现金流量(假定回收残值额与预计净残值相等,所得税税率为 25%)。

3. 城达科技公司有一投资项目需要投入固定资产 300 万元,建设期资本化利息为 50 万元,经营期为 5 年,固定资产期满残值收入 30 万元。该项目投产以后,预计年营业收入 160 万元,年经营成本 60 万元。经营期每年支付借款利息 35 万元,经营期结束时还本。该企业采用直线法计提折旧。所得税税率为 25%,资金成本率为 10%。

要求:

(1) 计算该投资项目静态投资回收期。

(2) 计算该投资项目的净现值、净现值率及获利指数。

(3) 根据计算结果,评价该投资项目的可行性。

4. 某投资项目累计的净现金流量资料如表 9-7 所示。

表 9-7　　累计的净现金流量资料　　金额单位:万元

年　份	0	1	2	3	…	7	8	…	12
累计净现金流量	−200	−300	−300	−240	…	−30	30	…	350

要求:

(1) 计算该项目的静态投资回收期。

(2) 说明该项目的建设期是多少年?资金的投资方式如何?生产经营期为多少年?

应会考核

■ 观念应用

【背景资料】

"双汇"与"春都"的融投资决策

曾经生产出中国第一根火腿肠的"春都第一楼",如今是人去楼空,落寞无声;而在竞争对手双汇,厂内机器开足马力,厂外排着等货的长长车队。

春都与双汇,双双抓住了上市融资的艰难机遇,却催生出两种不同的结果,谜底何在?双汇和春都,几乎是前后脚迈入资本市场的。1998 年底双汇上市,1999 年初春都上市,分别募集到 3 亿多元和 4 亿多元。然而,从上市之初,春都和双汇的目的就大不相同:一个是为了圈钱还债,一个是为了扩大业务。

春都董事长贾洪雷说,春都在上市之前,由于贪大求全,四处出击,已经背上了不少债务,上市免不了圈钱还债。春都集团作为独立发起人匆匆地推春都上市,然后迫不及待地把募集的资金抽走。春都上市仅 3 个月,春都集团就提走募股资金 1.8 亿元左右,以后又陆续占用数笔资金。春都集团及其关联企业先后占用的资金相当一部分用来还债、补过去的资金窟窿,其余的则盲目投入茶饮料等非主业项目中。春都被大量"抽血",至 2000 年底终于力不能支,跌入亏损行列。

与春都不同,双汇希望凭借股市资金快速壮大主业。双汇董事长万隆说过,双汇使用募集资金有两条原则:一是股民的钱要"落地有声",二是不该赚的钱坚决不赚。他们信守承诺,把募集的资金全部投资到上市公司肉制品及其相关项目上。上市 3 年间,双汇发展兼并了华北双汇食品有限公司,完成了 3 万吨"王中王"火腿肠的技术改造,建设了双汇食品肉制品系列工程,产业链条不断完善,产品得到更新,企业实力显著增强。双汇集团和双汇发展的销售收入分别增加了 30 亿元和 10 亿元。投资者也得到了丰厚的回报。

【考核要求】

(1) 分析春都与双汇是如何运用从资本市场募集到的4亿多元和3亿多元进行投资的？对各自公司的经营业绩有何影响？

(2) 简要说明长期投资决策的重要性及其决策程序。

■ 技能应用

两个互斥项目的预期现金流量如表9-8所示。

表9-8　　项目的预期现金流量　　金额单位:元

项目	0	1	2	3	4
A	−10 000	5 000	5 000	5 000	5 000
B	−10 000	0	0	0	30 000

【技能要求】

(1) 请计算这两个项目各自的内含报酬率；

(2) 如果必要收益率为10%,请计算项目A和项目B的净现值；

(3) 你会选择哪个项目,为什么？

■ 案例分析

【背景资料】

克明面业的投资决策

2016年1月24日,克明面业公司(简称克明面业)第三届董事会第二十次会议审议通过了《关于全资子公司对外投资的议案》,将原武汉项目变更为"武汉生产基地年产10万吨面条生产线项目"(简称武汉项目),由克明面业全资子公司武汉克明面业有限公司以自筹资金25 811万元在武汉市东西湖区食品工业园投资建设。

武汉项目总投资25 811万元,建成达产后年均收入52 549.92万元,年净利润为3 024.18万元。税前项目投资财务内部收益率为20.47%,税前项目投资回收期为6.70年(静态/不含建设期)。克明面业表示,结合现有产能及近5年的发展规划,项目分两期进行建设:第一期投资建设2.5万吨面条生产线、物流仓储中转中心及配套附属设施,预计2016年底完成;第二期投资建设7.5万吨面条生产线项目,预计2019年底前完成。

克明面业表示,根据未来5年发展规划,公司已规划和建设中的项目产能将在2018年基本达产,2019年将出现新的产能缺口,从谨慎的角度考虑,公司在2019年必须有新的项目开始建设并于年底前投产。选择将武汉生产基地扩建,可以形成规模优势,降低生产及物流成本。与此同时,针对挂面产品同质化竞争激烈的市场现状,克明面业未来还将通过进一步优化公司治理机构,建立明确的绩效目标考核体系和相关激励机制,稳定并激发技术团队及管理团队;另外,公司将加强内部营销管理,采用销售手段多元化、渠道精耕的方式锁定主要目标市场,保持市场占有率上升态势,同时,制定灵活的产品组合策略、多方位与上下游客户建立稳定的销售关系、不断改进产品工艺以降低市场风险。

【分析要求】

(1) 你知道长期投资对公司的重要意义吗？

(2) 克明面业应该如何进行有效的长期投资决策？

项目实训

【实训项目】

项目投资管理。

【实训情境】

工业项目投资评价

某工业项目需要原始投资1 250万元,其中固定资产投资1 000万元,开办费投资50万元,流动资金投资 200 万元。建设期为 1 年,建设期发生与购建固定资产有关的资本化利息 100 万元。固定资产投资和开办费投资于建设起点投入,流动资金于完工时,即第 1 年末投入。该项目寿命期 10 年,固定资产按直线法折旧,期满有 100 万元净残值;开办费于投产当年一次摊销完毕;流动资金于终结点一次回收。投产后每年获息税前利润分别为 120 万元、220 万元、270 万元、320 万元、260 万元、300 万元、350 万元、400 万元、450 万元和 500 万元。

【实训任务】

(1) 为该项目编制一份简要的现金流量分析报告,报告主要包括以下内容:①该项目的项目计算期、固定资产原值、固定资产年折旧;②该项目的建设期净现金流量;③该项目的运营期所得税前净现金流量。

(2) 运用投资利润率和静态投资回收期对该项目进行评价。

(3) 运用净现值和内含报酬率法对该项目进行评价。

(4) 撰写“项目投资管理”实训报告。

<table>
<tr><td colspan="3">“项目投资管理”实训报告</td></tr>
<tr><td>项目实训班级:</td><td>项目小组:</td><td>项目组成员:</td></tr>
<tr><td>实训时间:　　年　　月　　日</td><td>实训地点:</td><td>实训成绩:</td></tr>
<tr><td colspan="3">实训目的:</td></tr>
<tr><td colspan="3">实训步骤:</td></tr>
<tr><td colspan="3">实训结果:</td></tr>
<tr><td colspan="3">实训感言:</td></tr>
</table>

模块四
预算、控制、战略分析

项目十 全面预算

知识目标

理解：全面预算的概念、分类和作用。

熟知：全面预算的内容、编制原则、程序。

掌握：全面预算的编制、经营预算的编制、财务预算的编制。

项目课件

技能目标

能够依据预测数据编制业务预算；能够依据业务预算及其他资料编制现金预算；能够依据基期报表及相关预算编制预计利润表和预计资产负债表。

素质目标

能够提高信息分析与整理能力、计算能力、规划与协调能力。

项目引例

施乐公司的预算

施乐公司主要从事各种复印机的生产、销售和租赁，同时，施乐公司还提供各种复印服务。这些复印机的工作效率及特征各不相同，相应的销售和租赁计划也各不相同。

每年，施乐公司都要对投放多少台各种型号的复印机用于公司提供的复印服务进行计划，并且要对收回多少台旧复印机进行计划。这些数据将为下1年的生产计划提供必要的信息。用于提供复印服务的各种复印机，即所谓的“服务基地”数量将影响参与提供复印服务工作的员工的人数、其需要的培训以及为这些基地服务所需的零配件存货的数量。这类服务基地的情况还将影响施乐公司生产的易耗品的销售。

【思考与讨论】

(1) 施乐公司中各个部门之间应该怎样进行沟通？在预算过程中，怎样对一些关键的计划假设信息进行归集和共享？通过本案例的分析，你认为本案例涉及哪些管理思想和管理方法？

(2) 公司中较低层的管理人员，在整个预算过程中，应该扮演什么角色？

知识精讲

任务一　全面预算概述

一、全面预算的概念和分类

（一）全面预算的概念

预算是指企业在科学的生产经营预测与决策的基础上，用价值和实物等多种指标反映企业未来一定时期内的生产经营状况、经营成果及财务状况等的一系列具体计划。预算是计划工作的结果，又是控制生产经营活动的依据。

全面预算又称为总预算，是关于企业在一定时期内（一般不超过1年）经营、财务等方面的总体预算。全面预算是一种执行预算，数据要尽量具体化，以便各职能部门落实执行。全面预算主要用来规划企业在未来一定时期内的财务状况和经营成果，是控制企业未来一定期间内生产经营活动的有效手段，是强化企业内部管理的重要环节，是企业未来一定时期内的经营和决策方针的数量化表现。

（二）全面预算的分类

全面预算按其涉及的时间长短可分为长期预算和短期预算。长期预算是指1年以上的预算，如长期销售预算和资本支出预算等。短期预算是指企业在一定时期（一般不超过1年，如年度、季度或月度等）经营、财务等方面的预算。

全面预算按其涉及的内容可分为总预算和专门预算。总预算是指反映企业总体状况的预算，包括资产负债表预算和利润表预算。专门预算是指反映企业某一方面经营活动的预算。

全面预算按其涉及的业务活动领域可分为业务预算和财务预算。业务预算是指反映企业基本经济业务的预算。财务预算是指关于资金筹措和使用方面的预算。

二、全面预算的内容

全面预算的内容广泛，涉及企业的销售、生产、分配和筹资等各项活动。具体而言，全面预算可分为以下三类。

（一）经营预算

经营预算又称业务预算，是指对企业日常生产经营过程中发生的各项经济活动的预算，属于短期预算。它主要包括销售预算、生产预算、直接材料预算、直接人工预算、制造费用预算、产品成本预算、销售费用预算和管理费用预算等内容。

（二）财务预算

财务预算是指企业在未来一定时期内反映有关其财务状况、经营成果和现金收支等各种预算的总称，属于短期预算。它主要包括现金预算、利润表预算和资产负债表预算等内容。

（三）专门决策预算

专门决策预算又称特种决策预算，是指企业为不经常发生的长期投资项目或者一次性专门业务所编制的预算，属于长期预算。它可分为资本预算和一次性专门业务预算。资本预算是指针对企业长期投资决策而编制的预算。一次性专门业务预算主要包括资金筹措及运用预算、发放股利预算等内容。

从以上全面预算的内容来看，一般意义上的制造业基本业务预算，包括销售预算、生产预算、直接材料采购预算、直接人工预算、制造费用预算、管理费用预算等；而一般意义上的流通业基本业务预算则包括销售预算、采购预算、经营费用预算、管理费用预算等。所谓特种业务预算，一般是反映企业基本业务活动之外的特殊业务的预算，通常包括投资及其收益预算、其他业务收支预算、营业外收支预算等。显然，业务预算尤其是基本业务预算是预算管理的基础，没有业务预算，预算将是无源之水、无本之木，预算目标的实现也就无从谈起。

通常意义上的财务预算，一般包括现金流量预算、预计利润表和预计资产负债表。在这个意义上来说财务预算、业务预算、资本预算构成了一个完整而紧密的系统，我们可以用图10-1来表示全面预算的构成内容。

正是因为业务预算和财务预算两者相互支撑、相互依赖的密切关系，进一步启示我们学财务的必须懂业务，始终不要忘记自己的职责：将财务的观念带到业务部门，将业务的观念带回财务部门，在“走动管理”中创造价值。

全面预算体系内容有：①根据长期销售预算确定本年度的销售预算和资本支出预算；②销售预算是年度预算的编制起点，根据“以销定产”的原则确定生产预算、销售费用预算和管理费用预算；③根据生产预算来确定直接材料预算、直接人工预算和制造费用预算；④现金预算和产品成本预算是相关预算的汇总；⑤资产负债表预算和利润表预算是全面预算的汇总；⑥全面预算的编制应考虑宏观经济、企业发展阶段、战略规划、经营目标、资源状况和组织架构等问题。

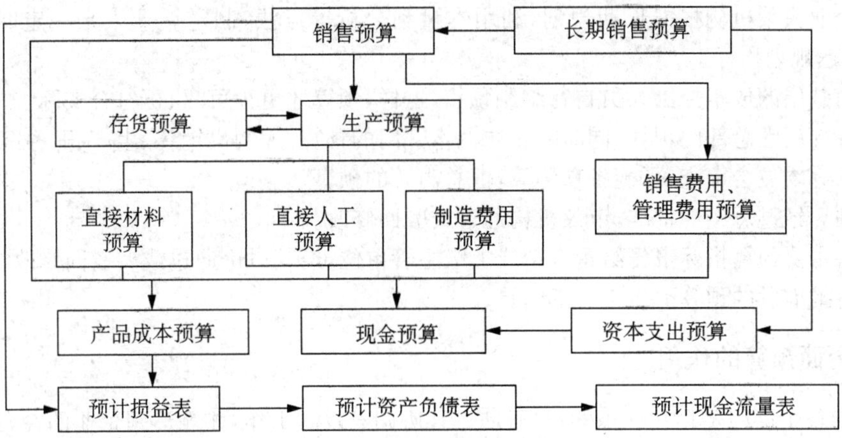

图 10-1　全面预算的构成内容

三、全面预算的编制原则

一般来说，企业编制预算时必须遵守以下几个原则。

(一) 明确企业经营目标

企业通过科学的预测，先制定企业的目标利润，然后确定目标成本，从而控制企业各方面的工作。用公式表示为：

$$目标成本 = 预计销售收入 - 目标利润$$

只有事先明确目标利润，积极控制成本，预算才能发挥作用。

(二) 以销定产

在整个预算体系中，销售预算是起点。企业只有根据科学的市场预测事先确定各种产品的销售量，编制销售预算，确定生产产品的种类、数量以及材料的采购等，实现供产销的结合，使企业不至于停工待料，也不至于造成产品滞销。

(三) 全面完整

凡是影响企业目标实现的业务和事项，都应该以货币或其他计量形式具体反映在预算中，尽可能全面、完整地考虑问题，确保企业目标的实现。相关的预算指标之间要相互衔接，关系明确、清晰，保证整个预算体系的综合平衡。

(四) 符合实际，留有余地

企业在编制全面预算时，必须考虑其现有的人、物、财等因素和外部环境，充分估计企业目标实现的可能性，不能把各项预算指标定得过高或过低。在实际工作中，企业或市场的情况随时可能发生改变，所以预算必须适当地留有余地以应付出现的各种影响预算体系平衡的意外情况。

四、编制全面预算的程序

全面预算工作量大、涉及范围广，而且操作复杂。为确保预算编制工作的顺利进行，企业内部一般设有由各级管理人员组成的预算委员会。其任务包括制定、颁布有关预算制度的各项政策，审核、协调各部门预算工作，以及解决各部门在编制预算过程中发生的纠纷等。

预算是将企业总体目标进行分解成各个部门的具体目标的过程。企业在编制预算时，一般由预算委员会提出预算管理方面的建议。企业预算的编制涉及各个部门，只有执行人都参与预算的编制，才能使预算成为他们自愿努力完成的目标。

具体来说，编制全面预算的程序包括以下几个步骤：

(1) 企业决策机构根据长期规划，利用本量利分析等方法，制定企业未来一定时期的总目标，同时下达规划指标。

(2) 由基层的成本控制人员自行编制预算，这样，预算才更为可靠、更符合实际。

(3) 各部门汇总部门预算，同时初步协调本部门的预算，编制出销售、生产、财务等预算。

(4) 预算委员会审查、平衡各项预算，汇总出总的预算。

(5) 预算经过总经理批准，审议机构通过或驳回修改。

(6) 将主要预算指标报告给董事会或上级主管单位，经其讨论通过或者驳回修改。

(7) 将批准后的预算下达给各部门。

五、全面预算的作用

企业的各个部门是相互联系的，只有通过其协调一致的工作，才能达到企业的经营目标。全面预算的编制有助于企业各部门明确工作任务，安排并控制各自的生产经营活动，同时为员工的业绩评价确立了一个客观的标准。全面预算的作用主要有以下几点。

(一) 明确企业各部门的工作目标

全面预算的过程就是将企业的总体目标分解为各个部门的具体目标的过程。通过编制全面预算，各部门可以清楚地了解各自的工作任务，明确在未来一定期间内自己在成本、利润、资金等方面应达到的水平及努力的方向，从各自的角度去完成企业的总体目标，从而使工作在总目标和具体行动中顺利进行。

(二) 协调各部门的工作

现代化生产条件下的企业，各级部门因其职责不同，很可能出现相互冲突的现象。同时，企业的经营目标单靠某几个部门的努力是无法实现的，必须靠企业所有部门的共同努力才能实现。全面预算将企业各方面的工作纳入统一计划之中，各个部门能够清楚地了解本部门在全局中的地位及作用，从而促使各部门相互协调预算，达到平衡，取得最佳经济效益。

(三) 控制企业日常生产经营活动

计划一旦确定，就开始进入实施阶段，此时管理工作的重心转入生产经营过程。在生产经营过程中，有关部门和单位需要随时对比各项指标的预算数和完成情况，及时提供实际偏离预算的差异额，分析产生差异的原因，以便采取有效措施及时纠正偏差，从而使各项生产经营活动处于预算指标的控制之下，保证预定目标的完成。

(四) 评价各部门的业绩

企业总体目标的实现取决于各个部门具体目标的实现，只有当所有部门都按预算完成各种任务时，企业才能实现总体目标。所以，企业应根据预算定期对各部门所承担的工作任务和目标进行考核，以了解其目标的实现情况，同时评价各部门的工作业绩，并据此实行奖惩和人事任免，促使各部门更好地工作。科学的预算指标能为企业或部门提供业绩评价的比较标准。

任务二 全面预算的编制方法

科学的预算编制方法是保证企业全面预算正确的前提之一。编制预算的方法有很多，包括固定预算法、弹性预算法、增量预算法、零基预算法、定期预算法、滚动预算法、概率预算法等。

一、固定预算法与弹性预算法

按其业务量基础的数量特征的不同，编制财务预算的方法可以分为固定预算法和弹性预算法两类。

(一) 固定预算法

固定预算法又称静态预算法，是指在编制预算时，只根据预算期内正常、可实现的某一固定的业务量(如生产量、销售量)水平作为唯一基础来编制预算的方法。在此法下，不论未来预算期内的实际业务量水平是否发生波动，都只以事先预计的某一个确定的业务量水平作为编制预算基础，显得过于机械；同时，对那些未来业务量不稳定、水平经常发生波动的企业来说，如果采用此法，就可能对企业预算的业绩考核和评价产生扭曲甚至误导作用。

(二) 弹性预算法

弹性预算法又称动态预算法，是为克服固定预算法的缺点而设计的，以业务量、成本和利润之间的依存关系为依据，按照预算期内可能的一系列业务量(如生产量、销售量、工时等)水平编制的系列预算方法。

由于未来业务量的变动会影响到成本、费用、利润等各方面，因此，弹性预算法理论上适用于编制财务预算中所有与业务量有关的预算。但在实务中，主要用于编制成本费用预算和利润预算。由于收入、利润可以利用概率进行风险分析预算，直接材料、直接人工一般按标准成本制度进行标准预算，因此，制造费用、销售费用等间接费用应用弹性预算法较为广泛。

编制弹性预算首先要选择适当的业务量。选择业务量包括选择业务量计量单位和选择业务量范围两部分内容，两者都应根据企业的具体情况进行选择。例如，以手工操作为主的车间，可以选用人工小时；生产单一产品的部门，可以选用产品数量；修理部门可以选用直接修理工时。

弹性预算法所采用的业务量的范围，要保证实际业务量不至于超出相关业务量范围。一般来说，可定在正常生产能力的70%～120%之间，或以历史上最高业务量或最低业务量为其上下限。弹性预算法编制预算的准确性，在很大程度上取决于成本性态分析的可靠性。弹性预算编制一般采用公式法和列表法两种。

1. 公式法

公式法是运用成本性态模型，测算预算期的成本费用数额，并编制弹性预算的方法。根据成本性态，成本与业务量之间的数量关系可以用公式表示为：$y=a+bx$。(其中，y 表示某项预算成本总额；a 表示该项成本中的预算固定成本额；b 表示该项成本中的预算单位变动成本额；x 表示预计业务量)

【做中学 10-1】 已知：M公司按公式法编制的制造费用弹性预算如表10-1所示。

表10-1　　M公司制造费用弹性预算(公式法)　　金额单位：元

费用项目	7 000～12 000(人工小时)	
	固定费用 a	变动费用 b
管理人员工资	8 000	—
设备租金	6 000	—
保险费	4 000	—
维修费	2 000	0.15
辅助材料	1 000	0.10
辅助工人工资		0.25
检验员工资		0.20
合　计	21 000	0.70

根据表10-1，可利用 $y=21\ 000+0.70x$，计算出人工小时在7 000～12 000的范围内，任一业务量基

础上的制造费用预算总额，也可计算出在该人工小时变动范围内，任一业务量的制造费用中某一费用项目的预算额，如辅助材料 $y=1\,000+0.10x$，检验员工资 $y=0.20x$ 等。

公式法的优点是便于计算任何业务量的预算成本，编制预算的工作量较小。但是，在进行预算控制和考核时，不能直接了解特定业务量下的成本预算；阶梯型成本和曲线成本还需要修正为直线，才能采用公式法，比较麻烦，也存在有一定的误差。

2. 列表法

列表法是在通过列表的方式，在相关范围内将业务量分为若干个水平，然后按不同的业务量水平编制预算的方法。

【做中学 10-2】 已知：M 公司按列表法编制的制造费用弹性预算如表 10-2 所示。

表 10-2　　M 公司制造费用弹性预算(列表法)　　金额单位：元

直接人工小时	7 000	8 000	9 000	10 000	11 000	12 000
生产能力利用	70%	80%	90%	100%	110%	120%
1. 变动成本项目：	3 150	3 600	4 050	4 500	4 950	5 400
辅助工人工资	1 750	2 000	2 250	2 500	2 750	3 000
检验员工资	1 400	1 600	1 800	2 000	2 200	2 400
2. 混合成本项目：	3 850	4 400	4 950	5 500	6 050	6 600
维修费	2 450	2 800	3 150	3 500	3 850	4 200
辅助材料	1 400	1 600	1 800	2 000	2 200	2 400
3. 固定成本项目：	18 000	18 000	18 000	18 000	18 000	18 000
管理人员工资	8 000	8 000	8 000	8 000	8 000	8 000
设备租金	6 000	6 000	6 000	6 000	6 000	6 000
保险费	4 000	4 000	4 000	4 000	4 000	4 000
制造费用预算	25 000	26 000	27 000	28 000	29 000	30 000

表 10-2 中的业务量间距为 10%，实际工作中，可以选择更小的间距。显然，业务量的间距越小，实际业务量水平出现在预算表中的可能性就越大，但工作量也就越大。列表法的优点是可以直接从表中找到与业务量相近的预算成本，便于预算的控制和考核，但这种方法工作量较大，且不能包括所有业务量条件下的费用预算。

二、增量预算法和零基预算法

按出发点的特征不同，编制预算的方法可分为增量预算法和零基预算法两类。

(一) 增量预算法

增量预算法是指在基期成本费用水平的基础上，结合预算期业务量水平及有关影响成本因素的未来变动情况，通过调整有关原有成本费用项目而编制预算的一种方法。增量预算法的前提条件主要有两点：第一，现有的业务活动是企业所必需的。只有保留企业现有的每项业务活动，才能使企业的经营过程得到正常发展。第二，原有的各项业务都是合理的。既然现有的业务活动是必需的，那么原有的各项费用开支就一定是合理的，必须予以保留。

增量预算法以过去的经验为基础，实际上是承认过去所发生的一切都是合理的，主张不需在预算内容上做较大改进，而是因循沿袭以前的预算项目。这种方法容易受原有费用项目的限制，可能使原来不合理的费用开支继续存在下去，形成不必要开支的合理化，造成预算上的浪费，也容易滋长预算中的“平均主义”，不利于调动各部门降低费用的积极性。按照这种方法编制的费用预算，只对目前已存在的费用项目编制预算，而那些对企业未来发展有利、确实需要开支的费用项目却未予考虑，不利于企业未来的发展。

(二) 零基预算法

零基预算法是指在编制预算时，对于所有的预算支出以零为基础，不考虑其以往情况如何，从实际需要与可能出发，研究分析各项预算费用开支是否必要合理，进行综合平衡，从而确定预算费用的一种方法。

零基预算法是美国德州仪器公司彼得·派尔在 20 世纪 70 年代提出来的，作为管理间接费用的一种有效方法，现在已被很多国家广泛采用。

零基预算打破了传统的编制预算观念，不再以历史资料为基础进行调整，而是一切以零为基础。编制预算时，首先要确定各个项目是否应该存在，然后按项目的轻重缓急，安排企业的费用预算。零基预算法的具体步骤：

第一，根据企业预算期利润目标、销售目标和生产指标等，分析预算期各项费用项目，并预测费用水平。

第二，拟定预算期预算费用控制总额目标，权衡轻重缓急，划分费用支出的等级并排列先后顺序。

第三，根据企业预算期预算费用控制总额目标，按照费用支出等级及顺序，分解落实相应的费用控制目标，编制相应的费用预算。

【做中学 10-3】 M公司为降低费用开支水平，拟对历年来超支严重的业务招待费、劳动保护费、办公费、广告费、保险费等间接费用项目按照零基预算法进行编制。经讨论研究，确定预算年度所需发生的费用项目及开支数额如表 10-3 所示。

表 10-3　　M公司预计费用项目及开支金额　　金额单位:元

项　目	开支金额
1. 业务招待费	100 000
2. 差旅费	50 000
3. 办公费	120 000
4. 广告费	200 000
5. 保险费	160 000
6. 租金	30 000
合　计	660 000

对上述各项费用进行充分论证，对各费用项目中属于可避免成本的业务招待费和培训费，参照历史经验，业务招待费成本收益率为 1∶15，广告费成本收益率为 1∶25。然后，权衡上述各项费用开支的轻重缓急，排出等级及顺序如下：

第一等级：差旅费、办公费、保险费和租金属于约束性成本，是预算必不可少的开支，应全额得到保证。

第二等级：广告费属于可避免成本，可以根据预算期企业资金供应情况酌情增减，但由于广告费的成本收益率高于业务招待费，因而列入第二等级。

第三等级：业务招待费，也属于可避免成本，根据预算期企业资金供应情况酌情增减，但由于成本收益率最低，因而列入第三等级。

假定该公司预算年度对上述各项费用可动用的资金只有 600 000 元，根据以上排列的等级和顺序分配落实预算资金：

(1) 第一等级的费用项目所需资金应全额满足：

$$50\,000+120\,000+160\,000+30\,000=360\,000(\text{元})$$

(2) 确定可分配的资金数额：

$$600\,000-360\,000=240\,000(\text{元})$$

(3) 按成本收益率的比例分配业务招待费和广告费，则：

$$\text{业务招待费可分配资金}=240\,000\times\frac{15}{15+25}=90\,000(\text{元})$$

$$\text{广告费可分配资金}=240\,000\times\frac{25}{15+25}=150\,000(\text{元})$$

零基预算法与传统预算方法相比，它以零为起点，不受前期费用项目和费用水平的制约，可以促使企业合理有效地进行资源分配，能够调动企业各部门降低费用的积极性，能对环境变化作出较快反应，能够紧密地复核成本状况，但需要对企业现状和市场进行大量的调研，耗时巨大，参加预算工作的人员先要进行培训，并且需要全员参与。因此，在实务中，企业并不需要每年都按零基预算法来编制预算，而是每隔几年才按此方法编制一次预算。一般适用于产出较难辨认的服务性部门费用预算的编制。

三、定期预算法和滚动预算法

按其预算期的时间特征不同，可分为定期预算法和滚动预算法两类。

(一) 定期预算法

定期预算法是以固定不变的会计期间(如年度、季度、月份)作为预算期间编制预算的方法。

采用定期预算法编制预算，保证预算期间与会计期间在时期上配比，便于依据会计报告的数据与预算进行比较，考核和评价预算的执行结果。但定期预算往往是年初或提前几个月编制的，不能随情况的变化及时调整，不利于前后各个期间的预算衔接，不能适应连续不断的业务活动过程的预算管理，不利于企业的长远发展。

(二) 滚动预算法

滚动预算法又称永续预算法，是指在编制预算时，将预算期与会计年度脱离，调整和编制下期预算，并将预算期间逐期连续向后滚动推移，使预算期间保持为一个固定期间的一种预算编制方法。滚动预算法按其预算编制和滚动时间单位不同可分为逐月滚动、逐季滚动和混合滚动三种方式。

1. 逐月滚动方式

逐月滚动方式是指在预算编制过程中，以月份为预算的编制和滚动单位，每个月调整一次预算的方法。如在 2019 年 1 月至 12 月的预算执行过程中，需要在 1 月月末根据当月预算的执行情况，修订 2 月至 12 月的预算，同时补充 2020 年 1 月的预算；到 2 月月末可根据当月预算的执行情况，修订 3 月至 2020 年 1 月的预算，同时补充 2020 年 2 月的预算……以此类推。逐月滚动预算示意如图 10-2 所示。

按照逐月滚动方式编制的预算比较精确，但工作量很大。

2. 逐季滚动方式

逐季滚动方式是指在预算编制过程中，以季度为预算的编制和滚动单位，每个季度调整一次预算的方法。如在 2019 年第一季度至第四季度的预算执行中，需要在第一季季末根据当季预算的执行情况，修订第二季度至第四季度的预算；同时补充 2020 年第一季度的预算；第二季度季末根据当季预算的执行情况，修订第三季度至 2020 年第一季度的预算，同时补充 2020 年第二季度的预算……以此类推。

图 10-2　逐月滚动预算示意

按照逐季滚动编制的预算比逐月滚动的工作量要小，但预算精度略差。

3. 混合滚动方式

混合滚动方式是指在预算编制过程中，同时使用月份和季度作为预算的编制和滚动单位的方法。它是滚动预算的一种变通方式。

这种预算方法的理论依据是：人们对未来的了解程度具有对近期的预算把握较大、对远期的预算把握较小的特征。为了做到长计划短安排，远略近详，在预算编制过程中，可以对近期预算提出较高的精度要求，使预算的内容相对详细；对远期预算提出较低的精度要求，使预算的内容相对简单，这样可以减少预算工作量。

如对 2019 年 1 月至 3 月逐月编制详细预算，其余 4 月至 12 月分别按季度编制粗略预算；3 月月末根据第一季度预算的执行情况，编制 4 月至 6 月的详细预算，并修订第三至第四季度的预算，同时补充 2020 年第一季度的预算；以此类推。混合滚动预算示意如图 10-3 所示。

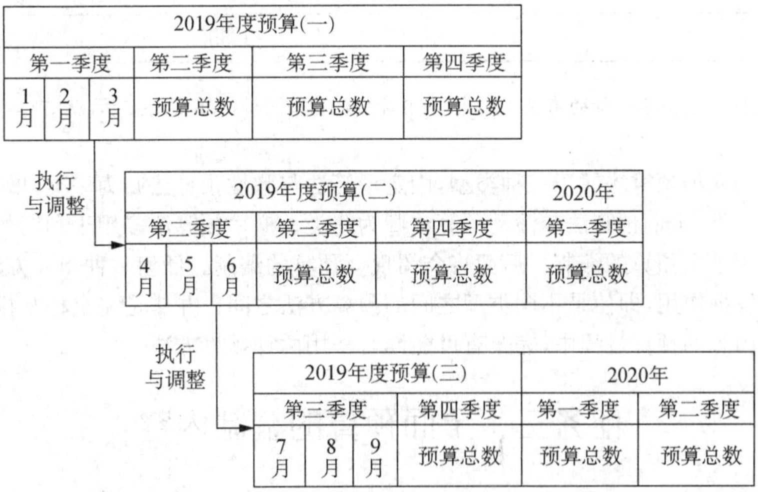

图 10-3　混合滚动预算示意

在实际工作中，采用哪一种滚动预算方式应视企业的实际需要而定。

与传统定期预算法相比，由于按滚动预算法编制的预算实现了与日常管理的紧密衔接，可以使管理人员始终能够从动态角度把握住企业近期的规划目标和远期的战略布局，使预算具有较高的透明度。另外，由于滚动预算能根据前期预算的执行情况，结合各种因素的变动影响，及时调整和修订近期预算，从而使预算更加切合实际，能够充分发挥预算的指导和控制作用。其缺点是预算工作量较大。

四、概率预算法

概率预算法是为了反映企业在实际经营过程中各预定指标可能发生的变化而编制的预算。它不仅考虑了各因素可能发生变化的水平范围，而且考虑到在此范围内有关数据可能出现的概率情况。因此，在预算的编制过程中，不仅要对有关变量的相应数值进行加工，而且需对有关变量可预期的概率进行分析。用该方法编制出的预算由于在其形成过程中，把各种可预计到的可能性都考虑进去，因而比较接近客观实际情况，同时还能帮助企业管理人员对各种经营情况及其结果出现的可能性做到心中有数，有备无患。

【做中学 10-4】 假设M公司预算期产品销售单价为100元，销售量和变动成本的预测值及相应的概率，以及其他有关数据如表10-4所示。

表10-4　　　**M公司产品相关资料**

销售量(件)	20			25			30		
销售收入(元)	2 000			2 500			3 000		
概率Ⅰ	0.2			0.6			0.2		
变动成本(生产)(元)	50	55	60	50	55	60	50	55	60
变动成本(销售)(元)	5	5	5	5	5	5	5	5	5
概率Ⅱ	0.3	0.4	0.3	0.3	0.4	0.3	0.3	0.4	0.3
固定成本(元)	400	400	400	450	450	450	500	500	500
利润(元)	500	400	300	675	550	425	850	700	550
总概率(Ⅰ×Ⅱ)	0.06	0.08	0.06	0.18	0.24	0.18	0.06	0.08	0.06
利润期望值(元)	550								

根据表10-4，通过将各变量的有关数据与其相对应的总概率相乘，然后汇总，就可以求得各变量的预期值。

前面介绍的六种预算法属于三种类型，固定预算法与弹性预算法归为一类，增量预算法与零基预算法归为一类，定期预算法与滚动预算法归为一类。概率预算法多用于利润的预算，现金收支法主要应用于现金预算的编制。后面将介绍现金预算的编制。任何一种预算方法只有通过具体的预算才能发挥作用，即使是不同类型之间的预算方法之间也并非是完全相互排斥的关系，在编制某一特定内容的预算过程中，完全有可能同时采用两种预算方法。

任务三　全面预算的编制内容

全面预算的编制包括经营预算的编制、专门决策预算的编制、财务预算的编制。

一、经营预算的编制

(一) 销售预算

销售收入是企业盈利的主要来源，也是企业现金流量中经营现金流量实现的保证。显然，销售预算既要考虑销售预测，又要避免过高的风险，一般销售预算要略低于企业预测值。销售预算与其他各项预算之间，在不同程度上有着直接或间接的相互关系。因此，销售预算一经确定，就成为生产预算以及各项生产成本预算等的编制依据。

销售预算以销售预测为基础，预测的主要依据是各种产品历史销售量的分析，结合市场预测中各种产品发展前景等资料，先按产品、地区、顾客和其他项目分别加以编制，然后加以归并汇总。

销售预算中通常还包括现金收入的计算，这是为后面编制现金预算提供必要的资料。第一季度的现金收入包括两部分，即上年应收账款在本年第一季度收到的货款，以及本季度销售中可能收到的货款两部分。

根据销售预测确定未来期间预计的销售量和销售单价后，可得到以下公式：

$$预计销售收入 = 预计销售量 \times 预计销售单价 \tag{10-1}$$

$$预计含税销售收入 = 该期预计销售收入 + 该期预计销项税额 \tag{10-2}$$

$$某预算期现金收入 = 该期现销含税收入 + 该期回收以前期的应收账款 \tag{10-3}$$

【做中学 10-5】 M公司生产一种产品，销售单价为 1 00 元，预算年度内四个季度的销售量分别为 100 件、150 件、200 件和 180 件。假设每季度销售收入中，本季度收到现金 60%，另外的 40%要到下季度才能收到。预计第一季度可收回上年第四季度的应收账款 12 000 元。

根据上述资料，编制销售预算及预计现金收入预算表，如表 10-5 所示。

表 10-5 **M公司销售预算** 金额单位：元

项　目	第一季度	第二季度	第三季度	第四季度	全年
预计销售量	100	150	200	180	630
销售单价	100	100	100	100	100
销售收入	10 000	15 000	20 000	18 000	63 000
增值税销项税额	1 700	2 550	3 400	3 060	10 710
含税销售收入	11 700	17 550	23 400	21 060	63 710
期初应收账款	12 000				12 000
第一季度	7 020	4 680			11 700
第二季度		10 530	7 020		17 550
第三季度			14 040	9 360	23 400
第四季度				12 636	12 636
现金收入合计	19 020	1 5210	21 060	21 996	77 286

根据表 10-5 中的数据还可以计算出 M 公司年末应收账款的余额：

$$应收账款余额 = 21\,060 \times 40\% = 8\,424(元)$$

(二) 生产预算

生产预算是根据销售预算编制的，计划为满足预算期的销售量以及期末存货所需的资源。

通常，企业的生产和销售不能做到“同步同量”，计划期间除必须有足够的产品以供销售之外，还必须考虑计划期期初和期末存货的预计水平，以避免存货太多形成积压，或存货太少影响下期销售。计算公式为：

$$预计生产量 = 预计销售量 + 预计期末存货 - 预计期初存货 \tag{10-4}$$

生产预算是所有营业预算中唯一只使用实物量单位的预算，可以为有关费用和成本提供实物量数据。生产预算在实际编制时比较复杂，一方面产量受到生产能力的限制；另一方面存货数量又会受到仓储容量的限制。

为了解现有生产能力是否能够完成预计的生产量，生产设备管理部门有必要再审核生产预算，若无法完成，预算委员会可以修订销售预算或考虑增加生产能力；若生产能力超过需要量，则可以考虑把生产能力用于其他方面。在实践中，一般是按事先估计期末存货量占下期销售量的比例进行估算。

【做中学 10-6】 承[做中学 10-5]，假设 M 公司期末存货量为下期销售量的 10%，预算年度第一季度期初存货量为 10 件，期末存货量为 20 件。

根据销售预算的预计销售量和上述有关数据，编制预算年度的生产预算表，如表 10-6 所示。

表 10-6 **M 公司生产预算** 单位：件

项 目	第一季度	第二季度	第三季度	第四季度	全年
预计销售量	100	150	200	180	630
加：预计期末存货	15	20	18	20	20
减：预计期初存货	10	15	20	18	650
预计生产量	105	155	198	182	640

（三）直接材料预算

直接材料预算即为直接材料采购预算，是指在预算期内，根据生产预算所确定的材料采购数量和材料采购金额的计划。直接材料采购预算以生产预算为基础，根据生产预算的每季预计生产量、单位产品的材料用量、期初和期末存料量、材料的计划单价以及采购材料的付款条件等编制的预算期直接材料采购计划。“预计生产量”的数据来自生产预算，“单位产品材料用量”的数据来自标准成本资料或消耗定额资料，“生产需用量”是上述两项的乘积。期初、期末的材料库存量是根据当前情况和销售预测估计得到的。

【提示】 实践中，各季度“期末材料存量”一般根据下季度需用量的百分比确定。

预计各季度采购量，根据下式计算确定：

$$预计采购量 = 生产需要量 + 预计期末库存量 - 预计期初库存量 \tag{10-5}$$

在实际工作中，直接材料采购预算往往还附有“预计现金支出计算表”，用于计算预算期内为采购直接材料而支付的现金数额，以便编制现金预算。

预算期采购金额的计算公式为：

$$预算期采购金额 = 该期预计采购总成本 + 该期预计进项税额 \tag{10-6}$$

预算期内的采购现金支出的计算公式为：

$$预算期采购现金支出 = 该期现购材料现金支出 + 该期支付前期的应付账款 \tag{10-7}$$

【做中学 10-7】 假设M公司所生产的产品只需要一种原材料，单位产品材料用量为4千克/件，材料采购单价为5元/千克，每季度末的材料存量为下季度生产用量的20%，估计预算年度期初存货量120千克，期末材料存货量150千克。假定每季采购金额中，有60%需要当季支付现金，其余40%到下季支付。预算年度第一季应付上年第四季度赊购材料款为2 500元。

根据预计生产量和上述单位产品的材料消耗定额以及期初、期末的材料存量等相关资料，编制直接材料预算及材料采购现金支出计算表，如表10-7所示。为了简化计算，计算结果保留为整数。

表10-7　　M公司直接材料预算及材料采购现金支出计算表　　金额单位:元

项　目	第一季度	第二季度	第三季度	第四季度	全年
预计生产量(件)	105	155	198	182	640
单位产品材料用量(千克/件)	4	4	4	4	4
生产需用量(千克)	420	620	792	728	2 560
加:预计期末库存量(千克)	124	158	146	150	150
减:预计期初库存量(千克)	120	124	158	146	120
预计采购量	424	654	780	732	2 590
材料采购单价(元/千克)	5	5	5	5	5
预计采购成本	2 120	3 270	3 900	3 660	12 950
增值税进项税额	360	556	663	622	2 201
预计采购金额合计	2 480	3 826	4 563	4 282	15 151
预计现金支出：					
上年应付账款	2 500				2 500
第一季度	1 488	992			2 480
第二季度		2 296	1 530		3 826
第三季度			2 738	1 825	4 563
第四季度				2 569	2 569
现金支出合计	3 988	3 288	4 268	4 394	15 938

根据表10-7中的数据还可以计算出M公司期末应付账款的余额：

$$应付账款余额 = 4\ 282 \times 40\% \approx 1\ 713(元)$$

(四) 应交税费预算

应交税费预算是指为规划一定预算期内预计发生的应交增值税、消费税、资源税、城市维护建设税和教育费附加金额而编制的一种经营预算。本预算中不包括预交的所得税。

【做中学 10-8】 M公司流通环节只缴纳增值税，并于销售的当期用现金完税，城建税税率为7%，教育费附加征收比率为3%。

根据前例预计的增值税销项税额和进项税额，编制应交税费预算表，如表10-8所示。为了简化起见，计算结果保留为整数。

表 10-8　　M公司应交税费预算　　金额单位:元

项　目	第一季度	第二季度	第三季度	第四季度	全年
增值税销项税额	1 700	2 550	3 400	3 060	10 710
增值税进项税额	360	556	663	622	2 201
应交增值税	1 340	1 994	2 737	2 438	8 509
应交城建税及教育费附加	134	199	274	244	851
现金支出合计	1 474	2 193	3 011	2 682	9 360

(五) 直接人工预算

直接人工预算也是以生产预算为基础编制的。其主要内容有预计产量、单位产品工时、人工总工时、单位工时工资率和人工总成本。单位产品工时和单位工时工资率数据来自标准成本资料。人工总工时和人工总成本是在直接人工预算中计算出来的。直接人工预算可以反映预算期内人工工时的消耗水平和人工成本。

由于人工工资一般均由现金支付,通常不单独编制列示与此相关的预计现金支出开支。即便我国有一些企业的工资不一定在提取的当期用现金开支,但这种做法是不受职工欢迎的。

【做中学 10-9】 M公司的单位产品工时定额为5小时,单位工时工资率为8元。

根据单位产品工时定额、单位工时工资率和预计生产量,编制直接人工预算表,如表10-9所示。

表 10-9　　M公司直接人工预算

项　目	第一季度	第二季度	第三季度	第四季度	全年
预计生产量(件)	105	155	198	182	640
单位产品工时(小时/件)	5	5	5	5	5
人工总工时(小时)	525	775	990	910	3 200
单位工时工资率(元/小时)	8	8	8	8	8
人工总成本(元)	4 200	6 200	7 920	7 280	25 600

(六) 制造费用预算

制造费用是一种能反映直接人工预算和直接材料使用与采购预算以外的所有产品成本的预算计划。为编制预算,制造费用通常可按其成本性态可分为固定制造费用和变动制造费用两部分。固定制造费用可在上年的基础上根据预期变动加以适当修正进行预计;变动制造费用根据预计生产量乘以单位产品预定分配率进行预计。对于制造费用中的混合成本项目,应将其分解为固定费用和变动费用两部分,并分别列入制造费用预算的固定费用和变动费用。

为了全面反映企业资金收支,在制造费用预算中,通常包括费用方面预期的现金支出。需要注意的是,由于固定资产折旧费是非付现项目,在计算时应予排除。

【做中学 10-10】 M公司在预算期间的变动制造费用为3 200元,固定制造费用为8 000元。

根据变动制造费用和固定制造费用相关资料,编制制造费用预算表,如表10-10所示。

为了便于以后编制现金预算,需要预计现金支出。制造费用中,除折旧费外都必须支付现金,所以,根据各个季度制造费用数额扣除折旧费后,即可得出"现金支出的费用"。

根据表10-10可得,

$$\text{变动制造费用分配率} = \frac{3\ 200}{3\ 200} = 1(\text{元} / \text{小时})$$

$$\text{固定制造费用分配率} = \frac{8\ 000}{3\ 200} = 2.5(\text{元} / \text{小时})$$

表 10-10　　M公司制造费用预算　　金额单位:元

项　目	第一季度	第二季度	第三季度	第四季度	全年
变动制造费用:					
间接人工(1元/件)	105	155	198	182	640
间接材料(1元/件)	105	155	198	182	640
维修费(2元/件)	210	310	396	364	1 280
水电费(1元/件)	105	155	198	182	640
小　计	525	775	990	910	3 200
固定制造费用:					
管理人员工资	1 000	1 000	1 000	1 000	4 000
折旧费	400	400	400	400	1 600
办公费	250	150	180	320	900
保险费	200	350	450	500	1 500
小　计	1 850	1 900	2 030	2 220	8 000
合　计	2 375	2 675	3 020	3 130	11 200
减:折旧	400	400	400	400	1 600
现金支出的费用	1 975	2 275	2 620	2 730	9 600

(七) 产品成本预算

产品成本预算是指为规划一定预算期内每种产品的单位产品成本、生产成本、销售成本等内容而编制的一种日常业务预算。产品成本预算是生产预算、直接材料预算、直接人工预算、制造费用预算的汇总,即产品成本预算主要依据生产预算、直接材料预算、直接人工预算、制造费用预算等汇总编制。产品成本预算的主要内容是产品的总成本与单位成本。单位产品成本可根据下式计算确定:

$$某种产品某期预计发生的单位生产成本 = 单位直接材料成本 + 单位直接人工成本 + 单位制造费用 \quad (10-8)$$

不同的存货计价方法,需要采取不同的预算编制方法。此外,不同的成本计算模式也会产生不同的影响。在变动成本法下,产成品存货一般按先进先出法计价,产品成本只考虑直接材料、直接人工和变动制造费用。

【做中学 10-11】 根据表 10-7、表 10-9 和表 10-10 的数据,编制 M 公司产品成本预算表,如表 10-11 所示。(只编制全年的产品成本预算)

表 10-11　　M公司产品成本预算

项　目	单位成本			生产成本(640件)	期末存货(20件)	销货成本(630件)
	每千克或每小时	投入量	成本(元)			
直接材料	5	4	20	12 800	400	12 600
直接人工	8	5	40	25 600	800	25 200

（续表）

项　目	单位成本			生产成本（640件）	期末存货（20件）	销货成本（630件）
	每千克或每小时	投入量	成本（元）			
变动制造费用	1	5	5	3 200	100	3 150
固定制造费用	2.5	5	12.5	8 000	250	7 875
合　计	—	—	77.5	49 600	1,550	48 825

（八）销售及管理费用预算

销售费用预算是指为了实现销售预算所需支付的费用预算。它以销售预算为基础，对销售收入、销售利润和销售费用的关系进行分析，力求实现销售费用的最有效使用。在安排销售费用时，要利用本量利分析方法，费用的支付应能获取更多的收益。

管理费用预算是指企业日常生产经营中为搞好一般管理业务所必需的费用预算。在编制管理费用预算时，要分析企业的业务成绩和一般经济状况，务必做到合理化。

销售及管理费用预算也要编制相应的现金支出预算，其中固定资产折旧费、无形资产摊销等均属不需要现金支出的项目，在预计费用现金支出时，应予以扣除。

【做中学10-12】 假定M公司在预算期间变动销售及管理费用为1 260元，按销售量计算分配率，固定销售及管理费用为1 200元，其中年折旧费用为800元。

根据预计销售量和上述资料，编制销售及管理费用预算表，如表10-12所示。

表10-12　M公司销售及管理费用预算

项　目	第一季度	第二季度	第三季度	第四季度	全　年
预计销售量（件）	100	150	200	180	630
变动销售及管理费用分配率	2	2	2	2	2
变动销售及管理费用（元）	200	300	400	360	1 260
固定销售及管理费用（元）	300	300	300	300	1 200
减：折旧费（元）	200	200	200	200	800
现金支出的费用（元）	300	400	500	460	1 660

上例中，变动销售及管理费用分配率＝1 260÷630＝2（元/件）。

二、专门决策预算的编制

专门决策预算又称特种决策预算，是指企业为不经常发生的长期投资项目或者一次性专门业务所编制的预算，一般包括资本支出预算和经营决策预算两种。

（1）资本支出预算又称投资预算，是指企业为了今后更好的发展、获取更大的报酬而做出的资本支出计划。它是综合反映建设资金来源与运用的预算，其支出主要用于经济建设，其收入主要是债务收入。由于这类预算涉及长期建设项目的投资投放与筹措等，并经常跨年度，因此，除个别项目外一般不纳入日常业务预算，但应计入与此有关的现金预算与预计资产负债表。

（2）经营决策预算是指与短期经营决策密切相关的特种决策预算，该类预算的主要目标是通过制定最优生产经营决策和存货控制决策来合理地利用或调配企业经营活动所需要的各种资源。本类预算通常是在根据短期经营决策确定的最优方案基础上编制的，因而需要直接纳入日常业务预算体系，同时也将影响现金预算等财务预算。

【做中学 10-13】 M公司为了开发新产品，决定预算期间上一条新的生产线，预计在一季度购置60 000元的设备。为筹措该项投资资金，M公司年初向银行借入年利率为10%的3年期的长期借款60 000元，每季季末支付利息，到期还本。

根据上述设备购置及资金筹措的资料，编制投资项目预算表，如表10-13所示。

表10-13　　M公司新产品生产线投资项目预算　　金额单位：元

项　目	第一季度	第二季度	第三季度	第四季度	全　年
设备购置	60 000				60 000
投资支出合计	60 000				60 000
投资资金筹措：					
向银行借款	60 000				60 000
合　计	60 000				60 000

三、财务预算的编制

(一) 现金预算

现金预算也称现金收支预算，是所有相关现金收支预算的汇总。现金预算通常包括现金收入、现金支出、现金收支差额、资金的筹措及运用四个方面。

现金收入部分包括期初现金余额和预算期现金收入，主要是销货取得的现金收入，来自销售预算。

现金支出部分包括预算期各项现金支出，由"直接材料""直接人工""制造费用""销售费用""管理费用""财务费用""支付的税金以及预交所得税"等组成，有时还涉及资本性现金支出。

现金收支差额部分列示现金收入合计与现金支出合计的差额。差额为正，说明收大于支，现金有多余；差额为负，说明支大于收，现金不足。

企业根据预算期现金收支差额的性质、数额的大小和期末应保持的现金余额，确定筹集或运用资金的数额。如果现金有多余，可用于偿还向银行取得的借款，或用于购买有价证券；如果现金不足，要向银行取得新的借款或抛售有价证券。

【做中学 10-14】 假定M公司每季季末现金余额不得少于4 000元，否则要向银行借款，借款数额一般为1 000元的倍数。借款年利率为12%。现金多余时，可购买年利率为6%的有价证券作为临时调剂。预计预算期期初现金余额为4 000元。

根据前述有关销售预算、直接材料预算等相关资料，编制预算各季度的现金预算表，如表10-14所示。

表10-14　　M公司现金预算　　金额单位：元

项　目	第一季度	第二季度	第三季度	第四季度	全年
期初现金余额	4 000	4 583	4 857	4 098	4 000
加：销售现金收入	19 020	15 210	21 060	21 996	77 286
可供使用现金合计	23 020	19 793	25 917	26 094	81 286
减：现金支出：					
直接材料	3 988	3 288	4 268	4 394	15 938
直接人工	4 200	6 200	7 920	7 280	25 600

（续表）

项 目	第一季度	第二季度	第三季度	第四季度	全年
制造费用	1 975	2 275	2 620	2 730	9 600
销售及管理费用	300	400	500	460	1 660
支付增值税、城建税等	1 474	2 193	3 011	2 682	9 360
预交所得税	1 000	1 000	1 000	1 000	4 000
购买设备	60 000				60 000
预分股利(估计)	2 000	2 000	2 000	2 000	8 000
现金支出合计	74 937	17 356	21 319	20 546	134 158
现金收支差额	(51 917)	2 437	4 598	5 548	(52 872)
资金筹措及运用:					
加:借入的长期借款	60 000				60 000
借入的短期借款		4 000			4 000
减:归还借款本金					
短期借款利息(8%)		80			80
长期借款利息(10%)	1 500	1 500	1 500	1 500	6 000
购买有价证券	2 000		(1 000)		1 000
期末现金余额	4 583	4 857	4 098	4 048	4 048

本例中，购置设备向银行借入的长期借款 60 000 元，每季支付利息为 1 500 元(60 000×10%÷4)。

现金不足时，向银行借入的短期借款，一般按“每期期初借入，每期期末归还”来预计利息，第二季度末应支付的利息为 80 元。短期借款本金借款期限设定为 1 年。

现金预算是企业现金管理的重要工具，有助于企业合理安排和调动资金，降低资金的使用成本。现金预算涉及面广，比较复杂，一定要注意现金预算表各项目之间的钩稽关系。

(二) 利润表预算

利润表预算是指以货币形式综合反映预算期内企业经营活动成果(包括利润总额、净利润)计划水平的一种财务预算。利润表预算与实际利润表的格式、内容相同，但它是由预算数据形成的。该预算需要在销售预算、产品成本预算、税金及附加预算、制造费用预算、销售及管理费用预算、财务费用预算等基础上编制。

【做中学 10-15】 根据 M 公司前例各预算资料，编制利润表预算，如表 10-15 所示。

表 10-15　　M 公司利润表预算　　金额单位:元

项 目	金 额
销售收入	63 000
减:销售成本	48 825
税金及附加	851
销售及管理费用	2 460
财务费用	6 080

（续表）

项　目	金　额
利润总额	4 784
所得税费用(估计)	4 000
净利润	784

其中,销售收入数据来自销售预算;销售成本数据来自产品成本预算;税金及附加数据来自应交税费预算;销售及管理费用数据来自销售及管理费用预算;财务费用数据来源于现金预算。所得税费用是估计数值,并已列入现金预算。它通常不是根据利润和所得税税率计算出来的,如果根据利润和税率重新计算,就需要修改现金预算,引起信贷计划修订,进而改变利息,最终又要修改利润,从而陷入数据的循环修改。另外,所得税费用计算还存在诸多纳税调整的事项。

通过编制利润表预算,可以了解企业预期的盈利水平,如果预算利润与目标利润有较大出入,就需要重新分析研究,修改目标利润。

（三）资产负债表预算

资产负债表预算是指用于总括反映企业预算期末财务状况的一种财务预算。资产负债表预算与实际资产负债表的格式、内容相同,但它是由预算数据形成的。资产负债表预算中除上年期末数已知外,其余项目均应在前述各项营业预算和特种决策预算的基础上分析填列。

【做中学 10-16】 根据 M 公司前例各预算资料,编制资产负债表预算,如表 10-16 所示。

表 10-16　　M 公司资产负债表预算　　金额单位:元

资　产			负债和所有者权益		
项　目	年初	年末	项　目	年初	年末
库存现金(表 10-14)	4 000	4 048	应付账款	2 500	1 713
应收账款(表 10-5)	12 000	8 424	短期借款	0	4 000
有价证券投资(表 10-14)	0	1 000	长期借款	10 000	70 000
产成品存货(表 10-6、表 10-10)	775	1 550	负债合计	12 500	75 713
原材料存货(表 10-7)	600	750	普通股	20 000	20 000
固定资产(表 10-12)	30 000	90 000	未分配利润	12 875	5 659
累计折旧(表 10-10、表 10-12)	2 000	4 400			
			所有者权益合计	32 875	25 659
资产总计	45 375	101 372	负债和所有者权益总计	45 375	101 372

根据表 10-16 资料,可知:期末未分配利润＝12 875＋784－8 000＝5 659(元)。

编制资产负债表预算的目的在于判断预算反映的财务状况的稳定性和流动性。如果通过资产负债表预算的分析,发现某些财务比率不佳,必要时可修改有关预算,以改善财务状况。

关键术语

全面预算　经营预算　财务预算　专门决策预算　弹性预算法　固定预算法　增量预算法　零基预算法　定期预算法　滚动预算法　概率预算法

应知考核

一、单项选择题

1. (　　)是其他预算的起点。

A. 销售预算　B. 现金预算　C. 生产预算　D. 产品成本预算

2. 在编制制造费用预算时,计算现金支出应予排除的项目是(　　)。

A. 间接材料　B. 间接人工　C. 管理人员工资　D. 折旧费

3. 下列项目中,能够克服固定预算方法缺点的是(　　)。

A. 固定预算　B. 弹性预算　C. 滚动预算　D. 零基预算

4. 下列各项中,应当作为编制零基预算出发点的是(　　)。

A. 基期的费用水平　B. 历史上费用的最好水平

C. 国内外同行业费用水平　D. 费用为零

5. 下列各项中,能够揭示滚动预算基本特点的表述有(　　)。

A. 预算期是相对固定的　B. 预算期是连续不断的

C. 预算期与会计年度一致　D. 预算期不可随意变动

二、多项选择题

1. 编制弹性预算所用业务量可以是(　　)。

A. 生产量　B. 销售量　C. 直接人工工时　D. 机器工时

2. 下列各项中,属于经营预算的有(　　)。

A. 销售预算　B. 制造费用预算

C. 销售及管理费用预算　D. 预计利润表

3. 滚动预算法按其编制和滚动的时间单位可分为(　　)。

A. 逐日滚动　B. 逐月滚动　C. 逐季滚动　D. 混合滚动

4. 产品成本预算是(　　)预算的汇总。

A. 制造费用　B. 销售及管理费用　C. 直接材料　D. 直接人工

5. 下列各项中,属于编制直接人工预算时需要考虑的因素有(　　)。

A. 预计产量　B. 单位产品工时

C. 人工总工时　D. 单位工时工资率和人工总成本

三、判断题

1. 弹性预算法编制预算的准确性,在很大程度上取决于成本性态分析的相关性。(　　)
2. 零基预算以历史资料为基础。(　　)
3. 概率预算法不仅考虑各因素可能发生变化的水平范围,而且考虑在此范围内有关数据可能出现的概率情况。(　　)
4. 销售预算一经确定,就成为生产预算以及各项生产成本预算等的编制依据。(　　)
5. 应交税费预算中包括预交的所得税。(　　)

四、简述题

1. 什么是全面预算?编制全面预算有什么作用?
2. 全面预算的编制程序包括哪些步骤?
3. 什么是零基预算?其编制包括哪些步骤?
4. 什么是弹性预算和滚动预算?各有什么特征?
5. 什么是概率预算?用概率预算法编制预算时,其关键是什么?

五、计算题

1. 星海公司预算期间2019年度简略销售情况如表10-17所示，若销售当季度收款60%，次季度收款35%，第三季度收款5%，预算年度期初应收账款金额为22 000元，其中包括上年度第三季度销售的应收账款4 000元，第四季度销售的应收账款18 000元。

表10-17　　2019年度简略销售情况

项　目	第一季度	第二季度	第三季度	第四季度	合　计
预计销售量(件)	2 500	3 750	4 500	3 000	13 750
销售单价(元)	20	20	20	20	20

要求：根据上述资料编制预算年度的销售预算，填写表10-18。

表10-18　　销 售 预 算　　金额单位：元

项　目	第一季度	第二季度	第三季度	第四季度
预计销售量(件)	2 500	3 750	4 500	3 000
销售单价(元/件)	20	20	20	20
预计销售金额	(1)	(2)	(3)	(4)
本年期初应收账款收现	(5)	(6)		
第一季度销售收现	(7)	17 500	2 500	
第二季度销售收现		45 000	(8)	3 750
第三季度销售收现			54 000	31 500
第四季度销售收现			36 000	

2. 某企业2019年度现金预算部分数据如表10-19所示，若该企业规定各季末必须保证有最低的现金余额5 000元。

表10-19　　2019年度现金预算部分数据　　金额单位：元

项　目	第一季度	第二季度	第三季度	第四季度	全年
期初现金余额	8 000				
加：现金收入		70 000	96 000		321 000
可动用现金合计	68 000			100 000	
减：现金支出					
直接材料	35 000	45 000		35 000	
制造费用		30 000	30 000		113 000
购置设备	8 000	8 000	10 000		36 000
支付股利	2 000	2 000	2 000	2 000	
现金支出合计		85 000			
现金结余(不足)	(2 000)		11 000		
现金筹集与运用					

(续表)

项　目	第一季度	第二季度	第三季度	第四季度	全年
其中:银行借款(期初)		15 000	—	—	
归还本息(期末)	—	—		(17 000)	
现金筹集与运用合计					
期末现金余额					

将该企业 2019 年度现金预算中未列金额的部分逐一填列。

3. ABC 公司预计 2019 年第一季度销售甲产品分别为 2 200 件、2 600 件、3 300 件,单价分别为 2 元、2.2 元、2.5 元,销售乙产品分别为 500 件、800 件、650 件,单价分别为 55 元、70 元、65 元。应收账款分 3 个月收回,回款率依次是 60%、30%、10%。2018 年 11 月份销售收入为 15 000 元,其中甲产品为 1 350 元,乙产品为 13 650 元。2018 年 12 月份销售收入为 23 000 元,其中甲产品为 4 000 元,乙产品为 19 000 元。

要求:根据以上资料,编制 ABC 公司 2019 年第一季度的销售预算、应收账款预算和销售现金收入预算。

4. ABC 公司预计 2019 年前 5 个月销售甲产品分别为 2 200 件、2 600 件、3 300 件、3 500 件、3 500 件,单价分别为 2 元、2.2 元、2.5 元、2.5 元、2.2 元,销售乙产品分别为 500 件、800 件、650 件、700 件、710 件,单价分别为 55 元、70 元、65 元、68 元、70 元。根据测算,每月的期末存货约为下 1 个月销售量的 10%,1 月份期初库存量:甲产品为 220 件,乙产品为 50 件。甲产品每件材料消耗定额为 5 千克,单价为 0.13 元,乙产品每件材料消耗定额为 10 千克,单价为 1.5 元。月末库存材料量:甲产品为下 1 月生产需要量的 20%,乙产品为下 1 月生产需要量的 10%,1 月初甲材料库存量为 2 000 千克,乙材料库存量为 1 100 千克。材料采购款分 2 个月付清,比例分别为 70% 和 30%。上年年末应付材料款为 3 000 元。

要求:根据以上资料,编制 ABC 公司 2019 年第一季度的生产预算、材料耗用预算、直接材料采购预算、采购现金支出预算。

5. 某企业计划期间的制造费用如表 10-20 所示。

表 10-20　　某企业计划期间的制造费用

项　目	具体情况
间接人工费	基本工资为 2 000 元,另外每一小时补贴 0.2 元
物料费	每小时 0.25 元
折旧费	5 000 元
维修费	0～3 000 工时为 1 000 元,4 000～5 000 工时每增加 1 小时为 0.2 元,6 000 工时以上每增加 1 小时为 0.12 元
水电费	基数为 600 元,另外每 1 小时 0.15 元

要求:在生产能力为 2 000～6 000 工时的范围内,按照制造费用的习性,编制制造费用弹性预算(间隔为 1 000 工时)。

应会考核

■ 观念应用

【背景资料】

大华公司的滚动预算

大华公司生产 A 产品,2019 年预计销售量如表 10-21 所示。

表 10-21　　**2019 年 A 产品预计销售量**　　单位:件

月份	销售量	月份	销售量
1	10 000	7	13 000
2	12 000	8	12 000
3	10 000	9	12 000
4	12 000	10	9 000
5	12 000	11	10 000
6	13 000	12	10 000

A 产品单位售价 100 元,单位产品变动成本 40 元,变动销售和管理费 5 元,每月固定制造费用 50 000 元,固定销售和管理费用 30 000 元,所得税税率 25%。

【考核要求】

根据上述资料,请编制大华公司 2019 年度利润表的滚动预算(按季度滚动)。

■ 技能应用

弹性预算的应用

某公司制造费的成本性态如表 10-22 所示。

表 10-22　　**某公司制造费的成本性态**

项　目	间接人工	间接材料	维修费用	折旧费用	其他费用
固定部分(元)	6 000	1 000	220	100	880
单位变动率(元/小时)	1.0	0.6	0.15		0.05

【技能要求】

(1) 若该公司正常生产能力为 10 000 小时,试用列表法编制该公司生产能力在 70%～110%范围内的弹性制造费用预算(间隔为 10%)。

(2) 若该公司 5 月份实际生产能力只达到正常生产能力的 80%,实际发生的制造费用为 23 000 元,则其制造费用的控制业绩为多少?

■ 案例分析

【背景资料】

黄金集团的全面预算管理

黄金集团主要从事金、银、铜、钼(mu)等有色金属的勘察设计、资源开发、产品生产和贸易,以及工程总承包等业务,是集地质勘探、矿山开采、选矿冶炼、产品精炼、加工销售、科研开发和工程设计与建设于一体的综合性大型矿业公司。黄金集团旗下设有黄金、珠宝等 7 大板块,拥有二级子公司近 60 余家,分布于国内 26 个省区以及部分海外地区。

为加强集团管理的控制与决策职能,增强公司发展战略与全面预算的结合度,黄金集团决定引进全面预算系统并对其进行优化。黄金集团实施全面预算管理系统时,考虑到企业业务板块繁杂,二级子公司众多,且分布于海内外,成立了专门项目组,与厂商联合进行了全面、详细和深入的调研分析,将各大业务板块相异的业务特点进行认真梳理和分析,最终形成了以业务为基础,实现业务与财务一体化的解决方案。该方案以"建立横向到边、纵向到底的资源需求,与资源供应经营平衡、财务平衡的预算组织体系与业务体系"为建设思路;以"实现事前算赢、搭建统一预算管理平台、落实国资委八项要求"为建设目标。

为了在集团深入贯彻全面预算管理的思想,并确保其得以切实有效地推行,经过项目组认真讨论,黄金集团首先确定了项目的建设思路,从预算组织体系角度横向到边,即预算组织体系覆盖全集团各分、子公司，并可延伸、可扩展；纵向到底，即各分、子公司向下覆盖所有部门，并可延伸、可扩展。从业务体系角度横向到边，即使预算类别全覆盖；纵向到底，即使预算内容精细化。

【分析要求】

(1) 你能按照不同的预算分类标准，说明黄金集团的预算包括哪些内容吗？

按内容分类，黄金集团的预算应该包括业务预算、财务预算和特种决策预算；按主体可分，包括集团公司预算和子公司预算等。

(2) 你认为黄金集团应该如何编制预算并加强预算控制。

项目实训

【实训项目】

全面预算的编制。

【实训情境】

天元公司的全面预算

天元公司生产经营甲产品，2016 年初应收账款和各季度预测的销售价格与销售数量等资料如表 10-23 所示。

表 10-23 相关数据资料

季度		1	2	3	4	应收账款年初值(元)	收现率	
							当季度	下季度
甲产品	单价(元/件)	65	65	65	65			
	销售量(件)	800	1 000	1 200	1 000	19 000	60%	40%

天元公司年初产成品存货量 80 件，年末产成品存货量 120 件，预计季末产成品存货量占下季度销量的 10%。另外，年初产成品单位成本为 40 元/件。

天元公司生产甲产品使用 A 材料，第 1、第 2、第 3 季度生产甲产品对于 A 材料的消耗定量均为 3 千克/件，4 季度的消耗定量为 4 千克/件。年初 A 材料存货量为 1 500 千克，年末存货量为 1 800 千克，预计期末材料存货量占下季度需用量的 20%，材料价款当期支付 60%，下期支付 40%。应付账款年初余额 4 400 元，材料销售单价为 4 元/件。

天元公司单位产品工时定额为 3 小时/件，单位工时工资率前 3 季度均为 3 元/小时，第 4 季度为 4 元/小时。全部费用当季支付。

天元公司变动制造费用的工时分配率为 1.2，预计年度固定制造费用合计 6 000 元，其中折旧费用为 1 200元。需用现金支付的费用当季支付。

天元公司变动管理和销售费用的单位产品标准费用额为 4 元，全年的固定管理和销售费用为 10 000 元，其中折旧费用为 2 000 元。需用现金支付的费用当季支付。

天元公司季度末现金最低限额为 2 000 元。银行借款利息为 5%。预计缴纳全年所得税费用为 10 000 元，各季度平均分配。期初现金余额为 2 400 元。产成品存货采用先进先出法计价。

【实训任务】

(1) 编制业务预算、现金预算和预计利润表。

(2) 撰写“全面预算的编制”实训报告。

“全面预算的编制”实训报告		
项目实训班级：	项目小组：	项目组成员：
实训时间：　　年　　月　　日	实训地点：	实训成绩：
实训目的：		
实训步骤：		
实训结果：		
实训感言：		

项目十一　标准成本控制

知识目标

理解：标准成本的概念、特点、种类、作用及意义。

熟知：标准成本系统的运行程序及制定。

掌握：成本差异分析；成本差异的账务处理。

项目课件

技能目标

能够运用标准成本系统控制成本，分析差异产生的原因。

素质目标

能够结合企业实例，提高分析和总结能力、语言表达能力、与人合作的能力。

项目引例

小王应该被解雇吗

中盛公司正打算解雇采购员小王。因为公司领导发现小王是以大量的采购来获得价格优惠的，这样造成大量资金被占用在存货上。而小王认为，公司的要求是达到标准，至于如何达到标准并不重要。小王还强调，只有通过大量采购才能达到价格标准，否则就会出现不利的价格差异。

【思考与讨论】

(1) 小王为什么购进大量的原材料？这种行为就是价格目标吗？如果不是，那么目标又是什么？

(2) 小王应该被解雇吗？请解释原因。

知识精讲

任务一　标准成本概述

一、标准成本的概念与特点

(一) 标准成本的概念

所谓标准成本，是指根据已达到的生产技术水平，在有效经营的条件下应当发生的成本，是一种预定的目标成本。以目标成本为基础，把实际发生的成本与标准成本进行对比，揭示成本差异，使差异成为向人们发出的一种信号。以此为线索进行分析、研究，企业便可以进一步查明差异形成的原因和责任，并据此采取相应的措施，发扬优点、克服缺点，实现对成本额的有效控制，期末还可以通过一定的方法将标准成本和成本差异结合起来，确定产品的实际成本。

“标准成本”一词在实际工作中有两种概念：一种是指单位产品的标准，它是根据单位产品的标准消耗量和标准单价计算出来的，准确地说应该称为成本标准；另一种是指实际产量的标准成本，是根据实际产品产量和单位产品标准成本计算出来的。

$$成本标准 = 单位产品标准成本 = 单位产品标准消耗量 \times 标准单价$$

$$标准成本 = 实际产量 \times 单位产品标准成本$$

(二) 标准成本的特点

1. 客观性和科学性

标准成本是根据对实际情况的调查，用科学的方法制定的，所以它具有客观性和科学性。

2. 正常性

标准成本是按正常条件制定的，并未考虑不能预测的异常变动，所以它具有正常性。

3. 稳定性

标准成本一经制定，只要制定的依据不变，不必重新修订，所以它具有相对的稳定性。

4. 目标性和尺度性

标准成本是成本控制的目标和衡量实际成本的依据，所以它具有目标性和尺度性。

二、标准成本的种类

一般来说，标准成本的设定分为以下三类。

(一) 理想的标准成本

理想的标准成本是根据最佳的生产技术条件，在最优的经营状况下，即在最理想的工作条件下所能达到的标准而制定出来的标准成本。它意味着无丝毫浪费，在无废料、无废品、机器设备无故障或损坏、工人的工作无间歇时间等最理想的情况下所发生的全部成本。这种标准成本一般要求过高，通常难以达到，会使经理们失去实现目标的信心，所以在实际工作中很少被采用。

(二) 基本的标准成本

基本的标准成本是根据实施标准成本的前一个年度或选定某一基本年度的实际成本制定的，用来衡量以后各年度的成本高低，据以观察成本变动的趋势。这种标准成本一经制定，多年保持不变，因此它可使各年度的成本具有可比性，可为统计工作提供数据资料。但随着时间的推移，企业的生产经营条件会发生较大的变化，使这种标准成本与实际成本之间产生较大的差异，因而不能反映企业当前应达到的标准，不能作为会计的计价标准，因此在实际工作中也很少被采用。

(三) 现实的标准成本

现实的标准成本是根据企业当前正常的耗费水平、正常的价格和有效经营的条件而制定的标准成本，即经过努力可以达到的现行标准。它允许材料的正常损耗、工人有一定间歇时间、机器的故障等，即把那些在现实条件下无法完全避免的耗费计算在内。这种标准成本对于管理人员和工人来说，既非轻而易举，但也不是高不可攀，只要经过努力即可望实现。因此，它在成本管理工作中能充分发挥其应有的积极作用，在实际工作中被广泛应用。

三、标准成本系统的运行程序

(一) 制定单位产品的标准成本

单位产品标准成本的制定是标准成本计算和成本控制的基础和依据，因此在标准成本系统中占有重要地位。单位产品成本通常是按照产品的生产工序和阶段，区分直接材料、直接人工和制造费用等项目分别制定的。各成本项目的标准成本确定后，将各项目的标准成本加总，即为单位产品的标准成本。其计算公式为：

$$单位产品标准成本 = 直接材料标准成本 + 直接人工标准成本 + 制造费用标准成本$$

(二) 计算产品标准成本

按照各产品的实际产量，计算出该产品的直接材料、直接人工和制造费用的标准成本。其计算公式为：

$$产品标准成本 = 产品实际产量 \times 单位产品标准成本$$

(三) 汇总计算实际成本

按照成本核算的一般程序，归集、计算产品生产过程中发生的直接材料、直接人工和制造费用的实际耗费。

(四)计算标准成本差异额

标准成本差异额是指产品实际成本与产品标准成本之间的差额。其计算公式为：

$$标准成本差异额 = 实际成本 - 标准成本$$

【注意】 实际成本大于标准成本所产生的差异，称为不利差异，在账务处理时一般在账户的借方，故称为借差；实际成本小于标准成本所产生的差异，称为有利差异，在账务处理时一般在账户的贷方，故称贷差。

(五)成本差异分析

成本差异分析是标准成本系统运行过程中最为重要的一个环节，因为只有通过成本差异分析，才能为成本控制提供依据，进而为提出降低成本的措施指明方向。成本差异分析一般包括三个步骤：确定差异性质及数额、查明差异产生的原因、明确有关责任的归属。

(六)提交成本控制报告

通过成本差异分析，企业一方面可以找出成本差异产生的原因；另一方面又能够明确相关经济责任。据此，企业可以提出成本控制报告，使有关部门能采取有效措施巩固成绩克服不足，或在必要时修订标准成本，以确保成本控制程序运行通畅。

标准成本系统运行程序中的各个环节是有机联系的，各部分相互衔接和呼应，构成了企业成本控制的完整系统。

四、标准成本的作用

具体来说，标准成本的作用有以下几点。

(一)绩效衡量的依据

因为标准成本是事先制定的、在正常经营条件下应当发生的成本，通过对实际成本脱离标准成本的差异进行分析研究，可以评价和考核各有关部门、人员的业绩，分清其管理责任，确定其工作质量和经济活动的效果，并采取相应的改进措施。

(二)节省账务处理成本

因为在标准成本会计制度中，标准成本和成本差异分别列示，因而对原材料、产品、产成品和产品销售成本均可采用标准成本进行日常收发核算，从而极大地简化了日常的账务处理工作，信息提供更加迅速。实际数与标准数差异的部分，只要在期末调整即可。

(三)便于管理人员实施例外管理

有了标准成本，就可为日常的成本管理工作提供成本是否失控的依据，即可发现实际成本与标准成本之间的差异，进而分析差异产生的原因。如果发现重大问题，即可反馈给有关业务部门，迅速采取有效措施加以纠正，以保证企业预定目标的实现。同时，管理人员通常较为忙碌，每件事不管轻重缓急皆由其处理，则会使日常营业受到影响。所以，设立标准成本可协助管理人员来控制成本，当成本超过标准时才采取纠正行动，使管理人员可将精力和时间运用在其他更重要的地方。至于差异部分，管理人员应探究其差异原因，从而提出改进方案，以达到例外管理的目的。

(四)协助规划及决策工作

标准成本是一种预计成本，是在经济活动发生之前就已经按照成本项目制定出来的。所以，它可以作为编制预算的依据，并可作为制定产品售价的依据，使企业在未实际出售产品之前，即可预计收入预算数和成本支出数，也可为正确进行经营决策提供有用的数据，以满足成本预测、决策等方面的需要。同时，因为在制定标准成本时已剔除了多种不合理的成本耗费因素，故所制定的标准成本可为各种存货的计价提供客观合理的基础。

任务二　标准成本制定

由于产品的制造成本是由产品的直接材料、直接人工和制造费用组成的，所以制定标准成本时要针对不同的成本项目分别制定。标准成本的基本形式，是以用量标准乘以价格标准，得到有关项目的标准成本，这样做便于计算、分析实际成本与标准成本之间的差异及其产生的原因，并据以明确责任。

一、直接材料标准成本

(一) 用量标准

它是指现有生产技术条件下生产单位产品所需要的材料和数量，包括构成产品实体的材料、生产中必要的损耗以及不可避免的、产生一定的废品所需要的材料和数量。一般由工艺部门在生产人员的帮助下，通过分析、测算，确定用于产品生产所需耗用的直接材料及其数量。直接材料标准数量的确定，也可以采用现场测试的方式，即在受控制的条件下，向生产过程投入一定数量的材料来研究其结果。如果存在切割或下料损耗，一般采用如下的公式来计算标准数量中包含的损耗：

$$要增加的损耗百分比 = 某材料在生产过程中损耗的重量 \div 制成品中的该材料的净重量$$

以此为基础，确定在合理的范围内追加一定的损耗百分比，纳入直接材料的标准数量中。

(二) 价格标准

它是指采购部门按供应单位提供的价格及其他因素预先确定的各种材料的单价，包括采购价和运杂费等。制定标准价格时，应当充分分析、研究市场环境及其变化趋势、供应商的报价和最佳采购批量等因素。当前流行的适时制管理思想要求使存货最低化，因而较为频繁的小批量订货单对材料价格的影响也是一个必须考虑的因素。与此同时，企业应要求采购部门既要对采购物品的价格负责，也要对采购物品的质量负责，借以避免采购部门只注重于寻找报价较低的供应厂商，而对采购物品的质量要求有所忽视。与实际成本计算中会计人员将材料处理成本分摊到库存材料账户的做法相类似，材料标准价格也应考虑这些费用，为有关的运输、采购、验收和其他材料处理费用设定分配率，加计到材料的标准价格上。根据用量标准和价格标准就可以确定直接材料的标准成本，其计算公式为：

$$直接材料标准成本 = 材料的价格标准 \times 单位产品的用量标准$$

【做中学 11-1】 C公司生产甲产品，有关直接材料的资料如表11-1所示，要求确定甲产品直接材料标准成本。

表 11-1　　有关直接材料的资料

项　目	材料A	材料B
单位产品用量标准(千克)：		
主料用量	12	10
辅料用量	3	4
必要损耗	0.5	0.5
价格标准(元)：		
发票价格	12	10
采购费用	2.5	1.5
正常损耗(千克)	0.5	0.5

根据表11-1,计算如下:

直接材料用量标准:

单位产品材料A标准耗用量 = 12 + 3 + 0.5 = 15.5(千克)

单位产品材料B标准耗用量 = 10 + 4 + 0.5 = 14.5(千克)

直接材料价格标准:

材料A标准价格 = 12 + 2.5 + 0.5 = 15(元/千克)

材料B标准价格 = 10 + 1.5 + 0.5 = 12(元/千克)

甲单位产品直接材料标准成本:

单位产品材料A标准成本 = 15.5 × 15 = 232.5(元)

单位产品材料B标准成本 = 14.5 × 12 = 174(元)

甲单位产品直接材料标准成本 = 232.5 + 174 = 406.5(元)

二、直接人工标准成本

产品耗用人工的成本是由单位产品耗用的人工工时乘以每小时工资率所决定的。在直接人工标准成本中,用量标准是指工时标准,价格标准是指工资率标准。

(一) 工时标准

它是指在现有生产技术条件下生产单位产品(或零部件)所需要的工作时间,包括对产品进行直接加工所耗用的工时、必要的间歇和停工时间以及不可避免地在废品上所耗用的工时。制定工时标准时,应经技术测定,先按零件及经过的工序、车间分别计算,然后按产品加以汇总。

(二) 工资率标准

工资率标准取决于企业所采用的工资制度。如果企业采用的是计件工资制,标准工资率就是预定的每件产品支付的工资除以标准工时;如果企业采用的是计时工资制,标准工资率就是每一标准工时应分配的工资。这里应该注意的是,如果同一项操作在不同情况下需要不同的技能才能完成,那么,就应该制定不同的工资率标准。

单位工时标准工资率 = 预计直接人工标准工资总额 ÷ 标准工时总数

式中,标准工时总数是指企业在现有的生产技术条件下能够完成的最大生产能力,也称产能标准,通常用直接人工工时数和机器小时数来表示。根据工时标准和工资率标准,可以确定直接人工标准成本,其计算公式为:

直接人工标准成本 = 单位工时标准工资率 × 单位产品的工时标准

【做中学11-2】 C公司生产甲产品,有关直接人工的资料如表11-2所示,要求确定甲产品直接人工标准成本。

表11-2　　有关直接人工的资料

项　目	作业A	作业B
单位产品工时标准(小时):		
直接加工工时	4	2
辅助工时	1.8	0.6
废次品损耗工时	0.2	0.4
小时工资率标准(元/小时):		

（续表）

项　目	作业 A	作业 B
月工资总额(元)	60 000	45 000
生产工人数(人)	30	20
每人月工时数(24 天×8 小时)	192	192
月出勤率(%)	95	90

根据表 11-2,计算如下：

(1) 直接人工标准工时：

作业 A 单位产品标准工时 = 4 + 1.8 + 0.2 = 6(小时 / 件)

作业 B 单位产品标准工时 = 2 + 0.6 + 0.4 = 3(小时 / 件)

(2) 可用工时总量：

作业 A 可用工时总量 = 192 × 95% × 30 = 5 472(小时)

作业 B 可用工时总量 = 192 × 90% × 20 = 3 456(小时)

(3) 直接人工标准工资率：

作业 A 标准小时工资率 = 60 000 ÷ 5 472 = 10.965(元)

作业 B 标准小时工资率 = 45 000 ÷ 3 456 = 13.021(元)

(4) 单位甲产品直接人工标准成本：

作业 A 直接人工标准成本 = 6 × 10.965 = 65.79(元)

作业 B 直接人工标准成本 = 3 × 13.021 = 39.06(元)

甲单位产品直接人工标准成本 = 65.79 + 39.06 = 104.85(元)

三、制造费用标准成本

制造费用是指在生产过程中发生的除直接材料和直接人工以外的所有费用。制造费用标准成本是按部门分别编制,然后将同一产品所涉及的各部门单位制造费用用标准加以汇总后得出的整个产品的制造费用标准成本。由于制造费用按成本习性分为变动制造费用和固定制造费用,因而制造费用标准成本也分为变动制造费用标准成本和固定制造费用标准成本两部分。在标准成本系统中,确定制造费用的标准成本,首先要按生产能力的利用程度编制生产费用预算,再除以用直接人工小时或机器小时等表现的生产能力程度的标准生产量来确定制造费用的标准分配率,这是确定制造费用标准成本的两个构成要素。

(一) 变动制造费用的标准成本

变动制造费用的用量标准与直接人工标准成本制定中所确定的单位产品的工时标准相同,变动制造费用的价格标准是与变动制造费用预算联系在一起的。

变动制造费用标准分配率 = 变动制造费用预算总额 ÷ 标准总工时

根据上式可以确定单位产品变动制造费用标准成本的公式：

单位产品变动制造费用标准成本 = 变动制造费用标准分配率 × 单位产品工时标准

(二) 固定制造费用的标准成本

固定制造费用标准成本的制定要视企业的成本计算方法而定。①如果企业采用的是变动成本法，固定制造费用应视为期间费用，作为边际贡献的扣减项目，产品成本中不包括固定制造费用，因而单位产品的标准成本中也不包括固定制造费用的标准成本。在这种成本计算方法下，不需要制定固定制造费用的标准成本。②如果企业采用的是制造成本法，产品成本中应包括固定制造费用，则需要制定固定制造费用的标准成本。固定制造费用标准成本的制定与变动制造费用标准成本的制定方法基本相同。用量标准为单位产品的直接人工工时标准或机器工时标准。价格标准的计算公式为：

固定制造费用标准分配率 = 固定制造费用预算总额 ÷ 标准总工时

根据上式可以确定单位产品固定制造费用的标准成本的公式：

单位产品固定制造费用标准成本 = 固定制造费用标准分配率 × 单位产品标准工时

【做中学 11-3】 C公司生产甲产品，有关制造费用的资料如表 11-3 所示，要求确定甲产品制造费用标准成本。

表 11-3　　有关制造费用的资料

项　目	部门 A	部门 B
单位产品工时标准(小时/件)	6	3
费用分配率标准(元/小时)：		
生产量标准(人工工时)	10 000	8 000
制造费用预算(元)：		
变动制造费用	120 000	65 000
间接材料	95 000	45 000
间接人工	15 000	12 000
水电费	10 000	8 000
固定制造费用	51 000	39 600
管理人员工资	30 000	20 000
折旧	20 000	18 800
保险费	1 000	800

根据表 11-3，计算如下：

(1) 变动制造费用标准分配率：

部门 A 变动制造费用标准分配率 = 120 000 ÷ 10 000 = 12(元 / 小时)

部门 B 变动制造费用标准分配率 = 65 000 ÷ 8 000 ≈ 8.13(元 / 小时)

(2) 固定制造费用标准分配率：

部门 A 固定制造费用标准分配率 = 51 000 ÷ 10 000 = 5.1(元 / 小时)

部门 B 固定制造费用标准分配率 = 39 600 ÷ 8 000 = 4.95(元 / 小时)

(3) 单位甲产品制造费用标准成本：

单位甲产品变动制造费用标准成本 = 12 × 6 + 8.13 × 3 = 96.39 (元/件)

单位甲产品固定制造费用标准成本 = 5.1 × 6 + 4.95 × 3 = 45.45 (元/件)

单位甲产品制造费用标准成本 = 96.39 + 45.45 = 141.84 (元/件)

四、单位产品标准成本

在确定了直接材料、直接人工和制造费用的标准成本后，就可以据此汇总确定产品完整的标准成本。通常，企业通过编制标准成本卡来反映企业库存商品的标准成本的具体构成。但采用不同的成本计算方法确定的产品标准成本有所不同。

(一) 变动成本法

在变动成本法下，单位产品标准成本的计算公式为：

产品标准成本 = 直接材料的标准成本 + 直接人工的标准成本 + 变动制造费用的标准成本

(二) 制造成本法

在制造成本法下，单位产品标准成本的计算公式为：

产品标准成本 = 直接材料的标准成本 + 直接人工的标准成本 + 变动制造费用的标准成本 + 固定制造费用的标准成本

【做中学 11-4】 C公司甲产品标准成本卡如表11-4所示，要求计算甲产品的标准成本。

表 11-4　　甲产品标准成本卡

项　目	用量标准	价格标准
直接材料		
A材料	3千克/件	6元/千克
B材料	4千克/件	8元/千克
小计		
直接人工		
一车间	3小时/件	3元/小时
二车间	4小时/件	4元/小时
小计		
变动制造费用		
一车间	3小时/件	0.60元/小时
二车间	4小时/件	0.70元/小时
小计		
固定制造费用		
一车间	3小时/件	0.60元/小时
二车间	4小时/件	0.70元/小时
小计		

解：

项　目	用量标准	价格标准	标准成本(元/件)
直接材料			
A材料	3千克/件	6元/千克	18

（续表）

项　目	用量标准	价格标准	标准成本(元/件)
B材料	4千克/件	8元/千克	32
小　计			50
直接人工			
一车间	3小时/件	3元/小时	9
二车间	4小时/件	4元/小时	16
小　计			25
变动制造费用			
一车间	3小时/件	0.60元/小时	1.8
二车间	4小时/件	0.70元/小时	2.8
小　计			4.6
固定制造费用			
一车间	3小时/件	0.60元/小时	0.9
二车间	4小时/件	0.70元/小时	1.6
小　计			2.5
单位产品标准成本			82.1

任务三　成本差异分析

一、成本差异的概念和类型

（一）成本差异的概念

在标准成本制度下，成本差异是指在一定时期生产一定数量的产品所发生的实际成本与标准成本之间的差额。成本差异对于企业管理部门来说，是一项非常重要的成本控制和经济管理信息。它反映了有关责任单位的工作质量和效果，可以据此发现问题、纠正缺点、巩固成绩、改进工作。它既是日常成本控制的主要依据，又是评价与考核成本责任单位的重要参考数据。

（二）成本差异的类型

从性质上看，成本差异一般可分为执行偏差、预测偏差、模型偏差、计量偏差和随机偏差五种类型。

1. 执行偏差

执行偏差是指在标准或预算执行过程中，由于执行者采取某种错误的行动，或系统接受了某种错误的指令而产生的一种成本差异。例如，加工操作没有按照规定程序进行，造成废次品增加，使实际成本超过标准成本，并形成不利差异的情况就属于执行偏差。执行偏差的出现总是与特定行动相关，由此造成的成本差异一经确认，就可以通过制止错误行动得以纠正。

2. 预测偏差

预测偏差是指事先编制预算或制定标准时，由于参数预测不正确而产生的一种成本差异。例如，在制定标准成本过程中，没有考虑到人工成本迅速上升的趋势，以及国家关于最低工资限额的规定而将人工标准成本定得过低。

3. 模型偏差

模型偏差是指在事先为编制预算或制定标准而建立模型时，由于错误而影响成本各因素间的关系而产生的一种成本差异。例如，在制定标准成本过程中，选择函数、变量、约束条件不正确而使有关标准成本或预算偏离实际情况，造成成本差异。这类成本差异通常要通过修订模型、调整预算或成本标准来消除。这里应该指出，预测偏差和模型偏差都是在事先制定标准或编制预算时产生的，最终都会导致标准或预算的不切合实际，而且都需要通过重新修订标准或预算进行纠正。但两者还是有区别的：模型偏差是因不正确的函数关系形成的，预测偏差则是参数预测错误造成的；模型偏差影响整体结果，预测偏差只是影响模型中的个别参数值。

4. 计量偏差

计量偏差是指在标准成本或预算执行过程中，由于计量错误而产生的一种成本差异。例如，对车间已领材料在已用与未用之间的盘点出错、有关耗费记录不完整或分类不正确等情况都会导致此类偏差。这类偏差应在制定并执行严格的内部控制制度的基础上，通过加强基础性工作，增强工作人员的责任感等防范性措施来纠正。

5. 随机偏差

随机偏差是指在标准成本或预算执行过程中，由于实际成本和标准成本中的某种参数的随机波动而产生的一种成本差异。这类偏差往往是不可控的、正常的，因为无论是预算还是标准成本，都是作为衡量实际成本完成情况的一种尺度，即使这些标准非常准确、精密，实际执行情况也难免会围绕这一尺度上下波动。从统计学的角度上看，随机偏差总是存在的，只要波动在合理范围内，一般无需控制。

二、成本差异计算的通用模式

（一）变动成本差异

在变动成本差异中，料、工、费三大成本构成项目虽各有其特点，发生的差异名称各不相同，但都可以归纳为价格差异和用量差异两大类，而且在每大类下的计算方法都基本相同。价格差异为“实际价格×实际用量”与“标准价格×实际用量”之间的差异；用量差异为“标准价格×实际用量”与“标准价格×标准用量”之间的差异。其计算方法如表 11-5 所示的通用模式。

表 11-5　成本差异通用模式

(1) 实际价格×实际用量	(1)－(2)＝价格差异	材料价格差异	(1)－(3)＝成本差异总额
		工资率差异	
(2) 标准价格×实际用量		变动费用耗费差异	
	(2)－(3)＝用量差异	材料用量差异	
		人工效率差异	
(3) 标准价格×标准用量		变动费用效率差异	

（二）固定成本差异

一般来说，期间费用差异也应包括在固定费用差异内，但本项目所指的固定费用差异实际上仅仅是固定制造费用差异。固定制造费用不同于变动费用，影响固定费用的因素有三个主要方面：产量、工时和制造费用总额。

三、直接材料成本差异的计算与分析

直接材料差异是指一定产量产品的直接材料实际成本和标准成本之间的差额。其中：

材料实际成本 = 实际用量 × 实际价格
材料标准成本 = 标准用量 × 标准价格
材料标准用量 = 单位产品耗用量标准 × 实际产量
材料实际用量 = 单位产品实际耗用量 × 实际产量

直接材料成本差异包括直接材料用量差异和直接材料价格差异两部分。

(一) 直接材料用量差异

直接材料用量差异是指生产中实际耗用的材料数量与按标准计算的应耗用材料数量之间的差额。直接材料用量差异的计算公式为：

直接材料用量差异 =（实际用量 × 标准价格）-（标准用量 × 标准价格）

或 = 标准价格 ×（实际用量 - 标准用量）

直接材料用量差异一般应由生产部门负责，如生产中由于用料出现浪费，或者由于技术水平低而导致用量过多等。有时也可能由于采购部门为了片面压低价格，购进了质量低劣的材料，造成用量过多，由此形成直接材料数量的不利差异。这种用量差异应由采购部门负责。一些常见的用量差异情况及其责任部门如表 11-6 所示。

表 11-6 常见的直接材料用量差异情况及其责任部门

原　因	责任部门
产品设计变更，用量标准未调整	标准制定部门
工艺变更，用量标准未调整	标准制定部门
生产工人技术素质	生产部门
生产工人责任感	生产部门
生产技术水平	生产部门
机器设备效率	设备维护部门
购进材料质量	采购部门
材料实物管理水平	仓储管理部门

(二) 直接材料价格差异

直接材料价格差异是指对于实际采购的材料数量，按实际价格计算的价格与按标准价格计算的价格之间的差额。因此，直接材料的价格差异是根据一定时期的采购数量，而不是根据耗用量来计算的。直接材料价格差异的计算公式为：

直接材料价格差异 =（实际数量 × 实际价格）-（实际数量 × 标准价格）

或 = 实际数量 ×（实际价格 - 标准价格）

直接材料价格差异一般应由采购部门负责，如采购的批量、交货方式、运输方式、有无数量折扣及材料的品质等，其中任何一方面的因素脱离制定标准成本的预定要求，都会形成直接材料价格差异。对形成直接材料价格差异的原因和责任应进一步具体分析，有时它也有可能是由生产上的原因造成的。例如，为满足生产上的急需，对某种材料采取小批量订货，或者由陆运改为空运而形成的直接材料价格的不利差异。这种直接材料价格差异应由生产部门负责。只有查明原因，才能使责任落实到部门或个人，进一步改进工作。一些常见的价格差异原因及其责任部门如表 11-7 所示。

表 11-7 常见的直接材料价格差异原因及其责任部门

原　因	责任部门
材料市场价格波动	—
材料采购计划偏离生产经营实际情况	采购部门
材料订购批量偏离经济批量	采购部门
运输方式选择	采购部门
供应商选择	采购部门
付款及时性、现金折扣损失	财务部门

综上所述，直接材料的成本差异可归结为：

材料成本差异＝实际用量×实际价格－标准用量×标准价格

或 ＝材料实际成本－材料标准成本

＝材料价格差异＋材料用量差异

以下举例说明上述公式的具体运用。

【做中学 11-5】 C 公司生产甲产品仅耗用一种直接原材料 A，其有关资料如表 11-8 所示。

表 11-8 直接材料有关资料

项　目	数　量
计划产量(件)	500
实际产量(件)	575
单位产品材料用量标准(千克/件)	4
实际材料耗用量(千克)	2 000
材料计划价格(元/千克)	2
材料实际价格(元/千克)	2.20

根据资料，材料成本差异可分析为：

材料用量差异 ＝ (2 000－4×575)×2 ＝ －600(元)(有利差异)

材料价格差异 ＝ 2 000×(2.20－2) ＝ 400(元)(不利差异)

材料成本差异 ＝ －600＋400 ＝ －200(元)(有利差异)

四、直接人工成本差异的计算与分析

直接人工成本差异是指一定产量产品的直接人工实际成本与直接人工标准成本之间的差额。其中：

直接人工标准成本 ＝ 标准工资率×标准工时

直接人工实际成本 ＝ 实际工资率×实际工时

直接人工成本差异可以分为直接人工效率差异和直接人工工资率差异两部分。直接人工效率差异是指直接人工成本的用量差异(或工时差异);直接人工工资率差异是指直接人工的价格差异,是因实际工资率脱离标准工资率产生的人工成本差额。

(一)直接人工效率差异

直接人工效率差异是指在生产中实际产量耗用的实际工时与按标准计算的应耗用的标准工时之间的差额。其计算公式为:

$$直接人工效率差异 = (标准工资率 \times 实际工时) - (标准工资率 \times 标准工时)$$

或

$$= 标准工资率 \times (实际工时 - 标准工时)$$

直接人工效率差异的产生可能有多种原因,如材料或零件传递方法不正确、机器运转不正常、生产部门安排技术水平低的工人从事技术水平高的工作等。这种直接人工效率差异应由生产部门负责。但是,如果是由于采购部门购入不合格的材料,或者由于生产工艺的改变而造成的标准工时的差异,则不是生产部门可以控制的,应由相关部门负责。影响人工效率的因素是多方面的,表 11-9 给出了造成人工效率差异的部分原因及其责任部门。

表 11-9　常见的直接人工效率差异原因及其责任部门

原　因	责任部门
操作工人技术熟练程度	生产部门
工作岗位稳定性/岗位适应性	生产部门
材料、燃料、动力供应状况	供应部门
生产设备状况	设备管理部门
生产工艺变更,工时标准未修订	标准制定部门
生产计划安排及衔接	生产部门
产品批量及批次安排	生产部门、其他部门
操作环境	生产部门

(二)直接人工工资率差异

直接人工工资率差异是指按实际工资率计算的人工成本与按标准工资率计算的人工成本之间的差额。其计算公式为:

$$直接人工工资率差异 = (实际工时 \times 实际工资率) - (实际工时 \times 标准工资率)$$

或

$$= 实际工时 \times (实际工资率 - 标准工资率)$$

工资率差异一般应由劳动人事管理部门或生产部门负责。在正常情况下,因工资的发放是严格按照用工合同规定的标准执行的,故一般不会产生工资率差异。但在实际工作中,由于存在着大材小用或小材大用、高能低就或低能高就等情况,因此,有权决定如何使用工人的部门或经理人员就是工资率差异的责任者。有时,工资率出现差异是难以避免的,这是因为在劳动力流动的环境下,工资率标准只能是一个平均值,同一岗位的工人资历组合经常处于变化之中。造成工资率差异的常见原因及其责任部门如表 11-10 所示。

表 11-10　　常见的直接人工工资率差异原因及其责任部门

原　因	责任部门
操作工人调度合理性	生产部门
工资细则变更，原工资标准未修订	劳动工资部门
工资计算方法变更，原工资标准未修订	劳动工资部门
季节性、临时性加班工资	生产部门
国家工资政策调整	—
出勤率变化	劳动工资/生产部门

综上所述，直接人工的成本差异可归结为：

人工成本差异＝实际工资率×实际工时－标准工资率×标准工时

或　　＝人工效率差异＋人工工资率差异

以下举例说明上述公式的具体运用。

【做中学 11-6】 C公司甲产品本月直接人工成本有关资料如表 11-11 所示。

表 11-11　　直接人工成本有关资料

项　目	数　量
单位产品定额工时(小时/件)	2
实际耗用工时(小时)	1 200
标准工资率(元/小时)	5
实际工资率(元/小时)	5.5

直接人工成本差异计算为：

人工效率差异＝(1 200－2×575)×5＝250(元)(不利差异)

人工工资率差异＝1 200×(5.5－5)＝600(元)(不利差异)

人工成本差异＝250＋600＝850(元)(不利差异)

五、变动制造费用成本差异的计算与分析

变动制造费用成本差异是指一定产量产品的实际变动制造费用与标准变动制造费用之间的差额。其中：

实际变动制造费用＝实际分配率×实际工时

标准变动制造费用＝标准分配率×标准工时

实际分配率＝实际变动制造费用÷实际工时

标准工时＝单位产品工时耗用标准×实际产量

变动制造费用差异又分为变动制造费用效率差异(即用量差异)和变动制造费用耗费差异(即价格差异)。由于变动制造费用与一定的生产活动水平相联系，因此，对变动制造费用应预先编制弹性预算。

(一) 变动制造费用效率差异

变动制造费用效率差异是指按生产实际耗用工时计算的标准变动制造费用与按标准工时计

算的标准变动制造费用之间的差额。其计算公式为：

变动制造费用效率差异＝（标准分配率×实际工时）－（标准分配率×标准工时）

或 ＝标准分配率×（实际工时－标准工时）

变动制造费用效率差异实质上是反映生产过程中的工时利用效率，它与变动制造费用的耗用效率并无关系。通常，这种差异可以理解为工时效率差异，此差异应由有权安排工时的管理人员负责，其常见的导致差异产生的原因与直接人工效率差异产生的原因大致相同，这里不再赘述。

（二）变动制造费用耗费差异

变动制造费用耗费差异又称开支差异，是指实际发生的变动制造费用与按实际产量所耗用的实际工时计算的标准变动制造费用之间的差额。

变动制造费用耗费差异＝（实际分配率－标准分配率）×实际工时

或 ＝实际发生额－实际产量所耗实际工时×标准分配率

一般而言，变动制造费用开支差异所反映的不仅仅是支付价格的节约或超支，同时也包含着变动制造费用用量方面的节约或超支。因此，应具体分析差异产生的原因，明确责任主体，并根据具体情况进行必要的控制。

综上所述，变动制造费用总差异按下列公式计算：

变动制造费用总差异＝实际变动制造费用－标准变动制造费用

或 ＝变动制造费用分配率差异＋变动制造费用效率差异

＝变动制造费用的实际发生额－实际产量所耗标准工时×标准分配率

以下举例说明上述公式的具体运用。

【做中学 11-7】 承[做中学 11-6]，C 公司生产甲产品变动制造费用有关资料如表 11-12 所示。

表 11-12 变动制造有关资料

项 目	数 量
变动制造费用标准分配率(元/小时)	3
实际支付变动制造费用(元)	3 000
实际耗用工时(小时)	1 200

变动制造费用差异计算为：

实际分配率 ＝3 000÷1 200＝2.5(元/小时)

变动制造费用分配率差异＝(2.5－3)×1 200＝－600(元)(有利差异)

变动制造费用效率差异＝(1 200－2×575)×3＝150(元)(不利差异)

变动制造费用成本差异＝－600＋150＝－450(元)(有利差异)

六、固定制造费用成本差异的计算与分析

固定制造费用主要是指企业为了获得生产能力以及维持这种生产能力而发生的费用。它具有在相关范围内总额固定不变的特性。它是通过编制固定预算进行成本控制的。固定制造费用成本差异是固定制造费用实际成本与固定制造费用标准成本之间的差额。其计算公式为：

固定制造费用成本差异＝固定制造费用实际成本－固定制造费用标准成本

或　　＝固定制造费用实际分配率×实际产量的实际工时

　　－固定制造费用标准分配率×实际产量的标准工时

固定制造费用成本差异的分析方法通常有二因素分析法和三因素分析法两种。

(一) 二因素分析法

所谓二因素分析法也称两差异分析法，是指将固定制造费用成本差异分为耗费(预算)差异和能量差异。制造费用由许多明细项目组成，如工资、折旧、税金和保险费等，其中很多项目在短期内是不会改变的。由于固定制造费用主要由长期决策决定，而受生产水平变动的影响较小，因而固定制造费用耗费差异通常很小。其计算公式为：

固定制造费用耗费(预算)差异＝固定制造费用实际数－固定制造费用预算数

固定制造费用能量差异是固定制造费用预算数与固定制造费用标准成本之间的差额，其计算公式为：

固定制造费用能量差异＝固定制造费用预算数－固定制造费用标准成本

　　＝固定制造费用标准分配率×(生产能量－实际产能标准工时)

固定制造费用成本差异的分析与控制可分为以下两种情况。

1. 预算差异分析与控制

通常情况下，造成预算差异的原因主要包括：①管理人员数量的增减变化以及管理人员工薪标准的调整；②相关税率的变化；③折旧方法的变更；④修理费用开支规模的变化；⑤职工培训费用的增减变化；⑥租赁费、保险费等的调整与变化；⑦各种公共用品价格发生变化。预算差异的责任应视不同情况明确其归属。例如，由于折旧方法变更而造成的预算差异应由财务部门负责；由于修理费用增加而造成的预算差异应由设备管理部门负责；由于扩大租赁、保险范围而造成的差异应由财务、设备管理部门等共同负责。至于一些不可控因素，如税率变化、公共用品价格变化、工资标准的统一调整等所造成的差异，一般不能直接归咎于某一部门。

2. 能量差异分析与控制

能量差异实际上包括效率差异和生产能力差异两个部分，主要是生产能力利用程度不同而造成的差异。造成能量差异的原因主要包括：①总体供求失衡，即产能过剩或供应不足；②企业设计能力与生产水平的相对关系；③企业营销策略对产销量的影响；④供应过程的影响；⑤生产过程组织的合理程度；⑥设备故障、维修状况；⑦产品结构及批量；⑧员工技术水平状况。能量差异是现有生产能力没有充分发挥出来而造成的差额，其责任主要应由高层管理人员负责，同时计划部门、生产部门、采购部门、销售部门、人力资源管理部门等也可能负有一定的责任，因此需要从企业整体角度进行系统分析、综合解决。

(二) 三因素分析法

所谓三因素分析法又称三差异分析法，是指将固定制造费用成本差异分为预算差异、效率差异和能力差异三部分。其中，预算差异与两差异分析法下的计算方法相同，能力差异和效率差异就是利用预算工时、实际工时和标准工时三个变量对两差异分析法下的产能差异的进一步分解，两个差异之和就等于两差异分析法下的产能差异。其计算公式为：

固定制造费用能力差异＝固定制造费用标准分配率×(预算产能标准工时－实际产能实际工时)

固定制造费用效率差异＝固定制造费用标准分配率×(实际产能实际工时－实际产量标准工时)

下面举例说明上述公式的具体运用。

【做中学 11-8】 承[做中学 11-7]，C公司生产甲产品固定制造费用有关资料如表 11-13 所示。

表 11-13　　　　固定制造费用有关资料

项　目	数　量
预算产能标准总工时(小时)	1 000
实际耗用工时(小时)	1 200
实际产量标准工时(小时)	1 150
固定制造费用预算总额(元)	2 400
固定制造费用实际支付总额(元)	2 600

具体计算如下:

两差异分析法:

标准分配率 = 2 400 ÷ 1 000 = 2.4 (元/小时)

预算差异 = 2 600 − 2 400 = 200(元)(不利差异)

产能差异 = 2.4 ×(1 000 − 1 150) = −360(元)(有利差异)

固定制造费用成本差异 = 200 − 360 = −160(元)(有利差异)

三差异分析法:

预算差异 = 2 600 − 2 400 = 200(元)(不利差异)

能力差异 = 2.4 ×(1 000 − 1 200) = −480(元)(有利差异)

效率差异 = 2.4 ×(1 200 − 1 150) = 120(元)(不利差异)

固定制造费用成本差异 = 200 − 480 + 120 = −160(元)(有利差异)

任务四　成本差异的账务处理

一个完整的标准成本会计体系,需由标准成本的制定、成本差异的计算分析和成本差异的账务处理三部分共同构成。日常计算出来的各类成本差异除了可据以编报有关差异分析报告之外,还应分别归集、登记成本差异明细分类账或登记表,使差异能在账务系统中得以登记,以便期末汇总每类差异的合计数,并统一进行处理。

一、成本差异核算的账户设置

采用标准成本法时,针对各种成本差异,应另设置各个成本差异账户进行核算。在材料成本差异方面,设置"材料价格差异"和"材料用量差异"两个账户;在直接人工差异方面,设置"直接人工资率差异"和"直接人工效率差异"两个账户;在变动制造费用差异方面,设置"变动制造费用开支差异"和"变动制造费用效率差异"两个账户;在固定制造费用效率差异方面,设置"固定制造费用开支差异""固定制造费用能力差异"和"固定制造费用效率差异"三个账户,分别核算三种不同的固定制造费用差异。各种成本差异类账户的借方核算发生的不利差异,贷方核算发生的有利差异。

二、成本差异归集的账务处理

采用标准成本法进行核算时,由于成本差异的计算、分析工作要到月底实际费用发生后才能进行,所以对于平时领用的原材料、发生的直接人工费用、各种变动及固定制造费用应先在"直接材料""直接人工"和"制造费用"账户进行归集。月底计算、分析成本差异后,再将实际费用中的标准成本部分从“直接材料”“直接人工”和“制造费用”账户转入“制造成本”账户；将完工产品的标准成本从“制造成本”账户转入“产成品”账户。随着产品的销售，再将已售产品的标准成本从“产成品”账户转入“销售成本”账户。对于各种成本差异，将其从“直接材料”“直接人工”和“制造费用”账户转入各个相应的成本差异账户。下面结合前一任务所举实例说明归集成本差异的账务处理：

(1) 月末计算成本差异后，编制材料成本及其差异的会计分录如下：

借：生产成本——直接材料(2×2 300)	4 600	
材料价格差异	400	
贷：原材料(2.2×2 000)		4 400
材料用量差异		600

(2) 月末计算成本差异后，编制人工成本的会计分录如下：

借：生产成本——直接人工(5×1 150)	5 750	
人工效率差异	250	
人工工资率差异	600	
贷：应付职工薪酬		6 600

(3) 月末计算成本差异后，编制变动制造费用成本的会计分录如下：

借：生产成本——变动制造费用(3×1 150)	3 450	
变动制造费用效率差异	150	
贷：变动制造费用		3 000
变动制造费用分配率差异		600

(4) 月末计算成本差异后，编制固定制造费用成本的会计分录如下：

借：生产成本——固定制造费用(2.4×1 150)	2 760	
固定制造费用预算差异	200	
固定制造费用效率差异	120	
贷：固定制造费用		2 600
固定制造费用能力差异		480

三、期末成本差异的账务处理

在各个成本差异账户中对发生的成本差异进行了归集，在“在产品”“产成品”和“销售成本”账户中只核算了产品的标准成本。随着产品的出售及产品成本的结转，期末对所发生的成本差异也应进行结转和处理。成本差异的处理方法主要有直接处理法和递延处理法两种。

(一) 直接处理法

直接处理法是指将本期发生的各种成本差异全部转入“产品销售成本”账户，由本期的销售产品负担，并全部从利润表的销售收入项下扣减，不再分配给期末在产品和期末库存产成品。这时，期末资产负债表的在产品和产成品项目只反映标准成本。随着产品的出售，应将本期已销售产品的标准成本由“产成品”账户转入“产品销售成本”账户，而各个差异账户的余额，则应于期末直接转入“产品销售成本”账户。这种方法可以避免期末的成本差异分配工作，同时本期发生的成本差异全部反映在本期的利润上，使利润指标能如实地反映本期生产经营工作和成本控制的全部成效，符合权责发生制的要求。但这种方法要求标准成本的制定要合理及切合实际且要不断地进行修订，这样期末资产负债表的在产品和产成品项目反映的成本才能切合实际。先举例说明该方法的运用如下：

【做中学 11-9】 C公司“生产成本”和“产成品”账户期初均无余额，本期投产的产品575件已全部完工，并已全部销售。有关成本差异的结转分录如下：

(1) 产品完工入库：

借：库存商品	16 560	
贷：生产成本		16 560

(2) 结转已销售产品标准成本：

借：主营业务成本	16 560	
贷：库存商品		16 560

(3) 结转成本差异：

借：主营业务成本	40	
材料用量差异	600	
变动制造费用分配率差异	600	
固定制造费用能力差异	480	
贷：材料价格差异		400
人工效率差异		250
人工工资率差异		600
变动制造费用效率差异		150
固定制造费用预算差异		200
固定制造费用效率差异		120

(二) 递延处理法

递延处理法是指将本期的各种成本差异按标准成本的比例在期末在产品、产成品和本期销货之间进行分配，从而将存货成本和主营业务成本调整为实际成本的一种成本差异处理方法。此方法下，资产负债表和利润表中相关的项目反映的都是本期的实际成本。该法强调成本差异与本期的存货和销货均相关，不能只由销货来负担，应该有一部分差异随期末的存货递延到下期。这种方法可以确定产品的实际成本，但差异分配工作烦琐，不便于当期成本的分析与控制，因而在实际工作中应用较少。

关键术语

标准成本　用量标准　价格标准　工时标准　工资率标准　成本差异　执行偏差　预测偏差　计量偏差　随机偏差　直接材料用量差异　直接材料价格差异　变动制造费用差异率　变动制造费用耗费差异　二因素分析法　三因素分析法

应知考核

一、单项选择题

1. 以最优的生产经营条件、生产技术条件为基础确定的标准成本称为(　　)。
   A. 理想的标准成本　　B. 现实的标准成本
   C. 可达到的标准成本　　D. 正常的标准成本
2. 固定制造费用效率差异是由于(　　)之间的差异而造成的固定制造费用差异。
   A. 实际工时与预算工时　　B. 实际工时与标准工时
   C. 预算工时与标准工时　　D. 实际分配率与标准分配率
3. 对变动制造费用应预先编制(　　)。
   A. 弹性预算　　B. 零基预算　　C. 固定预算　　D. 增量预算

4. 下列直接材料用量差异中，应该由采购部门负责的是(　　)。
A. 材料浪费　　B. 不能合理下料
C. 不能修旧利废　　D. 压低价格购进低劣材料
5. 下列直接材料价格差异中，应该由生产部门负责的是(　　)。
A. 贪图便宜购进劣质材料　　B. 为了吃回扣购进高价材料
C. 陆运改为空运　　D. 因未及时提供用料计划导致仓促订货

二、多项选择题

1. 按成本的构成，成本差异可以分为(　　)。
A. 直接材料成本差异　　B. 直接人工成本差异
C. 制造费用差异　　D. 管理费用差异
2. 制定标准成本的作用，主要体现为(　　)。
A. 绩效衡量的依据　　B. 节省账务处理成本
C. 便于管理人员实施例外管理　　D. 协助规划及决策工作
3. 从性质上看，成本差异一般可分为(　　)。
A. 执行偏差　　B. 预测偏差　　C. 模型偏差　　D. 计量偏差
4. 固定制造费用成本差异的分析方法有(　　)。
A. 二因素分析法　　B. 三因素分析法　　C. 四因素分析法　　D. 五因素分析法
5. 在材料成本差异方面，应设置(　　)账户。
A. "材料价格差异"　　B. "直接人工工资率差异"
C. "材料用量差异"　　D. "直接人工效率差异"

三、判断题

1. 理想的标准成本是经过努力可能达到的现行标准。(　　)
2. 标准成本差异额是指产品实际成本与产品标准成本之间的差额。(　　)
3. 标准成本是以用量标准乘以价格标准，得到有关项目的标准成本。(　　)
4. 工资率标准取决于企业所采用的工资制度。(　　)
5. 变动制造费用的价格标准与变动制造费用预算是不联系在一起的。(　　)

四、简述题

1. 简述成本差异的种类。
2. 简述标准成本的作用。
3. 简述标准成本差异的局限性。
4. 简述预算和标准成本之间的区别。
5. 简述成本差异的处理方法。

五、计算题

1. 已知：某企业生产A产品，有关资料如下：
(1) 生产A产品，耗用甲、乙两种材料。其中甲材料标准价格为每千克20元，乙材料标准价格为每千克32元。单位产品耗用甲材料标准为每件5千克，乙材料为每件9千克。
(2) 甲产品单位标准工时为13小时，直接人工标准工资率为7.5元。
(3) 固定性制造费用预算数为61 000元；变动性制造费用预算数为38 000元。标准总工时数为10 000小时。
要求：确定A产品的标准成本。
2. 已知：某企业生产甲产品，其标准成本资料如表11-14所示。

表 11-14　　甲产品标准成本资料

项　目	价格标准	数量标准	金额(元/件)
直接材料	9 元/千克	50 千克/件	450
直接人工	4 元/小时	45 小时/件	180
变动制造费用	3 元/小时	45 小时/件	135
固定制造费用	2 元/小时	45 小时/件	90
合　计			855

甲产品正常生产能量为 1 000 小时。本月实际生产量为 20 件，实际耗用材料 900 千克，实际人工工时 950 小时，实际成本分别为：直接材料 9 000 元；直接人工 3 325 元；变动制造费用 2 375 元；固定制造费用 2 850 元，总计为 17 550 元。

要求：分别计算直接材料成本差异、直接人工成本差异、变动制造费用成本差异、固定制造费用成本差异，其中固定制造费用采用三因素分析法。

3. 已知：某企业生产甲产品，其标准成本的相关资料如下：单件产品耗用 A 材料 10 千克，每千克的标准单价为 3 元；耗用 B 材料 8 千克，每千克的标准单价为 5 元；单位产品的标准工时为 3 小时，标准工资率为 12 元/小时；标准变动性制造费用率为 8 元/小时；标准固定性制造费用率为 12 元/小时。

假定本期实际产量 1 300 件，发生实际工时 4 100 小时，直接人工总差异为 3 220 元，属于超支差异。

要求：

(1) 计算甲产品的单位标准成本；

(2) 计算实际发生的直接人工；

(3) 计算直接人工的效率差异和工资率差异。

4. 已知：某企业生产的一种产品，相关成本资料如表 11-15 和表 11-16 所示。

表 11-15　　直接材料相关资料　　金额单位：元

材料品名	标准成本			实际成本			差异
	耗用量(千克)	单价(元/千克)	金额	耗用量(千克)	单价(元/千克)	金额	
甲	1 000	10	10 000	1 200	11	13 200	＋3 200
乙	2 000	6	12 000	2 100	5	10 500	－1 500
合　计			22 000			23 700	＋1 700

表 11-16　　制造费用相关资料

项　目	预算数(工时：6 000)		实际产量标准数(工时：5 000)	实际数(工时：5 500)
	金额	分配率	金额	金额
变动性制造费用	2 400	0.4	0.4×5 000＝2 000	2 090
固定性制造费用	4 800	0.8	0.8×5 000＝4 000	4 675
制造费用合计	7 200	1.2	1.2×5 000＝6 000	6 765

要求：

(1) 计算直接材料标准成本差异；

(2) 计算直接材料数量差异和价格差异；
(3) 计算变动制造费用标准成本差异；
(4) 计算变动制造费用的效率差异和耗费差异；
(5) 计算固定制造费用标准成本差异；
(6) 计算固定制造费用的预算差异和能量差异。

应会考核

■ 观念应用

【背景资料】

制造费用的差异分析

金利制造公司采用标准成本系统，8 月份该公司有关成本和生产资料如表 11-17 所示。

表 11-17　　有关成本和生产资料

固定制造费用标准分配率	1 元/人工小时
变动制造费用标准分配率	4 元/人工小时
预算的直接人工小时	40 000 小时
实际使用的直接人工小时	39 500 小时
实际产量上允许的标准人工小时	39 000 小时
制造费用总差异(有利差异)	2 000 元
实际发生的变动制造费用	159 500 元

【考核要求】

要求：为制造费用的差异作会计分录。

■ 技能应用

差异分析的应用

某企业制造车间采用弹性预算和标准成本系统。直接材料的价格差异由采购部门经理负责，车间主任对其余的所有差异负责。该企业某年的有关资料如下：①实际生产产品 5 000 单位；②购买直接材料 8 000 千克，每千克实际价格为 15 元，生产实际使用 5 400 千克，直接材料每千克标准价格为 16 元，每单位产品标准用量为 1 千克；③生产中实际使用人工 8 000 个小时，每小时实际支付工资 30.50 元，合计 244 000 元。直接人工小时标准工资率为 30 元，每单位产品的标准工时为 1.5 小时；④固定制造费用预算为 270 000 元，按直接人工小时分配，预算直接人工小时可达到 9 000 小时，变动制造费用标准分配率为每直接人工小时 10 元，固定制造费用实际发生额为 276 000 元，变动制造费用实际发生额为 88 000 元。

【技能要求】

要求计算下列各项差异：
(1) 直接材料的价格差异和用量差异。
(2) 直接人工的工资率差异和效率差异。
(3) 变动制造费用的支出差异和效率差异。
(4) 固定制造费用的支出差异、生产能力差异和效率差异。
(5) 如果实际产出 6 000 单位产品，固定制造费用差异会有什么不同？

■ 案例分析

【背景资料】

邯钢公司的成本控制

钢铁行业是多流程、大批量生产的行业，生产过程的高度计划性决定了其对生产流程各个工艺环节必须实行高度集中的管理模式。为了严格成本管理，一般依据流程将整个生产线划分为不同的作业单元，在各个作业单元之间采用某些锁定转移价格的办法。而邯钢公司在成本管理方面率先引入市场竞争手段，以市场竞争力为导向分解内部转移成本，再以此为控制指标，落实到人和设备上，将指标责任与奖罚挂钩，强制实现成本目标，达到系统总合最优。

对邯钢公司而言，要挤出利润，首先需要确定合理先进、效益最佳化的单位产品目标成本。邯钢公司根据一定时期内市场上生铁、钢坯、能源及其他辅助材料的平均价格编制企业内部转移价格，并根据市场价格变化的情况每半年或一年做一次修订，各分厂根据原材料等的消耗量和“模拟市场价格”核算本分厂的产品制造成本，也以“模拟市场价格”向下道工序“出售”自己的产品。

这种以市价为基础的内部成本倒推分解法，把产品成本、质量、资金占用、品种结构等因素纳入完整的考核体系之中，给了成本中心更大的责任和压力，使分厂在有限的决策权之下，有了除降低成本以外的增利手段。采用这种项目成本倒推分解方法，从根本上改变了各个流程成本控制与总成本控制之间的关系，使个人将自己与对总成本控制的贡献直观相连，个人的晋升与发展也与这些贡献相关联，从而形成了良性循环。

【分析要求】

(1) 你能说出邯钢公司的成本控制动因是什么吗？

(2) 你能评述邯钢公司成本控制的内容以及做法吗？

项目实训

【实训项目】

预测分析方法。

【实训情境】

三因素分析法的应用

某公司生产和销售甲产品，耗用 A、B 两种材料。有关成本资料如表 11-18 所示。

表 11-18　　有关成本资料

项　目	材料名称	用量标准	价格标准	金额(元)
直接材料	A	10 千克	10 元/千克	100
	B	20 千克	9 元/千克	180
直接人工		15 工时	4 元/工时	60
变动制造费用		15 工时	2 元/工时	30
固定制造费用		15 工时	3 元/工时	45
单位产品标准成本				415

已知本月投产甲产品 3 600 件，全部于本月完工入库，其实际成本资料如表 11-19 所示。

表 11-19　　实际成本资料

项　目	材料名称	实际耗用量	实际价格(元/千克)	实际成本(元)
直接材料	A	34 000 千克	11	374 000
	B	74 000 千克	8.5	629 000
直接人工		56 000 工时		229 600
变动制造费用				103 600

（续表）

项　目	材料名称	实际耗用量	实际价格(元/千克)	实际成本(元)
固定制造费用				173 600
产品实际成本				1 509 800

又知本月固定制造费用预算数为180 000元，产能标准总工时为60 000工时。

【实训任务】

要求：

（1）根据上述资料，计算各种成本差异，其中材料价格差异在领用材料时计算，固定制造费用按三因素分析法计算。

（2）撰写“预测分析方法”实训报告。

<table>
<tr><td colspan="3">“预测分析方法”实训报告</td></tr>
<tr><td>项目实训班级：</td><td>项目小组：</td><td>项目组成员：</td></tr>
<tr><td>实训时间：　　年　　月　　日</td><td>实训地点：</td><td>实训成绩：</td></tr>
<tr><td colspan="3">实训目的：</td></tr>
<tr><td colspan="3">实训步骤：</td></tr>
<tr><td colspan="3">实训结果：</td></tr>
<tr><td colspan="3">实训感言：</td></tr>
</table>

项目十二 责任会计

知识目标

理解：责任会计的产生和概念、基本内容、作用、基本原则。

熟知：责任中心的概念与特征；责任中心的划分；责任中心的业绩评价；责任预算与责任中心的业绩报告。

项目课件

掌握：企业业绩评价的非财务方法——经济增加值法、平衡计分卡；内部转移价格的概念、作用；内部转移价格对相关责任中心的影响；制定内部转移价格的原则；内部转移价格的方法类型及其利弊。

技能目标

能够计算和分析不同责任中心的考核指标；能根据实际情况对内部转移价格的方法进行选择和应用。

素质目标

提高分析和总结能力、语言表达能力、与人合作的能力。

项目引例

财务科长对生产部门和销售部门矛盾的处理

广州某保健品厂主要产品为阿胶膏和补脑液，市场旺销时，特别是在春、秋两季市场上常常脱销，供不应求。今年一入春，该厂销售部门要求进行突击生产，加班加点生产更多的产品以增加销售提高利润。然而，生产部门却反对这种做法，认为这样做会打乱全年生产计划，花费的代价太大。另外，生产部门知道由于节假日加班加点往往要支付双倍甚至三倍的工资，因此产品成本很高，在进行一系列成本指标考核时，显然对生产部门十分不利，甚至要影响奖金。所以，生产部门竭力反对并抱怨销售部门只顾自己的一系列销售指标而不考虑生产部门的苦衷。但是销售部门马上提出，生产部门是否愿意承担失去大量客户的责任、是否考虑到销售收入和企业利润等各项经济指标。当然，生产部门是不愿意承担这些责任的，因此双方互争不休，最后将矛盾上交厂部。厂长请财务科长提出意见，是否接受各项加班加点任务，怎样处理生产部门和销售部门之间的矛盾。

【思考与讨论】

假如你是财务科长，应该怎样完成以下五个要求。

(1) 请解释总体优化原则和可控制性原则的内容。

(2) 请简要阐述你对本案例中处理生产部门与销售部门之间矛盾的意见。

(3) 在本案例中，你认为是否应该接受此项特殊加班任务，请简要阐述理由。

(4) 简述判断一项成本是否属于责任中心的可控成本应该符合的条件。

(5) 请列举质量成本五个方面的特性。

知识精讲

任务一 责任会计概述

一、责任会计的产生和概念

(一) 责任会计的产生

责任会计是生产社会化、分权管理理论和企业内部经济责任制的产物。责任会计是现代管理会计中的重要内容,实行责任会计是企业将庞大的组织机构"分而治之"的一种做法。责任会计的产生可以追溯到19世纪末20世纪初。这个时期西方资本主义经济发展迅速,企业规模不断扩大;此外,以泰勒的科学管理理论为基础的标准成本制度的出现以及预算管理制度的出现,使得责任会计的理论和方法得到了迅速发展,并在实践中发挥着越来越重要的作用。

第二次世界大战后,随着股份公司、跨行业公司和跨国公司的出现,这些公司出现了涉及行业交叉、管理层次重叠、分支机构遍布的情况,传统的管理模式已不再适用或者效率低下,实施分权管理就显得尤为重要。

所谓分权管理(decentralization management),就是将生产经营决策权随同相应的经济责任下放给不同层次的管理人员,使其能对日常经营活动及时做出有效决策的一种组织管理形式。在企业实行分权管理的情况下,各部门按权力和责任大小分为若干成本中心、利润中心和投资中心等责任中心,实行分权管理,其结果是各分权单位之间既有自身利益,又不允许各分权单位在所有方面像一个独立的组织那样进行经营。分权管理的特点是:中下层管理人员有较多的决策权,上级的控制较少,往往以完成规定的目标为限;在统一领导下可以独立经营,实行独立核算,有一定的财务收支权力。

(二) 责任会计的概念

责任会计是在分权管理条件下,为适应经济责任制的要求,在企业内部建立若干责任中心,并对它们分工负责的经济活动进行规划、控制、考核与业绩评价的一整套会计制度。它实质上是企业为了加强内部经营管理而实施的一种内部控制制度,是把会计资料与各级有关责任单位紧密联系起来的信息控制系统,即责任会计制度。

二、责任会计的基本内容

责任会计是以各个责任中心为主体,以责、权、效、利相统一的机制为基础,评价和控制企业经营活动的进程和效果服务的信息系统。其基本内容可分为责任会计制度的建立和实施两大部分。

(一) 责任会计制度的建立

利用会计信息系统进行业绩评价是责任会计的基本内容,建立企业责任会计制度的步骤如下。

1. 划分责任中心

将企业内部单位划分为一定的责任中心,赋予其一定的经济责任和权力。责任中心是指企业内部负有特定管理责任的部门和单位,每个责任中心都必须有明确的控制范围。按所负责任和所控制的范围及类型,责任中心可分为成本中心、利润中心和投资中心。在责任会计中,事前的计划、事中的核算和事后的控制分析都是以责任中心为基础进行的。

2. 确定权责范围

将企业的总体经营目标逐级分解到不同层次、不同种类的责任中心,以此作为各责任中心的责任目标,并制定各责任中心的责任预算,确定责任中心在成本费用、收入、利润、投资收益等责任目标要素方面的具体数额,同时分析决定各责任中心为完成其工作责任所应拥有的决策管理权力,并将这些必要的权力授予各责任中心。

3. 确定业绩评价方法

为了正确反映和监督责任履行情况,实现经济责任的制度化和数量化,必须建立一套完整的日常记录、报告有关责任预算执行情况的信息系统。确定业绩评价方法主要包括以下五个方面内容:①确定衡量责任中心目标的一般尺度,如成本量、利润额等;②确定目标尺度的解释方法;③规定业绩尺度的计量方法,如成本分摊、内部转移定价等;④选择预算或标准的确定方式,如固定预算或弹性预算等;⑤确定报告的制度,包括报告的时间、内容和形式等。

4. 制定相关奖惩制度

制定与业绩体系相关的奖惩制度是责任会计对责任人及部门的反馈，也是责任会计进行良好运作的保证。

(二) 责任会计制度的实施

实施责任会计制度主要包括以下四个环节。

1. 编制责任预算

责任预算是指将企业全面预算所确定的总体目标和任务进行层层分解后，按每个责任中心编制的预算。它是落实到每个责任中心的具体工作目标和任务，也是对各责任中心业务活动进行反映、监督，以及对其工作业绩进行考核评价的依据和标准。预算通常可以按销售、生产、采购、人工、管理等职能以及资本支出等专门决策来编制。责任预算(按责任中心编制)和计划预算(按生产经营过程编制)可以并行，前者强调企业实现总目标中每个人应负的责任，后者强调达到目标的具体途径，各自从不同角度计划企业的经营活动，以实现企业的最终目标。

2. 实施责任监控

责任监控是指对责任预算的执行情况进行跟踪反馈和监督控制，这是责任会计工作程序中的主要环节。其要求对实际发生的成本、取得的收入和利润及占用的资产按责任中心来归集和分类，并与预算口径一致。同时，为了防止责任转嫁，应尽量减少收益和费用在各责任中心之间的盲目分配，对必须分配的共同收入和费用，要根据归属合理分配，防止不可控因素进入各责任中心。

内部提供服务应议定适当的结算价格，以利于单独考核各责任中心的业绩。为此，必须建立一整套专门的责任核算信息系统，包括凭证系统、账簿系统、内部结算系统、费用归集分配系统、损益确定及业绩报告系统等;也可以利用原有的财务会计、成本会计核算信息系统并加以改进，使之同时能与责任会计的核算要求相适应。

责任核算信息系统的功能不仅在于如实反映各责任中心的工作业绩，为考核评价、实施奖惩提供依据，而且在于对各责任中心的业务活动及时进行信息反馈，通过对实际数与预算数的差异分析，发现问题，解决问题，实现对各责任中心业务活动的监督、调节和控制，促使其更好地执行责任预算，从而保证企业全面预算总体目标和任务的完成。

3. 进行业绩考核评价

对各责任中心的工作业绩定期进行全面的考核评价，为实施奖惩提供依据，这是责、权、利三者相结合的具体贯彻和最终落实。同时，在预算期末要编制业绩报告，比较预算与实际的差异并分析差异的原因和归属，据此评价考核各中心的业绩，提出改进工作的措施以及实行奖惩建议等。此外，对预算中未规定的经济事项和超过预算限额的经济事项实行例外报告制度，及时向上报告，由适当管理级别做出决策。

4. 进行反馈控制

根据各责任中心的业绩报告，经常分析实际数与预算数发生差异的原因，及时通过信息反馈，控制和调节其经济活动，并督促责任单位及时采取有效措施，纠正缺点，巩固成绩，不断降低成本，压缩资金占用，借以扩大利润，提高经济效益。

三、责任会计的基本原则

责任会计制度的建立，在不同类型的企业中，往往由于具体情况的不同，其具体做法也各有特点。但建立责任会计制度的原则是基本一致的，概括起来有以下几条。

(一) 目标一致性原则

责任中心是企业内部的各个布局，局部利益应当服从企业整体利益，这就要求各责任中心目标的实现要有助于企业总体目标的实现，两者要保持一致。建立责任会计的目的是有效地促进各责任中心的工作,实现企业的总体目标。但由于各责任中心有不同的职责,甚至存在利益上的冲突,所以在制定预算和考核标准时应防止局部利益损害企业总体利益的情况。

而在责任会计中,目标一致性原则主要通过选择恰当的考核和评价指标来体现。首先,为每个责任单位编制责任预算时,就必须要求它们与企业的整体目标相一致;然后,通过一系列控制步骤,促使各责任单位自觉自愿地实现目标。应该注意的是,单一性的考评指标往往会导致上下级目标的不一致,因此考评指标的综合性与完整性是责任会计中的重要问题。

(二) 可控性原则

责任会计的实质就是把会计资料与责任单位紧密联系起来的信息控制系统,这一内部控制制度的贯彻执行,要求各责任单位必须突出其相对独立的地位,避免出现职责不清、功过难分的局面。因此,可控性原则是指各个责任中心仅对其可以控制的经济活动所产生的结果负责,对于其无法控制的经济活动所产生的后果不承担经济责任。所谓可控,是指能通过自己的行为对某一特定对象施加有效影响,使之能按某种预定目标或要求发展变化。在责任中心职责范围的划分、责任预算及业绩报告的编制,以及责任中心的业绩评价等各个环节上,都应当体现可控性原则。

(三) 责任主体原则

责任会计旨在通过落实经济责任来实现对企业内部各部门、各单位的协调与控制,所以其会计主体是经济责任的承担者,即企业内部划分的各个责任单位或责任中心,相应的责任者有责有权:其所承担的责任是实现企业总体目标、提高企业经济效益的重要保证,也是衡量其工作成果的标准;而赋予其的相应管理权力是其能够顺利履行责任的前提条件。实行责任会计制度时,会计主体必须与责任主体相一致。

(四) 激励原则

实现经济责任制的目的是为了最大限度地调动企业全体职工的积极性和创造性,因此所确立的目标或预算应相对合理。目标过高,会挫伤职工的工作积极性;目标过低,不利于企业整体目标的实现。同时,各类奖励措施也应注意适当和合理,既要奖惩分明,又要给员工以希望,这样就能不断地激励全体员工为实现目标而努力奋斗。

(五) 反馈性原则

管理会计的特点之一就在于它不是着眼于反映过去,而是着眼于控制现在和决策未来。作为现代管理会计的组成部分,责任会计也是如此。它要求责任预算的执行情况有一套健全的跟踪系统和反馈系统,使各个责任单位不仅能保持良好、完善的记录和报告制度,及时掌握预算的执行情况,而且要通过对实际数与预算数的分析,迅速运用各自的职权来控制和调节相关经济活动,以保证预定的目标和任务的实现。责任预算执行情况的信息反馈,既是一个经济信息的运用过程,也是责任会计真正发挥其管理作用的一个重要步骤。经济信息通过层层反馈和层层控制而形成的一个反馈控制网络,能保证整个企业的生产经营活动正常有序地进行。

(六) 及时性原则

责任会计为了进行有效的控制,需要建立反馈系统,而反馈系统的作用在很大程度上取决于反馈的及时性。因此,各个责任单位在编制业绩报告以后,应及时将有关信息反馈给责任者,以便迅速调控自己的行为;同时,及时的反馈还有助于迅速发现和调查在业绩报告中出现的不可控因素,以保证对责任者的业绩进行综合考评的正确性;另外,业绩报告的编制绝不能与财务报表同步,而应做到及时、机动和灵活。根据管理需要,每旬、每周甚至每天编制一次,只有这样,才能把在生产经营中发现的重要问题立即反馈给有关单位,促使其迅速采取有效措施,及时加以解决。

(七) 公平性原则

各责任中心之间的经济关系的处理应该公平合理,应有利于调动各责任中心的积极性。根据这一原则,在编制责任中心责任预算时,应注意预算水平的协调性,避免出现诸如由于内部结算价格制定不当而导致的不等价交换等情况。

（八）例外管理原则

例外管理原则也称重要性原则，即要求各责任中心对其生产经营过程中发生的重点差异进行分析、控制。重点差异有两重概念：一是指对实现企业总体预算、责任中心责任预算或对社会效益有实质性影响的差异，如国家下达的指令性计划或供销合同完成情况等。这类差异无论数额大小都应列为重点进行分析控制。二是指数额较大的差异。通过对这类差异的分析控制，可以花费较少的精力解决较大的问题，达到事半功倍的效果。重点差异包括不利差异和有利差异，不论是不利差异还是有利差异，均应深入分析其产生的原因。

四、责任会计的作用

实行责任会计的主要作用有以下两点。

（一）有利于贯彻企业内部经济责任制

实行责任会计以后，可使各级管理人员目标明确、责任分明；责任者有责有权，可以把其应该管的以及能控制的各种财务指标严格管好、控制住；同时，可以责任单位为核算主体（而不是按产品）来记录和归集会计信息，并据以评价和考核各个单位的工作实绩和经营成果。这样一来，就能做到功过分明、奖惩有据。

（二）有利于保证经营目标的一致性

实行责任会计以后，各个责任单位的经营目标就是整个企业经营总目标的具体体现。因而在日常经济活动进程中，必须注意各个责任单位的经营目标是否符合企业的总目标。如有矛盾，应及时协商调整。这样就便于把各个责任单位的经营目标与整个企业的总目标统一起来，促使每个责任单位为保证企业总目标的实现而协调地工作，从而保证经营目标的一致性。

任务二 责 任 中 心

一、责任中心的概念与特征

（一）责任中心的概念

一个规模较大的企业，在实行分权经营体制的条件下，按照“目标管理”的原则，将企业生产经营的整体目标分解为不同层次的子目标，落实到有关单位去完成而形成的企业内部责任单位，称为“责任中心”。

企业为了实行有效的内部协调与控制，通常按照统一领导、分级管理的原则，在企业内部合理划分责任单位，明确各责任单位应承担的经济责任及应享有的权利和经济利益，使各责任单位协调配合。同时，为了保证预算目标的落实与实现，还需要把总预算目标按照责任中心进行层层分解，形成各责任中心的责任预算，作为各责任中心的目标和任务，并把各责任中心实际执行的结果与责任预算进行比较，确定各责任中心的工作业绩，作为考核与奖惩的依据。

（二）责任中心的特征

责任中心通常具有以下特征。

1. 责、权、利相结合的实体

每个责任中心都要对一定的财务目标负有完成的责任，同时赋予责任中心与其所承担责任的范围和大小相适应的权力，并有相应的业绩考核标准和利益分配标准。

2. 具有承担经济责任的条件

责任中心应该具有完成其应承担的经济责任的条件和能力，如果不能完成，则应对其后果承担责任。

3. 所承担的责任和行使的权力均可控

每个责任中心只对其权责范围内可控的成本、收入、利润和投资负责，在责任预算和业绩考核中应明确可控的项目。当然，可控与不可控是相对的，一般而言，责任层次越高，其可控的范围越大。

4. 进行独立的会计核算

具有相对独立的经营业务和财务收支活动是确定经济责任的客观对象及责任中心得以存在的前提条件。而独立核算是划清责任的基础和保证，只有既划清责任又能独立核算的企业内部单位，才能作为一个责任中心。

二、责任中心的划分

在企业内部，按照控制范围的大小、权限和责任的大小，责任中心一般可分为收入中心、成本中心、利润中心和投资中心。

为了有效地进行企业内部控制，有必要将整个企业逐级划分为许多责任领域，即责任中心。责任中心按照控制范围的大小及业务流动特点，一般可分为成本中心、利润中心和投资中心。

（一）成本中心

1. 成本中心的概念

有成本发生、对成本负责并能进行核算的责任中心，都可称为成本中心。企业内部能够控制成本的任何一级责任中心都是成本中心。成本中心的范围最广，因为企业中的各级组织，不论层次高低、责任大小，总是要发生成本的。小至一个车间、一个作业小组甚至一个人，大至一个工厂、一个部门、一个地区机构等，只要有成本发生，而且能够进行核算，都可成为成本中心。许多小的成本中心可以组成大的成本中心。至于企业中不进行生产而只提供一定专业性服务的单位，如人事部门、总务部门、财务部门等，则可称为费用中心，它们实质上也属于广义的成本中心。

2. 成本中心的类型

成本中心分为技术性成本中心和酌量性成本中心。

（1）技术性成本是指发生的数额通过技术分析可以相对可靠地被估算出来的成本，如产品生产过程中发生的直接材料、直接人工、间接制造费用等。其特点是这种成本的发生可以为企业提供一定的物质成果，投入量与产出量之间有密切的关系。技术性成本可以通过弹性预算予以控制。

（2）酌量性成本是否发生以及发生额为多少是由管理人员的决策所决定的，主要包括各种管理费用和某些间接成本，如研究开发费用、广告宣传费用、职工培训费用等。这种费用的发生主要是为企业提供一定的专业服务，一般不能直接产生可以用货币计量的成果。投入量与产出量之间没有直接关系。酌量性成本的控制重点在预算总额的审批上。

3. 成本中心的考核指标

成本中心的考核主要采用绝对指标和相对指标，包括成本（费用）变动额和成本（费用）变动率。其计算公式为：

$$\text{成本(费用)变动额} = \text{实际责任成本(或费用)} - \text{预算责任成本(或费用)}$$

$$\text{成本(费用)变动率} = \frac{\text{成本(费用)变动额}}{\text{预算责任成本(费用)}} \times 100\%$$

在对成本中心进行考核时，如果预算产量与实际产量不一致，应按弹性预算的方法先调整预算指标，再按上述指标计算。

【做中学 12-1】 某企业内部某车间为成本中心，生产 A 产品，预算产量 6 000 件，单位成本 100 元；实际产量 7 000 件，单位成本 95 元。计算成本变动额和成本变动率。

$$成本变动额 = 95 \times 7\,000 - 100 \times 7\,000 = -35\,000(元)$$

$$成本变动率 = [-35\,000 \div (100 \times 7\,000)] \times 100\% = -5\%$$

计算结果表明，该成本中心的成本降低额为35 000元，降低率为5%。

成本中心所计算与考核的是责任成本而不是产品成本。为了计算责任成本，必须先把成本按其可控性分为可控成本与不可控成本两类。可控成本通常应符合以下四个条件：①责任中心能够预见将要发生的成本；②责任中心能够计量的成本；③责任中心能够影响并调整的成本；④责任中心能够按控制责任分解落实，并进行考核评价的成本。

凡不能同时具备以上四个条件的，即为不可控成本。责任中心可控成本的合计构成责任中心的责任成本。这种责任成本可以按实际发生的数额随时进行登记。需要指出的是，一个成本中心的不可控成本往往是另一个成本中心的可控成本。例如，直接用于生产的原材料、燃料、动力、生产工人工资，以及车间经费中的变动部分，对于生产班组来说是可控的。至于车间经费的固定部分，对生产班组来说虽是不可控的，但对于车间来说则是可控的。又如，在材料供应正常的情况下，由于材料质量问题造成的超过消耗定额的材料成本，就生产车间来说是不可控成本，而在供应部门来说则是可控成本。

(二) 利润中心

1. 利润中心的概念

利润中心是指对利润负责的责任中心。由于利润是收入扣除成本费用之差，因此利润中心还要对成本和收入负责。这类责任中心一般是指有产品或劳务生产经营决策权的企业内部部门。

利润中心往往处于企业内部的较高层次，如分厂、分店、分公司，一般具有独立的收入来源或可以视同一个有独立收入的部门。

利润中心分为自然利润中心与人为利润中心两种。

(1) 自然利润中心是指可以直接对外销售产品并取得收入的利润中心。这种利润中心直接面向市场，具有产品销售权、价格制定权、材料采购权和生产决定权。它是企业内的事业部，每个事业部均有销售、生产、采购的决策权，有很大的独立性，能独立控制成本、取得收入。

(2) 人为利润中心是指只向内部责任中心提供产品或劳务而取得内部销售收入的利润中心。这种利润中心一般不直接对外销售产品。要成为人为利润中心，应具备两个条件：一是该责任中心可以向其他责任中心提供产品(含劳务)；二是能为该责任中心的产品确定合理的内部转移价格，以实现公平交易、等价交换。

2. 利润中心的成本计算

利润中心对利润负责，必然要考核和计算成本，以便正确计算利润，作为对利润中心业绩评价与考核的可靠依据。对利润中心的成本计算，通常有两种方式可供选择：

(1) 利润中心只计算可控成本，不分担不可控成本，亦即不分摊共同成本。这种方式主要适用于共同成本难以合理分摊或无须进行共同成本分摊的场合。按这种方式计算的盈利不是通常意义上的利润，它相当于边际贡献总额。企业各利润中心的边际贡献总额之和，减去未分配的共同成本，经过调整后才是企业的利润总额。人为利润中心适合采取这种计算方式。

(2) 利润中心不仅计算可控成本，也计算不可控成本。这种方式适合共同成本易于合理分摊或不存在共同成本分摊的场合。按这种方式计算时，如果采用变动成本法，应计算出边际贡献总额，再减去固定成本，才是税前利润。各利润中心的税前利润之和，就是全企业的利润总额。自然利润中心适合采取这种计算方式。

3. 利润中心的考核指标

利润中心的考核指标为利润，但由于成本计算方式不同，各利润中心的利润指标的表现形式也不相同。

(1) 当利润中心不计算共同成本或不可控成本时，其考核指标为：

$$\text{利润中心边际贡献总额} = \text{该利润中心销售收入总额} - \text{该利润中心可控成本总额(或变动成本总额)}$$

【注意】 如果可控成本中包含固定成本，它就不完全等于变动成本总额，但一般而言，利润中心的可控成本是变动成本。

(2) 当利润中心计算共同成本或不可控成本，并采取变动成本法计算成本时，其考核指标主要有以下四种：

$$\text{利润中心边际贡献总额} = \text{该利润中心销售收入总额} - \text{该利润中心变动成本总额}$$

$$\text{利润中心负责人可控利润总额} = \text{该利润中心边际贡献总额} - \text{该利润中心负责人可控固定成本}$$

$$\text{利润中心可控利润总额} = \text{该利润中心负责人可控利润总额} - \text{该利润中心负责人不可控固定成本}$$

$$\text{公司利润总额} = \text{各利润中心可控利润总额之和} - \text{公司不可分摊的各种管理费用、财务费用等}$$

【做中学 12-2】 某企业甲车间是一个人为利润中心，本期实现内部销售收入为 1 000 000 元，销售变动成本为 600 000 元。该利润中心负责人可控固定成本为 50 000 元，该利润中心负责人不可控应由该利润中心负担的固定成本为 70 000 元。该利润中心利润考核指标分别为：

利润中心边际贡献总额 = 1 000 000 − 600 000 = 400 000(元)

利润中心负责人可控利润总额 = 400 000 − 50 000 = 350 000(元)

利润中心可控利润总额 = 350 000 − 70 000 = 280 000(元)

(三) 投资中心

1. 投资中心的概念

投资中心是既对成本、利润负责，又对投资负责的责任中心。投资中心是最高层次的责任中心，它具有最大的决策权。在组织形式上，成本中心一般不是独立法人，利润中心可以是独立法人也可以不是独立法人，而投资中心一般是独立法人。投资中心不仅能控制成本和收益，而且能控制资金的占用。从某种意义上讲，完善的投资中心既是投资中心，也是成本中心和利润中心。

投资中心一般适用于规模和经营权较大的部门，如事业部、分公司、分厂等。在分权型管理下，企业内部的分厂、分公司拥有充分的经营决策权和投资决策权，其管理者需对投资的经济效益负责。为了避免管理者的短期行为，促使其从长远利益的角度关心投资，就必须对其进行严格的考核。只有这样，才能符合责任会计的要求。

2. 投资中心的评价指标

对投资中心的考核指标有投资利润率与剩余收益。

(1) 投资利润率。投资利润率是全面评价投资中心各项经营活动的综合性指标。它既能揭示投资中心的销售利润水平，又能反映资产使用效果。其计算公式为：

$$\begin{aligned}\text{投资利润率} &= \frac{\text{利润}}{\text{投资额}} \times 100\% \\ &= \frac{\text{利润}}{\text{销售收入}} \times \frac{\text{销售收入}}{\text{投资额}} \times 100\% \\ &= \text{销售利润率} \times \text{总资产周转率} \times 100\%\end{aligned}$$

或

$$\begin{aligned}\text{投资利润率} &= \frac{\text{销售收入}}{\text{投资额}} \times \frac{\text{成本费用}}{\text{销售收入}} \times \frac{\text{利润}}{\text{成本费用}} \times 100\% \\ &= \text{销售利润率} \times \text{总资产周转率} \times \text{成本费用利润率} \times 100\%\end{aligned}$$

公式中的投资额是指投资中心可以控制并使用的总资产；利润可以是息税前利润、利润总额或净利润，只是要注意评价时的可比性。由于利润是期间指标，所以式中的投资额或总资产占用额应按期初、期末的平均额或平均占用额计算。从该计算公式可以看出，为了提高投资利润率，不仅应千方百计地降低成本、增加销售、提高销售利润率，还应有效地、经济地使用总资产，努力提高总资产周转率。

【做中学 12-3】 假定镇宁公司有一投资中心，本年第一季度的有关资料如表 12-1 所示，试计算其投资利润率。

表 12-1　　本年第一季度的有关资料　　金额单位：元

销售收入	150 000
总资产（期初余额）	50 000
总资产（期末余额）	60 000
非流动负债（期初余额）	20 000
非流动负债（期末余额）	30 000
净利润	15 000

$$\text{期初投资额} = 50\ 000 + 20\ 000 = 70\ 000(\text{元})$$

$$\text{期末投资额} = 60\ 000 + 30\ 000 = 90\ 000(\text{元})$$

$$\text{投资利润率} = \frac{15\ 000}{150\ 000} \times \frac{150\ 000}{(70\ 000 + 90\ 000) \div 2} \times 100\% = 18.75\%$$

投资利润率能综合反映一个投资中心、一家企业，甚至一个行业各方面的全部经营成果。通过这项指标可以在同一家企业不同的投资中心之间，或者在同一行业不同企业之间进行比较，从而做出最优投资决策。因此，投资利润率是投资导向的最佳指标。投资者可以根据投资利润率的高低，做出由某一企业转入另一企业、由某一行业转入另一行业、由某一国家转入另一国家的资本转移决策。但是，这个指标并非完美无缺，它也有一定的局限性：

① 各投资中心所采取的措施往往只着眼于本身利益，可能放弃对整个企业有利的投资项目或接受有损于整个企业的投资项目，这会使投资中心的近期目标与整个企业的长远目标相背离。

② 为了计算各投资中心的投资利润率，联合使用的资产必须在各投资中心之间进行分配，这很难做到公平合理。

③ 如果按照固定资产的净值计算投资利润率，投资中心只要不做新的投资或少投资，固定资产的净值就会下降。即使净利润不变，投资利润率也会随着时间的推移而不断上升。这样，投资中心的业绩就会被夸大，而公司的长远利益就会受到损害。

④ 在通货膨胀下，企业资产的账面价值过低而严重失实，并因此而少计折旧，会虚增净利润。根据这种夸大了的净利润和缩小了的资产价值计算出来的投资利润率，就不能反映出真正的投资效果。

(2) 剩余收益。剩余收益是指投资中心获得的利润扣减其最低投资收益后的余额。最低投资收益是投资中心的投资额（或资产占用额）按规定或预期最低投资利润率计算的收益。其计算公式为：

$$\text{剩余收益} = \text{利润} - \text{投资额} \times \text{预期最低投资利润率}$$

如果预期最低投资利润率是总资产息税前利润率，则剩余收益计算公式可调整为：

$$\text{剩余收益} = \text{息税前利润} - \text{投资额} \times \text{预期总资产息税前利润率}$$

剩余收益是用来衡量投资中心所获利润超过按最低投资利润率计算的收益额的部分。按预期最低投资利润率计算的收益额通常等于或大于资本的成本。

【注意】 一般来说，采用剩余收益作为考核标准时，所得报酬与所需最低报酬之间的正差越大，则投资中心绩效越好。

剩余收益与投资利润率相比，其优点是：可以防止投资中心的本位主义，促使它们从整体利益出发来接受比较有利的投资，努力多创造利润，使各投资中心的目标与整个企业的总目标趋于一致。

【做中学 12-4】 某公司有甲、乙两个投资中心，有关资料如表 12-2 所示。

表 12-2 某公司投资中心资料之一 金额单位：元

投资中心	收益	投资	投资利润率
甲	11 250	75 000	15%
乙	2 500	50 000	5%
全公司	13 750	125 000	11%

(1) 甲投资中心有一个投资机会，投资额为 50 000 元，可期望获得收益 7 250 元。这个投资机会可使公司获利，提高全公司的投资利润率，但甲投资中心的投资利润率反而会下降，如表 12-3 所示。如果只用投资利润率来考核，甲投资中心可能从本单位的得失来考虑而毅然放弃。

表 12-3 某公司投资中心资料之二 金额单位：元

投资中心	收益	投资	投资利润率
甲	18 500	125 000	14.8%
乙	2 500	50 000	5%
全公司	21 000	175 000	12%

(2) 乙投资中心有一个投资机会，投资额为 25 000 元，可期望获得收益 2 000 元。乙投资中心投资利润率上升，并将由此而获得好评，但这个投资机会将降低全公司的投资利润率，如表 12-4 所示。如果只用投资利润率来考核，乙投资中心很可能不顾全公司的利益，从本单位利益考虑而接受。

表 12-4 某公司投资中心资料之三 金额单位：元

投资中心	收益	投资	投资利润率
甲	11 250	75 000	15%
乙	4 500	75 000	6%
全公司	15 750	150 000	10.5%

(3) 如按剩余收益来考核甲投资中心，假设公司的预期最低投资利润率为 10%，则甲投资中心不会拒绝对公司有利的那笔投资，因为这一投资机会也给它增加了剩余收益，如表 12-5 所示。

表 12-5 某公司投资中心资料之四 金额单位：元

项　目	未接纳新投资前的金额	接纳投资后的金额
收益(a)	11 250	18 500
投资(b)	75 000	125 000
按预计最低投资利润率计算的收益额 (c)=(b)×10%	7 500	12 500
剩余收益(d)=(a)−(c)	3 750	6 000

(4) 若公司的预期最低投资利润率为10%，乙投资中心不但没有剩余收益，反而将蒙受损失。如果按照剩余收益来考核乙投资中心，它不会接受对公司不利的投资机会，因为其所蒙受的损失将更大，如表12-6所示。

表 12-6　　某公司投资中心资料之五　　金额单位：元

项　目	未接纳新投资前的金额	接纳投资后的金额
收益(a)	2 500	4 500
投资(b)	50 000	75 000
按预计最低投资利润率计算的收益额 (c)=(b)×10%	5 000	7 500
剩余收益(d)=(a)−(c)	−2 500	−3 000

任务三　内部转移价格

企业内各利润中心或投资中心之间相互提供产品(半成品)或劳务时，应当按照适当的内部转移价格进行结算。内部转移价格(Internal transfer price)是企业的内部单位之间相互提供产品或劳务时由于结算的需要而选定的价格标准。内部转移价格对于转出部门来说相当于销售收入，对于转入部门来说则相当于成本，它同时影响到两个相关部门的利润，定价高会增加转出部门的利润、降低转入部门的利润，定价低则结果相反。因此，各部门的负责人都非常关心内部转移价格的制定，有时为了各自的利益甚至会发生争执。

制定内部转移价格的目的是：一方面明确各部门的责任，避免由于成本在部门间的转移造成责任的转嫁，以便于对各责任中心进行有效的业绩评价；另一方面引导各责任中心在经营中采取与整体目标一致的决策。但这两个目的往往难以同时兼顾，因此在制定内部转移价格时必须根据企业的具体情况全面考虑，权衡利弊，做出最佳选择。

一、内部转移价格的意义及制定原则

在责任会计中，各责任中心相互结算所选用的计价标准叫作内部转移价格。制定合理的内部转移价格，可以合理地划分各责任中心的责任，公正地评价责任业绩，并根据有关数据做出科学的决策，及时纠正各责任中心的生产经营活动，达到对生产经营的有效控制。应该注意的是，企业制定内部转移价格通常需要遵守以下基本原则：

(1) 内部转移价格必须是企业内部购销双方自愿接受的。也就是说，只要有一方不同意，那么所制定的价格就是难以成立的。制定内部转移价格的前提是尊重各责任中心的自主权。

(2) 内部转移价格必须对企业内部购销双方都有利，即购销双方各责任中心都从自己的利益出发来制定内部转移价格，剔除了利益的内部转移价格是根本不存在的。可见，确定内部转移价格必须以利益为基础。

(3) 内部转移价格不能影响整个企业的利益。由于各责任中心大都是一个大企业或部门的组成部分，它经营得好与坏直接影响企业全局的利益。因此，在制定内部转移价格时，必须以责任中心和整个企业的利益一致为条件，不能只顾局部利益而影响了全局利益。

二、内部转移价格的制定方法

制定内部转移价格是一项复杂而细致的工作，它影响各责任中心的责任和利益的划分。在实际工作中，内部转移价格的制定有以下方法。

(一) 按市价制定内部转移价格

按市价制定内部转移价格，就是将产品或劳务的市场供应价格作为计价基础。通常认为市价是内部转移价格的最好依据，因为市价最能适应利润中心的基本要求，那就是在一家企业内部造成一种竞争性的市场形势，使其中每个利润中心都成为独立的机构，各自经营，相互竞争，最后再用利润指标衡量它们的经营成果。如果制定的内部转移价格确能反映真正的市场情况，那么，利润中心的净利润就能作为评价其经营成果高低的真正依据。

采用市价作为内部转移价格时，企业内部的购销双方一般应遵守以下三条规则：

(1) 若卖方愿意对内销售，且售价与市价相符，买方应有购买的义务，不得拒绝。

(2) 若卖方售价高于市价，买方有转向外界市场购入的自由。

(3) 若卖方宁愿对外界销售，则应有不对内销售的权利。

【注意】 凡属内部转移的产品或劳务，往往是专门生产的，或具有特定的规格。在这种情况下，就没有市价可作为准绳，这是采用这种方法的局限性。

(二) 按议价制定内部转移价格

按议价制定内部转移价格，就是买卖双方以正常的市价为基础定期共同协商，确定出一个双方都愿接受的价格作为内部转移价格。一般情况下，议价可以比市价稍低，主要原因在于以下三点：

(1) 内部转移价格中所包含的推销和管理费用通常低于外购商品。

(2) 内部转移的数量一般较大，因而其单位成本比较低。

(3) 出售单位大多拥有多余的生产能力，因而议价只需略高于单位变动成本即可。

综上所述，市价一般只宜作为制定内部转移价格的上限，产品的单位变动成本宜作为制定内部转移价格的下限，至于具体价格，应由购销双方根据具体情况协商议定。另外，在产品或劳务没有市价的情况下，也只能采用议价方式。

(三) 按标准成本加成制定内部转移价格

按标准成本加成制定内部转移价格，就是根据产品或劳务的标准成本，再加一定的合理利润作为内部转移价格。它的优点是简便易行，还能分清购销双方的经济责任，不会把供应单位的浪费和无效劳动转嫁给耗用单位，有利于激励双方降低成本的积极性。但是，确定加成的利润率难免带有一定的主观随意性，需要慎重研究，妥善制定。

(四) 按实际成本加成制定内部转移价格

按实际成本加成制定内部转移价格，就是根据产品或劳务的实际成本，再加一定的合理利润作为内部转移价格。它的优点是能保证卖方有利可得，可调动其工作积极性。但这样做会将卖方的功过全部转嫁给买方，削弱了双方降低成本的责任感。同时，加成利润率的确定带有很大程度的主观随意性，其偏高或偏低都会影响对双方业绩的评价。

上述方法各有千秋，企业可以根据自己的具体情况选用一种方法，或同时采用多种方法。例如，材料采用市场价格，自制半成品和备件采用标准成本加成方法等。另外，在制定内部转移价格时，可以根据管理的需要，人为提高或降低内部转移价格。例如，对生产需要量小、市场价格低的材料和半成品，内部转移价格可以定得高一些，以鼓励外购；对生产需要量大、市场价格高的材料、半成品，内部转移价格可以定得低一些，鼓励自己生产，限制外部采购。

任务四 责任报告与业绩考核

一、责任报告的种类

企业内部的责任中心都应定期将执行业务的情况逐级上报，一则用于沟通情况，再则用于衡量业绩。根据每个责任中心可控的成本和收入编制反映责任预算执行情况的报告，称为责任报告或业绩报告。一项良好的责任报告制度必须满足一定的要求，能反映责任中心全部经济业务的指标体系。

责任报告主要有两类：一类用来报告个人成绩，另一类用来报告经营成果。前者是将一个责任中心的负责人的实际成绩与当时条件下应该达到的成绩做比较；后者是各责任中心作为一个经济实体所取得的经营成果的报告。另外，责任报告就其反映的经济业务内容来划分，可分为成本报告与财务报告；按其编报时间来划分，可分为日报、周报、月报、季报、年报；按其报告的形式来划分，可分为书面报告、图解报告和口头报告。

二、编制责任报告的原则

(一) 适用性

编制责任报告首先要适用。各级管理人员对所收到的报告要求不同，高级管理人员需要的报告多与决策有关，应扼要编一总表，并将明细报告随总表附送。低层管理人员一般需要明细报告。

在编制报告时，必须根据管理的需要有选择地提供信息，这样才能使报告真正发挥作用。同时，还应注意各部门所需要的信息是否相同，如果相同，应设法避免重复报告，以减少在编制报告上的重复劳动。

(二) 适时性

这是指收到报告的日期要适时，报告内容所包括的期间也要适时。这样就能使管理人员尽快得到信息，而且报告所包括的期间与规划、控制相适应，适合日常管理的需要。

(三) 准确性

报告的数据应准确，能反映实际活动的真实情况，要妥善处理准确性与适时性的矛盾。即使是大概数、平均数和近似值，也应有一定根据。为取得可靠的数据来源，应不断改进有关信息的传递、整理、分类和记录工作。

(四) 相关性

责任报告的作用在于能将必要的信息反馈给各部门的责任者，以便对业绩进行评估，必要时甚至可以修正计划、改变行动。因此，各责任中心报告应该具有综合控制的功能。由于各级管理业务项目不同，其责任报告的内容也有所差别，但所有责任报告彼此相关，形成一个总的报告体系，以便反映每个责任中心能控制的项目，指出管理当局应予以注意的问题，加强全面管理。

三、责任报告的内容与形式

责任报告应突出重点，以便引导人们把注意力集中在少数严重脱离预定目标的项目上。各类责任报告的基本内容、特点和形式应根据各个企业的组织结构、业务内容、业务性质、报告对象和使用情况而定。责任报告的组成内容，在垂直组织结构的企业，其成本由最基层的成本中心进行归集，逐级汇总。在横向组织结构的企业，各独立的分厂为一个利润中心，这些分厂应向总厂编制销售成本报告和利润报告。制造成本报告在各分厂各级成本中心另行逐级编报汇总。

成本中心编制的报告一般分为三级：班组、车间和全厂。

班组成本报告根据可控成本归集汇总，并与绩效预算对比，以确定差异。绩效预算是按照实际业务量，根据标准成本卡与弹性预算加以计算的。其计算公式为：

绩效预算中原材料的成本 = 原材料消耗定额 × 实际生产数量 × 标准单价

绩效预算中人工成本 = 劳动定额 × 实际生产数量 × 标准工资率

绩效预算中变动间接费 = 弹性预算中变动间接费率 × 实际工作的时数

班组成本报告必须根据各个班组的具体情况，确定其成本项目的内容。班组责任报告还应有生产日报、工时日报、材料消耗日报，以及按周、旬、月的汇总报告。

车间成本报告按班组成本报告汇总，可按班组也可按成本项目进行汇总。除汇总各班组成本之外，还应将车间直接发生的变动成本和固定成本列入，集中为车间的责任成本。

全厂成本报告中的总成本由基本生产车间成本、材料价格差异、辅助生产和服务部门成本差异及全厂共同固定成本组成。

下面分别用垂直组织成本报告（见表 12-7、表 12-8、表 12-9）和横向组织业绩报告（见表 12-10、表 12-11）说明责任报告体系。

表 12-7　　班组成本报告(甲班)

（2019 年 12 月）　　金额单位:元

项　目	预算	实际	差异
直接人工	1 200	1 400	＋200
直接材料	1 600	1 500	－100
间接费用(分项)	1 000	1 200	＋200
合计	3 800	4 100	＋300

表 12-8　　车间成本报告(一车间)　　金额单位:元

项　目	预算	实际	差异
甲班	3 800	4 100	＋300
乙班	4 000	4 200	＋200
其他(分项)	6 600	6 300	－300
小计	14 400	14 600	＋200
车间共同成本	3 000	2 900	－100
合计	17 400	17 500	＋100

表 12-9　　全厂成本报告　　金额单位:元

项　目	预算	实际	差异
一车间	17 400	17 500	＋100
二车间	18 000	18 200	＋200
三车间	20 000	19 600	－400
小计	55 400	55 300	－100
企业共同成本(分项)	21 500	21 200	－300
合计	76 900	76 500	－400

表 12-10 A分厂销货成本报告

（2019 年 12 月）

金额单位：元

项 目	预算	实际	差异
制造成本	80 000	80 070	+70
制造费用	13 000	12 800	−200
财务性支出	4 000	4 300	+300
合计	97 000	97 170	+170
产成品库存	0	200	+200
利润报告中成本	97 000	97 370	+370

表 12-11 A分厂利润报告

金额单位：元

项 目	预算	实际	差异
销货收入	120 000	120 000	0
销货成本	97 000	97 370	+370
税前利润	23 000	22 630	−370
企业所得税(25%)	5 750	5 678	−92
税后利润	17 250	16 952	−298

责任报告实际上是对各责任中心过去一段时间生产经营活动情况的系统概括和总结。根据责任报告，可以进一步对差异形成的原因和责任进行具体分析，充分发挥信息的反馈作用，有助于实现有效的控制和调节，最大限度地提高企业生产经营的经济效果。各类责任中心的责任报告内容如表 12-12、表 12-13 和表 12-14 所示。

表 12-12 成本中心责任报告(某车间)

（2019 年 12 月）

金额单位：元

项 目	预算	实际	差异
甲工段	14 000	14 800	+800
乙工段	12 000	11 900	−100
小计	26 000	26 700	+700
本车间的可控成本			
间接人工	1 800	1 820	+20
管理人员工资	3 200	3 140	−60
设备折旧费	2 000	2 000	0
设备维修费	1 000	1 070	+70
物料费	900	1 080	+180
其他	500	600	+100
小计	9 400	9 710	+310
本车间责任成本合计	35 400	36 410	+1 010

四、业绩考核和评价

责任报告不仅可使管理人员通过报告内容的比较、衡量与分析预测未来的生产经营活动，而且可对责任中心的工作业绩进行考核与评价。

表 12-13　　利润中心责任报告(某分厂)

(2019 年 12 月)　　金额单位:元

项　目	预算	实际	差异
销售收入	135 000	136 000	+1 000
变动成本			
变动生产成本	40 000	44 000	+4 000
变动销售成本	18 000	17 000	−1 000
变动管理成本	12 000	11 000	−1 000
小计	70 000	72 000	+2 000
边际贡献	65 000	64 000	−1 000
减:期间成本			
直接发生的固定成本	7 000	8 000	+1 000
上级分配的固定成本	6 000	5 100	−900
小计	13 000	13 100	+100
营业利润	52 000	50 900	−1 100

表 12-14　　投资中心责任报告(某事业部)

(2019 年 12 月)　　金额单位:元

项　目		预算	实际	差异
销售收入		3 000 000	3 750 000	+750 000
销售成本		2 805 000	3 525 000	+720 000
营业利润		195 000	225 000	+30 000
投资		750 000	900 000	+150 000
投资利润率	销售利润率(%)	6.5	6	−0.5
	投资周转次数(次)	4	4.17	+0.17
	投资利润率(%)	26	25	−1
剩余收益	营业利润	195 000	225 000	+30 000
	最低投资利润率(16%)	120 000	144 000	+24 000
	剩余收益	75 000	81 000	+6 000

(一) 业绩考核与评价的一般原则

1. 可控制原则

对责任中心的业绩考核应选择可控制因素进行评价。

2. 例外管理原则

符合正常指标的项目应作一般评价，对于显然不正常的情况且离预定范围较大的事项应予以重点评价。

3. 客观原则

责任会计反映和衡量经济责任应力求客观，实事求是，防止人为偏差。

4. 可比性原则

进行业绩考核与评价应着重于比较的方法。以实际和预算相比，可以了解预算执行情况；以实际与标准相比，可以发现脱离标准的偏差及原因；不同时间相比，可以发现生产经营活动的趋势及规律；不同部门相比，可以衡量部门管理水平和所取得成果的大小；不同产品相比，可以了解各种产品贡献的大小，有利于生产决策；同行业各企业相比，可以从利害得失中取长补短。这些都需要比较双方具有可比条件，必须消除不可比因素。

5. 激励性原则

根据各责任中心的责权利，对于取得的成果要按照贡献的大小给予不同的奖励。奖励的多少与工作优劣相适应，给予的奖励必须较为优厚而富有激励性，以促使全体成员努力争取。值得注意的是，金钱等物质方面的报酬并不是激励员工积极性的唯一手段，必须把物质激励和精神激励有机地结合起来，才能产生良好的效果。

(二) 各责任中心的业绩考核与评价方法

1. 成本中心业绩考核与评价方法

成本报告的差异及分析，可以用来考核成本中心的短期绩效。应考虑差异是否应由成本中心来承担，考虑的因素包括：生产批量是否减少，服务水平是否提高，原材料质量是否降级，有无意外变故等。这种分析应每月做一次。对技术部门的考核要着眼于生产效率、技术水平、职工干劲、新产品开发、科研成果等。

2. 利润中心的业绩考核与评价方法

利润中心的短期绩效考核可用利润大小来进行，但这种方法的一个主要缺点是不看资产的多少。绩效考核也可用投资利润率来进行，这种方法可弥补仅用利润大小考核的不足，但由于各利润中心的风险不同，不容易进行客观比较。此外，还可用投资利润减去资金成本进行考核，这种方法除了利润的算法有问题外，资金成本怎样算也是一个问题。也有用差异的原因来考核的，这种方法基于预算的数字较准确，而且做预算所假定的外部环境全部实现时，差异可用来衡量短期绩效。一般情况下，环境总是变化的，所以预算的数字不能作为一个很精确的衡量标准。利润中心的长期考核主要是考核其对企业长期利益有影响的经济活动绩效如何。

3. 投资中心业绩考核与评价方法

投资中心是企业内部业务规模和经营权限都比较大的责任层次，它通常拥有投资决策权，能对固定资产、存货等进行全面、直接的调节控制。投资中心是比利润中心高一级的责任中心，它既要考核成本收益，又要考核资金成本，综合衡量投资报酬率的大小和投资经济效果的好坏。投资中心实质上包括利润中心，因而对投资中心的评价与考核，除成本、收入和利润等指标以外，重点要放在投资利润率、投资周转率和剩余收益这些指标上。

关键术语

责任会计　责任中心　成本中心　利润中心

应知考核

一、单项选择题

1. 成本中心控制和考核的内容是(　　)。
A. 产品成本　B. 标准成本　C. 责任成本　D. 预算成本
2. 以产品在企业内部流转而取得内部销售收入为特征的责任中心称为(　　)。
A. 标准成本中心　B. 投资中心　C. 自然利润中心　D. 人为利润中心
3. 投资中心与利润中心的主要区别是(　　)。
A. 投资中心拥有生产的经营决策权　B. 投资中心拥有投资决策权
C. 投资中心拥有对外销售收入　D. 投资中心具有法人地位
4. 可计算剩余收益的公式为(　　)。
A. 利润－投资额×预期投资收益率　B. 利润－投资额×预期最高投资收益率
C. 利润＋投资额×预期最低投资收益率　D. 利润－投资额×预期最低投资收益率
5. 某投资中心本年度的投资额为20 000元,预期最低投资收益率为15%,剩余收益为2 000元,则本年度的利润为(　　)元。
A. 1 000　B. 3 000　C. 5 000　D. 300

二、多项选择题

1. 责任中心一般可以分为(　　)。
A. 收入中心　B. 成本中心　C. 利润中心　D. 投资中心
2. 利润中心可以分为(　　)。
A. 自然利润中心　B. 人为利润中心　C. 行业利润中心　D. 品种利润中心
3. 实施责任会计主要包括的环节有(　　)。
A. 编制责任预算　B. 实施责任监控　C. 进行业绩考核评价　D. 进行反馈控制
4. (　　)是常用的投资中心业绩评价指标。
A. 投资报酬率　B. 剩余收益　C. 边际贡献　D. 净利润
5. 甲利润中心常年向乙利润中心提供劳务,在其他条件不变的情况下,如提高劳务的内部转移价格,可能出现的结果是(　　)。
A. 甲利润中心内部利润增加　B. 乙利润中心内部利润减少
C. 企业利润总额增加　D. 企业利润总额减少

三、简述题

1. 简述可控成本通常应符合的条件。
2. 简述各责任中心的业绩考核与评价方法。
3. 简述内部转移价格的概念。制定内部转移价格的原则是什么?
4. 简述责任中心的概念和特征。
5. 简述责任会计的基本原则。

四、判断题

1. 内部转移价格是企业之间相互买卖产品或提供劳务的结算价格。(　　)
2. 从企业总体看,内部转移价格无论怎样变动,企业利润的总数是不变的,变动的只是利润或内部利润在各责任中心之间的分配情况。(　　)
3. 可控成本总是针对特定责任中心来说的。一项成本对某个责任中心来说是可控的,而对另外的责任中心来说可能是不可控的。(　　)
4. 因为利润中心必然是成本中心,投资中心必然是利润中心,所以投资中心首先是成本中心,但利润中心并不一定都是投资中心。成本中心一般不是独立法人，利润中心可以是独立法人也可以不是独立法人，而投资中心一般是独立法人。 （ ）

5. 内部转移价格只能用于企业内部各责任中心之间由于产品或劳务流转而进行的内部结算。（ ）

五、计算题

1. 假定某公司有甲、乙两个事业部(投资中心)，近2年有关营业利润和投资额的资料如表12-15所示。

表12-15 两个事业部近2年有关营业利润和投资额的资料 金额单位：元

项 目	甲事业部		乙事业部	
	2016年	2017年	2018年	2019年
营业利润	30 000	36 000	5 000	6 250
投资额	200 000	200 000	25 000	25 000

若该公司最低投资报酬率为14%。

要求：

(1) 用投资报酬率(ROI)指标来评价甲、乙两个事业部的业绩，通过计算，你认为哪个事业部的业绩较优？

(2) 用剩余收益指标(RI)来评价甲、乙两个事业部的业绩，通过计算，你认为哪个事业部的业绩较优？

(3) 结合两个事业部近2年营业利润的增长情况，你认为哪个指标的评价比较正确？为什么？

2. 某公司有甲、乙两个事业部，均为投资中心，其中甲事业部生产的A产品既销售给乙事业部，也向公司外部销售。2019年，甲事业部预计生产A产品10 000件，其中4 000件向公司外部销售，售价为575元/件，其余6 000件销售给乙事业部。A产品的有关成本数据资料如表12-16所示。

表12-16 A产品的有关成本资料 金额单位：元

单位变动制造成本	100
单位固定制造费用	50
单位变动销售费用	55
单位固定销售费用	25
单位成本	230

该公司A产品内部转移价格可有五个选择方案：①变动成本；②变动成本加成40%；③全部成本；④全部成本加成50%；⑤市场价格(即575元/件)。

要求：

(1) 按上述五个方案分别计算A产品的内部销售收入及全部销售收入。

(2) 上述五个内部转移价格中，站在甲事业部的角度，应选用哪一个？站在乙事业部的角度，应选用哪一个？

3. 某公司生产甲产品，现有的资料如表12-17所示。

表12-17 生产甲产品的相关资料

单位变动成本	200元
全年固定成本	120万元
全年预计销售量	10 000台
固定资产平均占用额	150万元

已知该公司目标投资利润率为20%。

要求：

(1) 为实现目标投资利润率，销售单价应为多少？

(2) 假设该公司的销售量分别为8 000元、10 000元和12 000台，分别计算三种情况下的销售利润率、资产周转率及投资利润率。

应会考核

■ 观念应用

【背景资料】

投资中心的应用

已知某集团下设三个投资中心，有关资料如表12-18所示。

表12-18 三个投资中心的有关资料

指　标	集团公司	A投资中心	B投资中心	C投资中心
净利润(万元)	34 560	10 400	15 800	8 450
净资产平均占用额(万元)	315 000	94 500	145 000	75 500
规定的最低投资报酬率	10%			

【考核要求】

(1) 计算该集团和各投资中心的投资利润率，并据此评价各投资中心的业绩。

(2) 计算各投资中心的剩余收益，并据此评价各投资中心的业绩。

(3) 综合评价各投资中心的业绩。

■ 技能应用

剩余收益的应用

某公司下设A、B两个投资中心。A投资中心的投资额为250万元，投资利润率为16%；B投资中心的投资额为300万元，剩余收益为9万元；公司要求的平均投资利润率为13%。现公司决定追加投资150万元，若投向A投资中心，则该投资中心每年增加利润30万元；若投向B投资中心，则该投资中心每年增加利润25万元。

【技能要求】

(1) 追加投资前A投资中心的剩余收益。

(2) 追加投资前B投资中心的投资利润率。

(3) 若A投资中心接受追加投资，计算其投资利润率；若B投资中心接受追加投资，计算其剩余收益。

■ 案例分析

【背景资料】

王永庆的利润中心管理模式

在世界化工行业中，台塑集团董事长王永庆在台湾地区是一位家喻户晓的传奇式人物。他把台塑集团推进到世界化工行业的前50名。台塑集团取得如此辉煌的成就与王永庆的善于用人是分不开的。多年的经营管理实践令王永庆创造出一套科学的用人之道，一个利润中心管理模式，其中最为精辟的是“压力管理”和“奖励管理”两套方法。

台塑集团在1968年就成立了专业管理机构，具体包括总经理室及采购部、财政部、营建部、法律事务室、秘书室、电脑处。总经理室下设营业、生产、财务、人事、资材、工程、经营分析、电脑等8个组。这就像一个金刚石的分子结构，只要自顶端施加一种压力，自上而下的各个层次便都会产生压迫感。

在各事业部内，以厂别或产品别又划分为若干个“利润中心”，独立核算其损益，衡量其经营绩效，以便于各单位甄别各自的责任归属。由于利润中心过大，产销范围不利于计算并降低成本，王永庆又将利润中心再调整细分为针对直接生产部门的“成本中心”和非直接生产部门的“费用中心”。台塑集团有上千个利润中心、上万个成本核算中心。

这种管理模式的效果使企业有能力连续降低生产成本，向下游客户提供价廉物美的石化产品，以获取合理利润。简而言之，被誉为台湾地区“经营之神”的王永庆所创造的利润中心管理模式，无非就是将组织不断化小，自主经营，自负盈亏；财务核算管理实行一日一结算制度，时刻掌握企业经营的实际状况；企业的永续经营的哲学是“人心永续”，以“责任永续”为根基，始终把关注员工放在第一位，激发人心的善；始终坚持“降低成本，避免浪费”的成本管理体系……这种组织架构、核算体系、成本改善以及利他的经营理念，与阿米巴经营如出一辙，一脉相承。

【分析要求】

(1) 你能说出台塑集团的各种责任中心分别是指什么吗？

(2) 你知道台塑集团是如何进行有效的利润中心管理的吗？

项目实训

【实训项目】

利润中心业绩报告的编制。

【实训情境】

利润中心的应用

大成灯具厂利润中心的预算资料和实际执行结果如表 12-19 所示。

表 12-19　　利润中心的预算资料和实际执行结果　　金额单位：元

项　目	预算资料	实际执行结果
销售收入	500 000	475 000
销售数量(只)	10 000	9 500
变动制造成本	200 000	195 000
变动销售管理费用	50 000	45 000
固定制造成本	100 000	100 000
固定销售管理费用	20 000	18 000
所得税税率	25%	25%

【实训任务】

要求：

(1) 编制大成灯具厂利润中心的业绩报告。

(2) 撰写“利润中心业绩报告的编制”实训报告。

“利润中心业绩报告的编制”实训报告		
项目实训班级：	项目小组：	项目组成员：
实训时间：　年　月　日	实训地点：	实训成绩：
实训目的：		
实训步骤：		
实训结果：		
实训感言：		

项目十三 战略管理会计

知识目标

理解：战略管理会计的产生、发展和概念。

熟知：战略管理会计的特征、基本程序。

掌握：战略管理的基本体系、战略管理会计研究的内容。

项目课件

技能目标

能够充分理解并实践五力模型、价值链、成本动因分析、战略管理会计在实际中的应用。

素质目标

能够结合企业实例，提高战略管理会计在现代企业管理中所处的地位，塑造管理会计职业生涯。

项目引例

戴尔公司的战略管理会计思想

戴尔公司利用技术和信息将计算机价值链上的供应商、生产商和顾客的流程垂直地联合起来。戴尔公司的创立者迈克尔·戴尔认为，这种做法会使戴尔公司获得更高的生产效率和更强的盈利能力。此外，他认为"实质性联合"的公司将会成为信息时代的组织模型。对市场而言，价值链上的所有组织就像是一个整体。

供应商为计算机生产零部件。戴尔公司将供应商的送货与生产的计划协调起来。供应商生产的零部件只有在需要时才直接送到车间，而不是送到仓库，也不需经过卸货、检查、储存、领用等环节，这就需要供应商和购买者的信息和计划能够持续地分享。

索尼公司为戴尔公司的计算机提供显示屏。但是，显示屏在发送给顾客之前并不送到戴尔公司，而是由 Airborne Express 或 UPS 将它们同需要发送的计算机一起包装，发送给顾客。

戴尔公司重视提高产品的价值和减少顾客的成本，如 Eastman Chemical 和波音公司。Eastman Chemical 的计算机需要专业化程度很高的软件，如果在收到计算机后再安装这种软件，那么每台计算机需要的花费将超过 200 美元。为了减少顾客的成本，戴尔公司在组装计算机时就为每台计算机安装这种专业软件，其安装费用只有 15～20 美元。

波音公司有 10 万台戴尔计算机，戴尔公司则安排 30 名员工长驻波音公司。"我们看起来更像是波音公司的计算机部门"，迈克尔·戴尔说。他注意到戴尔公司已经密切地参与到波音公司的计算机需求计划和网络计划之中。

【思考与讨论】

你认为本案例说明了哪些管理思想和管理方法在决策中的应用。

知识精讲

任务一　战略管理会计概述

一、战略管理会计的概念

战略管理会计(strategic management accounting)是适合于企业战略管理需要的管理会计信息系统和重要的决策工具，即服务于战略比较、战略选择和战略决策的一种新型管理会计，它是管理会计向战略管理领域的延伸和渗透。具体而言，战略管理会计是会计人员运用专门方法，以协调高层领导制定竞争战略、实施战略规划，促使企业良性循环并不断发展为目的，从战略的高度进行分析和思考，既提供顾客和竞争对手具有战略相关性的外向型信息，也提供本企业与战略相关的内部信息，从而为企业取得竞争优势的手段，是服务于企业战略管理的一个会计分支。

战略管理会计以传统管理会计为基础，为适应当代企业保持和创造长期竞争优势的决策要求而做出的新的改良与探索。它追寻高屋建瓴式的决策理念，站在全球竞争的角度，思考企业与其外部宏观与微观商业环境的关系，同时使用财务信息与非财务信息，采取长期性、全面性、前瞻性和外向性的理念，采用新的绩效评价方式，实现管理会计从微观到宏观的扩展与补充。

二、战略管理会计的特征

战略管理会计是对传统管理会计的开拓性发展，具有如下特征。

(一) 外向性

传统的管理会计是一种内向性会计，只强调服务于企业内部的管理职能，对企业的外部环境有所忽视，其视野基本上不涉及企业的顾客和竞争对手的相关信息，致使提供的信息失去战略相关性。而战略管理会计站在战略的高度，跳出了单一企业这一狭小的空间范围，关注企业外部环境的变化，使企业能够面对竞争对手分析自身所处地位，以企业取得竞争优势作为主要目标，因而具有明显的外向性。战略管理会计不仅收集、分析企业内部的数据信息，更走出企业，为本企业提供外部市场环境和竞争者信息，并分析整个经济市场、自然环境和竞争对手的变动对企业战略目标的影响，使企业做到知己知彼，在市场竞争中立于不败之地。它拓展了管理会计对象的范围，使管理会计由内向型向外向型发展，以满足企业战略管理的需要。

(二) 长期性和整体性

传统的管理会计以利润最大化为目标，促使企业讲求核算，加强管理，其信息具有短期性，未考虑企业的长远规划，有时甚至会给企业带来一定的危害。战略管理会计与传统管理会计注重企业短期利益的最大化不同，它结合企业战略管理，着重反映企业经营管理行为是否与其长期发展战略相一致，使战略管理会计的目标与企业的目标具有一致性，即企业价值最大化。战略管理会计追求企业长久的竞争优势，立足长远目标，不断扩大市场份额，从长远利益角度来分析评价企业资本投资。在战略管理会计中，对企业投资方案的评价不再局限于财务效益指标，还必须同时考虑非财务效益方面的指标；投资决策也不仅仅是采用定量分析法，还要辅之以定性分析法。战略管理会计若应用于企业集团，则注重全局利益，它的信息分析完全基于整体利益考量。为了长远利益，它会考虑放弃短期利益；为了顾全整体利益，它甚至会放弃某个成员企业的利益。在战略管理会计中，企业的经营成果不仅要反映在利润指标上，还要反映在企业价值的增加上，因此，战略管理会计注重长远性及整体利益的最大化。

(三) 全面性

企业是由具有执行不同功能的部分所组成的统一有机整体，因而管理会计需要为企业提供适用于企业评价、分析、控制整体经营战略的全面信息。传统的管理会计由于其内向性和短期性的特征决定了其不可能具备全面性的特征，而战略管理会计弥补了这一缺陷，它从整体上分析和评价企业的战略管理活动，着眼于信息的全面性，保证企业整体资源得以最优利用，企业局部资源利用的最优化也必须从属于企业整体资源利用的最优化。与此同时，战略管理会计也注重全面综合性的管理，既重视主要的生产经营活动，也重视价值链内的辅助活动。它旨在高瞻远瞩地把握各种潜在机会，规避可能的风险——包括从事多种经营而导致的风险，由于行业及产业结构发生变化而导致的风险，由于资产、客户、供应商等过分集中而产生的风险以及由于流动性差异导致的风险等，以便从战略的角度最大限度地增强企业的盈利能力和价值创造能力。

(四) 多样性

战略管理会计为有效地服务于企业的战略管理，必须围绕企业、顾客和竞争对手组成的“战略三角"，及时提供以外向性为主体的多样化信息和相应的分析研究资料。这里所涉及的多样化信息，除了优良的财务货币信息，还必须依靠众多的非财务指标，具体包括战略财务信息、经营绩效信息、前瞻性信息、背景信息和竞争对手信息等。信息来源除了企业内部的财务部门外，还应包括市场、技术、人事部门，以及企业外部的政府机关、金融机构、中介顾问和大众媒体等。多样的信息来源同时对信息分析方法提出了多样化的要求，因此，战略管理会计所采用的不仅是财务指标的计算方法，还结合了环境分析法、对手分析法、价值链分析法和动因分析法等多种方法，这无疑是对现代管理会计方法的极大丰富。战略管理会计突破了传统管理会计只提供财务信息的局限，在提供信息的内容和处理信息的方法上都进行了拓展，在借以帮助企业高层领导进行战略思考的同时，从更广阔的视野、更深层次的内涵进行由表及里、由此及彼的分析研究，为企业核心竞争力的培育创造有利条件。

（五）有效性和及时性

传统的管理会计的业绩报告一般是每月或者每周编报一次，而在制造周期已经大大缩短的今天，多数企业建立了信息系统，这大大方便了各个职能部门的管理人员，他们可以通过这些信息系统的操作和控制来监控各种资源的运用。计算机化的信息系统为数据的综合性和及时性提供了极大的可能，编制管理会计业绩报告的时间也大为缩短，使得管理会计在问题发生的当时或当天就能提供相关的信息。信息技术的发展为改进信息的质量和时效性提供了可能。战略管理会计的理念和技术为会计分析提供了可靠的基础，更易于取得实效性和相关性更强的信息。

三、战略管理会计的内容

从战略管理会计的发展过程和特点来看，战略管理会计的体系内容应是围绕战略管理展开的，主要包括战略管理目标、战略管理会计信息系统、战略成本管理、战略性经营投资决策和战略绩效评价五个方面。

（一）战略管理目标

战略管理会计需要协助企业管理人员制定战略目标。企业的战略目标可以分为公司总战略目标、经营竞争性战略目标和职能性战略目标三个层次。公司总战略目标主要是确定企业经营方向、经营区域和业务范围方面的目标；经营竞争性战略目标主要是确定产品和服务在市场上竞争的目标问题；而职能性战略目标是保证性目标，其明确了在实施竞争战略的过程中，公司各个职能部门应该发挥什么作用、达到什么目标。因此，战略管理会计必须研究企业面临的环境因素，深入了解企业所处的环境特征和发展趋势，从企业的内外部搜集、归类、整理和分析各种信息，提供各种可行性战略目标，供高层管理人员选择和决策。

（二）战略管理会计信息系统

战略管理会计信息系统是指收集、加工和提供战略管理信息资料的技术和方法体系。战略管理会计作为战略管理的决策支持系统，面对的是复杂多变的外部环境和大量半结构化、非结构化的战略决策问题，因而它所需要的信息来源、数量、特征和加工处理都与传统的管理会计有着明显的区别，需要重新对原有的管理会计信息系统进行设计和改进，战略管理会计信息系统的设计必须符合有助于战略决策、消除信息沟通隔阂、通告决策用户参与程度、及时提供与特定战略决策相关的信息与应变能力强的要求。

战略管理会计信息系统特别重视对竞争对手的分析，也着重反映质量、供应量、需求量和市场份额等战略管理方面的信息。它提供的信息主要包括对本企业分析、预测及与竞争对手进行比较的信息；客户方面的信息；对竞争对手的分析、评价及发展趋势进行预测的信息；政府政策、市场情况及可能影响企业经济发展方面的信息；企业自愿披露的其他信息等。能否及时准确地提供与特定战略决策相关的信息，是建立战略管理会计信息系统成功与否的关键。因此，企业信息收集工作不容忽视。

(三) 战略成本管理

战略成本管理是指为了获得和保持企业持久竞争优势而进行的成本分析和成本管理，即根据企业所采取的战略建立相应的成本管理系统。战略成本管理要求从战略角度去研究、分析、评价和控制影响成本的每一个环节，并关注成本管理的战略环境、战略规划、战略实施和战略绩效。战略成本管理与传统成本管理相比较存在很大的区别，具体如表 13-1 所示。

表 13-1　　战略成本管理与传统成本管理的区别

项　目	传统成本管理	战略成本管理
成本概念	仅指产品的短期成本：制造成本	多种成本：质量成本、责任成本、作业成本、开发设计成本、制造成本、使用成本、维护保养成本、废弃成本等
目标	以降低成本为目标，具有局部性和具体性	以企业战略为目标，追求成本优势，具有全局性和竞争性
范围	较狭窄(考虑近期的成本效益原则)	较宽泛(考虑长期的战略效益)
成本控制	成本节省	成本避免：零库存、零缺陷
时间跨度	短期(每月、每季、每年)	长期(产品生命周期)
频度	定期进行	经常且持续进行
形式	事后反应式	事前行动式
效果	暂时性/直接性	长期性/间接性
对象	表层的直接成本动因	深层的表现在质量、时间、服务、技术创新等方面的动因
侧重点	重视成本结果信息，即事后信息	重视成本过程信息，即实时信息
战略观念	注重内部成本管理，较少联系宏观政策、外部竞争对手、环境资源等来分析，难以超越本会计主体的范围	注重外部环境，分析企业的市场定位，提供预警信息，及时调整企业竞争战略，可超越本会计主体的范围

战略成本管理的基本框架是对于成本驱动因素，运用价值链分析工具，明确成本管理在企业战略中的功能定位。价值链分析、成本动因分析、战略定位分析构成了战略成本管理的基本内容。价值链分析主要应用于分析从原材料供应商至最终产品的消费者相关作业的整合，是从战略层面上分析、控制成本的有效方法。成本动因是指导致成本发生的因素，从价值的角度看，每一个创造价值的活动都有一组独特的成本动因。成本动因分析将影响成本的因素划分为两大类：一类是与企业生产作业有关的成本动因，如存货搬运次数、生产安排等；另一类是与企业战略有关的成本动因，如规模、技术、经营多元化、全面质量管理以及人力资本的投入等。因此，如何将企业的成本动因进行合理的划分，并分别对战略成本动因和作业成本动因进行针对性的成本管理，是成本动因分析的主要内容。

(四) 战略性经营投资决策

传统管理会计采用净现值或内含报酬率作为评价投资项目是否可行的标准，但此方法存在三个主要问题：①其认为项目的成本或收益是一定可以量化的，并且可以用货币表示的；②其没有考虑某个项目的接受与否是否与公司的整体战略相吻合，如公司利用剩余生产力生产一批质量较低的临时订货，尽管这个订单在经济上是可行的，但却可能影响公司的市场形象，从而削弱企业的竞争优势；③其没有充分考虑风险在项目执行中的影响。针对这些问题，战略管理会计提出了全新的观点：一方面，项目中的成本或收益分为可直接用货币表示的、可换算为货币表示的以及不能用货币表示的三类，传统管理会计只考虑了第一种成本，是不科学的；另一方面，在项目的执行过程中存在各种风险，传统的净现值法在使用时虽考虑了市场风险因素，但风险不仅在市场环节中出现，而且贯穿项目执行的全过程。因此，按照战略管理会计的要求，投资评价可以采用一种新方法——战略投资评价矩阵，这种方法克服了传统管理会计的不足，它将项目执行过程中的风险和项目对公司总体战略的影响充分考虑在内。

(五) 战略绩效评价

战略绩效评价是战略管理会计的重要组成部分。从战略管理的角度看，绩效评价是连接战略目标和日常经营活动的桥梁。良好的绩效评价体系可以将企业的战略目标具体化，可以有效地引导管理人员的行为。所谓战略绩效评价，是指结合企业的战略采用财务性与非财务性指标相结合的方法来动态地衡量战略目标的完成程度，并提供及时反馈信息的过程。战略绩效指标应具有以下基本特征：①注重企业长远利益；②集中体现与企业战略相关的内外部因素；③重视企业内部跨部门的合作；④综合运用企业内外部的各种货币与非货币的多层次绩效评价指标；⑤绩效的可控性；⑥将战略绩效指标的执行贯穿于全过程。

四、战略管理会计的基本程序

实施战略管理会计一般经过以下几个程序。

(一) 宗旨和目标确定

作为战略管理的核心问题，企业的宗旨和目标就是企业的长期规划和长期奋斗目标。明确企业当前的宗旨，要求管理会计人员协助企业高层领导研究企业目前的产品和服务范围，并以此作为修正的基础。

(二) 环境分析

企业所处的环境往往因为政策及竞争对手等外部因素而发生变化，因此管理会计人员不仅要善于分析企业当前的环境，而且要预测未来可能因素的变化及对企业所处环境的影响。而分析环境的一个重要方面就是对竞争对手的分析，管理会计人员必须确定竞争对手并搜集竞争对手公开的相关信息，研究竞争对手的活动，做到知己知彼，以便调整自己的战略。若企业能正确预测环境中可能发生的技术和社会变化，就能及早准备，取得抢占先机的效果。

(三) 资源分析

在企业外部环境分析的基础上，管理会计人员还应关注企业的内部资源，即物质资源与人力资源，前者包括房屋、机器设备、现金、无形资产等；后者包括职工的技术、能力等。相关人员要分析企业是否存在资源短缺现象及短缺的程度，同时还应注重企业资源的利用状况。

(四) 识别机会、威胁及优劣势

发掘企业是否存在可利用的机会，洞察企业可能面临的威胁，是管理会计人员在分析企业内外部环境资源基础上应进一步关注的内容。机会与威胁常常并存，如何抓住机会同时规避风险是企业制胜的关键。同时，管理会计人员还应找出可作为企业竞争武器的独特技能和资源，并看到企业自身的弱点。正确认识企业自身的优势和劣势，才能制定出扬长避短的竞争战略。

(五) 重估企业宗旨和目标

在明确机会、威胁及优劣势后，管理会计人员便可重新评价企业的宗旨和目标是否实事求是，并由此判断是否需要做出调整。

(六) 战略制定

战略是指企业长远计划和经营策略。而制定企业战略不仅包括总体战略，还包括分层战略，这要求各层次均应对其战略进行定位，以便获得能领先于竞争对手的相对优势。

（七）战略实施

企业应制定实施战略的具体行为规范和实施战略的具体方法以实现战略目标，即企业要建立实施战略的计划体系，从行动方案、预算、程序入手，将企业的战略具体化。在此基础上，从新的战略出发调整企业的组织结构、人员安排、财务政策、生产管理制度、研究与发展政策等，使之符合企业战略的要求。

（八）评价和反馈

战略实施到一定阶段，应对其执行的过程和结果进行及时评价，并将评价结论及时准确地反馈到企业战略管理的各个环节，以便各级领导及时分析并采取必要的纠正行动。

任务二　战略管理会计的研究内容

一、战略管理的基本体系

“战略”一词起源于军事科学，是指全面、长期思考后提出的长远计划和策略。战略具有长期性、全面性和层次性的特点。企业站在战略的高度对企业的现在及未来进行的筹谋、规划及策略的制定就是企业战略管理，其目的在于保持企业的竞争优势，促进企业长期、稳定、健康且不断地发展。

（一）战略管理的特点

战略管理是企业为适应外部环境变化的需要而产生的，是企业在激烈竞争环境下的管理创新。与企业以往的管理形态相比，战略管理具有以下几个特点。

1. 战略管理需要考虑企业外部环境的诸多因素

战略管理是以市场为导向的管理，它非常强调对企业外部市场环境的变化及其趋势的把握，要求企业将内部资源条件与外部环境的变化结合起来考虑，有效地建立自己的管理模式。

2. 战略管理具有全局性

战略管理是有关企业发展方向的管理，它特别关注企业的总体发展方向，如企业寻求的新的经营领域是什么，在该领域期望取得怎样的差别优势，必须采取哪些战略推进步骤等，以强化企业在市场上的竞争能力，提高获利能力和经济效益，从而形成企业自身所特有的竞争优势。

3. 战略管理从时间上来说具有长远性

战略管理是面向未来的管理，企业战略反映了企业在一个相当长的时间内应达到的目标，这种目标的实现，将使企业面貌发生根本性变化。

4. 战略管理的目的是寻求企业长期稳定的发展

企业在战略管理过程中要根据外部环境和内部条件的变化进行战略调整，当某个战略目标实现后，企业要及时实现战略转移。

（二）战略管理的层次

一般来说，拥有多个战略业务单位（strategic business unit，以下简称 SBU）的企业战略至少可以分为三个层次：公司层战略（corporate-level strategy）、业务层战略（business unit strategy）和职能层战略（functional-level strategy）。而对于只拥有单个战略业务单位的中小企业，其公司层战略和业务层战略是合而为一的。

1. 公司层战略

公司层战略又称总体战略，是企业最高层次的战略。公司层战略的关注范围是由多个战略业务单位组成的、从事多元化经营的企业整体。

2. 业务层战略

业务层战略也称竞争战略，是在公司层战略的指导下，就如何在某个特定的市场上成功开展竞争制订的战略计划。战略业务单位是指其产品和服务有着不同于其他 SBU 的外部市场，从事多元化经营的公司往往拥有多个战略业务单位。

3. 职能层战略

职能层战略是属于企业运营层面的战略，是为了贯彻和实施公司层战略与业务层战略在企业各职能部门制定的战略。职能层战略是企业内各主要职能部门的短期战略计划，一般可分为研发战略、生产战略、营销战略、人力资源战略和财务战略等。

公司层战略、业务层战略和职能层战略共同构成了企业完整的战略体系，只有不同层次的战略彼此联系、相互配合，企业的经营目标才能实现。

二、战略管理会计研究的内容

一般而言，战略管理会计的体系内容是围绕外部环境分析、企业内部条件分析和竞争对手分析展开的，具体内容包括企业环境分析、价值链分析、成本动因分析、竞争能力分析、战略定位和综合业绩评价等。

(一) 企业环境分析

1. 企业外部环境分析

企业外部环境包括宏观环境和特定产业环境两个方面。

1) 宏观环境

宏观环境主要是指对所有企业产生较大影响的宏观因素，如政治、法律、经济、科技、自然环境等因素。企业必须深入了解这些客观存在因素，并适应宏观环境对企业的要求。由于政治和法律因素从宏观上对企业的生产经营起着规范和导向作用，这就要求企业管理人员要知法、懂法、守法，关注企业经营的社会效益；经济因素对企业生产经营的影响最直接具体，如居民收入水平、国民生产总值、产业结构、总体经济发展趋势等，均为企业的战略选择提供了依据；科技因素主要指产品开发、专利保护、新技术推广等，这为企业的新产品开发指明了方向；自然环境主要是指地理位置和资源状况，这为企业的生产经营提供了优良的先决条件。

2) 特定产业环境

特定产业环境是指企业所属产业中的目标市场。一个企业不可能拥有整个产业市场，这就要求对它所属产业的市场进行细分，将整个产业市场划分为若干个具有一定特点的细分市场，企业应根据自己生产经营的特点，选择目标市场，并了解目标市场的容量与饱和度，以及相关竞争者的数量、手段和影响力等。相比较而言，特定产业环境直接关系到企业的市场占有率和盈利水平，因此特定产业环境分析应当是企业外部环境分析的核心。

2. 企业内部环境分析

企业内部环境是指企业的内部条件，包括人力、物力资源、管理水平、经营者的领导才能等。对此进行分析的目的在于知己知彼，正确地选择并确定企业的竞争战略。

(二) 价值链分析

1. 价值链的相关概念

所谓价值链，是企业为股东等利益相关者创造价值所进行的一系列经济活动的总称。价值链这一名称最早是由美国学者迈克尔·波特在《竞争优势》一书中提出的。按照其观点，每一个企业都是用来进行设计、生产、营销、交货及对产品起辅助作用的各种作业的集合。一个企业的价值链和它所从事的单个作业的方式反映了其历史、战略、推行战略的途径以及这些作业本身的根本经济效益。一定水平的价值链是企业在一个特定产业内的各种作业的组织。这一价值链形式可以通过图 13-1 来表现。

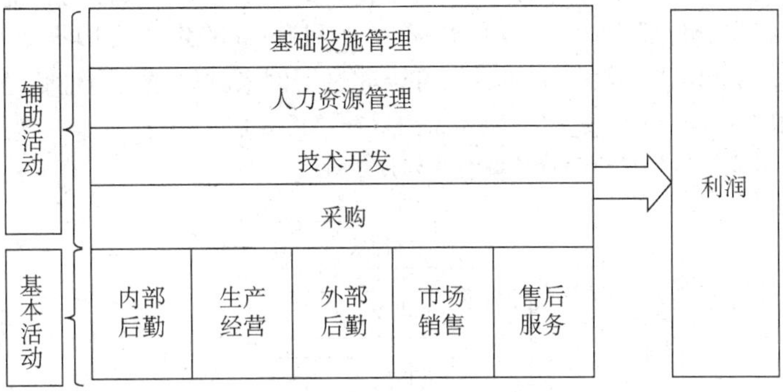

图 13-1　价值链形式

价值活动是指企业所从事的物质上的和技术上的界限分明的各项活动，它们是企业创造对买方来说有价值的产品的基础。利润是总价值与从事各种价值活动的总成本之差。价值活动(作业)可以分为两大类：基本活动和辅助活动。基本活动包括内外部后勤、生产经营、市场销售和售后服务等；辅助活动(支援作业)包括采购、技术开发、人力资源管理和基础设施管理。

2. 价值链分析的概念和意义

1）价值链分析的概念

价值链分析就是以价值链为研究对象，分析价值链的构成、价值链上的每项价值活动的地位及相互关系、每项价值活动的成本及其动因、每项价值活动占用的资产及盈利状况等。它是用系统方法考察企业所有作业活动及其相互作用，具体包括行业价值链分析、企业内部价值链分析和竞争对手价值链分析。

2）价值链分析的意义

传统成本分析关注的是企业内部价值链分析，其分析的焦点是确定企业成本耗费的合理性，实质是采用了价值增加的概念。而该概念从战略成本管理的角度来看，存在明显的缺陷：首先，它强调在采购后开始成本管理，失去了与上游供应商开展战略合作的机会，而这对于企业的低成本供应商优势的形成是至关重要的；其次，该观念以产品售出作为成本管理的终端，失去了与下游购买商进行战略合作的机会，这无疑会增加最终消费者的购买成本，进而影响企业产品的市场竞争力；再次，该观念没有从行业价值链的角度出发去分析供应商、本企业、购买商和消费者之间的合作关系，寻求降低成本的途径，以满足顾客的要求，增强整个行业的产品竞争力；最后，该观念忽略了竞争对手的成本情况，没有能够揭示出本企业同竞争对手相比的相对成本地位。

3. 价值链分析的内容

价值链分析的内容包括行业价值链分析、竞争对手价值链分析和企业内部价值链分析。

1）行业价值链分析

行业价值链是从最初原材料投入到最终产品形成之间的所有价值形成和转移环节所构成的一条连锁链条。企业的价值转移和增值过程可以向前延伸至供应商、向后延伸至顾客环节，甚至延伸到供应商的供应商、顾客的顾客等一系列环节，企业最大的竞争优势可能就来自对上述企业价值转移和增值过程延伸环节的分析。行业价值链分析也就是从这个角度，除了分析自身所参与的那一部分价值链外，还关注从最初的原材料到最终产品之间的所有生产环节，探讨整个产业中所述的各个企业的竞争地位及它们之间的相应分化和整合。这样的分析有利于企业探索利用行业价值链达到降低成本的目的，创造良好的业绩，也有利于社会资源的优化和合理使用。

行业价值链分析中关键的问题是价值活动的分解。在进行价值活动的分解时，要求这些价值活动在技术上和经济效果上可以分离，主要表现为可交易性，即只有价值活动所创造的价值可以通过外部市场予以实现，该项价值活动才有被分解出来的必要。具体的行业价值链分析步骤如下：①确定和分解行业价值链；②分摊成本、资产和利润；③确定资产回报率和利润率；④在考虑非财务信息的基础上做出决策。下面我们可以通过下例来具体说明行业价值链分析。

【做中学 13-1】 图 13-2 是我国造纸行业价值链系统的简明介绍。

要求：根据该图对我国造纸行业的价值链系统进行分析。

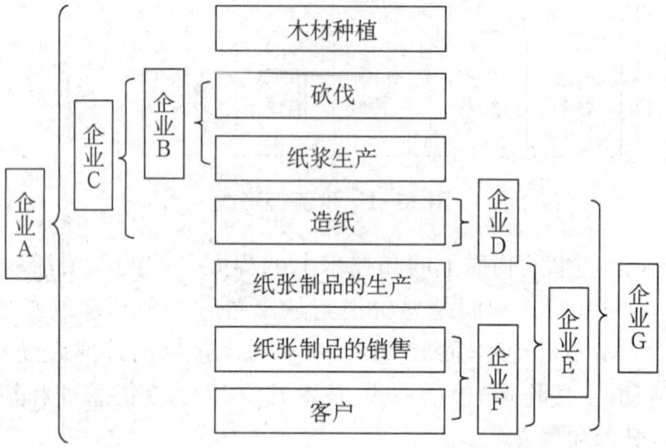

图 13-2　我国造纸行业价值链系统的简明介绍

从图 13-2 可以看出，造纸行业是由许多经营范围不相同的企业共同构成的。它们之间既存在着业务上的供销联系，也存在着相互之间的竞争关系。图中的七家企业中，企业 A 的经营范围最广，若其在各个步骤之间的产品内部转移价格与外部竞争市场的价格一致的话，则可计算各个生产步骤的资产收益率，从中发现哪些产品从外部市场购买比自己生产更为经济，制定相应的自制或外购战略；而企业 D 的经营范围只限于造纸，是一家高度专业化的企业，在整个行业价值链中处于中心地位，但由于其经营范围单一，其战略毫无疑问是提高生产专业化程度，降低生产成本，提高产品质量。企业 B 和企业 C 都位于行业价值链中心的上游，这些企业都应该以产品为中心，通过技术、组织、管理等方面的不断创新，力求在新工艺、新产品的开拓以及现有产品的改进上不断取得新的突破，使企业具有鲜明特色的优质产品得以不断涌现，借以不断增强企业的核心竞争力。同时，企业还必须高度重视与相关企业的协作、互利关系，并明智地进行自制或外购的战略决策。企业 E、企业 F、企业 G 则均位于中心企业下游，这些企业在进行经营管理时应该以用户为中心，除了改进生产技术、提高产品质量外，更应该深刻了解不同用户群体的特点和要求，把及时提供符合他们实际需要的产品放在第一位，将这一方面的工作做深、做细，形成企业自身的独特竞争优势，为其长期、健康的发展奠定基础。

2）竞争对手价值链分析

竞争对手价值链分析所需要做的工作就是测算出竞争对手的成本水平、成本构成情况，与企业的产品成本进行比较，揭示决定竞争优势的差异。在进行竞争对手价值链成本分析时，必须首先从各种渠道获取大量相关信息，初步估计竞争对手的各项成本指标，如找出竞争对手的供应商以及他们提供的零部件的成本、分析竞争对手的人工成本及其效率、评估竞争对手的资产及其利用情况等。可采用分拆法将竞争对手的产品分解为零部件，以明确产品的功能与设计特点，推断产品的生产过程，对产品成本进行深入了解。另外，还需根据竞争对手其他信息来调整上述估计指标，如竞争对手现在及未来的战略及其所导致的成本变化、企业环境的新趋势以及产业的潜在进入者的行为。当竞争对手的成本结构被确定下来之后，企业可以分析和模拟竞争对手的成本，确定企业与竞争对手相比成本上的优势与劣势，结合分析结果确定扬长避短的策略来战胜竞争对手。这一分析方法提供了企业与最佳业绩者之间现在和未来的成本差异，反映了企业所处的相对地位，并指出了改进的具体目标与途径。

3）企业内部价值链分析

企业内部价值链分析表明，产品通过在企业内部价值链上的转移完成了价值的逐步积累和转移，最后转移给企业外部的顾客，企业凝聚在产品上的价值转化为顾客的认知价值，即顾客价值具体表现为顾客对所取得的产品愿意支付的价格，由此形成了企业收入。

战略管理会计认为通过优化价值链，尽可能提高顾客价值，是增强企业竞争优势的关键。企业价值链中的作业可以分为两类：一类为可增加价值的作业，如产品的设计、加工制造、包装以及销售方面的作业；另一类为不增加价值的作业，如与各种形式的存货有关的作业（存货的储存、维护、分类、整理等）和原材料、在产品、半成品、产成品等因质量不符合要求进行再加工、改造而形成的追加作业等。因此，优化价值链就是要尽可能消除不增加价值的作业，同时对可增加价值的作业也要尽可能提高其运作效率，并减少其对资源的占用和消耗。

企业内部价值链分析可以分为两个部分：内部价值链成本分析和内部差异价值分析。前者要求：①识别企业自身的价值链，即划分企业主要的价值活动；②为各项价值活动分配相应的成本、收入和资产；③找出统驭每个价值活动的成本动因；④优化价值链。而执行后者所需遵循的步骤为以下三步：①找出产生顾客价值的主要作业活动；②评估增加顾客价值的各种差异化策略，主要有优良的产品特性、良好的行销通路、经常化的消费者服务、优良的品牌形象等方式；③决定最佳的差异化策略。

综上所述，行业价值链分析、竞争对手价值链分析及企业内部价值链分析这三类价值链分析相互依存、相互联系地构成了一个有机整体，共同为实现企业生产经营目标服务。企业内部价值链分析是行业价值链分析和竞争对手价值链分析的交叉点。行业价值链分析的结果确定企业应该生产什么，竞争对手价值链分析指出企业生产该种产品的竞争优势所在，即确定企业应如何进行生产才有竞争优势。这两种分析都应建立在企业内部价值链分析的基础上，没有企业内部各种成本的挖潜，行业价值链分析和竞争对手价值链分析就失去了意义；没有对企业内部价值链分析的总体认识，行业价值链分析和竞争对手价值链分析就缺乏分析的基础，就无法做到有的放矢。

（三）成本动因分析

从战略的角度看，影响企业成本态势的动因主要来自企业经济结构和企业执行作业程序，这就构成了结构性成本动因和执行性成本动因。两类成本动因的划分，从不同的战略角度影响企业的成本态势，从而为企业的战略选择和决策提供支持。

1. 结构性成本动因分析

结构性成本动因是与企业的战略定位和经济结构密切相关的成本因素。结构性成本动因往往发生在生产之前，其支出属资本性支出，构成了以后生产产品的约束成本，其决定了企业的产品成本，也会对企业的产品质量、人力资源、财务、生产经营等方面产生极其重要的影响，并最终决定企业的竞争态势。通常，企业战略层可选择的结构性成本动因主要包括以下几个方面。

1）规模因素

规模因素是指一项投资将形成多大的生产、科研开发、市场营销等资源的组合。企业规模适度，有利于成本下降，形成规模经济；企业规模过大，扩张过度，会导致成本上升，造成规模不经济。显然，企业的经营规模越大，企业的成本也越大，成本发生变化的因素也越复杂。

2）业务范围因素

业务范围因素是指纵向整合的深度，即企业垂直一体化的程度或企业跨越整个价值链的长度。纵向整合与企业规模经济有关，按其整合的取向分为前向整合和后向整合，可纵向延伸至供应、销售、零部件自制，这完全取决于企业和市场对垂直整合程度的要求。企业的垂直整合程度，即业务范围的扩张程度对成本产生正负双面影响:业务范围扩张适度,可降低成本,带来整合效益;反之,业务范围扩张过度,则提高成本,效益下滑。企业可通过战略成本动因分析,进行整合评价,确定选择或解除整合的战略。

3) 经验因素

经验因素是指企业过去从事该项产品或类似产品经营管理的经验。经验累积会使熟练程度提高,从而提高效率、降低人力成本,同时降低物耗、减少损失。经验累积程度越高,操作越熟练,成本降低的机会越多,经验的不断累积和发展是形成持久竞争优势的动因。但如果企业进入一个自己以前从未涉及的、全新的领域,那么企业将冒很大的风险,经验不足而导致的经营管理的不善将有可能导致企业成本发生重要变化。

4) 技术因素

技术因素是指企业价值链中每一步中的生产、研发、营销等各个方面的技术,它体现企业生产工艺技术的水平和能力。先进的技术和技术水平的提高,不仅直接降低成本,而且可以改变和影响其他成本动因从而间接影响成本。鉴于技术开发与应用付出的成本较高、技术更新迅速、开发技术被淘汰的风险较大,企业在选择能获得持久性成本优势的技术创新时,其革新的成本应与取得的利益保持平衡。技术领先或技术追随的策略选择,应视条件而定,能形成独特的持久领先技术,或获得独占稀有资源优势,可采用技术领先策略,否则应予放弃。

5) 厂址因素

工厂所处地理位置对成本的影响是多方面的。例如,所处位置的气候、文化、观念等人文环境对成本带来的影响;地形、交通、能源及相关基础设施则对企业的产、供、销成本带来的影响。工厂地理位置的改变和转移,可以带来成本降低的机会,当工厂处于不利地理位置,企业可利用地理位置这一成本动因,改变地理位置获得成本优势;地理位置的改变和转移也可导致其他成本上升,在有形成本降低的同时可能造成无形资源的流失,如厂址转移到工资水平较低的地区,在降低人工成本的同时造成人才流失。可见,厂址的改变或转移需权衡利弊,合理选择。

2. 执行性成本动因分析

执行性成本动因是指在企业按照所选择的战略定位和经营策略基础上,进行企业的日常经营管理过程时要成功控制成本所应考虑的因素,是决定企业成本水平的重要因素。执行性成本动因除了传统管理会计中所包含的生产量和销售量这两个业务因素以外,还包括员工参与管理、员工承诺持续不断地进步、坚持全面质量管理、全面使用有效的生产能力、保证生产流程的效率、充分利用价值链、与顾客和供应商加强联系和沟通等。与结构性成本动因相比,执行性成本动因应属中观成本动因,即它是在结构性成本动因决定以后才成立的,是非量化的成本动因,其因企业而异,并无固定的因素,其形成与改变均需较长的时间。执行性成本动因通常包括以下六点。

1) 参与

员工是执行作业程序的决定因素,每个员工参与执行与成本相关,员工参与的责任感是影响成本的人力资源因素。企业取得成本优势而采取的组织措施,包括人力资源的开发管理,可促使员工积极参与,从而带来成本的降低。

2) 全面质量管理

质量与成本密切相关,质量与成本的优化是实现质量成本最佳、产品质量最优这一管理宗旨的内在要求。在质量成本较高的情形下,全面质量管理更是一个重要的成本动因,能为企业带来降低成本的契机。

3) 能力应用

在企业规模既定的前提下,员工能力、机器能力和管理能力是否充分利用,以及各种能力的组合是否最优,都将成为执行性成本动因。例如,进行技术改造、采用先进的生产管理方法,都会使企业的各种能力得到充分发挥，从而带来降低成本的机会。

4）联系

联系是指企业各种价值活动之间的相互关联，包括内部联系和外部联系。内部联系通过协调和最优化的策略提高效率或降低成本。外部联系主要是指与供应商和顾客的合作关系。上下游通力合作、互惠互利的临界式生产管理是重视联系的典范，它同时让企业、供方和销方获得降低成本的机会，从而成为重要的成本动因。

5）产品外观

产品外观是指产品设计、规格、样式的效果符合市场需要。

6）厂内布局

厂内布局是指厂内布局的效率，即按现代工厂布局的原则和方法进行合理布局。

总之，在成本动因分析中，产量变动不是唯一有效的解释成本性态的原因，而应该从企业竞争优势——经济结构的选择和执行方式来说明成本的组成。对不同企业的不同战略，不是所有的结构性成本动因都同等重要，而是有所偏重。在价值链的每个环节都有各自独特的成本动因，因此，成本动因分析与价值链分析是紧密联系在一起的。竞争对手在价值链的同一环节保持着自己特有的成本动因，从而创造出各种竞争优势。

（四）竞争能力分析

企业的竞争能力分析又称 SWOT 分析，是指对企业的优势（strengths）与劣势（weaknesses）、机会（opportunities）与威胁（threats）所进行的分析。其理论基础是：有效的战略应该能最大限度地利用业务优势和环境机会，同时使业务弱势和环境威胁降至最低。其中，优势是指企业拥有的比其他企业更多的技术和资源，它是企业确立总的竞争战略的基础，也是企业克敌制胜的法宝。与之相反，劣势说明企业与竞争对手相比，企业所缺乏的重要技术和专长。机会是指企业环境中存在的对企业有利的情况。与之相反，威胁是指企业环境中存在的对企业不利的情况。在分析企业内外环境的基础上，关键是要确定企业的优势和劣势，同时发现机会，辨别可能存在的威胁，以此判断企业所处行业的竞争强度。

SWOT 分析法将企业面临的外部机会和威胁以及企业内部具有的强势和弱势进行组合，得出四种组合方式，分别以四个区域表示，如图 13-3 所示。

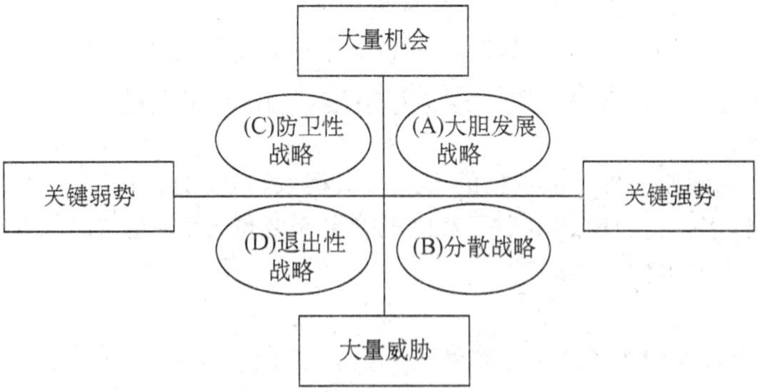

图 13-3　SWOT 分析模型

区域 A 是最理想的情况，这时企业面临许多机会，并具有多方面的优势，使企业足以利用外部机会。在这种情况下，企业宜采用大胆发展战略，以充分利用环境机会和内部能力优势。

区域 B 的情况出现时，企业以其主要强势面对不利环境，可以采取两种策略：一种是利用现有的强势在其他产品或市场上寻找长期机会，这是具有其他发展机会的企业经常采取的策略；另一种策略是以企业的强势克服环境的威胁，而业务整合和多元化经营就是克服环境威胁的常用策略。一般而言，企业只有在优势十分突出、实力很强的情况下才适合与环境威胁正面对抗，如果失败，企业将面临更大的损失。

区域C的情况下，企业业务具有较大的市场机会，同时企业内部弱势也较明显。此时，企业应着力克服内部弱势，同时充分利用市场机会，采用防卫性战略。

区域D是最不理想的情况，处于该区域的企业，在能力条件相对弱势的情况下却面临着大量的环境威胁，企业最好采取减少产量、收缩战线，或是转产其他产品、转向其他市场的退出性战略。

在分析了企业内外部环境的基础上，企业可以从三个方面来制定相应战略：产业维、市场维和竞争维。通过产业维的分析，定位企业所应进入的产业；通过市场维的分析，定位企业应立足的市场；通过竞争维的分析，确定企业应以怎样的竞争战略来保证在既定的行业、市场和产品中站稳脚跟、击败对手，获取行业平均水平之上的利润。

1. 产业维的战略分析

进行产业维的战略分析可以运用产业分析模型，该模型也称产业结构分析模型。它以决定产业特征的一般因素为分析对象，分析结果可供该产业中的所有企业采用。产业分析模型一般包括对新进入企业的威胁、消费者和企业的谈判实力、替代品的威胁和行业现有竞争五个因素的分析，具体模型如图13-4所示。

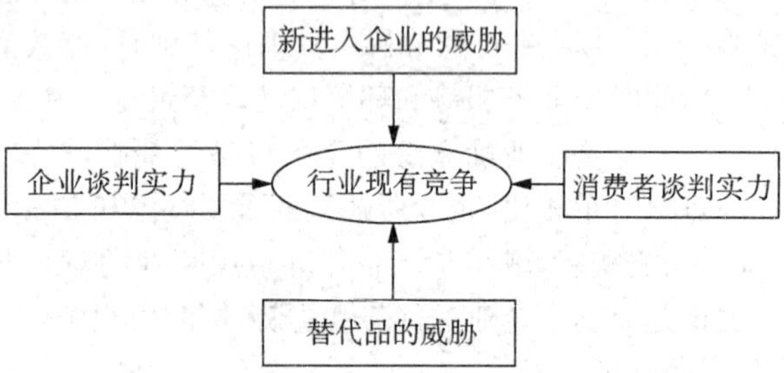

图13-4　产业分析模型

1）新进入企业的威胁

一个行业的新进入企业将新的生产能力和资源带进来，希望得到一定的市场份额，这将打破原有行业的竞争格局，对所有已处于该行业中的企业来说是一种极大的威胁。新进入企业威胁的大小通常取决于该行业进入障碍和门槛的高低以及原有企业的反应。

2）替代品的威胁

通常替代品可以限制某种产品价格的方式来影响该行业的盈利能力。例如，即使铝合金门窗的供给严重不足，铝合金门窗的生产厂家也不能漫天要价，因为在市场上存在着钢门窗、木门窗等大量铝合金门窗的替代产品。

3）行业现有竞争

通常来说，一个行业中的各个企业都是互相竞争和互相影响的，它们共同构成一个行业的竞争均衡。比如，一个企业如果采取某种竞争手段对竞争对手产生显著影响，那么该竞争对手也一定会采取相应的对策进行反击，它们之间的竞争和影响是相互的。一般情况下，在具有以下几个特征的竞争行业中，现有企业的竞争会非常激烈：竞争者较多且实力较为均衡；行业增长速度缓慢且进出行业门槛较高；产品质量差异不大；等等。

4）消费者谈判实力

消费者可以通过讨价还价或要求企业提高产品质量和售后服务来降低企业的利润率。在下列情况中，消费者在与企业的博弈中占有较大优势：顾客的购买量占企业销售额的比重较大，是企业的主要顾客；顾客可能通过沿着自身价值链向前扩展来自己生产该产品；该行业有很多家实力相似的企业，且产品质量差异不大；顾客改变供应渠道的成本很低，等等。

5）企业谈判实力

企业可以通过提高产品售价或降低产品质量来提高自身利润率，增加企业利润。一般在下列情况中，企业在与消费者的竞争中占有优势地位：供应的产品被少数企业垄断且供不应求；所供应的产品属于不可替代产品；供应商有可能通过其自身价值链的向后扩展，参与该行业的竞争，等等。

2. 市场维的战略分析

进行市场维的战略分析可运用两种方法：市场份额矩阵分析法和产品市场生命周期分析法。

1）市场份额矩阵分析法

市场份额矩阵分析法又称 BCG 矩阵法，BCG 是波士顿顾问公司的缩写，因其首创此法而得名。这种方法的原理如图 13-5 所示。

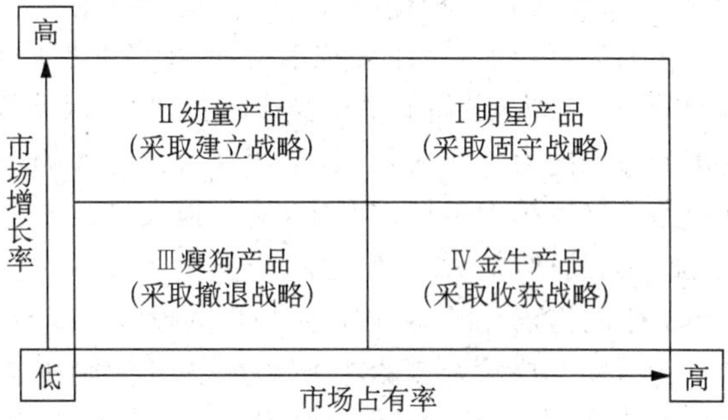

图 13-5　BCG 矩阵法

（1）如果企业某产品处于第一象限，称其为明星产品，其市场占有率较高，企业处于市场领导者地位，同时其市场增长率也处于高增长阶段，需要较多的现金投入才能维持高市场占有率和市场领导者地位，所以这种产品目前还是现金吸收者。企业应加大现金投入力度，使其成为金牛产品。

（2）如果企业某产品处于第二象限，称其为幼童产品，说明该产品处于前景看好的市场，虽然市场占有率不高，但极具获利潜力，企业应采取建立战略。具体到财务上要加大投入，在定价上要不惜牺牲短期现金流量来换取市场占有率的扩大，以便与市场领导者抗衡甚至取而代之。待其市场占有率达到一定水平后，此种幼童产品便成为明星产品。

（3）如果企业某产品处于第三象限，则该产品属于不能产生现金或产生现金很少的瘦狗产品，对这种产品加大投入谋求市场领先将事倍功半、劳而无功。产生瘦狗产品的原因可能是企业错过了产品的快速增长期，在其他企业已经取得市场领先地位、产品市场已基本达到饱和的情况下，再想在该产品上有所作为难度极大。因此，对此类产品，企业应终止资源投入，避免产生更大损失。

（4）如果企业某产品处于第四象限，说明该产品市场占有率高，规模效益明显，产品成本较低，占据市场统治地位。由于市场增长率不高，对新的资金投入要求不高，因此产品处于收获期，将产生大量的现金流入，此时的产品成为金牛产品。这种情况下的合理目标是保持市场份额，收获其产生的现金流量，而不是谋求增加市场渗透。金牛产品产生的现金流量应不断投入到幼童产品和明星产品中，以便培育出新的金牛产品。

2）产品市场生命周期分析法

产品的市场生命周期是指某种产品自投入市场开始到从市场上消失为止的整个时期。根据产品在各个时期的销售量变化情况，可绘制一条如图 13-6 所示的销售量随时间变化的曲线。

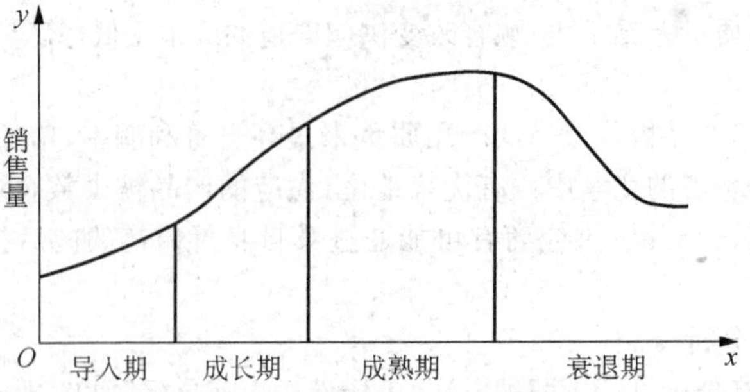

图 13-6 产品市场生命周期分析法

图 13-6 中曲线的每个拐点形成了划分产品市场生命周期各个阶段的标志。根据这些拐点可以把整个市场生命周期依次划分为导入期、成长期、成熟期和衰退期四个阶段。在导入期，企业的主要精力应致力于产品的市场化和各种标准的建立。此时在财务上，需要企业具备足够的支付能力和损失承受能力；在人力资源上，要注重技术培训，配备必要的技术人才；在技术上，要加大企业生产、工艺等方面的技术投入，了解有关的技术转让信息，保持技术研发的热情；在市场开发方面，要提高产品的市场渗透能力。在成长期，企业在营销方面侧重树立品牌形象，形成产品的细分市场，适当降低产品价格以扩大市场占有率，建立强大高效的分销网络，寻找新的销售渠道；在生产方面，努力增加产品品种，扩大生产规模，降低生产成本，提高产品质量；在财务上，加大融资力度，以满足规模扩张的需求，加大旨在扩张规模的投资强度；在人力资源上，配备足够的技术人员，要求企业具有不断补充技术人才的能力，注重人才激励机制的建立，提高关键技术人才对企业的忠诚度；在技术上，要在产品质量保证技术和后续产品研发技术上加大投入。在成熟期，企业在营销上应侧重保持已有的市场，开发新的市场，实现产品和服务的差异化，强化售后服务，保持用户的信任；在生产上，进一步改良产品、降低成本，发掘与其他企业共享生产能力的机会或降低生产能力；在财务上，要建立有效的成本控制机制，加大换代产品的投入；在人力资源上，谋求以较低的成本裁减职工人数，提高工作效率；在技术上，重点开发旨在降低成本的生产工艺技术，开发新的产品品种，实现产品的系列化和多样化，加大后继产品的研发力度。在衰退期，企业在营销上，要以企业良好的形象进入新市场和新的销售渠道；在生产上，要削减现有的生产能力，或为现有生产能力谋求其他用途；在财务上，要注重资源的重复和高效利用，人力资源安排上，注重人员的重新安置，减少人力资源的成本投入；在技术上，要重点支持企业的其他发展领域，或适应客户的独特要求。

3. 竞争维的战略分析

进行产业维的战略分析使企业了解产业竞争环境，做出进入何种产业的战略决策，但进入某产业并不能说明企业能够在该产业中立足、发展并获得预期的利润，企业还需展开旨在取得持久竞争优势的竞争维战略分析。从竞争角度看，企业可选择的战略无非两种类型，即防守型和进攻型。防守型战略的目的是稳固企业现有的竞争地位，抵御入侵者和防范潜在进入者；进攻型战略的目的是在已被对手占领的市场上抢占一部分份额。不论是防守型战略还是进攻型战略，都包括两种基本战略：成本领先战略和产品差异化战略。成本领先战略从一定意义上说，也是一种差异化战略，即企业与竞争对手在产品成本上的差异，在产品的特性相当的情况下，如果产品具有较低的成本，就会提高企业产品的竞争力；差异化战略是指企业通过向顾客提供区别于竞争对手的独特的产品和服务，从而获得竞争优势。

（五）战略定位

从战略角度研究定位问题的代表人物是美国哈佛商学院的迈克尔·波特。他在理论界和企业界的研究与实践基础上，提出分析产业结构和竞争对手的理论与方法，形成了著名的战略定位。迈克尔·波特在对企业进行价值链、成本动因及SWOT分析之后，提出了以下三种竞争战略：低成本战略、差异化战略和集聚战略。

1. 低成本战略

低成本战略也称为成本领先战略，是指企业通过提供比竞争对手成本更低的产品或服务来超过竞争对手的一种竞争战略。成本领先者通过降低产品成本，能够在较低的价格下维持适当的利润，进而通过价格战，挤垮竞争对手。这种战略常常在广泛的产业内谋求竞争优势，成本领先者通常拥有相当大的市场份额，尽量避免局部市场，使用低价占有较广的市场。当大多数公司试图为降低成本而努力时，成本领先者可完全将精力放在降低成本上，从而在市场上取得有利的成本和价格优势。但实行低成本战略必须避免一种倾向，即降低产品成本的同时可能会降低产品的需求，原因是减少了产品的功能。只有在消费者认为企业的产品和服务与竞争对手的产品是相同(至少类似)的，且竞争对手的价格更高时，成本领先战略才能奏效。

成本领先战略是三种竞争战略中最明确的一种，其主题是如何使企业成本低于其竞争对手。在激烈的市场竞争中，成本领先企业在竞争力量的威胁中具有强大的防御作用。如果企业能够创造和维持全面的成本领先地位，那么它只要将价格控制在产业的平均水平或接近平均的水平，就可以获取优于平均水平的经营绩效。与竞争对手的价位相比，成本领先者的低成本地位将转化为高效益。成本优势的战略性价值取决于其持久性，如果企业成本优势的来源对于竞争对手来说是难以复制或模仿的，其持久性就会存在。企业可以通过控制成本动因和重构价值链这两种方法来获取成本优势。

2. 差异化战略

差异化战略又称别具一格战略，是指通过产品研究开发，力求就客户广泛重视的方面在产业内独树一帜、别具一格，或在成本差距难以进一步扩大的情况下，生产比竞争对手功能更多、质量更优、服务更好的产品，以获得竞争优势的竞争战略。换言之，就是要标新立异、提供与众不同的产品或服务，满足顾客的特殊要求。如果一个企业能够提供给顾客某种具有独特性的东西，那么它就具备有别于其竞争对手的经营差异化，经营差异化减少了竞争，保证了其市场份额，使企业可以得到价格溢价的报酬。因此，差异化战略是获得超常收益的战略，可有效防御竞争力量。实行差异化战略必须避免一种倾向，即可能试图降低产品成本而忽视产品的宣传。通常，实行差异化战略的企业为使消费者认识企业产品所具有的独特性，必须进行持续的、大规模的产品宣传，否则忽视产品宣传，差异化战略的作用就会降低。如果企业产品在消费者心目中的独特性不再重要时，则低成本竞争对手的产品对消费者就更具有吸引力。这就要求企业采用此战略时，必须在促销方面投入大量的资金以扩大其产品的影响。

3. 集聚战略

集聚战略是指企业选择特定细分市场实施低成本战略或差异化战略，即选择特定的地区或特定的购买者群体提供产品和服务，获取成本或差异化竞争优势的竞争战略。前两种战略是面向全行业的，而集聚战略是企业集中有限的资源以更高的效率、更好的效果为界定的顾客或市场区域服务，从而超过服务于更广阔范围的竞争对手。集聚战略有两种形式，即成本领先集聚战略与差异领先集聚战略，前者寻求在目标市场上的成本优势，而后者追求目标市场上的差异优势。实行集聚战略需注意的问题是，企业所处的特定市场可能会由于行业技术改变或消费者消费倾向的变化，致使企业优势突然消失。因此，采用此战略时，要求企业必须密切关注市场消费者的消费动态，应适时调整产品的生产以满足消费者的消费需求，从而达到不断获利的目的。

以上三种竞争战略的特征比较如表13-2所示，企业可以通过比较、借鉴来选择和建立适合自身发展的竞争战略。

表 13-2 三种竞争战略的比较

项目	低成本战略	差异化战略	集聚战略
战略目标	广阔的市场	广阔的市场	狭窄的市场
竞争优势	整个产品市场中的低成本	独特的产品或服务	特定细分市场中产品或服务的独特性、低成本或两者兼而有之
产品品种	产品品种有限	产品品种多	产品品种可能多,也可能有限
生产	在保证产品质量和基本性能的基础上尽可能做到低成本	力求生产创新,生产出差异化的产品	生产适应特定市场的产品
营销	低价格	价格较高	根据特定市场的具体状况灵活定价

(六) 综合业绩评价

从战略角度看,企业的竞争能力受到外部环境、内部条件和竞争态势的强烈影响。竞争的加剧是以取得竞争优势和满足顾客需求为导向的经营理念,这成为企业一切经营战略的核心思想。竞争使企业经营的不稳定因素越来越多,市场的增长、顾客的需求、产品生命周期、技术更新等变化的速度大大提高。如何以最直接、最简便的方式满足顾客需求,如何构造企业的组织体系以便能够对环境变化做出灵敏反应,如何在激烈的竞争中获得优势等是管理人员必须认真考虑的问题。面对这些问题,传统的财务业绩评价受到挑战,需要在财务业绩评价的基础上,对业绩进行综合评价,以便从更高层次对企业的业绩进行更为全面的评价。

传统的财务业绩评价在企业业绩的评价方面占主导地位。然而,当竞争环境越来越需要管理人员重视和进行经营决策时,市场占有率、革新、顾客满意度、服务质量、业务流程、产品质量、市场战略、人力资源等非财务计量指标被更多地用于衡量企业的业绩,在企业业绩计量方面起着更大的作用。与严格的财务业绩指标相比,非财务指标具有两个优点:一是它直接计量一个企业在创造股东财富活动中的业绩,从而更好地完成业绩评价的诊断职能;二是它直接计量生产活动,可以更好地预测未来现金流量的方向。非财务业绩评价为管理人员改进企业业绩评价提供了一个宝贵的机会,这种评价指导管理层对企业长远经营评价给予足够的关注,比短期的、历史的财务业绩评价能够更好地反映企业所创造的价值。

非财务业绩评价指标的设立,必须充分结合公司的目标和发展战略。企业的目标和战略不同,其业绩衡量指标也会有所不同。目前,比较成熟且广为采用的包含非财务业绩评价的方法是平衡计分卡。

任务三 战略管理会计的应用

为了正确理解战略管理会计在实际中的应用,我们以耐克公司为例。

一、基于五力模型的分析

迈克尔·波特在其经典著作《竞争战略》中提出了行业结构分析的五力模型,即行业现有的竞争状况、供应商的议价能力、客户的议价能力、替代产品或服务的威胁及新进入者的威胁这五大竞争驱动力。在分析耐克公司的核心竞争力前,我们先基于这五种力量的作用,对美国运动鞋企业的竞争状态进行分析。

第一,这个领域存在较高的进入壁垒。美国运动鞋产业由不用工厂生产的品牌型公司组成,大公司在广告、产品开发以及销售网络出口方面都更有成本优势，更重要的是，品牌个性与消费者忠诚度都给潜在的进入者设置了无形的屏障。第二，供应商的议价能力较弱。因为大多数运动鞋产业的投入是同质的，特别是在耐克发起了外包浪潮后，有超过90%的生产集中在低工资、劳动力远远供过于求的国家。第三，运动鞋的终端消费者在意价格，同时对时尚潮流更加敏感，但这对于公司的利润率并没有极为负面的影响。因为如果存在利润的减少，那么这将通过降低在发展中国家的生产来弥补。第四，大多数品牌在产品差异化方面很成功，这阻止了购买者将品牌与不断转换的品牌形象联系起来。第五，因为其他鞋类不适宜运动，所以现在还没有运动鞋类的完全替代产品。第六，美国运动鞋市场被看作是具有挑战性并已饱和、充满竞争且增长缓慢的市场，对于新进入者只有很小的空间。耐克、阿迪达斯和锐步，这些主要品牌抢占了超过一半的市场份额并保持相对稳定。

通过上面的分析可以看到，一方面，美国运动鞋市场是一个令人垂涎的市场，不过壁垒高筑，有较低的供应商议价能力、适度的购买者议价能力且没有焦点产品的替代产品，很难有基础利润；另一方面，当除了高度市场集中外没有任何垄断力量时，区域里的对抗十分激烈。因此，在这个竞争环境中，独立公司的超常利润的持续性在很大程度上依靠其策略。

而起源于1962年的耐克，由菲尔·耐特首创，当时命名为蓝丝带体育，20世纪70年代正式更名为耐克(Nike)，1980年初步超过阿迪达斯在美国运动鞋业内坐上头把交椅，占据约50%的美国市场份额。从那时起，耐克开始实行积极进取的市场活动，签约顶级运动员，并创造了“Just do it”的口号。耐克将其运动鞋定位为具有创新设计与技术、高价位的高品质产品。耐克凭借丰富的产品类型以及杰出的设计，2000年占据了超过39%的美国运动鞋市场，几乎是阿迪达斯市场份额的两倍。从20世纪70年代开始，耐克就从一家产品导向的公司逐渐转变成一家市场导向的公司。它在全球范围内运营，在公司内部设计高技术和高品质的产品，在低成本的国家生产，再成功地通过营销建立起作为青少年亚文化标志的品牌。耐克的独特资源包括专利产品和商标、品牌声誉、公司文化与公司独特的人力资产。

二、价值链的分析

为了厘清耐克如何在其资源和实力的基础上发展成竞争优势，下面从生产、销售、市场营销三个方面分析其价值链。

(一) 生产

20世纪70年代以后，耐克便把生产环节外包给一些亚洲国家。外包使耐克获得了廉价的劳动力，并从供应商那里得到大量折扣。同时，外包使顾客能更快地从市场获得新产品，减少了资本投入的风险。

(二) 销售

耐克允许零售商提前5～6个月定下运输保证书，保证90%的订货会以确定的价格在确定的时间运到，这个策略成功地将存货减少到最低，并缩短了存货的周转。在2003财务年度，耐克有91%的美国鞋类是以这种方式出货。同时，耐克有三种销售渠道：零售商、耐克城及电子商务。耐克城建立于20世纪90年代，展示耐克最新或最具创意的产品系列，在主干道上做广告，耐克城与其说是一个销售渠道，不如说是一种营销手段。电子商务始于20世纪90年代的“nike.com”，耐克也允许其他网络公司销售其产品，电子商务策略使耐克重新点燃了与消费者之间的直接关系。

(三) 市场营销

作为耐克的核心竞争力之一，市场营销不仅仅是做广告，更是吸引并留住顾客。耐克营销团队采用的市场策略始终反映公众意见。在20世纪八九十年代的大部分时期，专业运动员被像英雄一样崇拜，因此耐克投入大量资金，请成功、富有魅力的知名运动员为其产品代言。例如，当迈克尔·乔丹1984年加入耐克团队，“像迈克尔一样”就成为人们对迈克尔·乔丹仰慕之情的口号。而当乔丹1999年退役时，耐克无法找到一个运动员可以代替他的位置，因此，耐克转向一个名为“Nike Play”的新活动，这个活动由展示个人成就、鼓励所有人参与的系列短片组成。我们可以看到，市场策略要随着消费者的喜好而变。对市场变化做出快速反应，正是保持耐克在鞋类市场的核心竞争力的法宝。

关键术语

战略管理会计　价值链分析　SWOT分析

应知考核

一、单项选择题

1. 下列项目中，属于战略管理核心问题的是(　　)。
   A. 确定企业目前的宗旨和目标　B. 分析环境
   C. 制定战略　D. 组织实施
2. 影响企业成本态势的动因主要是(　　)成本动因。
   A. 结构性　B. 识别性
   C. 规模性　D. 技术性
3. 围绕企业的优势与劣势、机会与威胁所开展的分析，在战略管理会计中属于(　　)。
   A. 经营环境分析　B. 战略定位分析研究
   C. 价值链分析　D. 竞争能力分析
4. 取决于该行业进入障碍和门槛的高低以及原有企业的反应的是(　　)。
   A. 新进入企业的威胁　B. 替代品的威胁
   C. 行业现有竞争　D. 消费者谈判实力
5. 要求企业必须密切关注市场消费者的消费动态，应适时调整产品的生产以满足消费者的消费需求的是(　　)。
   A. 低成本战略　B. 差异化战略　C. 集聚战略　D. 高成本战略

二、多项选择题

1. 执行性成本动因通常包括(　　)。
   A. 参与　B. 技术因素　C. 全面质量管理　D. 能力应用
2. 产业分析模型一般包括(　　)。
   A. 新进入企业的威胁　B. 消费者和企业的谈判实力
   C. 替代品的威胁　D. 行业现有竞争
3. 迈克尔·波特在对企业进行价值链、成本动因及SWOT分析之后，提出的竞争战略有(　　)。
   A. 低成本战略　B. 差异化战略　C. 集聚战略　D. 竞争优势战略
4. 内部价值链成本分析的要求有(　　)。
   A. 识别企业自身的价值链　B. 为各项活动分配相应的成本、收入和资产
   C. 找出统驭每个价值活动的成本动因　D. 找出产生顾客价值的主要作业活动
5. 战略管理会计的分析方法有(　　)。
   A. 企业环境分析　B. 价值链分析　C. 成本动因分析　D. 竞争能力分析

三、判断题

1. 价值活动(作业)可以分为基本活动和辅助活动。　(　　)

2. 行业价值链分析中关键的问题是价值活动的分解。（　　）
3. 成本动因是引发成本的一种推动力或成本的驱动因素。（　　）
4. 市场维的战略分析方法有市场份额矩阵分析法和价值链分析法。（　　）
5. 非财务业绩评价指标的设立，必须充分结合公司的目标和发展战略。（　　）

四、简述题

1. 决定行业竞争强度的五种基本的竞争力是什么？
2. 价值链分析的意义是什么？
3. 简述传统管理会计的局限性。
4. 简述战略管理会计主要研究的问题。
5. 简述战略管理会计的基本程序。

应会考核

■ 观念应用

【背景资料】

海天“冰茶”的陨落

人们记忆中的海天“冰茶”是1993年以一个供销社为基础发展起来的饮料巨头，初期发展迅猛。1995年，海天“冰茶”销售额达到5 000万元。1996年，这个数字骤然升至5亿元，翻了10倍。在市场销售最高峰的1998年，海天的销售额达到了30亿元。短短几年间，海天集团一跃成为中国茶饮料市场的龙头老大。

海天的成功引来了众多跟风者的竞争。康师傅、统一、可口可乐、娃哈哈等一群“冰红茶”“冰绿茶”相继出现在消费者面前。海天“冰茶”的独家生意很快就被分食、弱化了。2001年，海天的市场份额从最初的70%跌至30%，销售额也随之大幅下降。

随着产品先行者的优势被削弱，管理上的问题也越来越多地暴露出来。据介绍，在渠道建设方面，不论进入哪一个城市，不论什么职位，海天集团都从本地派遣人马。但是，管理这些网点的制度规范却很滞后，总部对网点采用的更多是激励机制，少有约束机制。

海天集团实行按照回款多少来考核工作业绩的制度。有报道说，有些从集团派出的业务人员为了达到考核要求，私自和经销商商定：只要你答应我的回款要求，我就答应你的返利条件；可以从集团给你要政策，甚至允许你卖过期产品。更有些业务人员，主要精力除了用于催款和许诺，就是与经销商一起坑骗总部。

面对如此严峻的形势，海天集团开始了变革。变革的力度可以用“大破大立”来形容：

第一步是企业高层大换血。目标是将原来粗放、经验主义的管理转为量化、标准化管理。海天集团引进了30多位博士、博士后和高级工程师，开始接手战略管理、市场管理、品牌策划和产品研发方面的工作。

第二步是把1 000多名一线的销售人员重新安排到生产部门，试图从平面管理向垂直管理转变。海天集团总部建立了物流、财务、技术三个垂直管理系统，直接对大区公司进行调控，各大区公司再对所属省级公司进行垂直管理。这样的人员调动是海天集团成立以来最大的一次。

第三步是把海天集团的组织结构重新划分为五大事业部，包括饮料事业部、冰茶红酒事业部、茶叶事业部、资本经营事业部和纺织及其他事业部，实现多元化经营。

令人意想不到的是，大刀阔斧的变革并没有让产品的市场表现有所好转，相反，组织内部却先乱了起来。

在“空降兵”进入集团并担任要职后，新老团队之间的隔阂日益加深。由于海天集团最初没有明确的股权认证，大家都不愿意自己的那一份被低估，元老们心里想的是“当初我的贡献比你多”，而新人则认为“今天我的作用比你大”。同时，1 000多名一线业务人员被调回生产部门，不仅关系到个人利益的重新分配，而且关系到销售渠道的稳定性和持续性。于是，矛盾不可避免地尖锐起来，海天集团出现了混乱。自2001年，如日中天的海天“冰茶”开始明显地滑落，2002年下半年，海天“冰茶”停止销货。一度风光无限的海天“冰茶”渐渐成为人们脑海中的一个回忆。

【考核要求】

依据上述资料，请回答以下三个问题：

(1) 分析海天集团进行战略调整的动因。

(2) 你认为海天集团战略调整失败的原因有哪些？

(3) 假设你是当初海天集团的决策人，你会如何进行战略调整？

■ 技能应用

东方电瓷厂战略管理会计的实施

东方电瓷厂是一家中型电瓷产品制造企业，历史悠久，技术力量雄厚，产品质量过硬，生产管理严格，在国内同行业中一直处于领先地位，占有较大的市场份额。2003 年，国内生产电瓷产品的企业不到 100 家，该厂的毛利率可达到 70%。而到了 2013 年，同类企业达到几百家，竞争日趋激烈，该厂的毛利率下降到 35%。在激烈的竞争面前，该厂几年来实施战略管理会计，大力推行作业成本计算法，取得了显著效果。具体做法如下。

1. 分析企业的内外部环境，制定竞争战略

我国经济持续发展，为企业创造了良好的市场环境。市场活跃度越高，同类企业竞争就越大。很多江浙一带的民营企业加入竞争，由于国有企业的灵活性不如民营企业，有些民营企业甚至采用不正当手段进行竞争，这对该厂也是很不利的。从企业内部资源看，该厂的技术力量雄厚，管理水平较高，是其优势；劣势是该厂的历史包袱较重，本地的劳动力成本也较高。由于电瓷产品的技术比较成熟，产品的技术含量在各厂家大同小异。因此，各厂家只有在价格上相互竞争。在进行了 SWOT 分析后，东方电瓷厂决定采取低成本战略。

2. 进行成本动因分析，有步骤地实施作业成本法

在战略定位后，东方电瓷厂开展了“深入了解业务过程”活动。该厂会计人员和制造部门人员进行了工艺分析，分析产品生产的作业和作业背后的成本动因，并在分析的基础上实行作业成本法计算产品和应用作业成本法进行管理。

该厂把作业分为四个层次：单位级作业、批量级作业层次、产品级作业层次和管理级作业层次。单位级作业包括的项目有机器动力，其费用的分配是按机器工时。批量级作业以生产设备次数、材料移动次数和检验次数作为分配基础。产品级作业是产品的分类包装，以分类包装次数为分配费用的基础。管理级作业所分配的费用，包括生产设备折旧和管理人员工资等是按机器工时和产品的主要成本进行分配的。

在把按传统方法计算的产品成本和按作业成本法计算的成本进行比较后发现，传统计算方法的产品成本被严重扭曲了。该厂 A 部门生产高压电器产品 H 型和 ZH 型。H 型产品为普通性产品，ZH 产品为新型、复杂的产品。两种产品在同一生产线上制造。单独生产 H 型产品月产量可达 10 000 只；单独生产 ZH 型产品月产量可达 1 000 只。该厂 2016 年 3 月份的产品单位成本数据如表 13-3 所示。

表 13-3 H 型产品和 ZH 型产品单位成本对照表 金额单位：元

产品成本计算方法	成本项目	H 型产品	ZH 型产品
传统方法	直接材料	19.35	22.15
	直接人工	12.76	21.24
	制造费用	56.87	94.68
	合　计	88.98	138.07
作业成本法	直接材料	19.35	22.15
	直接人工	12.76	21.24
	制造费用	45.09	271.4
	合　计	77.20	314.79

在没有采用作业成本法进行成本核算前，H 型产品的售价是 150 元/台，ZH 型产品的售价是 250 元/台。在获得了新的产品数据后，该厂对产品的售价作了及时调整。H 型产品的售价降低到 135 元/台；ZH 型产品的售价提高到 288 元/台。

在实行了作业成本法后，不仅改变了企业成本数据不准确和售价不合理的情况，该厂还深挖产品成本较高的背后原因，为降低 ZH 型产品成本奠定了基础。分析表明，ZH 型产品的单位机器动力成本和生产设备折旧成本明显偏高，进一步分析发现，这两个作业成本偏高的原因是由一个共同因素引起的，即 ZH 型产品的单位机器工时较高，为 H 型产品的 12 倍，这就为降低成本指明了方向。在有关人员的攻关下，通过采用新材料和新工艺使 ZH 型产品的工艺耗时降低了 25%，每批产量由原来的 1 只增加到 3 只，从而其机器工时降低到了原来的 1/4，成本大大降低。

3. 运用价值链分析，与上下游企业实现双赢

东方电瓷厂对供应商和顾客进行分析后发现，合作的机会很多。例如，该厂每月需 5 000 只不锈钢盖，如果其上游企业——不锈钢餐具厂购入其加工余下的边角料作为原材料，经测算可节约成本 0.8 万元。之后又发现该餐具厂有加工能力，东方电瓷厂只需出模具即可，这样每月可节约成本 0.91 万元。本厂降低了成本，餐具厂以更高的价格出售了边角料，实现了双赢。

在销售阶段，该厂通过分析把原来的很多销售办事处换成了代理商，实行代理分销制。例如，在天津通过代理商使得销售有了快速增长，销售费用比设办事处时降低了 35%。

【技能要求】

依据上述资料，请回答以下问题：

(1) 作业成本法与战略管理会计存在什么样的关系？

(2) 实施战略管理会计应从哪些方面进行？

■ 案例分析

【背景资料】

上海汽车齿轮总厂经营战略

上海汽车齿轮总厂是目前国内最大的变速器生产企业，各项技术经济指标在全国同行中居领先地位，连续 3 年获得德国大众质量体系评审 A 级，并于 1994 年通过了 ISO9002 质量认证。而国内其他齿轮厂无论是生产规模还是技术水平都达不到上海大众汽车有限公司对齿轮产品的要求。

该厂主要生产新桑塔纳轿车变速器，其主要原材料为优质合金钢材，其中大部分由上海第五钢铁集团有限公司等国内钢铁企业提供，部分从国外进口，因此钢材价格高低以及是否能够及时供应生产所需的优质钢材，将会影响其生产经营。

该厂生产的变速器，主要供应给上海大众汽车有限公司，为新桑塔纳轿车配套。上海大众汽车有限公司对该产品的需求量也将直接影响该厂的生产经营。

由于该厂生产的变速器主要为新桑塔纳轿车配套，所以新桑塔纳轿车市场价格的高低也会对其所产变速器价格产生间接影响。目前国内轿车市场已逐步变为买方市场，价格竞争日趋激烈，所以该厂产品的售价将受到较大限制。

目前全国生产轿车零配件的企业较多，相互之间存在竞争。虽然上海汽车齿轮总厂在行业竞争中占有较大优势，但随着其他厂家不断提高生产水平，可能会对该厂形成竞争压力。

【分析要求】

依据上述资料，请回答以下问题：

(1) 通过该公司竞争优势分析，确定该公司的经营战略。

(2) 通过该公司的价值链分析，确定该公司的竞争战略。

项目实训

【实训项目】

调查战略管理会计在企业中的运用。

【实训情境】

通过走访或调查等方式分析某一特定企业的成长过程，调研关注企业的战略思想，将自己所学的理论知识和企业实际相结合，培养良好的战略思想。

【实训任务】

要求：完成一篇字数不少于1 000字的分析报告，报告中请说明：

(1) 企业的成长过程。

(2) 企业组织机构的构建。

(3) 该企业的战略管理会计制度。

(4) 撰写“调查战略管理会计在企业中的运用”实训报告。

<table>
<tr><td colspan="3">“调查战略管理会计在企业中的运用”实训报告</td></tr>
<tr><td>项目实训班级：</td><td>项目小组：</td><td>项目组成员：</td></tr>
<tr><td>实训时间：　　年　　月　　日</td><td>实训地点：</td><td>实训成绩：</td></tr>
<tr><td colspan="3">实训目的：</td></tr>
<tr><td colspan="3">实训步骤：</td></tr>
<tr><td colspan="3">实训结果：</td></tr>
<tr><td colspan="3">实训感言：</td></tr>
</table>

附　　录

附表一　复利终值系数表

期数	1%	2%	3%	4%	5%	6%	7%	8%	9%	10%
1	1.010 0	1.020 0	1.030 0	1.040 0	1.050 0	1.060 0	1.070 0	1.080 0	1.090 0	1.100 0
2	1.020 1	1.040 4	1.060 9	1.081 6	1.102 5	1.123 6	1.144 9	1.166 4	1.188 1	1.210 0
3	1.030 3	1.061 2	1.092 7	1.124 9	1.157 6	1.191 0	1.225 0	1.259 7	1.295 0	1.331 0
4	1.040 6	1.082 4	1.125 5	1.169 9	1.215 5	1.262 5	1.310 8	1.360 5	1.411 6	1.464 1
5	1.051 0	1.104 1	1.159 3	1.216 7	1.276 3	1.338 2	1.402 6	1.469 3	1.538 6	1.610 5
6	1.061 5	1.126 2	1.194 1	1.265 3	1.340 1	1.418 5	1.500 7	1.586 9	1.677 1	1.771 6
7	1.072 1	1.148 7	1.229 9	1.315 9	1.407 1	1.503 6	1.605 8	1.713 8	1.828 0	1.948 7
8	1.082 9	1.171 7	1.266 8	1.368 6	1.477 5	1.593 8	1.718 2	1.850 9	1.992 6	2.143 6
9	1.093 7	1.195 1	1.304 8	1.423 3	1.551 3	1.689 5	1.838 5	1.999 0	2.171 9	2.357 9
10	1.104 6	1.219 0	1.343 9	1.480 2	1.628 9	1.790 8	1.967 2	2.158 9	2.367 4	2.593 7
11	1.115 7	1.243 4	1.384 2	1.539 5	1.710 3	1.898 3	2.104 9	2.331 6	2.580 4	2.853 1
12	1.126 8	1.268 2	1.425 8	1.601 0	1.795 9	2.012 2	2.252 2	2.518 2	2.812 7	3.138 4
13	1.138 1	1.293 6	1.468 5	1.665 1	1.885 6	2.132 9	2.409 8	2.719 6	3.065 8	3.452 3
14	1.149 5	1.319 5	1.512 6	1.731 7	1.979 9	2.260 9	2.578 5	2.937 2	3.341 7	3.797 5
15	1.161 0	1.345 9	1.558 0	1.800 9	2.078 9	2.396 6	2.759 0	3.172 2	3.642 5	4.177 2
16	1.172 6	1.372 8	1.604 7	1.873 0	2.182 9	2.540 4	2.952 2	3.425 9	3.970 3	4.595 0
17	1.184 3	1.400 2	1.652 8	1.947 9	2.292 0	2.692 8	3.158 8	3.700 0	4.327 6	5.054 5
18	1.196 1	1.428 2	1.702 4	2.025 8	2.406 6	2.854 3	3.379 9	3.996 0	4.717 1	5.559 9
19	1.208 1	1.456 8	1.753 5	2.106 8	2.527 0	3.025 6	3.616 5	4.315 7	5.141 7	6.115 9
20	1.220 2	1.485 9	1.806 1	2.191 1	2.653 3	3.207 1	3.869 7	4.661 0	5.604 4	6.727 5
21	1.232 4	1.515 7	1.860 3	2.278 8	2.786 0	3.399 6	4.140 6	5.033 8	6.108 8	7.400 2
22	1.244 7	1.546 0	1.916 1	2.369 9	2.925 3	3.603 5	4.430 4	5.436 5	6.658 6	8.140 3
23	1.257 2	1.576 9	1.973 6	2.464 7	3.071 5	3.819 7	4.740 5	5.871 5	7.257 9	8.954 3
24	1.269 7	1.608 4	2.032 8	2.563 3	3.225 1	4.048 9	5.072 4	6.341 2	7.911 1	9.849 7
25	1.282 4	1.640 6	2.093 8	2.665 8	3.386 4	4.291 9	5.427 4	6.848 5	8.623 1	10.835
26	1.295 3	1.673 4	2.156 6	2.772 5	3.555 7	4.549 4	5.807 4	7.396 4	9.399 2	11.918
27	1.308 2	1.706 9	2.221 3	2.883 4	3.733 5	4.822 3	6.213 9	7.988 1	10.245	13.110
28	1.321 3	1.741 0	2.287 9	2.998 7	3.920 1	5.111 7	6.648 8	8.627 1	11.167	14.421
29	1.334 5	1.775 8	2.356 6	3.118 7	4.116 1	5.418 4	7.114 3	9.317 3	12.172	15.863
30	1.347 8	1.811 4	2.427 3	3.243 4	4.321 9	5.743 5	7.612 3	10.063	13.268	17.449

（续表）

期数	12%	14%	16%	18%	20%	22%	24%	26%	28%	30%
1	1.120 0	1.140 0	1.160 0	1.180 0	1.200 0	1.220 0	1.240 0	1.260 0	1.280 0	1.300 0
2	1.254 4	1.299 6	1.345 6	1.392 4	1.440 0	1.488 4	1.537 6	1.587 6	1.638 4	1.690 0
3	1.404 9	1.481 5	1.560 9	1.643 0	1.728 0	1.815 8	1.906 6	2.000 4	2.097 2	2.197 0
4	1.573 5	1.689 0	1.810 6	1.938 8	2.073 6	2.215 3	2.364 2	2.520 5	2.684 4	2.856 1
5	1.762 3	1.925 4	2.100 3	2.287 8	2.488 3	2.702 7	2.931 6	3.175 8	3.436 0	3.712 9
6	1.973 8	2.195 0	2.436 4	2.699 6	2.986 0	3.297 3	3.635 2	4.001 5	4.398 0	4.826 8
7	2.210 7	2.502 3	2.826 2	3.185 5	3.583 2	4.022 7	4.507 7	5.041 9	5.629 5	6.274 9
8	2.476 0	2.852 6	3.278 4	3.758 9	4.299 8	4.907 7	5.589 5	6.352 8	7.205 8	8.157 3
9	2.773 1	3.251 9	3.803 0	4.435 5	5.159 8	5.987 4	6.931 0	8.004 5	9.223 4	10.605
10	3.105 8	3.707 2	4.411 4	5.233 8	6.191 7	7.304 6	8.594 4	10.086	11.806	13.786
11	3.478 6	4.226 2	5.117 3	6.175 9	7.430 1	8.911 7	10.657	12.708	15.112	17.922
12	3.896 0	4.817 9	5.936 0	7.287 6	8.916 1	10.872	13.215	16.012	19.343	23.298
13	4.363 5	5.492 4	6.885 8	8.599 4	10.699	13.264	16.386	20.175	24.759	30.288
14	4.887 1	6.261 3	7.987 5	10.147	12.839	16.182	20.319	25.421	31.691	39.374
15	5.473 6	7.137 9	9.265 5	11.974	15.407	19.742	25.196	32.030	40.565	51.186
16	6.130 4	8.137 2	10.748	14.129	18.488	24.086	31.243	40.358	51.923	66.542
17	6.866 0	9.276 5	12.468	16.672	22.186	29.384	38.741	50.851	66.461	86.504
18	7.690 0	10.575	14.463	19.673	26.623	35.849	48.039	64.072	85.071	112.46
19	8.612 8	12.056	16.777	23.214	31.948	43.736	59.568	80.731	108.89	146.19
20	9.646 3	13.744	19.461	27.393	38.338	53.358	73.864	101.72	139.38	190.05
21	10.804	15.668	22.575	32.324	46.005	65.096	91.592	128.17	178.41	247.06
22	12.100	17.861	26.186	38.142	55.206	79.418	113.57	161.49	228.36	321.18
23	13.552	20.362	30.376	45.008	66.247	96.889	140.83	203.48	292.30	417.54
24	15.179	23.212	35.236	53.109	79.497	118.21	174.63	256.39	374.14	542.80
25	17.000	26.462	40.874	62.669	95.396	144.21	216.54	323.05	478.90	705.64
26	19.040	30.167	47.414	73.949	114.48	175.94	268.51	407.04	613.00	917.33
27	21.325	34.390	55.000	87.260	137.37	214.64	332.96	512.87	784.64	1 192.5
28	23.884	39.205	63.800	102.97	164.84	261.86	412.86	646.21	1 004.3	1 550.3
29	26.750	44.693	74.009	121.50	197.81	319.47	511.95	814.23	1 285.6	2 015.4
30	29.960	50.950	85.850	143.37	237.38	389.76	634.82	1 025.9	1 645.5	2 620.0

附表二 复利现值系数表

期数	1%	2%	3%	4%	5%	6%	7%	8%	9%	10%
1	0.990 1	0.980 4	0.970 9	0.961 5	0.952 4	0.943 4	0.934 6	0.925 9	0.917 4	0.909 1
2	0.980 3	0.961 2	0.942 6	0.924 6	0.907 0	0.890 0	0.873 4	0.857 3	0.841 7	0.826 4
3	0.970 6	0.942 3	0.915 1	0.889 0	0.863 8	0.839 6	0.816 3	0.793 8	0.772 2	0.751 3
4	0.961 0	0.923 8	0.888 5	0.854 8	0.822 7	0.792 1	0.762 9	0.735 0	0.708 4	0.683 0
5	0.951 5	0.905 7	0.862 6	0.821 9	0.783 5	0.747 3	0.713 0	0.680 6	0.649 9	0.620 9
6	0.942 0	0.888 0	0.837 5	0.790 3	0.746 2	0.705 0	0.666 3	0.630 2	0.596 3	0.564 5
7	0.932 7	0.870 6	0.813 1	0.759 9	0.710 7	0.665 1	0.622 7	0.583 5	0.547 0	0.513 2
8	0.923 5	0.853 5	0.789 4	0.730 7	0.676 8	0.627 4	0.582 0	0.540 3	0.501 9	0.466 5
9	0.914 3	0.836 8	0.766 4	0.702 6	0.644 6	0.591 9	0.543 9	0.500 2	0.460 4	0.424 1
10	0.905 3	0.820 3	0.744 1	0.675 6	0.613 9	0.558 4	0.508 3	0.463 2	0.422 4	0.385 5
11	0.896 3	0.804 3	0.722 4	0.649 6	0.584 7	0.526 8	0.475 1	0.428 9	0.387 5	0.350 5
12	0.887 4	0.788 5	0.701 4	0.624 6	0.556 8	0.497 0	0.444 0	0.397 1	0.355 5	0.318 6
13	0.878 7	0.773 0	0.681 0	0.600 6	0.530 3	0.468 8	0.415 0	0.367 7	0.326 2	0.289 7
14	0.870 0	0.757 9	0.661 1	0.577 5	0.505 1	0.442 3	0.387 8	0.340 5	0.299 2	0.263 3
15	0.861 3	0.743 0	0.641 9	0.555 3	0.481 0	0.417 3	0.362 4	0.315 2	0.274 5	0.239 4
16	0.852 8	0.728 4	0.623 2	0.533 9	0.458 1	0.393 6	0.338 7	0.291 9	0.251 9	0.217 6
17	0.844 4	0.714 2	0.605 0	0.513 4	0.436 3	0.371 4	0.316 6	0.270 3	0.231 1	0.197 8
18	0.836 0	0.700 2	0.587 4	0.493 6	0.415 5	0.350 3	0.295 9	0.250 2	0.212 0	0.179 9
19	0.827 7	0.686 4	0.570 3	0.474 6	0.395 7	0.330 5	0.276 5	0.231 7	0.194 5	0.163 5
20	0.819 5	0.673 0	0.553 7	0.456 4	0.376 9	0.311 8	0.258 4	0.214 5	0.178 4	0.148 6
21	0.811 4	0.659 8	0.537 5	0.438 8	0.358 9	0.294 2	0.241 5	0.198 7	0.163 7	0.135 1
22	0.803 4	0.646 8	0.521 9	0.422 0	0.341 8	0.277 5	0.225 7	0.183 9	0.150 2	0.122 8
23	0.795 4	0.634 2	0.506 7	0.405 7	0.325 6	0.261 8	0.210 9	0.170 3	0.137 8	0.111 7
24	0.787 6	0.621 7	0.491 9	0.390 1	0.310 1	0.247 0	0.197 1	0.157 7	0.126 4	0.101 5
25	0.779 8	0.609 5	0.477 6	0.375 1	0.295 3	0.233 0	0.184 2	0.146 0	0.116 0	0.092 3
26	0.772 0	0.597 6	0.463 7	0.360 7	0.281 2	0.219 8	0.172 2	0.135 2	0.106 4	0.083 9
27	0.764 4	0.585 9	0.450 2	0.346 8	0.267 8	0.207 4	0.160 9	0.125 2	0.097 6	0.076 3
28	0.756 8	0.574 4	0.437 1	0.333 5	0.255 1	0.195 6	0.150 4	0.115 9	0.089 5	0.069 3
29	0.749 3	0.563 1	0.424 3	0.320 7	0.242 9	0.184 6	0.140 6	0.107 3	0.082 2	0.063 0
30	0.741 9	0.552 1	0.412 0	0.308 3	0.231 4	0.174 1	0.131 4	0.099 4	0.075 4	0.057 3

（续表）

期数	12%	14%	16%	18%	20%	22%	24%	26%	28%	30%
1	0.892 9	0.877 2	0.862 1	0.847 5	0.833 3	0.819 7	0.806 5	0.793 7	0.781 3	0.769 2
2	0.797 2	0.769 5	0.743 2	0.718 2	0.694 4	0.671 9	0.650 4	0.629 9	0.610 4	0.591 7
3	0.711 8	0.675 0	0.640 7	0.608 6	0.578 7	0.550 7	0.524 5	0.499 9	0.476 8	0.455 2
4	0.635 5	0.592 1	0.552 3	0.515 8	0.482 3	0.451 4	0.423 0	0.396 8	0.372 5	0.350 1
5	0.567 4	0.519 4	0.476 1	0.437 1	0.401 9	0.370 0	0.341 1	0.314 9	0.291 0	0.269 3
6	0.506 6	0.455 6	0.410 4	0.370 4	0.334 9	0.303 3	0.275 1	0.249 9	0.227 4	0.207 2
7	0.452 3	0.399 6	0.353 8	0.313 9	0.279 1	0.248 6	0.221 8	0.198 3	0.177 6	0.159 4
8	0.403 9	0.350 6	0.305 0	0.266 0	0.232 6	0.203 8	0.178 9	0.157 4	0.138 8	0.122 6
9	0.360 6	0.307 5	0.263 0	0.225 5	0.193 8	0.167 0	0.144 3	0.124 9	0.108 4	0.094 3
10	0.322 0	0.269 7	0.226 7	0.191 1	0.161 5	0.136 9	0.116 4	0.099 2	0.084 7	0.072 5
11	0.287 5	0.236 6	0.195 4	0.161 9	0.134 6	0.112 2	0.093 8	0.078 7	0.066 2	0.055 8
12	0.256 7	0.207 6	0.168 5	0.137 2	0.112 2	0.092 0	0.075 7	0.062 5	0.051 7	0.042 9
13	0.229 2	0.182 1	0.145 2	0.116 3	0.093 5	0.075 4	0.061 0	0.049 6	0.040 4	0.033 0
14	0.204 6	0.159 7	0.125 2	0.098 5	0.077 9	0.061 8	0.049 2	0.039 3	0.031 6	0.025 4
15	0.182 7	0.140 1	0.107 9	0.083 5	0.064 9	0.050 7	0.039 7	0.031 2	0.024 7	0.019 5
16	0.163 1	0.122 9	0.093 0	0.070 8	0.054 1	0.041 5	0.032 0	0.024 8	0.019 3	0.015 0
17	0.145 6	0.107 8	0.080 2	0.060 0	0.045 1	0.034 0	0.025 8	0.019 7	0.015 0	0.011 6
18	0.130 0	0.094 6	0.069 1	0.050 8	0.037 6	0.027 9	0.020 8	0.015 6	0.011 8	0.008 9
19	0.116 1	0.082 9	0.059 6	0.043 1	0.031 3	0.022 9	0.016 8	0.012 4	0.009 2	0.006 8
20	0.103 7	0.072 8	0.051 4	0.036 5	0.026 1	0.018 7	0.013 5	0.009 8	0.007 2	0.005 3
21	0.092 6	0.063 8	0.044 3	0.030 9	0.021 7	0.015 4	0.010 9	0.007 8	0.005 6	0.004 0
22	0.082 6	0.056 0	0.038 2	0.026 2	0.018 1	0.012 6	0.008 8	0.006 2	0.004 4	0.003 1
23	0.073 8	0.049 1	0.032 9	0.022 2	0.015 1	0.010 3	0.007 1	0.004 9	0.003 4	0.002 4
24	0.065 9	0.043 1	0.028 4	0.018 8	0.012 6	0.008 5	0.005 7	0.003 9	0.002 7	0.001 8
25	0.058 8	0.037 8	0.024 5	0.016	0.010 5	0.006 9	0.004 6	0.003 1	0.002 1	0.001 4
26	0.052 5	0.033 1	0.021 1	0.013 5	0.008 7	0.005 7	0.003 7	0.002 5	0.001 6	0.001 1
27	0.046 9	0.029 1	0.018 2	0.011 5	0.007 3	0.004 7	0.003 0	0.001 9	0.001 3	0.000 8
28	0.041 9	0.025 5	0.015 7	0.009 7	0.006 1	0.003 8	0.002 4	0.001 5	0.001 0	0.000 6
29	0.037 4	0.022 4	0.013 5	0.008 2	0.005 1	0.003 1	0.002 0	0.001 2	0.000 8	0.000 5
30	0.033 4	0.019 6	0.011 6	0.007 0	0.004 2	0.002 6	0.001 6	0.001 0	0.000 6	0.000 4

附表三　年金终值系数表

期数	1%	2%	3%	4%	5%	6%	7%	8%	9%	10%
1	1.000 0	1.000 0	1.000 0	1.000 0	1.000 0	1.000 0	1.000 0	1.000 0	1.000 0	1.000 0
2	2.010 0	2.020 0	2.030 0	2.040 0	2.050 0	2.060 0	2.070 0	2.080 0	2.090 0	2.100 0
3	3.030 1	3.060 4	3.090 9	3.121 6	3.152 5	3.183 6	3.214 9	3.246 4	3.278 1	3.310 0
4	4.060 4	4.121 6	4.183 6	4.246 5	4.310 1	4.374 6	4.439 9	4.506 1	4.573 1	4.641 0
5	5.101 0	5.204 0	5.309 1	5.416 3	5.525 6	5.637 1	5.750 7	5.866 6	5.984 7	6.105 1
6	6.152 0	6.308 1	6.468 4	6.633 0	6.801 9	6.975 3	7.153 3	7.335 9	7.523 3	7.715 6
7	7.213 5	7.434 3	7.662 5	7.898 3	8.142 0	8.393 8	8.654 0	8.922 8	9.200 4	9.487 2
8	8.285 7	8.583 0	8.892 3	9.214 2	9.549 1	9.897 5	10.260	10.637	11.029	11.436
9	9.368 5	9.754 6	10.159	10.583	11.027	11.491	11.978	12.488	13.021	13.580
10	10.462	10.950	11.464	12.006	12.578	13.181	13.816	14.487	15.193	15.937
11	11.567	12.169	12.808	13.486	14.207	14.972	15.784	16.646	17.560	18.531
12	12.683	13.412	14.192	15.026	15.917	16.870	17.889	18.977	20.141	21.384
13	13.809	14.680	15.618	16.627	17.713	18.882	20.141	21.495	22.953	24.523
14	14.947	15.974	17.086	18.292	19.599	21.015	22.551	24.215	26.019	27.975
15	16.097	17.293	18.599	20.024	21.579	23.276	25.129	27.152	29.361	31.773
16	17.258	18.639	20.157	21.825	23.658	25.673	27.888	30.324	33.003	35.950
17	18.430	20.012	21.762	23.698	25.840	28.213	30.840	33.750	36.974	40.545
18	19.615	21.412	23.414	25.645	28.132	30.906	33.999	37.450	41.301	45.599
19	20.811	22.841	25.117	27.671	30.539	33.760	37.379	41.446	46.019	51.159
20	22.019	24.297	26.870	29.778	33.066	36.786	40.996	45.762	51.160	57.275
21	23.239	25.783	28.677	31.969	35.719	39.993	44.865	50.423	56.765	64.003
22	24.472	27.299	30.537	34.248	38.505	43.392	49.006	55.457	62.873	71.403
23	25.716	28.845	32.453	36.618	41.431	46.996	53.436	60.893	69.532	79.543
24	26.974	30.422	34.427	39.083	44.502	50.816	58.177	66.765	76.790	88.497
25	28.243	32.030	36.459	41.646	47.727	54.865	63.249	73.106	84.701	98.347
26	29.526	33.671	38.553	44.312	51.114	59.156	68.677	79.954	93.324	109.18
27	30.821	35.344	40.710	47.084	54.669	63.706	74.484	87.351	102.72	121.10
28	32.129	37.051	42.931	49.968	58.403	68.528	80.698	95.339	112.97	134.21
29	33.450	38.792	45.219	52.966	62.323	73.640	87.347	103.97	124.14	148.63
30	34.785	40.568	47.575	56.085	66.439	79.058	94.461	113.28	136.31	164.49

（续表）

期数	12%	14%	16%	18%	20%	22%	24%	26%	28%	30%
1	1.000 0	1.000 0	1.000 0	1.000 0	1.000 0	1.000 0	1.000 0	1.000 0	1.000 0	1.000 0
2	2.120 0	2.140 0	2.160 0	2.180 0	2.200 0	2.220 0	2.240 0	2.260 0	2.280 0	2.300 0
3	3.374 4	3.439 6	3.505 6	3.572 4	3.640 0	3.708 4	3.777 6	3.847 6	3.918 4	3.990 0
4	4.779 3	4.921 1	5.066 5	5.215 4	5.368 0	5.524 2	5.684 2	5.848 0	6.015 6	6.187 0
5	6.352 8	6.610 1	6.877 1	7.154 2	7.441 6	7.739 6	8.048 4	8.368 4	8.699 9	9.043 1
6	8.115 2	8.535 5	8.977 5	9.442 0	9.929 9	10.442	10.980	11.544	12.136	12.756
7	10.089	10.731	11.414	12.142	12.916	13.740	14.615	15.546	16.534	17.583
8	12.300	13.233	14.240	15.327	16.499	17.762	19.123	20.588	22.163	23.858
9	14.776	16.085	17.519	19.086	20.799	22.670	24.713	26.940	29.369	32.015
10	17.549	19.337	21.322	23.521	25.959	28.657	31.643	34.945	38.593	42.620
11	20.655	23.045	25.733	28.755	32.150	35.962	40.238	45.031	50.399	56.405
12	24.133	27.271	30.850	34.931	39.581	44.874	50.895	57.739	65.510	74.327
13	28.029	32.089	36.786	42.219	48.497	55.746	64.110	73.751	84.853	97.625
14	32.393	37.581	43.672	50.818	59.196	69.010	80.496	93.926	109.61	127.91
15	37.280	43.842	51.660	60.965	72.035	85.192	100.82	119.35	141.30	167.29
16	42.753	50.980	60.925	72.939	87.442	104.93	126.01	151.38	181.87	218.47
17	48.884	59.118	71.673	87.068	105.93	129.02	157.25	191.73	233.79	285.01
18	55.750	68.394	84.141	103.74	128.12	158.40	195.99	242.59	300.25	371.52
19	63.440	78.969	98.603	123.41	154.74	194.25	244.03	306.66	385.32	483.97
20	72.052	91.025	115.38	146.63	186.69	237.99	303.60	387.39	494.21	630.17
21	81.699	104.77	134.84	174.02	225.03	291.35	377.46	489.11	633.59	820.22
22	92.503	120.44	157.42	206.34	271.03	356.44	469.06	617.28	812.00	1 067.3
23	104.60	138.30	183.60	244.49	326.24	435.86	582.63	778.77	1 040.4	1 388.5
24	118.16	158.66	213.98	289.49	392.48	532.75	723.46	982.25	1 332.7	1 806.0
25	133.33	181.87	249.21	342.60	471.98	650.96	898.09	1 238.6	1 706.8	2 348.8
26	150.33	208.33	290.09	405.27	567.38	795.17	1 114.6	1 561.7	2 185.7	3 054.4
27	169.37	238.50	337.50	479.22	681.85	971.10	1 383.1	1 968.7	2 798.7	3 971.8
28	190.70	272.89	392.50	566.48	819.22	1 185.7	1 716.1	2 481.6	3 583.3	5 164.3
29	214.58	312.09	456.30	669.45	984.07	1 447.6	2 129.0	3 127.8	4 587.7	6 714.6
30	241.33	356.79	530.31	790.95	1 181.9	1 767.1	2 640.9	3 942.0	5 873.2	8 730.0

附表四 年金现值系数表

期数	1%	2%	3%	4%	5%	6%	7%	8%	9%	10%
1	0.990 1	0.980 4	0.970 9	0.961 5	0.952 4	0.943 4	0.934 6	0.925 9	0.917 4	0.909 1
2	1.970 4	1.941 6	1.913 5	1.886 1	1.859 4	1.833 4	1.808 0	1.783 3	1.759 1	1.735 5
3	2.941 0	2.883 9	2.828 6	2.775 1	2.723 2	2.673 0	2.624 3	2.577 1	2.531 3	2.486 9
4	3.902 0	3.807 7	3.717 1	3.629 9	3.546 0	3.465 1	3.387 2	3.312 1	3.239 7	3.169 9
5	4.853 4	4.713 5	4.579 7	4.451 8	4.329 5	4.212 4	4.100 2	3.992 7	3.889 7	3.790 8
6	5.795 5	5.601 4	5.417 2	5.242 1	5.075 7	4.917 3	4.766 5	4.622 9	4.485 9	4.355 3
7	6.728 2	6.472 0	6.230 3	6.002 1	5.786 4	5.582 4	5.389 3	5.206 4	5.033 0	4.868 4
8	7.651 7	7.325 5	7.019 7	6.732 7	6.463 2	6.209 8	5.971 3	5.746 6	5.534 8	5.334 9
9	8.566 0	8.162 2	7.786 1	7.435 3	7.107 8	6.801 7	6.515 2	6.246 9	5.995 2	5.759 0
10	9.471 3	8.982 6	8.530 2	8.110 9	7.721 7	7.360 1	7.023 6	6.710 1	6.417 7	6.144 6
11	10.368	9.786 8	9.252 6	8.760 5	8.306 4	7.886 9	7.498 7	7.139 0	6.805 2	6.495 1
12	11.255	10.575	9.954 0	9.385 1	8.863 3	8.383 8	7.942 7	7.536 1	7.160 7	6.813 7
13	12.134	11.348	10.635	9.985 6	9.393 6	8.852 7	8.357 7	7.903 8	7.486 9	7.103 4
14	13.004	12.106	11.296	10.563	9.898 6	9.295 0	8.745 5	8.244 2	7.786 2	7.366 7
15	13.865	12.849	11.938	11.118	10.380	9.712 2	9.107 9	8.559 5	8.060 7	7.606 1
16	14.718	13.578	12.561	11.652	10.838	10.106	9.446 6	8.851 4	8.312 6	7.823 7
17	15.562	14.292	13.166	12.166	11.274	10.477	9.763 2	9.121 6	8.543 6	8.021 6
18	16.398	14.992	13.754	12.659	11.690	10.828	10.059	9.371 9	8.755 6	8.201 4
19	17.226	15.679	14.324	13.134	12.085	11.158	10.336	9.603 6	8.950 1	8.364 9
20	18.046	16.351	14.878	13.590	12.462	11.470	10.594	9.818 1	9.128 5	8.513 6
21	18.857	17.011	15.415	14.029	12.821	11.764	10.836	10.017	9.292 2	8.648 7
22	19.660	17.658	15.937	14.451	13.163	12.042	11.061	10.201	9.442 4	8.771 5
23	20.456	18.292	16.444	14.857	13.489	12.303	11.272	10.371	9.580 2	8.883 2
24	21.243	18.914	16.936	15.247	13.799	12.550	11.469	10.529	9.706 6	8.984 7
25	22.023	19.524	17.413	15.622	14.094	12.783	11.654	10.675	9.822 6	9.077 0
26	22.795	20.121	17.877	15.983	14.375	13.003	11.826	10.810	9.929 0	9.160 9
27	23.560	20.707	18.327	16.330	14.643	13.211	11.987	10.935	10.027	9.237 2
28	24.316	21.281	18.764	16.663	14.898	13.406	12.137	11.051	10.116	9.306 6
29	25.066	21.844	19.189	16.984	15.141	13.591	12.278	11.158	10.198	9.369 6
30	25.808	22.397	19.600	17.292	15.373	13.765	12.409	11.258	10.274	9.426 9

（续表）

期数	12%	14%	16%	18%	20%	22%	24%	26%	28%	30%
1	0.892 9	0.877 2	0.862 1	0.847 5	0.833 3	0.819 7	0.806 5	0.793 7	0.781 3	0.769 2
2	1.690 1	1.646 7	1.605 2	1.565 6	1.527 8	1.491 5	1.456 8	1.423 5	1.391 6	1.360 9
3	2.401 8	2.321 6	2.245 9	2.174 3	2.106 5	2.042 2	1.981 3	1.923 4	1.868 4	1.816 1
4	3.037 3	2.913 7	2.798 2	2.690 1	2.588 7	2.493 6	2.404 3	2.320 2	2.241 0	2.166 2
5	3.604 8	3.433 1	3.274 3	3.127 2	2.990 6	2.863 6	2.745 4	2.635 1	2.532 0	2.435 6
6	4.111 4	3.888 7	3.684 7	3.497 6	3.325 5	3.166 9	3.020 5	2.885 0	2.759 4	2.642 7
7	4.563 8	4.288 3	4.038 6	3.811 5	3.604 6	3.415 5	3.242 3	3.083 3	2.937 0	2.802 1
8	4.967 6	4.638 9	4.343 6	4.077 6	3.837 2	3.619 3	3.421 2	3.240 7	3.075 8	2.924 7
9	5.328 2	4.946 4	4.606 5	4.303 0	4.031 0	3.786 3	3.565 5	3.365 7	3.184 2	3.019 0
10	5.650 2	5.216 1	4.833 2	4.494 1	4.192 5	3.923 2	3.681 9	3.464 8	3.268 9	3.091 5
11	5.937 7	5.452 7	5.028 6	4.656 0	4.327 1	4.035 4	3.775 7	3.543 5	3.335 1	3.147 3
12	6.194 4	5.660 3	5.197 1	4.793 2	4.439 2	4.127 4	3.851 4	3.605 9	3.386 8	3.190 3
13	6.423 5	5.842 4	5.342 3	4.909 5	4.532 7	4.202 8	3.912 4	3.655 5	3.427 2	3.223 3
14	6.628 2	6.002 1	5.467 5	5.008 1	4.610 6	4.264 6	3.961 6	3.694 9	3.458 7	3.248 7
15	6.810 9	6.142 2	5.575 5	5.091 6	4.675 5	4.315 2	4.001 3	3.726 1	3.483 4	3.268 2
16	6.974 0	6.265 1	5.668 5	5.162 4	4.729 6	4.356 7	4.033 3	3.750 9	3.502 6	3.283 2
17	7.119 6	6.372 9	5.748 7	5.222 3	4.774 6	4.390 8	4.059 1	3.770 5	3.517 7	3.294 8
18	7.249 7	6.467 4	5.817 8	5.273 2	4.812 2	4.418 7	4.079 9	3.786 1	3.529 4	3.303 7
19	7.365 8	6.550 4	5.877 5	5.316 2	4.843 5	4.441 5	4.096 7	3.798 5	3.538 6	3.310 5
20	7.469 4	6.623 1	5.928 8	5.352 7	4.869 6	4.460 3	4.110 3	3.808 3	3.545 8	3.315 8
21	7.562 0	6.687 0	5.973 1	5.383 7	4.891 3	4.475 6	4.121 2	3.816 1	3.551 4	3.319 8
22	7.644 6	6.742 9	6.011 3	5.409 9	4.909 4	4.488 2	4.130 0	3.822 3	3.555 8	3.323 0
23	7.718 4	6.792 1	6.044 2	5.432 1	4.924 5	4.498 5	4.137 1	3.827 3	3.559 2	3.325 4
24	7.784 3	6.835 1	6.072 6	5.450 9	4.937 1	4.507 0	4.142 8	3.831 2	3.561 9	3.327 2
25	7.843 1	6.872 9	6.097 1	5.466 9	4.947 6	4.513 9	4.147 4	3.834 2	3.564 0	3.328 6
26	7.895 7	6.906 1	6.118 2	5.480 4	4.956 3	4.519 6	4.151 1	3.836 7	3.565 6	3.329 7
27	7.942 6	6.935 2	6.136 4	5.491 9	4.963 6	4.524 3	4.154 2	3.838 7	3.566 9	3.330 5
28	7.984 4	6.960 7	6.152 0	5.501 6	4.969 7	4.528 1	4.156 6	3.840 2	3.567 9	3.331 2
29	8.021 8	6.983 0	6.165 6	5.509 8	4.974 7	4.531 2	4.158 5	3.841 4	3.568 7	3.331 7
30	8.055 2	7.002 7	6.177 2	5.516 8	4.978 9	4.533 8	4.160 1	3.842 4	3.569 3	3.332 1

参 考 文 献

[1] 于树彬，刘萍，王忠民.管理会计[M].大连：东北财经大学出版社，2017.
[2] 于树彬，刘萍，王忠民.管理会计习题与解答[M].大连：东北财经大学出版社，2017.
[3] 孔德兰.管理会计[M].大连：东北财经大学出版社，2017.
[4] 吴大军.管理会计[M].大连：东北财经大学出版社，2018.
[5] 徐哲，李贺.财务管理[M].上海：立信会计出版社，2019.
[6] 张兴东，徐哲，李贺.财务管理[M].2版.上海：上海财经大学出版社，2019.
[7] 刘俊勇.管理会计[M].大连：东北财经大学出版社，2019.
[8] 孙茂竹.管理会计[M].北京：中国人民大学出版社，2018.
[9] 中国注册会计师协会.财务成本管理[M].北京：中国财政经济出版社，2019.
[10] 徐哲，李贺.管理会计[M].2版.上海：上海财经大学出版社，2019.
[11] 刘萍，于树彬.管理会计[M].大连：东北财经大学出版社，2019.
[12] 单昭祥.新编管理会计学[M].大连：东北财经大学出版社，2017.
[13] 财政部会计司.管理会计案例示范集[M].北京：经济科学出版社，2019.
[14] 中华人民共和国财政部.管理会计应用指引[M].上海：立信会计出版社，2018.